浙江工商大学工商管理学科经费资助项目

企业智慧税务风险管理

刘玉龙 /主编
林鹏飞 颜淑姬 邝玉珍 /副主编

中国社会科学出版社

图书在版编目（CIP）数据

企业智慧税务风险管理 / 刘玉龙主编. -- 北京：中国社会科学出版社，2024.8. -- ISBN 978-7-5227-4061-4

Ⅰ. F812.423

中国国家版本馆 CIP 数据核字第 20246QS794 号

出 版 人		赵剑英
责任编辑		车文娇
责任校对		周晓东
责任印制		郝美娜

出　　版		中国社会科学出版社
社　　址		北京鼓楼西大街甲 158 号
邮　　编		100720
网　　址		http://www.csspw.cn
发 行 部		010-84083685
门 市 部		010-84029450
经　　销		新华书店及其他书店
印　　刷		北京明恒达印务有限公司
装　　订		廊坊市广阳区广增装订厂
版　　次		2024 年 8 月第 1 版
印　　次		2024 年 8 月第 1 次印刷
开　　本		710×1000　1/16
印　　张		24.5
字　　数		402 千字
定　　价		128.00 元

凡购买中国社会科学出版社图书，如有质量问题请与本社营销中心联系调换
电话：010-84083683

版权所有　侵权必究

前　言

新一轮深化税收征管改革正在有序推进，中国目前已基本建成"无风险不打扰、有违法要追究、全过程强智控"的税务执法新体系，"线下服务无死角、线上服务不打烊、定制服务广覆盖"的税费服务新体系，以"双随机、一公开"监管和"互联网+监管"为基本手段、以重点监管为补充、以"信用+风险"监管为基础的税务监管新体系，最终目标是建成功能强大的智慧税务，全方位提高税务执法、服务和监管能力。

在这样的背景下，企业面临的税务风险也越来越大：因未能充分享受税收优惠政策而多缴了税，或者因税务违规而给企业带来直接的经济损失和声誉损害，这些都构成了企业事实上的税务风险；税务机关的执法、服务和监管日益数字化和智慧化，这些都要求企业必须具备相应的智慧税务风险管理能力，方能满足企业税务风险控制的要求，满足税务机关对征管的要求。信息技术的快速发展为企业智慧税务风险管理提供了有力支持：大数据、云计算、人工智能等现代信息技术在企业管理领域的应用和业财税一体化的推进，使得企业能够更加高效地获取、处理和分析涉税数据，从而可以对企业税务风险进行全面、深入的分析和管理，实现税务风险管理的智能化和智慧化，这不但可以帮助企业有效控制和降低税务风险，而且可以帮助企业合理规划税务策略，降低税收成本，提高经营效率。

但是，相当部分企业的税务风险防范意识仍然较为薄弱，由此导致在经营活动中经常出现无知性的税收不遵从行为；在税务风险管理方面缺乏系统性和前瞻性，尚未建立起有效的税务风险管理体系；税务风险管理的制度和流程不够健全，缺乏税务风险预警和税务风险评估机制，这使得企业在面临税务风险时难以及时应对和有效防范。

智慧税务风险管理作为将现代信息技术和传统的税务风险管理相结合的一种新兴管理模式，为企业提供了一种新的控制和降低税务风险的思路与方法。但在实践中，应如何有效推进和实施智慧税务风险管理，如何利用数据化和智慧化的信息管理系统来完善自身的税务风险管理系统，以应对日益复杂的税务环境，还缺乏理论上的指导和支持。

鉴于上述原因，我们及时推出了本书。本书具有以下特点：

第一，结构合理、内容翔实。本书介绍了风险管理的基本理论和税务风险的相关知识；以主要税种为主线，介绍了主要税种的基本规定；围绕税制要素，分析了主要税种的风险点，并基于智慧化的信息管理系统，就这些风险点提出相应的管理和控制策略。

第二，案例典型、新颖，突出实用性和可操作性。本书在分析主要税种的风险点时，先进行总体的、概括性的理论分析，然后辅之以典型案例；在对案例进行点评时，理论分析与案例研究紧密结合，以让读者深入了解税务风险分析的切入点和风险控制策略。书中所采用的案例，大多是最近几年税务机关实际查处的案例，经过我们精选，这些案例不但非常前沿、新颖，而且颇具代表性。

第三，适用读者群体面广。本书不仅适用于财会类本科专业学生学习使用，还适用于财会专业研究生、经济类本科生的教学使用，也适用于实际工作中的企业负责人、财务负责人、主管会计等经济管理工作者的实务培训。

本书由浙江工商大学刘玉龙博士、颜淑姬博士和邝玉珍博士，中汇会计师事务所高级合伙人林鹏飞先生共同编写，是理论界和实务界的完美合作。具体分工如下：由刘玉龙博士负责全书提纲的拟定以及全书定稿前的修改、补充和总纂。各章执笔人如下：第一章、第五章由刘玉龙和林鹏飞执笔；第二章，第六章，第八章的第二节、第三节和第四节由刘玉龙执笔；第三章、第四章由邝玉珍执笔；第七章、第八章的第一节由颜淑姬执笔。

在本书编写的过程中，参考了相关专家、学者的著作、论文，从中得到了很多的启发，也得到了企业界和税务机关许多专家的帮助。在编辑出版的过程中还得到了中国社会科学出版社工作人员的大力支持和帮助。在此，谨致以诚挚的谢意。由于编写时间仓促，书中难免有缺憾和不足之处，恳请读者批评指正（电子邮箱：lyl7102@126.com）。

编　者
2024 年 5 月

目　　录

第一章　企业智慧税务风险管理总论 ················· 1

　　第一节　风险管理概述 ····························· 1
　　第二节　税务概述 ································ 15
　　第三节　智慧税务风险管理概述 ··················· 33

第二章　增值税的税务风险管理 ····················· 45

　　第一节　增值税的基本规定 ······················· 45
　　第二节　增值税应纳税额的计算与征收管理 ········· 54
　　第三节　增值税的税务风险分析与管理 ············· 66
　　第四节　增值税优惠政策使用的税务风险管理 ······ 101
　　第五节　增值税发票的税务风险管理 ·············· 109

第三章　消费税的税务风险管理 ···················· 124

　　第一节　消费税的基本规定 ······················ 124
　　第二节　消费税应纳税额的计算与征收管理 ········ 127
　　第三节　消费税的税务风险分析与管理 ············ 134

第四章　关税的税务风险管理 ······················ 142

　　第一节　关税的基本规定 ························ 142
　　第二节　关税应纳税额的计算与征收管理 ·········· 146
　　第三节　关税的税务风险分析与管理 ·············· 154

第五章　企业所得税的税务风险管理 ················ 161

　　第一节　企业所得税的基本规定 ·················· 161

第二节　企业所得税应纳税额的计算与征收管理……………… 163
　　第三节　企业所得税的税务风险分析与管理…………………… 191
　　第四节　企业所得税优惠政策使用的税务风险管理…………… 227

第六章　个人所得税的税务风险管理…………………………………… 243
　　第一节　个人所得税的基本规定………………………………… 243
　　第二节　个人所得税应纳税额的计算与征收管理……………… 254
　　第三节　个人所得税纳税人的税务风险分析与管理…………… 272
　　第四节　个人所得税扣缴义务人的税务风险分析与管理……… 302

第七章　其他税种的税务风险管理……………………………………… 307
　　第一节　资源税的税务风险管理………………………………… 307
　　第二节　土地增值税的税务风险管理…………………………… 314
　　第三节　房产税的税务风险管理………………………………… 320
　　第四节　车船税的税务风险管理………………………………… 326
　　第五节　印花税的税务风险管理………………………………… 331
　　第六节　契税的税务风险管理…………………………………… 337

第八章　纳税评估与税务稽查的应对…………………………………… 342
　　第一节　纳税评估………………………………………………… 342
　　第二节　税务自查………………………………………………… 358
　　第三节　税务稽查………………………………………………… 370
　　第四节　税务稽查应对…………………………………………… 377

参考文献…………………………………………………………………… 386

第一章 企业智慧税务风险管理总论

【学习目标】

- 理解风险与风险管理的概念
- 掌握税制的基本要素,熟悉纳税人的权利和义务
- 掌握税务风险的概念和成因
- 掌握税务风险管理的流程
- 掌握智慧税务风险管理的流程

第一节 风险管理概述

一 风险概述

(一) 风险的概念

风险无处不在,可以说风险随着人类的诞生而诞生,也随着人类社会的发展而发展。在中国古代,并没有"风险"这个词,人们更多地用"忧""患""危"等词来表示风险;但在某种程度上,人们也认识到了"风"造成的"险",典型的说法是"天有不测风云,人有旦夕祸福"。

对于"风险"这个词,从词源上来看,一般认为属于外来语,有学者认为来自阿拉伯语,也有学者认为来自西班牙语或拉丁语。英文的"风险"risk 一词,源于古意大利语 risicare,意思是敢于选择,而不是相信命运和损失。

也有一种观点认为"风险"一词是由渔民创造的。他们在长期的捕捞实践中,深深地体会到"风"给他们带来的无法预测、无法确定的危险,他们认识到,在出海打鱼的过程中,"险"往往与"风"相伴,由"风"生"险",因此有了"风险"一词。在早期的使用中,也常被理解为客观

的危险，主要体现为自然现象或者航海遇到风暴、礁石等事件。大约到了19世纪，在英文语境中，"风险"一词常用法文 risique 拼写，普遍应用于保险行业。随着经济和社会的发展，"风险"一词的应用领域越来越广泛，出现了战略风险、财务风险、市场风险、运营风险、法律风险等。

虽然如此，对于风险的准确定义仍然众说纷纭，不同学者的定义也不尽相同。1901年，美国学者威雷特认为，风险是对不愿发生的事件的不确定发生的客观体现。威雷特在论述中，不仅着重指出了风险存在的客观性，即其不因人的主观意愿而消失的特性，也强调了风险存在的不确定性。

1921年，美国经济学家奈特为了说明利润的来源，首次区分了风险与不确定性，他认为"风险"是指可度量的不确定性，而"不确定性"则是不可度量的风险。1964年，美国明尼苏达大学教授威廉和汉斯认为，风险是客观的，因为它对任何人都是同等程度的存在；与此同时，风险也有其不确定的一面，由于认知者的主观判断不同，不同的人对同一风险会有不同的看法。1983年，日本学者武井勋认为风险是特定环境中和特定期间内自然存在的导致经济损失的变化，这一定义涵盖了风险的三个方面的含义：风险与不确定性有差异，风险是客观存在的，风险是可以被测量的。

美国反虚假财务报告委员会（COSO）于1992年发布的《内部控制—整合框架》认为，风险是任何可能影响目标实现的负面因素，所有企业，无论规模、结构和行业性质，都面临诸多来自内部和外部的风险，影响既定目标的实现；2004年发布的《企业风险管理—整合框架》将风险定义为事件发生并对目标产生负面影响的可能性；2017年发布的《企业风险管理—与战略和业绩的整合》将风险定义为事件发生并影响战略和商业目标的可能性。从COSO发布的系列报告可以发现，其对风险的定义仍然延续着传统意义上的含义。

国际标准化组织（ISO）发布的 ISO 31073-2022《风险管理—术语》中，将风险定义为"不确定性对目标的影响"。这里的影响是指偏离预期，既包括正面的，也包括负面的；不确定性是指对事件及其后果或可能性的信息缺失或了解片面的状态；而目标，包括不同的方面（如财务、健康与安全、环境等）和层面（如战略、组织、项目、产品和过程等）。ISO通常用潜在事件及其后果或者两者的组合来区分风险，用事件后果

（包括情形的变化）和事件发生可能性的组合来表示风险。

中国国家标准委员会基本采用了 ISO 关于风险的定义。国务院国有资产监督管理委员会在《中央企业全面风险管理指引》中从企业角度来定义风险，认为企业风险是指未来的不确定性对企业实现其经营目标的影响。

从上述分析可以发现，目前无论是学术界还是实务界，对于风险的内涵和定义都缺乏一个明确的界定，不同的学者基于其认知、研究的角度和侧重点，对于风险也有不同的解释。就本书而言，我们认为风险是一种偏离预期目标的可能性，这种可能性，一方面表现在达到预期目标的过程中，其是否发生、何时发生以及如何发生等是不确定的；另一方面表现为结果的不确定。

（二）风险的特征

基于上述风险的定义，结合其他学者的研究，风险的特征可归纳如下。

1. 风险的客观性

客观，是与主观相对应的一个概念，是人们看待事物的一种方法，基于事物本身的属性来看待事物，而不预设任何特定的观念。事物的客观性是指一个事物不受主观思想或意识影响而独立存在的性质，跟"主观性"相对应。无论人们对风险的好恶，风险总是在那里，不以人的意志为转移，是独立于人的意识之外的客观存在。比如，自然灾害、意外事故、战争、人的生老病死等，都是不以人的意志为转移的客观存在。人们无法完全消除风险，只能在一定的时间和空间内改变风险存在和发生的条件，降低风险发生的频率和损失程度。但往往是一个风险化解了，又会产生新的风险。

2. 风险的普遍性

风险是普遍存在的。人类自诞生之日起，就时时刻刻面临着风险问题，首当其冲的就是生、老、病、死、意外伤害等风险。随着经济和社会的发展，风险渗入社会和经济的方方面面，如企业面临着财务风险、市场风险、技术风险、政治风险等，国家之间面临着战争风险、政治风险等。而且，科学技术和人类社会的进步为经济、社会和个人带来了更多的变化，而变化就意味着风险，所以，我们面临的新风险层出不穷，物价、利率、汇率、股票指数、信用、技术、政策等风险也不断涌现，并影响经济、社会和生活的方方面面。

针对中国的情况，党的二十大报告指出，"我国发展进入战略机遇和风险挑战并存、不确定难预料因素增多的时期,各种'黑天鹅'、'灰犀牛'事件随时可能发生"①,在这些重要判断的基础上,要居安思危,树立风险意识。

3. 风险的不确定性

从风险的定义中可以发现,风险本身就是一种可能性,因此不确定性是风险的一个重要特征。从总体上看,风险及其所造成的损失有必然性,但就单独的个体来说,则具有明显的偶然性,风险的这种总体上的必然性与个体上的偶然性的统一,就形成了风险的不确定性。风险的这种不确定性,主要表现在是否发生、何时发生、何地发生及影响程度如何。就个体风险而言,其是否发生是偶然的,是一种随机现象,具有不确定性。

4. 风险的可变性

风险是在一定的时间、地点和一定的外部具体条件下才会产生的,当时间、地点和外部条件发生变化时,风险也随之发生变化。这种变化主要体现为发生的概率、风险的影响程度等方面。这意味着在一定条件下,风险可以转化为机会,同样也意味着在一定条件下机会可以转化为风险。

中国的情况更能体现风险的可变性这一特征。近年来,我们面临严峻复杂的国际形势和接踵而至的巨大风险挑战。为此,习近平总书记要求,"增强机遇意识和风险意识,准确识变、科学应变、主动求变,勇于开顶风船,善于转危为机,努力实现更高质量、更有效率、更加公平、更可持续、更为安全的发展"②。这一科学表述意味着要辩证地看待风险问题,风险和机遇并存,如果应对得当,风险也可能成为重要的发展机遇。

(三) 风险的分类

基于不同的目的,按照不同标准,可以将风险分成不同的类别。国务院国有资产监督管理委员会在《中央企业全面风险管理指引》中,把企业风险分为战略风险、财务风险、市场风险、运营风险、法律风险;

---

① 习近平:《高举中国特色社会主义伟大旗帜 为全面建设社会主义现代化国家而团结奋斗——在中国共产党第二十次全国代表大会上的报告》(2022年10月16日),人民出版社2022年版,第26页。

② 中共中央党史和文献研究院编:《十九大以来重要文献选编》(中),中央文献出版社2021年版,第664页。

同时，也以能否为企业带来盈利等机会为标志，将风险分为纯粹风险（只有带来损失一种可能性）和机会风险（带来损失和盈利的可能性并存）。作为世界上最主要的银行资本和风险监管标准，《巴塞尔协议》将风险分为信用风险、市场风险和操作风险。

1. 注册会计师考试教材的分类

在注册会计师考试教材《公司战略与风险管理》中，将企业面临的风险分为两大类：外部风险和内部风险。这实际上是按照风险的来源进行的分类。

外部风险主要包括政治风险、法律风险与合规风险、文化风险、技术风险、市场风险；内部风险主要包括战略风险、运营风险、财务风险。

（1）外部风险

①政治风险

政治风险是指完全或部分由政府官员行使权力和政府组织的行为而产生的不确定性。政治风险的常见表现形式包括限制投资领域、设置贸易壁垒、外汇管制规定、进口配额和关税等。

②法律风险与合规风险

法律风险是指企业在经营过程中因自身经营行为的不规范或者外部法律环境发生重大变化而造成不利法律后果的可能性。法律风险通常包括以下三个方面：一是法律环境因素，包括立法不完备、执法不公正等；二是市场主体自身法律意识淡薄，在经营活动中不考虑法律因素等；三是交易对方的失信、违约或欺诈等。

合规风险是指因违反法律或监管要求而受到制裁、遭受经济损失以及因未能遵守所有适用法律、法规、行为准则或相关标准而给企业带来损失的可能性。

③文化风险

文化风险是指文化这一不确定性因素给企业经营活动带来的影响。比如企业在跨国经营或者跨国并购过程中，因为东道国文化与母国文化的差异而直接影响到企业管理的实践从而产生风险。另外，组织内部的因素也可能引致文化风险。组织文化的变革、组织员工队伍的多元化背景会导致个人层面的文化风险。

④技术风险

技术风险有广义和狭义之分。

广义的技术风险是指某一种新技术给某一行业或某些企业带来增长机会的同时，可能对另一行业或另一些企业形成巨大的威胁。

狭义的技术风险是指在创新过程中，由于技术本身的复杂性和其他相关因素变化的不确定性而导致技术创新遭遇失败的可能性。

⑤市场风险

市场风险指企业所面对的外部市场的复杂性和变动性所带来的与经营相关的风险。市场因素的变化可能对企业正常经营活动产生直接或间接的影响，而企业经营活动能否盈利是影响企业能否持续成长、永续经营的重要因素。

（2）内部风险

①战略风险

战略风险是指在组织制定和实施战略过程中，可能出现的不确定因素和不可控制的事件，可能对组织的战略目标和长期利益产生负面影响。战略风险主要表现为在战略制定、战略实施、战略调整和战略复盘整个过程中所发生的风险。

②运营风险

运营风险是指企业在运营过程中，内外部环境的复杂性和变动性以及主体对环境的认知能力和适应能力的有限性导致的运营失败或使运营活动达不到预期目标的可能性及损失。

③财务风险

财务风险是指企业在生产经营过程中，由于内外部环境的各种难以预料或无法控制的不确定性因素的作用，企业在一定时期内所获取的财务收益与预期收益发生偏差的可能性。

2. 以风险产生的原因为标准分类

以风险产生的原因为标准，可将风险分为自然风险和人为风险。

自然风险指的是自然界不可抗力因素引起的自然灾害所导致的物质损失和人员伤亡，如台风、洪水、地震等。

人为风险是人类行为及各种经济、政治、技术活动引起的风险。人为风险又可以分为行为风险、经济风险、政治风险和技术风险。

3. 以风险的经济后果为标准分类

以风险的经济后果为标准可将风险分为纯粹风险和机会风险。

纯粹风险是只会带来损失等不利后果的可能性，如地震、洪水、交通事故等。对当事人而言，有的纯粹风险可以回避，有的可能无法回避。所以在纯粹风险面前，人们往往处于较被动的地位。

机会风险带来损失和盈利的可能性并存，比如投资，既可使投资者获得盈利，又可能给投资者带来损失。在机会风险面前，人们往往处在较主动的地位，有决策的余地。

4. 以风险存在的层级为标准分类

以风险存在的层级为标准，可将风险分为一级风险、二级风险、三级风险，甚至更细分的风险。

一级风险是企业整体及主要业务领域所面临的总体性风险，如战略风险、财务风险、销售风险、工程项目风险、人力资源风险等。

二级风险是在企业各主要业务领域中的具体经营活动和管理行为所产生的风险，是对一级风险的细分。例如，与销售风险相关的二级风险有销售计划管理风险、客户开发风险、信用管理风险、销售定价风险、销售合同风险、发货管理风险、收款管理风险、售后服务风险等。

三级风险是可能导致二级风险发生的主要风险诱因，是对二级风险的细分。例如，与客户开发与信用管理风险相关的三级风险有客户管理制度缺失或不完备、潜在市场开发不够、客户档案不健全、缺乏合理的资信评估等。

由以上分析可以发现，对风险的分类主要是基于对风险进行分类的目的而展开的。基于本书的目的，可以将风险划分为以下几类：战略风险、法律风险、运营风险、经济风险和信用风险。

二　风险管理概述

风险的普遍性意味着风险无处不在，风险的客观性和可变性使得风险无法完全被消除，这使得人类的生产、经营和生活充满了风险。因此，有必要研究风险发生的规律和风险控制技术，对组织在活动中存在风险及相关问题采取必要的措施，以实现组织的目标。

（一）风险管理的概念

风险管理的概念随着人们对风险的认知和界定的变化而变化，并且受到政治、经济、社会和技术等因素的持续影响和推动。关于风险管理的界定，主流的观点主要有以下几种。

1. COSO 对风险管理的定义

2004 年 9 月，COSO 发布了《企业风险管理—整合框架》，其侧重于企业的全面风险管理。基于此，COSO认为，企业风险管理本身是一个由企业董事会、管理层和其他员工共同参与的，应用于企业战略制定和企业内部各个层次与部门的，用于识别可能对企业造成潜在影响的事项，并在其风险偏好范围内进行多层面、流程化的企业风险管理过程，为企业目标的实现提供合理保证。

2017年9月，COSO发布了《企业风险管理—与战略和业绩的整合》，对风险管理的定义进行了修改：组织在创造、保持和实现价值的过程中，结合战略制定和执行，赖以进行风险管理的文化、能力和实践。

2. 国际标准化组织的定义

国际标准化组织在2009年版《ISO 31000风险管理标准》中将风险定义为：在风险方面，指导组织的协调活动。该版本标准，区分了"风险管理"和"管理风险"的概念：前者是指有效管理风险的架构，包括原则、框架和过程；后者则将该架构应用于特定风险。该版标准还指出，应将风险管理过程整合到组织的整体治理、战略和规划、管理、报告过程、方针、价值观组织制定和文化中；而且，风险管理可以在组织的多个领域和层次、任何时间，应用到整个组织以及具体职能、项目和活动中。2018年版《ISO 31000风险管理标准》和2022年版《ISO 31073风险管理—术语》基本延续了2009年版标准的定义，但着重强调风险管理工作要聚焦于组织的价值创造活动，支持或协助组织更好地进行价值创造和保护。

3. 中国对风险管理的定义

中国的国家标准化管理委员会基本采用了国际标准化组织的相关概念和术语。国务院国资委基于《ISO 31000风险管理标准》以及在此基础上发布的国家风险管理标准GB/T 24353，于2006年6月发布了《中央企业全面风险管理指引》，提出：全面风险管理是指企业围绕总体经营目标，通过在企业管理的各个环节和经营过程中执行风险管理的基本流程，培育良好的风险管理文化，建立健全全面风险管理体系，包括风险管理策略、风险管理措施、风险管理的组织职能体系、风险管理信息系统和内部控制系统，从而为实现风险管理的总体目标提供合理保证的过程和方法。

综上所述，可以总结、归纳出风险管理的定义：按照一定的程序、运用一定的方法和技术对风险进行管理，将风险控制在可以接受的范围内以使其对目标的影响降到最低，进而更好地进行价值创造和保护。

(二) 风险管理的目标

风险管理的目标是通过识别、评估、控制和监控风险,保护企业资产、提高经营效率、降低经营不确定性并促进企业价值的创造和保护。这意味着风险管理的目标包含二重性:一方面是减少损失,另一方面是为企业提供价值创造和保护。

在风险管理目标的基础上,还需要结合企业的实际情况来将风险管理的目标具体化,以便于风险管理工作的推进。一般情况下,可以把具体目标划分为两类:损前目标和损后目标。

1. 损前目标

损前目标是指通过风险管理消除和减少风险发生的可能性,进而消除或者降低风险对企业价值创造和保护方面的影响。

(1) 经济目标

企业风险管理必须以最经济的方法预防潜在的损失,尽量减少不必要的费用支出和损失。在决定对风险采取措施以前,应综合权衡所采取的风险管理措施产生的各种成本以及由此而取得的收益或对企业价值的影响,尽可能使整个风险管理计划、方案和措施最经济、最合理。

(2) 合规性目标

随着法治化的推进,法律、法规为企业的生产经营活动提供了保护,同时也产生了约束,这就要求企业所有的生产、经营活动都需要符合相关法律、法规的要求,以免造成不必要的财务、名誉等各种损失。

(3) 安全系数目标

安全系数目标是指将风险控制在可承受的范围内。风险的发生不但会导致物质损毁和人身伤亡,而且会给人们带来严重的忧虑和恐惧心理。实施风险管理能够尽可能地减少人们心理上的忧虑,增进安全感,创造宽松的生产和生活环境,或通过心理疏导消减人们因意外灾害事故导致的心理压力。风险管理者必须使人们意识到风险的存在,而不是隐瞒风险,这样有利于人们增强安全意识,防范风险并主动配合风险管理计划的实施。实施风险管理措施,可以减少人们心理上的恐惧和忧虑,消除后顾之忧,使个人产生安全感。因此,形成一种稳定可靠、轻松的环境也是风险主体开展风险管理活动应达到的一个重要目标。

(4) 社会责任目标

社会责任是企业对社会整体应承担的责任。企业应以一种有利于社会的方式进行经营和管理。企业或组织需要平衡不同利益相关者的需求，包括股东、员工、客户、政府和社会等。通过制定和实施风险管理策略，确保在追求经济效益的同时，考虑到其他利益相关者的利益和需求。

2. 损后目标

损后目标是指当发生损失或损害之后，所采取的风险管理计划或措施要达到的目标或目的。损后目标包括两个方面：一方面是在损失发生后采取一系列的行动或措施，减轻损失或损害的影响，例如恢复业务运营、修复损害、赔偿受害人等；另一方面是为了防止类似损失再次发生所采取的计划或者措施，例如改进和完善风险管理计划、加强安全措施等。损后目标具体如下。

（1）生存目标

生存目标是损后风险管理的首要目标。损失发生后，企业只有生存下去才会有恢复发展的机会和希望。实现这一目标意味着通过风险管理的种种努力，使经济单位、家庭、个人乃至社会避免受到灾害损失而消失或破产的打击。

（2）持续经营目标

风险的发生会给企业带来不同程度的损失和危害，进而影响或打破企业正常的生产经营活动。实施风险管理有助于企业迅速恢复正常运转，使生产经营活动尽快从无序走向有序。这一目标要求企业在风险发生后能够采取计划或者措施迅速恢复正常生产经营活动，尽快使企业的各项经济指标达到受损之前的水平。

（3）收益稳定目标

对大部分的投资者来说，稳定的收益更具吸引力，收益的稳定性可以帮助企业树立正常发展的良好形象，增强投资者的投资信心。风险发生后，采取有效的措施，一方面可以通过经济补偿使生产经营得以及时恢复，尽最大可能保证企业经营的稳定性；另一方面可以为企业提供其他方面的帮助，使其尽快恢复到损失前的水平，并促使企业尽快回归持续增长的计划。

（4）发展目标

企业必须及时、有效地处理各种损失结果并根据可能出现的新情况拟订新的风险管理计划和方案，以消除可能对企业的可持续发展产生不利影响的风险。这就要求风险管理不仅要关注减少风险，还要注重激发创新；通过风险管理，发现新的市场机会、合作伙伴或业务模式；帮助企业更好地应对未来的不确定性和变化，提高企业的适应能力和应变能力，从而使企业实现持续、稳定的增长，这是风险管理应达到的高层次目标。

三　风险管理流程

流程是一整套做事的方法，它涵盖了做事的顺序、内容、所需资源和目标等多个方面。流程不仅包括对事情本身的规划和执行，还涉及对所需资源的合理配置和有效利用。流程是为了实现特定的目标，提高工作效率，提升工作效果，最终带来企业竞争力的提升。

流程可以被看作一系列活动的组合，这些活动有特定的顺序和相互关系。每个活动都有具体的操作内容、方法、要求和限制条件。流程具有目标导向、规范化、相互关联、可重复性、价值创造等特点。因此，流程是一种系统化、规范化和标准化的做事方法，它的存在不仅可以提高工作效率，提升工作效果，还能为企业带来更多的价值。

风险管理流程是指通过制定合理的策略和措施，识别、评估、监控和应对风险的一系列步骤。风险管理流程主要包括以下几个步骤。

（一）明确环境信息

明确企业内部、外部的环境信息，是风险识别、风险分析、风险评价和风险应对的前提。企业风险的可接受与否应与企业所处的环境相适应。外部的环境信息需考虑国内、国外的政治、经济、社会环境等因素；内部的环境信息包括企业的价值观、组织架构、资源能力、发展战略、方针、目标、内部相关者的诉求等。

（二）风险评估

风险评估是指通过对已知或可能存在的风险进行识别、分析和评价，以确定其可能对企业或组织造成的损失和影响，并采取相应的措施来减少或避免风险的发生和影响。

1. 风险识别

风险识别也被称为风险审查，指的是发现、确认和描述风险的过程，目的是确定可能影响企业或组织目标得以实现的因素或事件，为接下来的风险管理提供依据。在风险识别的过程中，要做到可信、全面、客观，发现有可能引发风险的变量，运用实证方法分析数据，得出可能发生现实风险的结论，并挑出可能引发重大风险事件的根源，尤其要识别可能对目标产生重大影响的风险源、事件及其原因和潜在的后果。

风险识别的方法包括问询、交谈、问卷调查、查阅资料或档案、工作任务分析、数据统计分析、趋势变化图、矩阵法分析等。每一种方法都各有优劣，应结合企业或组织的实际情况和所处的不同环境选择最合适的方法。

2. 风险分析

风险分析是在风险识别的基础上，深入分析风险事件，识别、分类、定义风险事件，以定性和定量的方法，全面把握风险事件发生的原因、发生的可能性及可能造成的损失和程度，以对风险事件进行综合评价。

3. 风险评价

风险评价是在风险识别和分析的基础上，综合考虑风险发生的概率、损失程度以及其他因素，得出系统发生风险的可能性及其程度，并与公认的安全标准进行比较，确定企业或组织的风险等级，由此决定是否需要采取控制措施，以及控制到什么程度。

（三）风险应对

风险应对是指通过一系列的策略和措施，来降低风险的可能性和影响，或者在风险发生后，尽可能减少损失的过程。简单说，风险应对就是面对风险时，企业或组织应该如何去做。风险应对的策略主要包括避免风险、减少风险、转移风险或者接受风险等。选择哪种策略，取决于企业或组织的风险承受能力、资源情况以及对风险的态度等因素。

风险应对并不是一次性的活动，而是一个持续的过程。企业或组织需要定期对风险管理的效果进行评估，如果发现某些措施不够有效，或者出现了新的风险，就需要及时进行调整。

风险应对也是一项系统性的工作，它需要企业或组织在面对风险时，既要有清晰的认识，又要有具体的行动。通过有效的风险应对，企业或组织可以更好地保护自己和组织的利益，实现可持续发展。

（四）风险监督和检查

风险监督和检查是企业或组织风险管理的重要组成部分。

风险监督是对企业或组织的各项经营活动进行持续的、系统的、全面的监控，以确保企业或组织面临的风险处于可接受的范围。风险监督可以帮助企业或组织及时发现和预防风险，避免因风险导致的经济损失。同时，风险监督还可以提高企业或组织的经营效率，通过对风险的有效管理，企业或组织可以更好地利用资源，提高经营效益。

风险检查则是通过对企业或组织内部的风险管理活动进行检查，发现可能存在的问题和漏洞，从而及时地进行纠正。通过风险检查可以发现可能存在的风险点，从而采取有效的措施进行防范。同时，风险检查还可以提高企业或组织的风险意识，通过定期的风险检查，企业或组织的员工可以更好地理解和识别风险，从而提高员工的风险防范能力。

（五）沟通和记录

风险管理是一个涉及企业各个部门和层次的复杂过程。在这个过程中，信息的沟通和分享是至关重要的。只有保证所有的利益相关者都能够获取准确、及时的风险信息，才能够做出正确的决策，有效地应对风险。因此，建立一个有效的信息沟通机制，是风险管理的重要环节。

有效的沟通方式应该是双向的，既要有自上而下的指导和决策，又要有自下而上的信息反馈和建议。这样，不仅可以保证信息的全面性和准确性，也可以增强员工的参与感和责任感。同时，沟通的内容也应该包括所有可能的风险因素，包括市场风险、信用风险、操作风险等。这样，可以确保所有的风险都被考虑到，避免因为忽视了某个风险而导致意外损失。

风险管理是一个动态的过程，需要不断地进行监控和评估。在这个过程中，记录是一个重要的工具。通过记录，人们可以了解风险管理的历史情况，评估风险管理的效果，发现风险管理存在的问题，提出改进的建议。同时，通过记录，人们也可以为未来的风险管理提供经验和教训。

在记录的过程中，应该尽可能详细和准确，包括风险的描述、风险的影响、风险的处理过程、风险的结果等。同时，还应该定期对记录进行审核和更新，以确保记录的准确性和时效性。只有这样，才能充分利用记录这个工具，提高风险管理的效果。

风险管理流程具体见图1-1。

四　风险应对

风险应对的目的是选择和实施应对风险的方式。风险应对涉及以下反复优化的过程：制定和选择风险应对方案—计划和实施风险应对方案—评估应对的有效性—确定剩余风险是否可接受—如果不能接受，采取进一步应对措施。

在这个过程中，应注意选择最合适的风险应对方案，这涉及为实现目标而实施的方案所带来的潜在收益，与实施方案而带来的成本或由此

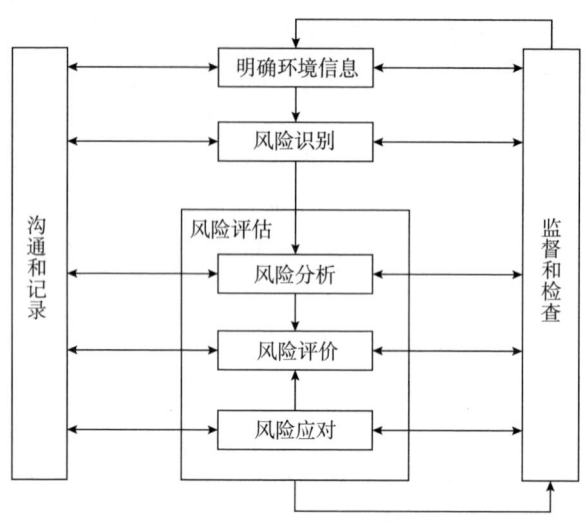

图 1-1　风险管理流程

带来的不利因素之间的权衡。此外，在选择应对风险时，不能单纯地仅仅考虑成本，还要考虑企业或组织的社会义务、自愿承诺和利益相关方的诉求。风险应对备选方案的选择应根据企业或组织的目标、风险准则和可用资源来进行。在选择风险应对备选方案时，组织应考虑价值观、认知和潜在的利益相关方，以及与它们沟通和咨询的最佳方式。

从风险管理的实践看，风险应对策略主要包括以下几种。

（一）风险规避

当风险的可能性和影响都很大时，企业可以选择规避风险，避免承担损失。例如，在投资时，企业可以选择低风险的投资产品，以降低潜在的损失。

（二）风险减轻

通过采取措施降低风险的可能性或影响，可以降低整体的风险水平。例如，在职业发展中，人们可以通过提高自己的技能和知识，增加竞争力，降低失业的风险。

（三）风险转移

将风险转移给其他方，如购买保险、签订合同等，可以有效地降低个人和企业面临的风险损失。

(四) 风险承担

当风险的可能性和影响相对较低时,人们可以选择承担一定的风险,以追求更高的回报。然而,在承担风险的同时,也需要注意防范潜在的损失。

在制定好风险应对策略后,企业或组织需要将其付诸实践,并对其进行持续的监控和调整。在实施的过程中,需要密切关注风险的变化,及时调整策略以适应新的情况。同时,还需要定期对风险管理的效果进行评估,以确保风险管理工作的有效性。

面对突发事件和不可预测的风险,企业或组织需要建立应急预案,以便在危机发生时能够迅速、有效地应对。应急预案应包括应对措施、责任分工、资源调配等内容,确保在危机发生时能够迅速地启动应急机制,降低损失。

第二节 税务概述

一 税收与税法的概念

(一) 税收的概念

税收是国家或政府为了满足社会公共需要,凭借政治权力,强制、无偿、固定地参与社会产品的分配以取得财政收入的一种形式,本质上是一种分配关系。

税收是国家取得财政收入的最主要形式,与其他财政收入形式(收费、公债和利润)相比,具有强制性、无偿性、固定性三个基本特征,又称"税收三性"。

1. 强制性

强制性是指税收是国家凭借政治权力,通过法律形式对社会产品进行的强制性分配,而非纳税人的一种自愿交纳,纳税人必须依法纳税,否则会受到法律制裁。强制性特征体现于依法征税和依法纳税,是国家权力在税收上的法律体现,也是国家取得税收收入的根本前提。

2. 无偿性

无偿性又称不直接返还性,体现于政府征税时不直接向纳税人支付任何等价物或报酬。政府取得的税款转化为财政支出用于提供各种公共产品、满足社会公共需要，单个纳税人或多或少从中获得利益，但其所获利益与所纳税款价值上不一定相等，纳税多的人所获利益不一定较多，纳税少甚至不纳税的人却可能获得较多利益。税收的不直接返还性由公共产品的消费非竞争性和排他不可能性等特点决定。

3. 固定性

税收是政府凭借政治权力参与社会产品分配的，必然与纳税主体之间存在"矛盾"。为了使这种"矛盾"降至最低限度，税款的征收不能是随意的、可多可少的，而应是确定或固定的，对什么人征、对什么客体征、征多少、征税的办法、征税的时间和地点、征税机关的权利义务，都要通过税法明确规定。纳税人只要发生应税的业务、收入或行为就必须按税法规定按时如数纳税，不得不纳、少纳或迟纳，否则会面临处罚。征税机关必须按税法规定行使征税权，不能随意改变征税标准，不得随意多征、减免或改变纳税时间地点。固定性实际上是指税法的确定性。

（二）税法的概念

税法即税收法律制度，是国家权力机关和行政机关制定的用以规范税收关系的法律规范的总称，是国家法律的重要组成部分。它是以宪法为依据，调整国家与社会成员在征税、纳税上的权利与义务关系，维护社会经济秩序和税收秩序，保障国家利益和纳税人合法权益的一种法律规范，是国家税务机关及一切纳税单位和个人依法征税、纳税的行为规则。

税收与税法之间既存在区别，也有重要的联系。

1. 区别

税收本质上是一种分配关系，侧重于经济利益关系，而税法是对税收活动的管理规则，侧重于权利和义务的明确；税收的主要功能是筹集财政收入，而税法的主要功能是规范税收活动，保障税收的公平、公正、有效征收。

2. 联系

税收与税法之间也存在密切的联系：所有的税收都需要用法律的形式加以明确，没有相应的税法加以明确的，皆不能称为税收；没有税法的规范和保障，税收就无法公平、公正、有效地征收；反之，没有税收的支持，国家就无法实现其职能，无法提供公共产品或公共服务以满足社会公共需要。

（三）税收三性与企业税务风险

税收的强制性、无偿性和固定性，与企业面临的税务风险之间存在直接的联系，或者说，税收三性是造成企业税务风险的直接原因，也使企业税务风险管理具备了现实可行性。

1. 强制性与企业税务风险

税收强制性是指纳税人必须按照税法的规定办理涉税事宜并纳税，不得逃避或者少缴。如果违反了税法的规定，一旦被税务机关查实，将会面临严重的法律制裁，包括罚款、追缴欠税，甚至刑事责任，由此会造成纳税人经济损失或信誉损失，严重的还会影响企业的纳税信用，进而造成业务和对外交往的困扰。

2. 无偿性与企业税务风险

就单个的纳税人来说，税款一旦缴入国库，即为国家所有，既不直接返还给纳税人，也无须向纳税人支付相应的报酬。对追求私利最大化的纳税人来说，属于让渡自己的利益给国家，导致纳税人的私利和国家的公共利益之间的不一致。这种情况下，纳税人就有动机采用合法或不合法的手段来逃避自己的纳税义务，而一旦被税务机关查处，税收的强制性就使得纳税人不得不接受法律的制裁，进而产生税务风险。

3. 固定性与企业税务风险

税法一经颁布实施，就会保持相对的稳定性，一般不会出现朝令夕改的情况。这就要求纳税人对已经发生了的业务，严格按照税法的规定进行涉税事项的处理，以避免漏税或者被税务机关认定为逃税。另外，税法的固定性，使得纳税人可以对尚未发生的业务，可以基于现行税法的规定作出提前安排，从而可以在不违背税法规定的前提下，少缴纳税款而减轻税收负担，同时还可以预计税收政策的变动趋势，提早对业务活动作出安排，以适应税收政策的变动，顺应国家产业政策的变化。

二　税法的构成

税法一般包括总则、纳税人、征税对象、税目、计税依据、税率、纳税环节、纳税期限、纳税地点、减免税等。

（一）纳税人

纳税人，又称纳税义务人，是税法规定的、直接负有纳税义务的单位和个人，是纳税的主体，包括自然人、法人和其他组织。税法对每一税种都规定了明确、具体的纳税人，如果纳税人不履行纳税义务，该行为的直接责任人应承担相应的法律责任。

与纳税人相对的是负税人，是指实际负担税款的单位和个人。由于税负转嫁的存在，纳税人和负税人经常会不一致，这为通过税负转嫁的方式进行纳税筹划提供了可能。

（二）征税对象

征税对象又称课税对象、征税客体，指对什么征税，即征税的标的物。征税对象是区分不同税种的主要标志。

（三）税目

税目是各税种所规定的征税对象的具体项目，是征税对象的具体化，反映具体的征税范围，代表征税的广度。

（四）计税依据

计税依据又称税基，是计算应纳税额的依据，反映具体征税范围内征税对象的应计税金额或数量，是征税对象在量上的具体化。

（五）税率

一般情况下，税率是应纳税额与计税依据的比率，是税收制度的核心要素之一。税率的高低，体现着征税的深度，关系着国家财政收入水平与纳税人的税收负担水平。中国现行税率主要包括比例税率、定额税率、超额累进税率和超率累进税率四种。

（六）纳税环节

纳税环节是税法规定的征税对象从生产到消费的流转过程中应当缴纳税款的环节。从税收实践看，一般可分为单环节征税和多环节征税。

单环节征税是指仅对征税对象从生产到消费流转过程中的某一特定环节征税。例如，中国现行消费税大都实行在出厂销售单环节征税。

多环节征税是指对征税对象从生产到消费流转过程中的两个或两个以上的环节征税。例如，中国现行增值税实行对每一环节的增值额征税。

（七）纳税期限

纳税期限是指纳税人发生纳税义务后，按照税法规定应当缴纳税款的法定期限。不同的税种，其纳税期限通常也是不同的。具体的纳税期限，由主管税务机关根据纳税人的具体情况确定。在实务中，纳税人的纳税期限通常是一个月。对于不能按照固定期限纳税的，可以采取按次纳税的办法。

(八）纳税地点

纳税地点是根据各个税种的纳税环节和有利于对税款的源泉控制而规定的纳税人的具体纳税地点。纳税地点一般为纳税人的住所地，税法也有规定可在营业地、财产所在地或特定行为发生地纳税。

（九）减免税

减税是指对纳税人的应纳税额依法少征一部分。

免税是指对纳税的应纳税额依法全部免征。

减税、免税通常是国家为了贯彻鼓励或扶持政策，对某些符合条件的纳税人和征税对象做出减少征税或免予征税的特殊规定。

三　纳税人的权利和义务

对纳税人来说，纳税人的权利和义务是税法最实质的内容。根据《中华人民共和国税收征收管理法》《中华人民共和国税收征收管理法实施细则》《中华人民共和国行政诉讼法》等法律规定，纳税人在纳税过程中，享有规定的权利，同时也需要承担规定的义务。

（一）纳税人的权利

纳税人享有以下权利：

1. 知情权

纳税人有权向税务机关了解国家税收法律、行政法规的规定以及与纳税程序有关的情况。

2. 保密权

纳税人有权要求税务机关为纳税人的情况保密，税务机关也应当依法为纳税人的商业秘密和个人隐私保密。

3. 税收监督权

纳税人对税务机关违反税收法律、行政法规的行为，可以进行检举和控告；对其他纳税人的税收违法行为也有权进行检举。

4. 纳税申报方式选择权

纳税人有权根据自己的便利和需要，从税法规定的纳税申报方式中选择最适合自己的方式进行纳税申报。

5. 申请延期申报权

纳税人有权向税务机关书面申请延期办理纳税申报、报送事项。

6. 申请延期缴纳税款权

纳税人因有特殊困难，不能按期缴纳税款的，可以申请延期缴纳税款。

7. 申请退还多缴税款权

纳税人自结算缴纳税款之日起三年内发现多缴纳税款的，可以向税务机关要求退还多缴的税款并加算银行同期存款利息。

8. 依法享受税收优惠权

纳税人可以依照法律、行政法规的规定享受减税、免税和其他税收优惠。

9. 委托税务代理权

纳税人有权委托税务代理人代为办理税务事项。

10. 陈述与申辩权

纳税人对税务机关作出的决定，享有陈述权、申辩权。税务机关不会因纳税人的申辩而加重处罚。

11. 对未出示税务检查证和税务检查通知书的拒绝检查权

纳税人有权拒绝未出示税务检查证和税务检查通知书的检查。

12. 税收法律救济权

纳税人对税务机关作出的决定，依法享有申请行政复议、提起行政诉讼、请求国家赔偿等权利。

13. 依法要求听证的权利

纳税人对税务机关作出规定金额以上罚款的行政处罚之前，有权要求举行听证。

14. 索取有关税收凭证的权利

税务机关或扣缴义务人代扣、代收税款时，纳税人有权要求提供相应的税收凭证。

(二) 纳税人的义务

1. 依法进行税务登记的义务

纳税人应依照税法规定申请办理税务登记、变更登记、停业或复业登记、注销登记等，并按照规定使用税务登记证件，不得转借、涂改、损毁、买卖或伪造税务登记证件。

2. 依法设置、保管账簿和有关资料以及依法开具、使用、取得和保管发票的义务

纳税人应当按规定设置账簿，根据合法、有效凭证记账，进行核算；从事生产、经营的，必须按规定的保管期限保管账簿、记账凭证、完税

凭证及其他有关资料；账簿、记账凭证、完税凭证及其他有关资料不得伪造、变造或者擅自损毁；应当依法开具、使用、取得和保管发票。

3. 财务、会计制度和会计核算软件备案的义务

纳税人应当将其财务、会计制度或者财务、会计处理办法和会计核算软件，报送税务机关备案。

4. 按照规定安装、使用税控装置的义务

纳税人应当按照规定安装、使用税控装置，不得损毁或者擅自改动税控装置。

5. 按时、如实申报的义务

纳税人应当按照规定的申报期限、申报内容如实办理纳税申报，报送纳税申报表、财务会计报表及其他纳税资料。

6. 按时缴纳税款的义务

纳税人应当按照规定的期限，缴纳或者解缴税款。

7. 代扣、代收税款的义务

纳税人应当按照法律、行政法规规定履行代扣、代收税款的义务。

8. 接受依法检查的义务

纳税人应当主动配合税务机关按法定程序进行的税务检查。

9. 及时提供信息的义务

纳税人除通过税务登记和纳税申报向税务机关提供与纳税有关的信息外，还应及时提供其他信息。

10. 报告其他涉税信息的义务

纳税人有义务就纳税人与关联企业之间的业务往来，向当地税务机关提供有关的价格、费用标准等资料；有合并、分立情形的，应当向税务机关报告，并依法缴清税款；应当在规定时间内向主管税务机关书面报告全部账号；欠缴税款数额在 5 万元以上的，在处分不动产或者大额资产之前，应当向税务机关报告。

四 违反税法的法律责任

纳税人如果不按照税法的规定履行涉税义务，就要承担相应的法律责任。按照税收征管的程序和要求，纳税人的税收违法行为可分为违反日常税收管理的法律责任、违反税款征收的法律责任和违反发票管理的法律责任。

（一）违反日常税收管理的法律责任

（1）未按照规定的期限申报办理税务登记、变更或者注销登记的，可以处两千元以下的罚款；情节严重的，处两千元以上一万元以下的罚款。

（2）未按照规定使用税务登记证件，或者转借、涂改、损毁、买卖、伪造税务登记证件的，处两千元以上一万元以下的罚款；情节严重的，处一万元以上五万元以下的罚款。

（3）未按照规定办理税务登记证件验证或者换证手续的，由税务机关责令限期改正，可处两千元以下的罚款；情节严重的，处两千元以上一万元以下的罚款。

（4）未按照规定设置、保管账簿或者保管记账凭证和有关资料的，可处两千元以下的罚款；情节严重的，处两千元以上一万元以下的罚款。《中华人民共和国税收征收管理法实施细则》规定，纳税人未按照规定设置账簿的，税务机关自检查发现之日起五日内向纳税人发出责令限期改正通知书，并依照税收征管法规定处罚。

（5）未按照规定将财务、会计制度或者财务、会计处理办法和会计核算软件报送税务机关备查的，可处两千元以下的罚款；情节严重的，处两千元以上一万元以下的罚款。

（6）未按照规定将其全部银行账号向税务机关报告的，可处两千元以下的罚款；情节严重的，处两千元以上一万元以下的罚款。

银行和其他金融机构未依照《中华人民共和国税收征收管理法》及实施细则的规定在从事生产、经营的纳税人的账户中登录税务登记证件号码，或者未按规定在税务登记证件中登录从事生产、经营的纳税人的账户账号的，由税务机关责令其限期改正，处两千元以上两万元以下的罚款；情节严重的，处两万元以上五万元以下的罚款。

为纳税人非法提供银行账户、发票、证明或者其他方便，导致未缴、少缴税款或者骗取国家出口退税款的有关单位，税务机关除没收其违法所得外，可以处未缴、少缴或者骗取的税款一倍以下的罚款。

（7）未按照规定安装、使用税控装置，或者损毁、擅自改动税控装置的，可以处两千元以下的罚款；情节严重的，处两千元以上一万元以下的罚款。

（8）纳税人逃避、拒绝或者以其他方式阻挠税务机关检查的，由税务机关责令改正，可以处一万元以下的罚款；情节严重的，处一万元以上五万元以下的罚款。

（9）纳税人非法印制、转借、倒卖、变造或者伪造完税凭证的，由税务机关责令改正，处两千元以上一万元以下的罚款；情节严重的，处一万元以上五万元以下的罚款；构成犯罪的，依法追究刑事责任。

（二）违反税款征收的法律责任

1. 逃税的法律责任

逃税是指纳税人伪造、变造、隐匿、擅自销毁账簿、记账凭证，或者在账簿上多列支出或不列、少列收入，或者经税务机关通知申报而拒不申报或进行虚假的纳税申报，不缴或少缴应纳税款。

对纳税人逃税的，由税务机关追缴其不缴或少缴的税款、滞纳金，并处不缴或少缴的税款50%以上五倍以下的罚款；构成犯罪的，依法追究刑事责任。

《中华人民共和国刑法》第二百零一条规定：纳税人采取欺骗、隐瞒手段进行虚假纳税申报或者不申报，逃避缴纳税款数额较大并且占应纳税额10%以上的，处三年以下有期徒刑或者拘役，并处罚金；数额巨大并且占应纳税额30%以上的，处三年以上七年以下有期徒刑，并处罚金。

扣缴义务人采取前款所列手段，不缴或者少缴已扣、已收税款，数额较大的，依照前款的规定处罚。

对多次实施前两款行为，未经处理的，按照累计数额计算。

有第一款行为，经税务机关依法下达追缴通知后，补缴应纳税款，缴纳滞纳金，已受行政处罚的，不予追究刑事责任；但是，五年内因逃避缴纳税款受过刑事处罚或者被税务机关给予两次以上行政处罚的除外。

根据2022年4月6日发布的《最高人民检察院 公安部关于公安机关管辖的刑事案件立案追诉标准的规定（二）》第五十二条的规定，逃避缴纳税款，涉嫌下列情形之一的，应予立案追诉：

（1）纳税人采取欺骗、隐瞒手段进行虚假纳税申报或者不申报，逃避缴纳税款，数额在十万元以上并且占各税种应纳税总额10%以上，经税务机关依法下达追缴通知后，不补缴应纳税款、不缴纳滞纳金或者不接受行政处罚的；

（2）纳税人五年内因逃避缴纳税款受过刑事处罚或者被税务机关给予二次以上行政处罚，又逃避缴纳税款，数额在十万元以上并且占各税种应纳税总额10%以上的；

（3）扣缴义务人采取欺骗、隐瞒手段，不缴或者少缴已扣、已收税款，数额在十万元以上的。

纳税人在公安机关立案后再补缴应纳税款、缴纳滞纳金或者接受行政处罚的，不影响刑事责任的追究。

2. 逃避追缴欠税的法律责任

逃避追缴欠税是指欠缴应纳税款的纳税人，采取转移或者隐匿财产的手段，妨碍税务机关追缴欠税款的税收违法行为。

对于逃避追缴欠税的纳税人，由税务机关追缴欠缴的税款、滞纳金，并处欠缴税款50%以上五倍以下的罚款；构成犯罪的，依法追究刑事责任。

《中华人民共和国刑法》第二百零三条规定：纳税人欠缴应纳税款，采取转移或者隐匿财产的手段，致使税务机关无法追缴欠缴的税款，数额在一万元以上不满十万元的，处三年以下有期徒刑或者拘役，并处或者单处欠缴税款一倍以上五倍以下罚金；数额在十万元以上的，处三年以上七年以下有期徒刑，并处欠缴税款一倍以上五倍以下罚金。单位犯罪的，对单位判处罚金，并对其直接负责的主管人员和其他直接责任人员，依照上述规定处罚。

3. 骗税的法律责任

骗税是以假报出口或者其他欺骗手段，骗取国家出口退税款的行为，由税务机关追缴其骗取的退税款，并处骗取退税款一倍以上五倍以下的罚款；构成犯罪的，依法追究刑事责任。对骗取国家出口退税款的，税务机关可以在规定期间内停止为其办理出口退税。

《中华人民共和国刑法》第二百零四条规定：以假报出口或者其他欺骗手段，骗取国家出口退税款，数额较大的，处五年以下有期徒刑或者拘役，并处骗取退税款一倍以上五倍以下罚金；数额巨大或者有其他严重情节的，处五年以上十年以下有期徒刑，并处骗取退税款一倍以上五倍以下罚金；数额特别巨大或者有其他特别严重情节的，处十年以上有期徒刑或者无期徒刑，并处骗取退税款一倍以上五倍以下罚金或者没收财产。纳税人缴纳税款后，采取前款规定的欺骗方法，骗取所缴纳的税款的，依照《中华人民共和国刑法》第二百零一条的规定定罪处罚；骗取退税款超过所缴纳的税款部分，依照前款的规定处罚。单位犯罪的，对单位判处罚金，并对其直接负责的主管人员和其他直接责任人员,依照上述规定处罚。

4. 抗税的法律责任

抗税是指纳税人以暴力、威胁方法拒不缴纳税款的税收违法行为。

对于抗税,除由税务机关追缴其拒缴的税款、滞纳金外,还要依法追究刑事责任。情节轻微,未构成犯罪的,由税务机关追缴其拒缴的税款、滞纳金,并处拒缴税款一倍以上五倍以下的罚款。

《中华人民共和国刑法》第二百零二条规定:以暴力、威胁方法拒不缴纳税款的,处三年以下有期徒刑或者拘役,并处拒缴税款一倍以上五倍以下罚金;情节严重的,处三年以上七年以下有期徒刑,并处拒缴税款一倍以上五倍以下罚金。

(三)违反发票管理的法律责任

1. 虚开发票

(1)虚开增值税专用发票或者虚开用于骗取出口退税、抵扣税款的其他发票

虚开增值税专用发票或者虚开用于骗取出口退税、抵扣税款的其他发票,是指有为他人虚开、为自己虚开、让他人为自己虚开、介绍他人虚开行为之一的。

虚开增值税专用发票或者虚开用于骗取出口退税、抵扣税款的其他发票的,处三年以下有期徒刑或者拘役,并处两万元以上二十万元以下罚金;虚开的税款数额较大或者有其他严重情节的,处三年以上十年以下有期徒刑,并处五万元以上五十万元以下罚金;虚开的税款数额巨大或者有其他特别严重情节的,处十年以上有期徒刑或者无期徒刑,并处五万元以上五十万元以下罚金或者没收财产。

单位犯本条规定之罪的,对单位判处罚金,并对其直接负责的主管人员和其他直接责任人员,处三年以下有期徒刑或者拘役;虚开的税款数额较大或者有其他严重情节的,处三年以上十年以下有期徒刑;虚开的税款数额巨大或者有其他特别严重情节的,处十年以上有期徒刑或者无期徒刑。

(2)虚开其他发票

虚开前款规定以外的其他发票,情节严重的,处两年以下有期徒刑、拘役或者管制,并处罚金;情节特别严重的,处两年以上七年以下有期徒刑,并处罚金。

单位犯前款罪的，对单位判处罚金，并对其直接负责的主管人员和其他直接责任人员，依照前款的规定处罚。

2. 伪造或者出售伪造的增值税专用发票

伪造或者出售伪造的增值税专用发票的，处三年以下有期徒刑、拘役或者管制，并处二万元以上二十万元以下罚金；数量较大或者有其他严重情节的，处三年以上十年以下有期徒刑，并处五万元以上五十万元以下罚金；数量巨大或者有其他特别严重情节的，处十年以上有期徒刑或者无期徒刑，并处五万元以上五十万元以下罚金或者没收财产。

单位犯本条规定之罪的，对单位判处罚金，并对其直接负责的主管人员和其他直接责任人员，处三年以下有期徒刑、拘役或者管制；数量较大或者有其他严重情节的，处三年以上十年以下有期徒刑；数量巨大或者有其他特别严重情节的，处十年以上有期徒刑或者无期徒刑。

3. 非法出售增值税专用发票

非法出售增值税专用发票的，处三年以下有期徒刑、拘役或者管制，并处二万元以上二十万元以下罚金；数量较大的，处三年以上十年以下有期徒刑，并处五万元以上五十万元以下罚金；数量巨大的，处十年以上有期徒刑或者无期徒刑，并处五万元以上五十万元以下罚金或者没收财产。

4. 非法购买增值税专用发票或者购买伪造的增值税专用发票

非法购买增值税专用发票或者购买伪造的增值税专用发票的，处五年以下有期徒刑或者拘役，并处或者单处二万元以上二十万元以下罚金。

非法购买增值税专用发票或者购买伪造的增值税专用发票又虚开或者出售的，分别依照规定定罪处罚。

5. 伪造、擅自制造或者出售伪造、擅自制造的其他发票

（1）伪造、擅自制造或者出售伪造、擅自制造的可以用于骗取出口退税、抵扣税款的其他发票的，处三年以下有期徒刑、拘役或者管制，并处二万元以上二十万元以下罚金；数量巨大的，处三年以上七年以下有期徒刑，并处五万元以上五十万元以下罚金；数量特别巨大的，处七年以上有期徒刑，并处五万元以上五十万元以下罚金或者没收财产。

非法出售可以用于骗取出口退税、抵扣税款的其他发票的，依照本款的规定处罚。

（2）伪造、擅自制造或者出售伪造、擅自制造的前款规定以外的其他发票的，处二年以下有期徒刑、拘役或者管制，并处或者单处一万元

以上五万元以下罚金；情节严重的，处二年以上七年以下有期徒刑，并处五万元以上五十万元以下罚金。

（3）明知是伪造的发票而持有，数量较大的，处二年以下有期徒刑、拘役或者管制，并处罚金；数量巨大的，处二年以上七年以下有期徒刑，并处罚金。单位犯罪的，对单位判处罚金，并对其直接负责的主管人员和其他直接责任人员，依照前款的规定处罚。

五 金税工程

金税工程是"税收信息管理系统工程"的总称。1994年，中国实施了以增值税为主要内容的新一轮工商税制改革，建立了以增值税为主体税种之一的税收体系，并实施以增值税专用发票为主要扣税凭证的增值税征管制度。随着税制改革的推进，新税制与旧的征管手段之间的矛盾日益突出，国务院决定引入现代化技术手段加强对增值税的监控管理，定名为金税工程，并列入了国家信息化建设重点工程。金税工程是吸收国际先进经验，运用高科技手段结合中国增值税管理实际设计的管理系统，是利用覆盖全国税务机关的计算机网络对增值税专用发票和企业增值税纳税状况进行严密监控的一个体系。

（一）金税一期

在中国的增值税管理中，增值税专用发票不仅作为购销凭证，还能够抵扣税款，因此在利益的驱使下，利用虚开、代开、伪造增值税专用发票等手段进行经济犯罪的行为屡禁不止。为彻底打击税收违法犯罪行为，税务部门开始筹建以增值税计算机稽核系统、增值税专用发票防伪税控系统、税控收款机系统为子系统的金税一期工程。金税一期工程于1995年在全国50个试点单位实施上线，但实际运行的效果并不理想，原因在于虽然金税一期实现了利用计算机网络进行的增值税专用发票交叉稽核和增值税防伪税控，但是，当时采集增值税专用发票信息需要由税务机关组织手工录入，工作量大，数据采集不全，而且由于只在50多个城市建立了稽核网络，对其他地区的专用发票还无法进行交叉稽核。所以，到1996年年底金税一期工程便停止运行。金税一期是计算机等信息技术在税收征管系统应用的有益探索，虽然不尽如人意，但为计算机等信息技术手段应用于税收征管并进一步完善奠定了基础。

(二) 金税二期

针对金税一期的问题，国家税务总局牵头对金税工程重新进行了优化设计。1998年，金税二期启动。金税二期的整体思路是，建立基于企业申报信息稽核为主导、以发票信息稽核为辅助的增值税计算机稽核系统，旨在强化以两级稽核为核心的增值税日常稽查管理，以及时发现和查处不法分子的偷骗增值税行为。金税二期由防伪税控开票系统、防伪税控认证系统、增值税专用发票交叉稽核系统和增值税专用发票协查系统四大子系统组成，并于2001年7月1日在全国全面开通，由此中国的税收管理工作逐步从经验管税过渡到以票控税。

金税二期由四个子系统组成，这四个系统相互协同，组成一个有机的整体，将增值税专用发票运行情况置于计算机网络的严密监控之下，基本解决了利用"假票""大头小尾发票"作案的问题，大大压缩了利用"真票虚开"方式进行违法活动的空间，发票案件大幅度下降，受到行政处罚和追究刑事责任的人员数量也急剧减少。相比于金税一期，金税二期的功能相对强大，但仍然存在一些问题，比如覆盖的范围有限，只能采集和稽核专用发票信息，与增值税征管相关的一些环节如一般纳税人认定、发票的发售以及增值税税款的申报与缴纳，尚未全部纳入金税工程网络运行。

针对这些问题，国家税务总局对金税二期进行了完善与拓展，将整个系统扩展到了11个子系统，即防伪税控开票系统、防伪税控认证系统、专用发票交叉稽核系统、专用发票协查系统、防伪税控发行系统、防伪税控发售系统、防伪税控报税系统、增值税一般纳税人认定系统、增值税专用发票内部管理系统、增值税电子申报系统和增值税纳税评估系统。通过完善与拓展，建立了纳税人发票开具情况与税款申报缴纳情况相互稽核的机制，全面实现金税工程的税控功能，从根本上防范"真票虚开"的犯罪活动。

(三) 金税三期

到金税三期，中国税收征管工作真正过渡到了"以票控税"阶段，并逐步往"信息管税"方向发展。金税三期于2016年10月在全国全面上线。金税三期的应用架构见图1-2。

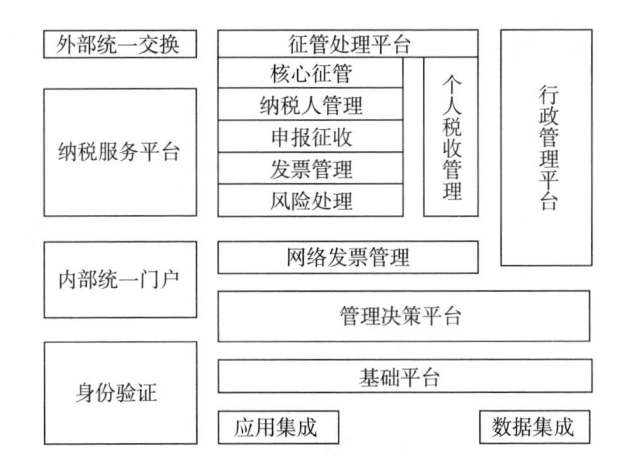

图 1-2　金税三期的应用架构

金税三期包括"一个平台,两级处理,三个覆盖,四个系统",即:基于统一规范的技术基础平台;依托计算机网络,在总局和省局两级集中处理信息;覆盖所有税种,覆盖税务机关的所有工作环节;设置征管业务、行政管理、外部信息、决策支持四大系统。金税三期标志着国家税收管理系统的一次重大进步,也是税收征管改革进程中的必要环节。图 1-3 展示了金税三期的四大子系统。

四大子系统		
	一个平台	包含网络硬件和基础软件的统一规范的技术基础平台
	两级处理	依托统一的技术基础平台,逐步实现数据信息在总局和省局集中处理
	三个覆盖	应用内容逐步覆盖所有税种,覆盖所有工作环节,覆盖税务机关并与相关部门联网
	四个系统	通过业务重组、优化和规范,逐步形成一个以征管业务系统为主,涵盖行政管理、外部信息和决策支持的四大应用系统软件

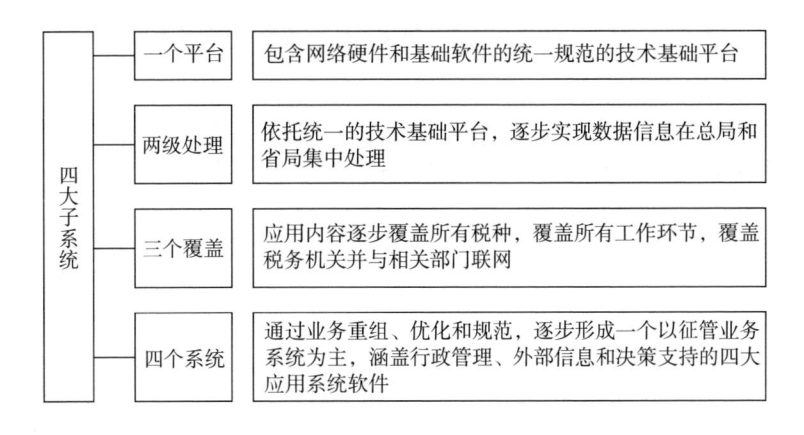

图 1-3　金税三期四大子系统

金税三期主要有以下三个特征:

一是管理环节的后置。随着简政放权政策的推进，税务机关对前置的审批项目正在大面积缩减，取而代之的是后置环节的后续管理与风险控制，金税三期特别为风险控制开发了相应的决策系统，助力税收征管事后发力。由于管理环节的后置，对纳税人来说，本来可以在前置环节借助税务机关的管理而控制住的一些税务风险，不得不由纳税人自行承担，由此加大了纳税人所面临的涉税风险。

二是专业化管理的转型。由于管理对象体量的逐年壮大，传统的税收管理员单点方式已难以应对，推进专业化链条管理有利于在征管力量有限的前提下提升管理的效率，降低管理风险，基本统一了全国涉税管理事项流程，既提升了纳税人和扣缴义务人的办税体验，也为专业化管理奠定了有力的信息系统基石。税务机关的专业化管理，对纳税人在税务管理方面的专业化、规范化等方面提出了更高的要求，这意味着专业化程度和规范化程度不够的纳税人和扣缴义务人将面临更大的税务风险。

三是数据化管理的推进。在信息网络化的大潮下，征管改革的重点也逐步由凭证管理转向数据管理，逐步朝着信息化、数据化、网络化的方向不断推进。金税三期的上线不仅为数据化管理的标准、处理、应用打下了坚实的基础，也为未来的全数据化征管开展了有益的尝试。这就要求企业纳税人必须跟上税收征管的步伐，在业务处理、账务处理等方面往信息化、数据化、网络化的方向发展，这对纳税人的内部管理和内部控制提出了更高的要求。

金税三期促进了进一步规范税收执法、优化纳税服务、降低税收征纳成本、提高纳税人的遵从度和社会满意度的税收征管改革目标的实现。

（四）金税四期

1. 金税四期概述

金税四期属于金税三期的升级版，在全面营改增和统一全国税收征管，特别是2018年国地税合并后的"金三并库"（原国税、地税两个金三系统数据库合二为一）的背景下，为了有序整合，国家税务总局提出建设金税四期，以形成税务部门唯一的税务管理大系统。设想中的金税四期，不仅是一个信息化项目，还是推进税收现代化的一场系统性改革，目标是通过推动思维和理念、业务和制度、组织和岗责、技术和平台四个方面的转型升级,实现"以票控税"向"以数治税、智慧税务"的转变。

2020年11月,政府发布采购意向公告,准备启动金税四期工程。金税四期是实现税务总局决策指挥端的指挥台以及相关配套功能系统的总称。其主要部署于税务机关的内网,实现对业务更全面的监控,同时搭建了各部委、央行以及商业银行等参与机构之间信息共享和核查的通道。金税四期主体功能有"全电发票""视频指挥台""重大事项""重要日程"四大项,同时保留接口提供功能扩展能力。金税四期的核心是"数字全电发票",数字全电发票是一种以数据电文形式交付的新型发票,依托可信身份体系和电子发票服务平台,以去介质、去版式、标签化、要素化、授信制、赋码制为基本特征;是覆盖全领域、全环节、全要素的全新发票,与纸质发票具有同等法律效力。数字全电发票开具、报销、入账、档案、存储等环节全部电子化,实现发票的"即时开具、即时交付、即时查验"。金税四期将建设以服务纳税人缴费人为中心,以发票数字化、电子化改革为突破口,以税收大数据为驱动力,监管规则贯穿全场景,具有高集成功能、高安全性能、高应用效能的税收征管信息化系统,最终实现"以数治税""智慧税务"的目标。

相比于金税三期,金税四期多了以下功能:

(1)随着非税收入划转税务部门征收,金税四期不再局限于涉税业务,而是将非税业务一起纳入征管系统,在整体业务层面上可以进行更全面的监控。

(2)各部委、央行及部分商业银行等共同参与,搭建各机构之间信息共享和核查的通道。

(3)充分运用大数据、云计算、人工智能、移动互联网等现代信息技术,着力推进内外部涉税数据汇聚联通、线上线下有机贯通,实现"税费"全数据、全业务、全流程的"云化"打通,驱动税务执法、服务、监管制度创新和业务变革,进一步优化组织体系和资源配置。最终建设完成后,可以实现法人税费信息"一户式"、自然人税费信息"一人式"智能归集;实现税务机关信息"一局式"、税务人员信息"一员式"智能归集;实现对纳税人、缴费人行为的自动分析管理,对税务人员履责的全过程自控考核考评,对税务决策信息和任务的自主分类推送;实现税务执法、服务、监管与大数据智能化应用深度融合、高效联动、全面升级，最终实现智能化、智慧化的税务管理，实现"以票控税"向"以数治税"的转变。

2. 金税四期对纳税人的影响

（1）对纳税申报的影响。通过大数据技术，金税四期可全面获取企业各方面的涉税数据，可以实现对纳税人涉税数据的全面监控，将纳税申报表与附报的财务报表自动进行比对，并据以分析纳税申报表和财务报表及其他相关财务数据之间的逻辑关系是否合理，自动判断纳税申报数据是否异常，自动比对、分析企业中高层管理人员银行账户、上下游供应商的账簿信息数据和业务数据，以及所属行业中的其他企业的平均收入水平、成本费用、利润水平等信息，智能识别企业的不规范涉税行为，并能自动进行预警。这就要求纳税人在财务处理和纳税申报方面必须更加规范化、合规化，严格遵守相关税收法规，加强内部财务管理，确保财务资料和纳税申报数据的真实性和准确性。

（2）对企业非税业务的影响。金税四期将非税业务也纳入税收征管系统，强化了对非税业务的管控。传统的非税收入中除了教育费附加，还包括社会保险费、住房公积金、残疾人保障金、工会经费、文化事业建设费和其他非税收入，目前相当部分非税收入都划归税务机关负责征收，由此会使征缴范围、征收基数等不一致现象进一步减少，这无形中会增加纳税人的成本，提高了纳税人的风险；同时，与央行、金融机构、工商行政等监管部门的信息交换和数据共享，可以加强对企业股东、法定代表人等相关人员的身份信息和信用管理，有效监控这部分人员各种收支方式下的收支情况。这就要求纳税人在处理非税业务时更加谨慎小心，避免违规行为的发生。

（3）对企业财务管理的影响。金税四期的实施给企业的财务管理带来了影响。金税四期的数据化、信息化，特别是数字全电发票的推行，要求纳税人也必须适应这种变化，并且准确、及时地处理相关的业务数据和财务数据；同时，对企业的内部控制和风险管理体系也提出了更高的要求；税务机关和各部委、央行部分商业银行之间的信息和数据共享，要求企业之间的资金流动要合规。只有这样，才能有效避免税务风险的发生，为企业的健康、持续发展奠定基础。

第三节 智慧税务风险管理概述

一 税务风险管理

随着各国税收制度的不断完善和征管水平的不断提高，税收越来越成为现代企业从事生产经营活动所面临的最大成本之一，同时也是企业所面临的最大风险之一。良好的税务风险管理可以为企业创造价值：一方面是有形价值，通过税务风险管理可以减少企业因为违反税法的规定而遭受的额外损失，或者充分利用税收优惠政策以降低税负、获取直接的税收收益。另一方面是无形价值，通过税务风险管理可以帮助企业获取非经济利益：降低企业在生产经营过程中面临的风险，帮助企业树立良好的声誉，提升企业的形象，也有助于企业吸引人才、留住人才。

（一）税务风险的概念

税务风险是企业在处理涉税业务时偏离预期目标的可能性。具体来说，税务风险应该包含两层含义：

第一层含义是企业对于已经发生了的业务，是否准确适用税法、及时进行纳税申报、足额缴纳税款，以避免承担税法规定之外的责任，比如接受税务检查或者稽查后，被税务机关认定为逃税行为，由此导致在补缴税款之外，还要被处以罚款和加收滞纳金，严重者还会被追究刑事责任，也会对企业的声誉和信用造成负面影响，从而使企业利益遭受损失，偏离了预期目标。

第二层含义是企业因为业务处理不当而多缴纳了税款，承担了不必要的税收负担，从而导致涉税业务的处理结果偏离了预期目标。最典型的就是纳税人没有充分运用相关税收优惠政策进行合理的税务管理而导致企业多缴了税款。此外，也包括业务处理不恰当而无意中多缴纳了税款，比如税法规定：增值税纳税人兼营不同税率项目的，应当分别核算不同税率项目的销售额；没有分别核算的，从高适用税率计算缴纳增值税。但在实务中，有部分纳税人根本没有意识到这个问题，或者虽然意识到了这个问题，但无法做到税法所要求的分别核算，由此会导致企业多缴纳税款。在这种情况下，就需要纳税人结合自己的实际情况，准确掌握税法的精神，对业务处理作出适当的安排，从而避免这一层面的税务风险。

（二）税务风险的分类

根据对税务风险的界定，基于风险的分类方法，结合税务机关和企业的实践，可以将税务风险划分为以下几类：战略风险、法律风险、运营风险、经济风险、信誉风险和发票风险。

1. 战略风险

战略风险是指在组织制定和实施战略的过程中，由于涉税问题的处理不当而可能对企业的战略目标或长期利益产生负面影响。比如，在公司改制上市的过程中，按照现行政策，除股票溢价所形成的资本公积转增资本其自然人股东不需要缴纳个人所得税外，其他形式的资本公积转增资本其自然人股东都需要按照"利息、股息、红利"项目计算缴纳个人所得税。实践中，相当部分的企业在资本公积转增资本过程中没有计算缴纳个人所得税，这必然会影响企业的上市进程。

2. 法律风险

法律风险是指企业在生产经营过程中因涉税业务的处理不规范或者外部税收法律环境发生重大变化而造成不利法律后果的可能性。法律风险通常包括以下四个方面：一是因违反税收法律或征管要求而受到税务机关的处罚或面临刑事处罚，或者因为未能准确地遵守税法而给企业带来损失的风险。二是税收法律环境因素，包括税收立法不完备、税收执法不公正等给企业带来的税务风险。三是市场主体自身法律意识淡薄，在经营活动中不考虑税法因素等而造成的税务风险。四是交易对方的失信、违约或欺诈等，比如在交易过程中，因为对方不履行发票开具义务，或者因为对方开具的发票不符合规定而对纳税人造成损失的可能性。

3. 运营风险

运营风险是指企业在运营过程中，由于税法的专业性、复杂性和税收政策的变动性，以及纳税人对税法和税收政策的认知能力和适应能力的有限性，而导致的运营活动达不到预期目标的可能性。

4. 经济风险

经济风险指的是企业在处理涉税事务时可能给企业的经济利益造成损害的可能性。经济风险主要表现为以下两个方面：一方面是企业多缴税的风险，另一方面是企业由于涉税处理不当而招致税务机关的罚款、加收滞纳金等行政处罚而对企业经济利益造成损失的可能性。

5. 信誉风险

信誉风险是指外界因企业税务违规行为而对其信誉产生怀疑并导致未来利益损失的可能性。信誉风险产生的原因有多个方面，比如对税务机关或政府公关进行寻租、因欠税被公告、因与税务机关产生争议而诉诸法律等。

对企业来说，信誉风险的后果是深远的、无法计量的。原因在于，当今社会越来越注重品牌，无论是企业还是消费者，品牌意识都非常强：对企业来说，品牌意味着市场和效益，甚至是企业的生存基础；对消费者来说，品牌意味着企业的信誉和产品的质量。

6. 发票风险

发票风险是企业在开具或者取得发票的过程中所面临的不确定性。对购买方来说，发票风险主要包括无法取得发票的风险，或者因收到的发票不合规而无法抵扣增值税进项税额，或者无法作为其他税种的合法、有效凭证的风险；对销售方来说，主要包括虚开发票的风险、过早开票导致过早产生纳税义务的风险以及发票开具不当导致被处罚的风险。

(三) 税务风险的形成原因

1. 税法知识缺乏或理解不准确

税法是一个复杂的系统，包含许多专业的知识和规定。如果企业在理解和应用税法方面出现问题，就会导致税务风险的出现。具体来说，又可以细分为以下几个方面的原因。

第一，对税法的理解和把握不到位导致的税务风险。由于中国的税法条文非常简单，对同一条款，不同的人，从不同的角度会有不同的理解，进而会产生不同的业务处理结果。而税法的最终解释权实际上是归于税务机关的，而税务机关虽然把"精确执法"作为追求的目标，但由于实际业务与税法之间存在不一定完全匹配的问题，特别是随着数字经济的发展，新产业、新业态、新模式不断涌现，税法有一定的滞后性，在这种情况下，税务人员和税务机关在判定具体业务时难免会作出有利于税务机关的解释，而企业本身对税法的理解可能不透彻、不深入，纳税人和税务机关之间的这种差异就给纳税人带来风险。

第二，财务人员的不尽职导致的税务风险。财务人员的业务水平和实务经验不一，对税法的理解和执行也必然不同，这会导致企业因未能严格按照税法的规定履行纳税义务、未能准确核算应纳税款而使纳税人利益遭受损失。例如，由于会计政策与税收制度之间天然地存在差异，如果对这些差异没有予以充分的关注，则有可能在进行会计核算时，没有按照税法的规定来核算，由此给企业造成损失；再如，由于企业缺乏完善、有效的内部控制制度，会计核算系统提供了不真实的数据和信息，由此招致税务机关的处罚。而且，由于中国的税法变动较为频繁，这就要求财务人员要及时收集相关的信息，及时更新自己税法方面的知识。但从实践中发现，很多财务人员，特别是一般的财务人员在这方面做得远远不够，这也会使企业利益遭受损失，或者使企业没有享受到应该享受的税收优惠政策。

2. 内部管理不善

企业内部的管理结构和流程对税务风险的控制起着至关重要的作用。如果企业内部的财务管理混乱，或者没有建立有效的税务管理制度，则可能会导致税务风险的出现。例如，企业可能因为没有及时更新财务数据，导致纳税申报的错误，或者因为对税务事项的处理不当，而引发涉税争议。

3. 外部环境变化

企业的税务风险也会受到外部环境的影响。例如，税法的变化可能会改变企业的税务状况，从而带来新的税务风险。此外，政府的政策调整，如税收优惠的取消或调整，也可能导致企业的税务风险增加。

二 智慧税务风险管理

(一) 税务风险管理的概念

税务风险管理是风险管理理论和方法在企业税务管理方面的具体应用。所谓税务风险管理，就是企业按照一定的程序、运用一定的方法和技术对税务风险进行管理，将税务风险控制在可以接受的范围内以使税务问题对目标的影响降到最低，进而更好地为企业创造价值。税务风险管理贯穿于企业生产经营活动的全过程，大致包括对税法的理解、税务规划、税务检查和稽查应对、税务争议解决等多个环节。

智慧税务风险管理是指利用先进的科技手段和智能化工具来提升税务风险管理有效性和准确性的一种税务风险管理手段。它结合了数据分析、人工智能、机器学习等技术，通过自动化处理和智能化系统，实现对企业税务风险的全面、准确、及时的识别、评估、分析、监控和管理。

传统的税务风险管理通常依赖人工的经验和手工操作，容易受到主观因素和错误的影响。而智慧税务风险管理将先进的科技手段应用于税务风险管理领域，通过自动化的数据采集、智能化的数据分析和预警系统，提高了风险识别和评估的准确性与效率。同时，智慧税务风险管理还能够及时地发现潜在的风险点，并提供相应的应对措施和建议，帮助企业降低税务风险。

智慧税务风险管理有以下特点：

（1）数据驱动。主要利用大数据和数据分析技术，对海量的税务数据进行挖掘和分析，发现潜在的风险点，并能够自动与税务风险的管理模式进行匹配。

（2）智能预警。通过智能化的风险预警系统，及时发现并预警潜在的税务风险，提供及时的决策支持。

（3）自动进行合规性判定。利用智能化工具和系统，自动计算税款、自动分析风险、自动进行纳税申报并完成税款缴纳，提高税务合规的效率和精确度。

（4）实时监控。通过智能化的监控系统，实时监测税务风险的演变和变化趋势，及时调整和改进风险管理策略。

（二）智慧税务风险管理的目标

《大企业税务风险管理指引（试行）》中列示了税务风险管理的主要目标，具体如下：

（1）税务规划具有合理的商业目的，并符合税法规定；

（2）经营决策和日常经营活动考虑税收因素的影响，符合税法规定；

（3）对税务事项的会计处理符合相关会计制度或准则以及相关法律法规；

（4）纳税申报和税款缴纳符合税法规定；

（5）税务登记、账簿凭证管理、税务档案管理以及税务资料的准备和报备等涉税事项符合税法规定。

这五个目标相互关联，相互促进，共同构成了税务风险管理的整体目标。

智慧税务风险管理的目标，是将科技手段和智能化工具应用于税务风险管理领域，自动化、智能化地进行税务风险管理，以提高税务风险管理的及时性、效率性和准确性。

(三) 传统税务风险管理模式的管理流程

税务风险会给企业带来直接或间接的损失,影响企业的财务目标的实现、企业战略目标的实现,严重的甚至会影响企业的生存,因此,企业需要对税务风险进行有效的控制,通过良好的税务风险管理,为企业的生存和发展创造更好的条件。

税务风险管理的流程通常包括以下几个方面:

1. 确定税务风险管理的目标

税务风险管理的目标可以划分为以下两大类:

(1) 直接目标

税务风险管理的直接目标是通过科学的方法和合理的业务安排与处理,使企业能够在合法、合理的前提下实现税收负担的最小化,并且能够免受法律的制裁与处罚。

(2) 间接目标

税务风险管理的间接目标包括:

①在实施税务风险管理的过程中,通过对影响企业税务风险的各因素进行分析,弄清楚引起企业税务风险的关键因素与指标,尽可能排除税务风险管理过程中的不确定性。

②通过税务风险管理,避免因为涉税问题而给企业带来信誉方面的损失,间接地提高企业的经济效益,为企业创造价值。

③通过智慧税务风险管理,促使企业提高财务管理的信息化、数字化和业财税一体化水平,提高财务人员的素质和账务处理的水平,并在其带动下,促进其他部门信息化、数字化管理,进而提高企业的信息化、数字化管理水平和整体管理水平。

2. 分析税务风险的影响因素

影响企业税务风险的因素,并不仅仅存在于企业内部,企业外部的因素也会对企业的税务风险产生影响。

(1) 企业经营者的经营理念

企业经营者的经营理念是企业经营者的个人理念在企业生产、经营活动中的实际反映。因此,企业经营者的经营风格、个性、法律意识等方面都会成为影响税务风险的潜在因素,也是主要因素。很难设想一个颇具冒险精神、对法律又不是很了解、风险观念薄弱的经营者会照章纳税。因此,要降低税务风险,经营者必须转变其经营理念,树立守法经营的意识。

(2) 员工的素质

企业的实际工作都由专门的人员来管理和处理，其中财务人员起到了很关键的作用，其教育背景、工作经历、工作态度、专业能力等方面会对企业税务风险的大小产生影响。如果财务人员的能力不足，就可能出现以下结果：

第一，业务处理不当。财务上的业务很多是涉税的，如果财务人员处理不当，很容易导致税务风险，当税务机关来检查时，各种涉税问题就会暴露出来。

第二，应对税务机关不当。如果专业能力不足，就可能在回答税务机关的询问、填写申请文书、办理涉税审批或备案时处理不当，由此给企业造成损失。

第三，向税务机关解释不清。税务机关在对企业进行检查或稽查时，如果财务人员对企业的业务解释不清楚，不能用专业知识介绍发生的业务，就会令税务机关产生不应有的怀疑，阻碍企业正常运作，增加税务风险。

财务人员在税务风险管理的过程中起关键的作用：一方面与税务机关的工作人员打交道的通常都是财务人员，另一方面企业的涉税问题的处理也基本上是由财务人员来完成的。但是必须看到，税务问题只是企业业务处理的结果，是业务问题导致了税务问题，而不是相反。因此，企业需要确立一种意识，即企业的管理流程与税务风险息息相关，要对税务风险进行有效的管理就必须着重控制业务到财务及财务到税务的整体管理流程。

(3) 企业的纳税环境

企业的纳税环境包含以下两个层次的内容。

①税务机关的执法环境

如果企业所在地的税务机关能够严格按照税法的规定来征税、实施管理和检查、稽查，那么相对来说，企业所面临的税务风险就比较小；反之，如果企业所在地的税务机关不严格按照税法来征税，而是随意地征税、稽查和检查，那么企业将会面临较高的税务风险。

②当地纳税人的整体情况

如果企业所在地的其他企业都不照章纳税，而是通过种种方式来逃税、避税，那么企业处在这样的经营环境中，也很难成为一个遵纪守法的经营者，其必然也会跟其他企业一样，走向不照章纳税的路；反之，如果企业所在地的其他企业都照章纳税，那么企业最终也将选择照章纳税，这样做对企业最有利。良好的税务环境有利于企业正常的生产经营活动的开展。因此，企业在设立的时候，出于税务风险控制的考虑，应该仔细考察拟设立地的税务环境，包括当地政府的观念、公务员的素质、经济发展水平、市场开放程度等。

（4）企业的社会关系

对企业来说，企业的社会关系是企业的一种无形资源。如果企业有良好的社会关系，那么在发生意外或者业务处理失误的时候，就比较容易通过企业所拥有的社会关系来向税务机关解释、说明，这会大大降低企业的税务风险。

3. 识别、测算税务风险

企业需要建立一个完善的税务风险识别体系，对企业内部和外部的税务风险及其影响因素进行及时、准确的识别。这包括对企业面临的主要税种、税收政策的变化、企业经营活动的调整、税收征管方式的改变等方面的关注和分析。在此基础上，对识别到的税务风险进行定量和定性的评估，确定税务风险的大小、可能性和影响程度，对税务风险进行合理的分类和管理，为制定有效的税务风险应对策略提供依据。

（1）分析企业面临的主要税种

企业经营范围的不同导致所面临的主要税种也不同，而这些税种对企业税务风险的影响也不一样。对照章纳税的企业来说，越大的税种其导致的税务风险反而越小。比如增值税，由于国家对增值税的管理非常严格，处罚也非常重，规范的企业在增值税问题上都会非常重视，从而其所导致的税务风险会较小；但一些小的税种，由于企业的重视程度不够，而且对企业的影响也不是很大，却给企业带来了较大的税务风险，即所谓的"小税种，大风险"。因此，在企业的经营管理过程中，经营者和财务人员必须清楚地知道：企业所要缴纳的税收主要有哪些？从企业前几年的情况看，在哪些税种上出现过问题？据此，就可以确定企业的税务风险主要来源于哪些税种了。

（2）分析企业的经营环境及变化

由于企业的经营情况时刻发生变化，企业的经营环境也在不断地变化，因此需要经常分析：企业的内部环境和外部环境是否发生了变化？这些变化是否会改变企业的生产经营行为和投资方向？在目前的经营管理模式下，是否存在税务风险？现有的人员素质和人员配备是否能够满足企业对税务风险管理的需要？

（3）识别与测算税务风险

全面分析企业的生产经营情况、会计处理方法和其他涉税信息，识别潜在的税务风险点；对识别出的税务风险点进行深入剖析，评估税务风险的性质、发生概率、可能造成的损失大小以及持续时间等。在此基础上，遵循税务风险管理的基本理论，对税务风险进行定性和定量分析并进行综合测算，以确定税务风险的优先级和应对策略。最后，要形成完整的书面报告，为企业决策层提供决策依据。

（4）选择合理的风险规避方法

对于税务风险，有不同的处理方法，通常所用的方法包括：

①避免税务风险，如避免进入某一业务领域或者放弃某一产品的制造与销售；

②保留税务风险，对于外部因素所造成的税务风险，在没有更好的办法避免的情况下，就只好予以保留；

③降低税务风险，通过相关业务的调整和加强管理，从企业内部来降低税务风险；在智慧税务的情况下，可以引入信息化、数字化的管理手段来降低税务风险。

因此，企业就需要仔细分析其面临的税务风险中，哪些是可以避免的，哪些是可以保留的，哪些是可以降低的。

在对税务风险进行充分、准确识别的情况下，就需要测算企业所面临的税务风险的大小。从风险管理的角度看，有不同的方法可以对风险进行测算，但从税务风险的角度看，由于税务风险给企业造成的损失基本上是可以度量的，其最终影响体现在企业的盈利能力和盈利水平上，因此，税务风险的测算就相对容易很多。企业需要弄清楚：税务风险存续的时间是多长？导致税务风险的可能性有多大？税务风险对企业的资本、收入、现金流、信誉等方面会产生什么样的影响？如果可以将上述影响量化的话，税务风险对上述指标的影响是多大？只要回答了上述问题，那么就可以很容易地测算出企业面临的税务风险的大小了，从而通过简单的排序，就可以清楚地知道哪些是企业所面临的主要税务风险，哪些是次要的税务风险。

4. 开发、实施税务风险管理的方法和策略

在对企业所面临的税务风险有了详细的了解以后，企业就应该针对自身的实际情况，采取合理的方法和策略控制企业所面临的税务风险。

（1）重视税务风险

应该在公司层面上对税务风险的管理予以重视，特别是经营者应该树立对税务风险的正确意识，并有推行下去的决心和信心。在中国，几乎所有的事情，如果能够自上而下地来推行，都会收到事半功倍的效果，这是中国的文化、传统和风俗习惯所决定的。除此之外，还应该将税务风险控制策略与公司的经营策略紧密结合起来。这是因为，税务风险控制不是目的，而只是一种手段，其根本目的是减少企业的意外损失，最终还是要为企业的经济和社会目标服务。

（2）关注重点税种

应该选择那些对公司的经营目标有重大影响的税种给予特别的关注。对公司经营有重大影响的税种，实际上也是企业税收成本的最大部分，通常也是最容易发生税务风险的部分。

（3）建立合理、科学的考核指标体系

无论税务风险管理是采用集中管理还是分散实施，都需要对相关的责任人员实行考核，如果没有一个考核指标体系，就会缺乏一个标准来衡量税务风险管理的效果，也无法对以后的工作进行监督和改进。

（4）设置专门的管理部门

税务风险控制不是一个简单的过程，而是企业的一个长期目标和需要。因此，如果有条件，企业应该考虑设立专门的税务管理部门，企业的所有涉税事宜都由该部门来处理；如果不具备设立单独的税务管理部门的条件，那么就应该将税务风险管理的工作分解给相关部门，将其纳入企业的日常管理。在这个过程中，财务部门应该起主要的作用，承担主要的工作，因为税务风险控制与业务的财务处理是紧密联系在一起的，而且企业的基本财务信息也是企业进行税务管理和风险控制的最原始信息。

5. 进行有效的监督和检查

监督和检查既是税务风险管理能够有效实施的保障，也是完善税务风险管理的基础。通过监督、检查，可以清楚所制定并实施的税务风险

控制方法和策略是否得当，效果是否明显；若效果不是很理想，那么通过监督、检查可以仔细地分析问题出在什么地方，从而为税务风险管理的完善提供建议。

（四）智慧税务风险管理模式下的管理流程

智慧税务风险管理的流程可以分为以下几个步骤：

1. 数据采集

通过自动化工具和系统，实时采集和整理企业与税务相关的数据，包括财务信息、交易记录、纳税申报数据等。数据采集可以通过与企业业务和财务系统的对接，实现自动化的数据传输和整合。

2. 数据分析

利用数据挖掘、人工智能等技术，对采集到的涉税数据进行深度分析和挖掘，识别出潜在的税务风险点。数据分析可以包括对数据的清洗、筛选、模型建立和算法运算等过程。

3. 风险评估

基于数据分析的结果，对识别出来的税务风险进行评估，确定其对企业的影响程度和概率。风险评估应采用定量和定性相结合的方法，综合考虑各种因素的权重和影响程度。

4. 智能预警

通过建立智能化的风险预警系统，根据风险评估的结果，及时发现并预警潜在的税务风险，提醒企业采取相应的措施进行应对。预警系统可以通过邮件、短信、系统通知等多种方式进行提醒。

5. 风险控制

根据风险评估和智能预警的结果，制定相应的风险控制措施，包括调整税务筹划方案、加强内部控制、提升员工培训等。风险控制措施可以根据具体的风险情况进行制定和执行。

6. 智能化合规性判定

利用智能化工具和系统，加强税务合规性管理，自动计算税款、自动分析风险、自动进行纳税申报并完成税款缴纳，提高税务合规性判定的效率和精确度，减少人为失误和合规风险。智能化合规性判定可以提高申报的准确性和时效性，降低企业的合规风险。

7. 智能化监控和反馈

通过智能化的监控系统，实时监测税务风险的演变和变化趋势，及时调整和改进风险管理策略。监控系统可以提供实时的数据分析和报告，帮助企业了解风险的动态变化和趋势。

智慧税务风险管理是一个系统的工程，需要企业从目标设定、流程设计到实际操作，全方位、全过程的数字化、智慧化管理。只有这样，企业才能更好地利用先进的科技手段和智能化工具有效防范和应对税务风险，保障企业的正常经营和发展。

智慧税务风险管理并不是一蹴而就的事情，它需要企业持续不断的学习和实践。企业需要关注和跟踪科技手段和智能化工具等技术方面的最新进展和应用，也需要关注税法的变化，了解最新的税收政策和规定；需要培训员工，提高他们的税务知识和技能；还需要建立和完善内部控制制度，确保税务风险管理的有效实施。

随着税法的不断完善和税收环境的不断变化，智慧税务风险管理将会变得越来越重要。因此，每一家企业都应重视智慧税务风险管理，并把它作为企业管理和信息化发展的重要一环。

【思考题】

1. 什么是风险？风险有哪些特征？
2. 风险管理的目标有哪些？
3. 税收的强制性、无偿性和固定性为什么会导致税务风险的发生？
4. 国家推行的以数治税、智慧税务改革，对纳税人会产生什么样的影响？
5. 什么是税务风险管理？什么是智慧税务风险管理？两者之间有什么区别与联系？
6. 智慧税务风险管理模式下的管理流程包括哪些步骤？

第二章　增值税的税务风险管理

【学习目标】

- 熟悉增值税的基本要素和法律规定
- 熟悉增值税应纳税额的计算
- 掌握纳税人身份、征税范围划分的税务风险管理
- 掌握增值税销项税额、进项税额的税务风险管理
- 熟悉增值税纳税申报的税务风险管理
- 掌握增值税优惠政策使用、出口退税中的税务风险管理
- 掌握增值税发票的税务风险管理

第一节　增值税的基本规定

一　增值税的纳税人和扣缴义务人

（一）纳税人

在中国境内销售货物、劳务、服务、无形资产、不动产的单位和个人，为增值税纳税人。

资管产品运营过程中的增值税应税行为，应由资管产品的管理人作为增值税的纳税人。

（二）扣缴义务人

（1）中国境外的单位或者个人在境内销售劳务，在境内未设经营机构的，以其境内代理人为扣缴义务人；在境内没有代理人的，以购买方为扣缴义务人。

（2）中国境外的单位或者个人在境内发生应税行为，在境内未设经营机构的，以购买方为增值税扣缴义务人。财政部和国家税务总局另有

规定的除外。

增值税采用凭专用发票抵扣税款的制度。为了便于增值税专用发票的管理及增值税应纳税额的核算，纳税人分为一般纳税人和小规模纳税人两类，这两类纳税人在计税方法和税务管理等方面有所不同。

（三）一般纳税人

（1）一般纳税人是指年应税销售额超过小规模纳税人标准的企业和企业性单位。

年应税销售额是指纳税人在连续不超过12个月或4个季度的经营期内累计应征增值税的销售额，包括纳税申报销售额、稽查查补销售额、纳税评估调整销售额。

销售服务、无形资产或者不动产且有扣除项目的纳税人，其应税行为年应税销售额按未扣除之前的销售额计算。纳税人偶然发生的销售无形资产、转让不动产的销售额，不计入应税行为年应税销售额。

（2）年应税销售额未超过规定标准的纳税人，会计核算健全，能够提供准确税务资料的，可以向主管税务机关办理一般纳税人登记。

会计核算健全，是指能够按照国家统一的会计制度规定设置账簿，根据合法、有效凭证进行核算。

（3）纳税人在年应税销售额超过规定标准的月份（或季度）的所属申报期结束后15日内按规定办理相关手续；未按规定时限办理的，主管税务机关应当在规定时限结束后5日内制作《税务事项通知书》，告知纳税人应当在5日内向主管税务机关办理相关手续；逾期仍不办理的，次月起按销售额依照增值税税率计算应纳税额，不得抵扣进项税额，直至纳税人办理相关手续为止。

（4）纳税人自一般纳税人生效之日起，按照增值税一般计税方法计算应纳税额，并可以按照规定领用增值税专用发票。财政部、国家税务总局另有规定的除外。

（5）下列纳税人不办理一般纳税人登记：

①按照政策规定，选择按照小规模纳税人纳税的；

②年应税销售额超过规定标准的其他个人。

（四）小规模纳税人

（1）小规模纳税人是指年应税销售额在规定标准以下，并且会计核算不健全，不能按规定报送有关税务资料的增值税纳税人。

所谓的会计核算不健全是指不能准确核算增值税的销项税额、进项税额和应纳税额。

（2）年应税销售额超过小规模纳税人标准的其他个人按小规模纳税人纳税；非企业性单位、不经常发生应税行为的企业可选择按小规模纳税人纳税。

二　增值税的征税范围

增值税的征税范围包括在中国境内销售货物或者加工、修理修配劳务，销售服务、无形资产、不动产以及进口货物。缴纳增值税的经济行为需具备以下条件：

第一，应税行为发生在中华人民共和国境内。

第二，应税行为是属于《销售服务、无形资产、不动产注释》范围内的业务活动。

第三，应税服务是为他人提供的。

第四，应税行为是有偿的，即从购买方取得货币、货物或者其他经济利益。因此，非经营性活动，例如单位或个体工商户的员工为其雇主提供的换取工资的服务，或者单位或个体工商户为员工提供的服务，均不属于增值税征税范围。

增值税的征税范围具体如下。

（一）销售或者进口货物

销售货物是指有偿转让货物的所有权。

进口货物是指进入中国关境的货物。对于进口货物，除依法征收关税外，还应在进口环节征收增值税。

货物是指有形动产，包括电力、热力、气体等。

（二）销售劳务

销售劳务是指在中国境内有偿提供加工、修理修配劳务。

加工是指受托加工货物，即委托方提供原料及主要材料，受托方按照委托方的要求制造货物并收取加工费的业务；修理修配是指受托对损伤和丧失功能的货物进行修复，使其恢复原状和功能的业务。

单位或个体工商户聘用的员工为本单位或雇主提供的劳务，不视为销售劳务。

（三）销售无形资产

销售无形资产，是指转让无形资产所有权或者使用权的业务活动。

无形资产，是指不具有实物形态，但能带来经济利益的资产，包括技术、商标、著作权、商誉、自然资源使用权和其他权益性无形资产。

技术，包括专利技术和非专利技术。

自然资源使用权，包括土地使用权、海域使用权、探矿权、采矿权、取水权和其他自然资源使用权。

其他权益性无形资产，包括基础设施资产经营权、公共事业特许权、配额、经营权（包括特许经营权、连锁经营权、其他经营权）、经销权、分销权、代理权、会员权、席位权、网络游戏虚拟道具、域名、名称权、肖像权、冠名权、转会费等。

（四）销售不动产

销售不动产是指转让不动产所有权的业务活动。

不动产包括建筑物、构筑物等。

转让建筑物有限产权或者永久使用权的，转让在建的建筑物或者构筑物所有权的，以及在转让建筑物或者构筑物时一并转让其所占土地的使用权的，按照"销售不动产"项目缴纳增值税。

（五）销售服务

销售服务是指提供交通运输服务、邮政服务、电信服务、建筑服务、金融服务、现代服务、生活服务。具体包括：

1. 交通运输服务

（1）包括陆路运输服务、水路运输服务、航空运输服务和管道运输服务；

（2）出租车公司向使用本公司自有出租车的出租车司机收取的管理费用，按照"陆路运输服务"缴纳增值税；

（3）水路运输的程租、期租业务，属于水路运输服务；

（4）航空运输的湿租业务属于航空运输服务；

（5）航天运输服务按照"航空运输服务"缴纳增值税；

（6）纳税人已售票但客户逾期未消费而取得的运输逾期票证收入，按照"交通运输服务"缴纳增值税；

（7）运输工具舱位承包业务、舱位互换业务和无运输工具承运业务，按照"交通运输服务"缴纳增值税。

2. 邮政服务

邮政服务包括邮政普遍服务、邮政特殊服务和其他邮政服务。

3. 电信服务

电信服务包括基础电信服务和增值电信服务。

4. 建筑服务

建筑服务包括工程服务、安装服务、修缮服务、装饰服务和其他建筑服务。

（1）固定电话、有线电视、宽带、水、电、燃气、暖气等经营者向用户收取的安装费、初装费、开户费、扩容费以及类似收费，按照"安装服务"缴纳增值税；

（2）物业服务企业为业主提供的装修服务，按照"建筑服务"缴纳增值税；

（3）纳税人将建筑施工设备出租给他人使用并配备操作人员的，按照"建筑服务"缴纳增值税。

5. 金融服务

金融服务包括贷款服务、直接收费金融服务、保险服务和金融商品转让。

纳税人提供下列服务时的征税范围界定：

（1）利息和利息性质的全部收入，包括加息、罚息都需按照"贷款服务"缴纳增值税。但金融商品持有期间（含到期）取得的非保本的上述收益，不属于利息或利息性质的收入，不征收增值税。

（2）以货币资金投资收取的固定利润或者保底利润，按照"贷款服务"缴纳增值税。

（3）金融商品转让是指转让外汇、有价证券、非货物期货和其他金融商品所有权的业务活动。但纳税人购入基金、信托、理财产品等各类资产管理产品持有至到期赎回，不属于金融商品转让。

6. 现代服务

现代服务包括研发和技术服务、信息技术服务、文化创意服务、物流辅助服务、租赁服务、鉴证咨询服务、广播影视服务、商务辅助服务和其他现代服务。

（1）宾馆、旅馆、旅社、度假村和其他经营性住宿场所提供会议场地及配套服务的活动，按照"会议展览服务"缴纳增值税。

（2）将建筑物、构筑物等不动产或者飞机、车辆等有形动产的广告位出租给其他单位或者个人用于发布广告，按照"经营租赁服务"缴纳增值税。

（3）车辆停放服务、道路通行服务（包括过路费、过桥费、过闸费等）等按照"不动产经营租赁服务"缴纳增值税。

（4）水路运输的光租业务、航空运输的干租业务，属于租赁服务。

（5）拍卖行受托拍卖取得的手续费或佣金收入，按照"经纪代理服务"缴纳增值税。

（6）纳税人提供的安全保护服务，属于人力资源服务，比照劳务派遣服务政策执行。

（7）纳税人提供武装守护押运服务，按照"安全保护服务"缴纳增值税。

（8）纳税人为客户办理退票而向客户收取的退票费、手续费等收入，按照"其他现代服务"缴纳增值税。

（9）纳税人对安装运行后的机器设备提供的维护保养服务，按照"其他现代服务"缴纳增值税。

（10）提供餐饮服务的纳税人销售的外卖食品、纳税人现场制作食品并直接销售给消费者，按照"餐饮服务"缴纳增值税。

（11）纳税人在游览场所经营索道、摆渡车、电瓶车、游船等取得的收入，按照"文化体育服务"缴纳增值税。

（12）纳税人提供植物养护服务，按照"其他生活服务"缴纳增值税。

（六）关于境内的界定

1. 在境内销售服务、无形资产或者不动产

在境内销售服务、无形资产或者不动产，是指：

（1）服务（租赁不动产除外）或者无形资产（自然资源使用权除外）的销售方或者购买方在境内。

（2）所销售或者租赁的不动产在境内。

（3）所销售自然资源使用权的自然资源在境内。

（4）财政部和国家税务总局规定的其他情形。

①境外单位或者个人向境内单位或者个人销售的完全在中国境内发生的服务（租赁不动产除外），或者未完全在境外发生的服务（租赁不动产除外），属于在中国境内销售服务。

②境外单位或者个人向境内单位或者个人销售的完全在中国境内使用的无形资产，或者未完全在境外使用的无形资产，属于在中国境内销

售无形资产。

2. 不属于在境内销售服务或者无形资产的情形

（1）境外单位或者个人向境内单位或者个人销售完全在境外发生的服务。

（2）境外单位或者个人向境内单位或者个人销售完全在境外使用的无形资产。

（3）境外单位或者个人向境内单位或者个人出租完全在境外使用的有形动产。

（4）财政部和国家税务总局规定的其他情形。目前主要有以下几类：

①为出境的函件、包裹在境外提供的邮政服务、收派服务；

②向境内单位或者个人提供的工程施工地点在境外的建筑服务、工程监理服务；

③向境内单位或者个人提供的工程、矿产资源在境外的工程勘查勘探服务；

④向境内单位或者个人提供的会议展览地点在境外的会议展览服务。

（七）视同销售行为

下列情形视同销售货物、服务、无形资产或者不动产：

（1）将货物交付他人代销；

（2）销售代销货物；

（3）设有两个以上机构并实行统一核算的纳税人，将货物从一个机构移送其他机构用于销售，但相关机构在同一县（市）的除外；

（4）将自产或委托加工的货物用于非增值税应税项目、集体福利或个人消费；

（5）将自产、委托加工或购买的货物作为投资提供给其他单位或者个体工商户、分配给股东或投资者、无偿赠送其他单位或者个人；

（6）单位或者个体工商户向其他单位或者个人无偿提供服务、无偿转让无形资产或者不动产，但用于公益事业或者以社会公众为对象的除外；

（7）财政部和国家税务总局规定的其他情形。

（八）混合销售行为

一项销售行为如果既涉及销售货物又涉及销售服务，则称其为混合销售行为。从事货物的生产、批发或者零售的单位和个体工商户的混合销售，按照销售货物缴纳增值税；其他单位和个体工商户的混合销售，按照销售服务缴纳增值税。

三　增值税的税率和征收率

（一）增值税的税率

现行增值税的税率有13%、9%、6%和零税率。

1. 适用13%税率的征税范围

纳税人销售货物、劳务、有形动产租赁服务或者进口货物，除按规定适用9%税率的货物以外，适用13%的基本税率。

采取填埋、焚烧等方式进行专业化处理后产生货物，且货物归属委托方的，受托方属于提供"加工劳务"，其收取的处理费用适用13%的税率。

2. 适用9%税率的征税范围

纳税人销售交通运输、邮政、基础电信、建筑、不动产租赁服务，销售不动产，转让土地使用权，销售或者进口下列货物，税率为9%：

（1）粮食等初级农产品、食用植物油、鲜奶、食用盐；

（2）自来水、暖气、冷气、热水、煤气、石油液化气、天然气、二甲醚、沼气、居民用煤炭制品；

（3）图书、报纸、杂志、音像制品、电子出版物；

（4）饲料、化肥、农药、农机、农膜；

（5）国务院规定的其他货物。

3. 适用6%税率的征税范围

纳税人销售增值电信服务、金融服务、现代服务（不动产租赁除外）、生活服务以及销售无形资产（转让土地使用权除外），税率为6%。

下列情形也按6%的税率征收增值税：

（1）纳税人通过省级土地行政主管部门设立的交易平台转让补充耕地指标，按照"销售无形资产"缴纳增值税，税率为6%。

（2）纳税人受托对垃圾、污泥、污水、废气等废弃物进行专业化处理，采取填埋、焚烧等方式进行专业化处理后未产生货物的，或者产生货物且货物归属受托方的，受托方属于提供"现代服务"中的"专业技术服务"，其收取的处理费用适用6%的增值税税率。受托方将产生的货物用于销售时，适用货物的增值税税率。

4. 适用零税率的征税范围

纳税人出口货物，税率为零，国务院另有规定的除外。

境内单位和个人跨境销售国务院规定范围内的服务、无形资产，税率为零。

在现行增值税政策下，国际运输服务、航天运输服务、向境外单位提供的完全在境外消费的特定服务也适用零税率。

（二）增值税征收率

增值税小规模纳税人发生应税销售行为，或者增值税一般纳税人发生特定应税销售行为适用（或选择适用）简易计税方法，都适用征收率。中国现行增值税政策中，征收率有5%和3%两档。

1. 适用5%征收率的征税范围

（1）小规模纳税人销售自建或者取得的不动产。

（2）一般纳税人选择简易计税方法计税的不动产销售。

（3）房地产开发企业中的小规模纳税人，销售自行开发的房地产项目。

（4）其他个人销售其取得（不含自建）的不动产（不含其购买的住房）。

（5）一般纳税人选择简易计税方法计税的不动产经营租赁。

（6）小规模纳税人出租（经营租赁）其取得的不动产（不含个人出租住房）。

（7）其他个人出租（经营租赁）其取得的不动产（不含住房）。

（8）个人出租住房，应按照5%的征收率减按1.5%计算应纳税额。

（9）一般纳税人和小规模纳税人提供劳务派遣服务选择差额纳税的。

（10）一般纳税人提供人力资源外包服务，选择适用简易计税方法的。

（11）纳税人转让2016年4月30日前取得的土地使用权，选择适用简易计税方法的。

2. 适用3%征收率的征税范围

除上述适用5%征收率的范围，其他都适用3%征收率。

3. 纳税人销售旧货

（1）一般纳税人销售自己使用过的属于不得抵扣且未抵扣进项税额的固定资产，按照简易办法依3%征收率减按2%征收增值税。

纳税人销售自己使用过的固定资产，适用简易办法依照3%征收率减按2%征收增值税政策的，可以放弃减税，按照简易办法依3%征收率缴纳增值税，并可以开具增值税专用发票。

（2）小规模纳税人（除其他个人外）销售自己使用过的固定资产，减按2%的征收率征收增值税。

（3）旧货经营单位纳税人销售旧货（自己使用过的物品除外），按照简易办法依照3%征收率减按2%征收增值税。

（4）对从事二手车经销业务的纳税人销售其收购的二手车，在2027年12月31日之前，按照简易办法依3%征收率减按0.5%征收增值税。

（三）兼营行为的税率

纳税人发生应税销售行为适用不同税率或者征收率的，应当分别核算适用不同税率或者征收率的销售额，未分别核算销售额的，按照以下方法适用税率或者征收率：

（1）兼有不同税率的应税销售行为，从高适用税率；

（2）兼有不同征收率的应税销售行为，从高适用征收率；

（3）兼有不同税率和征收率的应税销售行为，从高适用税率；

（4）纳税人销售活动板房、机器设备、钢结构件等自产货物的同时提供建筑、安装服务，不属于增值税的混合销售，应分别核算货物和建筑服务的销售额，分别适用不同的税率或征收率。

第二节　增值税应纳税额的计算与征收管理

根据纳税人的身份，增值税应纳税额的计算方法分为以下两种。

一　一般纳税人应纳税额的计算

对增值税一般纳税人来说，其计税办法是从当期的销项税额中扣除其购进投入品已纳税款（进项税额），计算公式为：

应纳税额＝当期销项税额－当期进项税额

因此，对增值税一般纳税人来说，其应纳税额计算涉及两个方面的问题，一是计算销项税额，二是计算进项税额。

（一）销售额的确定

无论是一般纳税人还是小规模纳税人，其增值税的计税依据都是销售额，这是准确核算应纳税额的基础。

1. 销售额的一般规定

销售额为纳税人发生应税销售行为时收取的全部价款和价外费用，但不包括收取的销项税额。

价外费用是指价外收取的手续费、补贴、基金、集资费返还利润、奖励费、违约金（延期付款利息）、包装费、包装物租金、储备费、优质费、运输装卸费、代收款项、代垫款项及其他各种性质的价外收费。但以下项目除外：

（1）向购买方收取的销项税额。

（2）受托加工应征消费税的消费品所代收代缴的消费税。

（3）同时符合以下条件的代垫运费：①承运部门的运费发票开具给购货方的；②纳税人将该项发票转交给购货方的。

（4）符合条件的代为收取的政府性基金或者行政事业性收费。

凡价外费用，无论其会计制度规定如何核算，均应并入销售额计算应纳税额。

2. 销售额确定的特殊规定

（1）折扣销售的销售额

对纳税人采取折扣销售方式发生的应税销售行为，如果销售额和折扣额在同一张发票上分别注明，可按折扣后的销售额征收增值税；如果将折扣额另开发票，或者折扣是实物折扣，则不得从销售额中减除折扣额。

（2）以旧换新的销售额

纳税人采取以旧换新方式销售货物（非金银首饰），应按新货物的同期销售价格确定销售额，不得扣减旧货物的收购价格。对金银首饰以旧换新的业务，可以按销售方实际收取的不含增值税的全部价款确定销售额。

（3）以物易物

纳税人采取以物易物方式发生的应税销售行为，双方都应作购销处理，以各自发出的货物、劳务、服务、无形资产、不动产核算销售额计算销项税额；对于收到的货物、劳务、服务、无形资产、不动产所包含的进项税额能否抵扣，则要看是否符合进项税额抵扣的条件，符合条件的可以抵扣进项税额。

（4）包装物押金的销售额

纳税人为销售货物（啤酒、黄酒以外的其他酒类产品除外）而出租出售包装物收取的押金，单独记账核算的，且时间在一年以内，又未逾期的，不并入销售额征税。但对因逾期未收回包装物且不再退还的押金，应按所包装货物的适用税率征收增值税。

（5）贷款服务的销售额

贷款服务以提供贷款服务取得的全部利息及利息性质的收入为销售额。资管产品管理人运营资管产品提供的贷款服务以2018年1月1日起产生的利息及利息性质的收入为销售额。

（6）直接收费金融服务的销售额

直接收费金融服务以提供直接收费金融服务收取的手续费、佣金、酬金、管理费、服务费、经手费、开户费、过户费、结算费、转托管费等各类费用为销售额。

3. 按差额确定销售额

在全面"营改增"的过程中，为避免对纳税人的重复征税以及解决增值税负担增加的问题，对部分符合条件的纳税人实施差额计税方式并确定其销售额。

（1）金融商品转让，按照卖出价扣除买入价后的余额为销售额。转让金融商品出现的正负差，按盈亏相抵后的余额为销售额。若相抵后出现负差，可结转下一纳税期与下期转让金融商品销售额相抵，但年末时仍出现负差的，不得转入下一个会计年度。

金融商品转让不得开具增值税专用发票。

（2）银行业金融机构、金融资产管理公司中的增值税一般纳税人处置抵债不动产，可选择以取得的全部价款和价外费用扣除取得该抵债不动产时的作价为销售额，适用9%税率计算缴纳增值税。

（3）经有关部门批准从事融资租赁业务的纳税人，提供融资租赁服务，以取得的全部价款和价外费用，扣除支付的借款利息、发行债券利息和车辆购置税后的余额为销售额。

上述纳税人提供融资性售后回租服务，以取得的全部价款和价外费用（不含本金），扣除对外支付的借款利息、发行债券利息后的余额作为销售额。

（4）经纪代理服务以取得的全部价款和价外费用，扣除向委托方收取并代为支付的政府性基金或者行政事业性收费后的余额为销售额。向委托方收取的政府性基金或者行政事业性收费,不得开具增值税专用发票。

(5) 航空运输企业的销售额,不包括代收的机场建设费和代售其他航空运输企业客票而代收转付的价款。

(6) 一般纳税人提供客运场站服务,以其取得的全部价款和价外费用,扣除支付给承运方运费后的余额为销售额。

(7) 纳税人提供旅游服务,可以选择以取得的全部价款和价外费用,扣除支付给其他接团旅游企业的旅游费用和向旅游服务购买方收取并支付给其他单位或者个人的住宿费、餐饮费、交通费、签证费、门票费后的余额为销售额。

选择上述办法计算销售额的纳税人,向旅游服务购买方收取并支付的上述费用,不得开具增值税专用发票,可以开具普通发票。

(8) 一般纳税人跨县(市)提供建筑服务,选择适用简易计税方法计税的,应以取得的全部价款和价外费用扣除支付的分包款后的余额为销售额。

(9) 一般纳税人提供劳务派遣服务,可以以取得的全部价款和价外费用为销售额,按照一般计税方法计算缴纳增值税;也可以选择差额纳税,以取得的全部价款和价外费用,扣除代用工单位支付给劳务派遣员工的工资、福利和为其办理社会保险及住房公积金后的余额为销售额,按照简易计税方法依5%的征收率计算缴纳增值税。

纳税人按规定从全部价款和价外费用中扣除的价款,应当取得符合法律、行政法规和国家税务总局规定的有效凭证,否则不得扣除。

(二)进项税额

进项税额是指纳税人购进货物、劳务、服务、无形资产、不动产所支付或者负担的增值税税额。

1. 准予抵扣的进项税额

(1) 从销售方取得的增值税专用发票(含《机动车销售统一发票》)上注明的增值税税额。

(2) 从海关取得的海关进口增值税专用缴款书上注明的增值税税额。

(3) 自境外单位或者个人购进劳务、服务、无形资产或者境内的不动产,从税务机关或者扣缴义务人处取得的代扣代缴税款的完税凭证上注明的增值税税额。

(4) 纳税人购进农产品，按下列规定抵扣进项税额。

①纳税人购进农产品，取得一般纳税人开具的增值税专用发票或海关进口增值税专用缴款书的，以增值税专用发票或海关进口增值税专用缴款书上注明的增值税税额为进项税额；

②从按照简易计税方法依照3%的征收率计算缴纳增值税的小规模纳税人处取得增值税专用发票的，以增值税专用发票上注明的金额和9%的扣除率计算进项税额；

③取得（开具）农产品销售发票或收购发票的，以农产品销售发票或收购发票上注明的农产品买价和9%的扣除率计算进项税额。如果纳税人购进用于生产销售或委托加工13%税率货物的农产品，允许按照10%的扣除率计算进项税额。

购进农产品进项税额的计算公式为：

进项税额＝买价×扣除率

④纳税人从批发、零售环节购进适用免征增值税政策的蔬菜、部分鲜活肉蛋而取得的普通发票，不得作为计算抵扣进项税额的凭证；

⑤纳税人购进农产品既用于生产销售或委托受托加工13%税率货物又用于生产销售其他货物服务的，应当分别核算用于生产销售或委托受托加工13%税率货物和其他货物服务的农产品进项税额。未分别核算的，统一以增值税专用发票或海关进口增值税专用缴款书上注明的增值税额为进项税额，或以农产品收购发票或销售发票上注明的农产品买价和9%的扣除率计算进项税额。

(5) 纳税人支付的道路、桥、闸通行费，按照以下规定抵扣进项税额。

①纳税人支付的道路通行费，按照收费公路通行费增值税电子普通发票上注明的增值税税额抵扣进项税额；

②纳税人支付的桥、闸通行费，暂凭取得的通行费发票上注明的收费金额按下列公式计算可抵扣的进项税额：

桥、闸通行费进项税额＝桥、闸通行费发票上注明的金额÷（1＋5%）×5%

(6) 国内旅客运输服务进项税额的抵扣规定具体如下。国内旅客运输服务限于与本单位签订了劳动合同的员工，以及本单位作为用工单位接受的劳务派遣员工发生的国内旅客运输服务：

①取得增值税专用发票的,按照增值税专用发票上注明的增值税税额;

②取得增值税电子普通发票的,以取得的增值税电子普通发票上注明的税额为进项税额的,增值税电子普通发票上注明的购买方"名称""纳税人识别号"等信息,应当与实际抵扣税款的纳税人一致,否则不予抵扣;

③取得注明旅客身份信息的航空运输电子客票行程单的,按照下列公式计算进项税额:

航空旅客运输进项税额=(票价+燃油附加费)÷(1+9%)×9%

④取得注明旅客身份信息的铁路车票的,按照下列公式计算进项税额:

铁路旅客运输进项税额=票面金额÷(1+9%)×9%

⑤取得注明旅客身份信息的公路、水路等其他客票的,按照下列公式计算进项税额:

公路、水路等其他旅客运输进项税额=票面金额÷(1+3%)×3%

(7)纳税人租入固定资产、不动产,既用于一般计税方法计税项目,又用于简易计税方法计税项目、免征增值税项目、集体福利或者个人消费的,其进项税额准予从销项税额中全额抵扣。

(8)提供保险服务的纳税人以实物赔付方式承担机动车辆保险责任的,自行向车辆修理劳务提供方购进的车辆修理劳务,其进项税额可以按规定从保险公司销项税额中抵扣。纳税人提供的其他财产保险服务,比照上述规定执行。

2. 不得从销项税额中抵扣的进项税额

(1)增值税扣税凭证不符合规定的不得抵扣进项税额。

纳税人购进货物、劳务、服务、无形资产、不动产,取得的增值税扣税凭证不符合法律、行政法规或者国务院税务主管部门有关规定的,其进项税额不得从销项税额中抵扣。

增值税扣税凭证是指增值税专用发票、海关进口增值税专用缴款书、农产品收购发票和农产品销售发票、从税务机关或者境内代理人取得的解缴税款的税收缴款凭证及增值税法律、法规允许抵扣的其他扣税凭证。

(2)用于简易计税方法计税项目、免征增值税项目、集体福利或者个人消费的购进货物、加工修理修配劳务、服务、无形资产和不动产。

①如果涉及固定资产、无形资产、不动产，仅指专用于上述项目的固定资产、无形资产（不包括其他权益性无形资产）、不动产。

②纳税人的交际应酬消费属于个人消费。

③购进固定资产、无形资产、不动产，如果是兼用于可抵扣项目和不允许抵扣项目情况的，进项税额准予全部抵扣。

④纳税人购进其他权益性无形资产，无论是专用于简易计税方法计税项目、免征增值税项目、集体福利或者个人消费，还是兼用于上述不允许抵扣项目，均可以据实抵扣进项税额。

（3）非正常损失的购进货物，以及相关的加工、修理修配劳务和交通运输服务。

（4）非正常损失的在产品、产成品所耗用的购进货物（不包括固定资产），加工、修理修配劳务和交通运输服务。

（5）非正常损失的不动产，以及该不动产所耗用的购进货物、设计服务和建筑服务。

（6）非正常损失的不动产在建工程所耗用的购进货物、设计服务和建筑服务。

（7）购进的贷款服务、餐饮服务、居民日常服务和娱乐服务。

（8）纳税人接受贷款服务向贷款方支付的与该笔贷款直接相关的投融资顾问费、手续费、咨询费等费用，其进项税额不得从销项税额中抵扣。

（9）提供保险服务的纳税人以现金赔付方式承担机动车辆保险责任的，将应付给被保险人的赔偿金直接支付给车辆修理劳务提供方，不属于保险公司购进车辆修理劳务，其进项税额不得从保险公司销项税额中抵扣。纳税人提供的其他财产保险服务，比照上述规定执行。

（10）一般纳税人已抵扣进项税额的不动产，发生非正常损失，或者改变用途，专用于简易计税方法、免征增值税项目、集体福利或者个人消费的，按照下列公式计算不得抵扣的进项税额：

不得抵扣的进项税额=已抵扣的进项税额×不动产净值率

不动产净值率=（不动产净值÷不动产原值）×100%

（11）有下列情形之一的，应当按照销售额和增值税税率计算应纳税额，不得抵扣进项税额，也不得使用增值税专用发票：

①一般纳税人会计核算不健全，或者不能够提供准确税务资料的；

②应当办理一般纳税人资格登记而未办理的。

(三) 销售折让、中止或者退回涉及销项税额和进项税额的税务处理

纳税人适用一般计税方法计税的，因销售折让、中止或者退回而退还给购买方的增值税额，应当从当期的销项税额中扣减；因销售折让、中止或者退回而收回的增值税额，应当从当期的进项税额中扣减。

对于一些企业在发生购进货物、劳务、服务、无形资产、不动产退回或折让并收回价款和增值税额时，没有相应减少当期进项税额，造成进项税额虚增，减少纳税的现象，是为税法所不允许的，都将被认定是逃避缴纳税款的行为，并按逃避缴纳税款予以处罚。

(四) 向供货方取得返还收入的增值税处理

对商业企业向供货方收取的与商品销售量、销售额挂钩（如以一定比例、金额、数量计算）的各种返还收入，均应按照平销返利行为的有关规定冲减当期增值税进项税金。应冲减进项税金的计算公式为：

当期应冲减进项税金=当期取得的返还资金÷（1+所购货物适用增值税税率）×所购货物适用增值税税率

商业企业向供货方收取的各种返还收入，一律不得开具增值税专用发票。

(五) 应纳税额的计算

在上述所确定的销项税额和允许抵扣的进项税额的基础上，对一般纳税人可以用下列公式计算当期的应纳税额：

应纳税额=销项税额-进项税额

二　简易计税方法下应纳税额的计算

(一) 应纳税额的计算

纳税人发生应税销售行为适用简易计税方法的，应该按照销售额和征收率计算应纳增值税税额，并且不得抵扣进项税额。其应纳税额的计算公式为：

应纳税额=销售额（不含增值税）×征收率

小规模纳税人一律采用简易计税方法计税，但是一般纳税人发生税法规定的应税销售行为可以选择适用简易计税方法。

如果销售额中包含应纳的增值税税额，则按照下列公式将含税销售额换算为不含税销售额：

销售额=含税销售额÷（1+征收率）

纳税人因销售折让、中止或者退回而退还给购买方的销售额，应当从当期销售额中扣减。扣减当期销售额后造成多缴的税款，可以从以后的应纳税额中扣减。

（二）简易计税方法中可按销售差额计税的情形

（1）纳税人提供建筑服务适用简易计税方法的，以取得的全部价款和价外费用扣除支付的分包款后的余额为销售额。分包款是指支付给分包方的全部价款和价外费用。

（2）物业管理服务的纳税人，向服务接受方收取的自来水水费，以扣除其对外支付的自来水水费后的余额为销售额，按照简易计税方法依照3%的征收率计算缴纳增值税。

（3）小规模纳税人提供劳务派遣服务，可以以取得的全部价款和价外费用为销售额，按照简易计税方法依照3%的征收率计算缴纳增值税；也可以选择差额纳税，以取得的全部价款和价外费用，扣除代用工单位支付给劳务派遣员工的工资、福利和为其办理社会保险及住房公积金后的余额为销售额，按照简易计税方法依照5%的征收率计算缴纳增值税。

选择差额纳税的纳税人，向用工单位收取的用于支付给劳务派遣员工工资、福利和为其办理社会保险及住房公积金的费用，不得开具增值税专用发票，可以开具普通发票。

（4）一般纳税人提供劳务派遣服务，可以选择差额纳税，以取得的全部价款和价外费用，扣除代用工单位支付劳务派遣员工的工资、福利和为其办理社会保险及住房公积金后的余额为销售额，按照简易计税方法依照5%的征收率计算缴纳增值税。

三　进口环节的应纳税额计算

按照现行规定，申报进入中华人民共和国海关境内的货物，均应缴纳增值税，包括符合规定的跨境电子商务零售进口商品。

进口货物的纳税人，无论是一般纳税人还是小规模纳税人，均应按照组成计税价格和规定的税率计算应纳税额，不得抵扣进项税额。

其计算公式为：

应纳税额＝组成计税价格×税率

组成计税价格＝关税完税价格＋关税＋消费税

一般贸易下进口货物的关税完税价格以海关审定的成交价格为基础

的到岸价格作为完税价格。

成交价格是指一般贸易项下进口货物的买方为购买该项货物向卖方实际支付或应当支付的价格。

到岸价格是包括货价,加上货物运抵中国关境内输入地点起卸前的包装费、运费、保险费和其他劳务费等费用构成的一种价格。

特殊贸易下进口的货物,由《中华人民共和国进出口关税条例》对其完税价格的确定作出具体规定。

四 出口退（免）税

为了鼓励出口,使中国商品以不含税价格参与国际竞争,对出口货物采取了退税与免税的制度。所谓出口免税是指对货物在出口环节所应负担的增值税、消费税予以免征。所谓出口退税是指对货物在出口前实际承担的税收负担,按规定的退税率计算后予以退还。中国目前的出口退（免）税的基本政策有以下三种。

（一）出口免税并退税

下列企业,除另有规定外,给予免税并退税：

（1）生产企业自营出口或委托外贸企业代理出口的自产货物；

（2）有出口经营权的外贸企业收购后直接出口或委托其他外贸企业代理出口的货物；

（3）特定企业的出口货物。

（二）出口免税但不退税

下列企业,除另有规定外,给予免税,但不退税：

（1）属于生产企业的小规模纳税人自营出口或委托外贸企业代理出口的自产货物；

（2）外贸企业从小规模纳税人购进并持普通发票的货物出口,免税但不予退税。但对12类出口货物考虑其占出口比重较大及其生产、采购的特殊因素,特准退税；

（3）外贸企业直接购进国家规定的免税货物（包括免税农产品）出口的,免税但不予退税；

（4）对来料加工复出口的货物,列入免税项目的避孕药品和用具、古旧图书、农业生产者出口免税农产品、国家计划内出口的卷烟及军品等。

（三）出口不免税也不退税

对出口的原油、援外出口货物以及国家禁止出口的货物，采取不免税也不退税的政策。

五 纳税义务发生时间、纳税期限和纳税地点

（一）纳税义务发生时间

1. 纳税义务发生时间的一般规定

（1）纳税人发生应税销售行为，其纳税义务发生时间为收讫销售款项或者取得索取销售款项凭据的当天；先开具发票的，为开具发票的当天。

（2）进口货物，为报关进口的当天。

（3）增值税扣缴义务发生时间为纳税人增值税纳税义务发生的当天。

2. 纳税义务发生时间的具体规定

（1）采取直接收款方式销售货物，不论货物是否发出，均为收到销售款或者取得索取销售款凭据的当天。

（2）采取托收承付和委托银行收款方式销售货物，为发出货物并办妥托收手续的当天。

（3）采取赊销和分期收款方式销售货物，为书面合同约定的收款日期的当天，无书面合同的或者书面合同没有约定收款日期的，为货物发出的当天。

（4）采取预收货款方式销售货物，为货物发出的当天，但生产销售生产工期超过12个月的大型机械设备、船舶、飞机等货物，为收到预收款或者书面合同约定的收款日期的当天。

（5）委托其他纳税人代销货物，为收到代销单位的代销清单或者收到全部或者部分货款的当天。未收到代销清单及货款的，为发出代销货物满180天的当天。

（6）纳税人发生除将货物交付其他单位或者个人代销和销售代销货物以外的视同销售货物行为，为货物移送的当天。

（7）销售劳务，为提供劳务同时收讫销售款或者取得索取销售款的凭据的当天。

（8）纳税人提供租赁服务采取预收款方式的，其纳税义务发生时间为收到预收款的当天。

（9）纳税人从事金融商品转让的，为金融商品所有权转移的当天。

（10）纳税人发生视同销售服务、无形资产或者不动产情形的，其纳税义务发生时间为服务、无形资产转让完成的当天或者不动产权属变更的当天。

（二）纳税期限

增值税的纳税期限分别为1日、3日、5日、10日、15日、1个月或者1个季度，具体纳税期限，由主管税务机关根据纳税人应纳税额的大小分别核定。不能按照固定期限纳税的，可以按次纳税。

纳税人以1个月或者1个季度为1个纳税期的，自期满之日起15日内申报纳税；以1日、3日、5日、10日或者15日为1个纳税期的，自期满之日起5日内预缴税款，于次月1日起15日内申报纳税并结清上个月应纳税款。

纳税人进口货物，应当自海关填发进口增值税专用缴款书之日起15日内缴纳税款。

按固定期限纳税的小规模纳税人可以选择以1个月或1个季度为纳税期限，一经选择，1个会计年度内不得变更。

（三）纳税地点

（1）固定业户应当向其机构所在地主管税务机关申报纳税。

总机构和分支机构不在同一县（市）的，应当分别向各自所在地的主管税务机关申报纳税；经财政部和国家税务总局或者其授权的财政和税务机关批准，可以由总机构汇总向总机构所在地的主管税务机关申报纳税。

（2）固定业户到外县（市）销售货物或者劳务，应当向其机构所在地的主管税务机关报告外出经营事项，并向其机构所在地的主管税务机关申报纳税；未报告的，应当向销售地或者劳务发生地的主管税务机关申报纳税；未向销售地或者劳务发生地的主管税务机关申报纳税的，由其机构所在地的主管税务机关补征税款。

（3）非固定业户销售货物或者劳务应当向销售地或者劳务发生地主管税务机关申报纳税；未向销售地或者劳务发生地的主管税务机关申报纳税的，由其机构所在地或者居住地主管税务机关补征税款。

（4）进口货物，应当向报关地海关申报纳税。

（5）扣缴义务人应当向其机构所在地或者居住地主管税务机关申报缴纳扣缴的税款。

第三节　增值税的税务风险分析与管理

增值税是中国现行税制的主体税种之一，而且只要属于增值税的征税范围并且有增值，就需要缴纳增值税，因此，对增值税进行税务风险分析和管理有重要的现实意义。对增值税的风险管理，主要基于增值税的税制要素，结合增值税的具体规定，逐项分析其可能存在的风险点，并进行相应的风险应对。

一　纳税人身份选择的税务风险管理

根据现行增值税制度，纳税人被划分为一般纳税人和小规模纳税人，两者在税收待遇方面存在许多差异，这可能导致在选择纳税人身份时面临风险：选择小规模纳税人身份后，还需面对身份转换的风险；选择一般纳税人后，需要按照税法的要求进行会计核算，准确计算应纳税额。

（一）纳税人身份选择的税务风险

在选择增值税纳税人身份时，一般纳税人与小规模纳税人各有利弊，风险也随之不同。作为一般纳税人，其面临的风险主要有以下两个方面。

其一是税负可能较重，因为一般纳税人采用进项税额抵扣销项税额的方式，若进项税额不足，则税负增加。现实中，很多电商企业由于其销售额达到一般纳税人标准，按照规定计算了销项税额，但由于其上游的很多中小企业属于小规模纳税人，无法为其开具13%（9%）税率的增值税专用发票，由此导致进项税额抵扣不足，造成较高的增值税负担。

其二是税务管理要求较高，需要健全的会计核算体系和严格的发票管理，一旦管理不善，可能导致税务风险。

作为小规模纳税人，其面临的风险主要包括以下三个方面。

第一，虽然名义征收率相对较低，计税方式简单，但因为无法享受进项税额抵扣，可能导致实际税负重，从而增加经营成本；

第二，业务发展受限，小规模纳税人身份可能会在市场竞争中处于不利地位，尤其是与大型企业或一般纳税人竞争时，这种不利影响非常明显；

第三，销售额大小是划分纳税人身份的重要标准，一旦销售额超过了一般纳税人标准，就会产生纳税人身份的强制转换问题，因此小规模纳税人需要时刻关注连续的、不超过12个月（或四个季度）的销售额是否超过了规定标准，一旦超过规定标准而又未及时变更纳税人身份，就会被税务机关强制认定为一般纳税人，按一般纳税人的税率征税，并且不得抵扣进项税额，由此产生多缴税的风险。

在纳税人身份选择的过程中，应重点关注以下三个方面。

1. 销售额

纳税人需要评估自己的年销售额是否会超过一般纳税人标准，如果超过一般纳税人标准，则可以考虑是否设立新的子公司以将业务和销售额进行分解，以使每个子公司都可以维持小规模纳税人的身份；如果无法进行业务的分解，则选择一般纳税人身份。

2. 业务需求

纳税人在选择纳税人身份时，一方面要考虑增值税负担情况，另一方面要考虑自身的业务需求：下游客户是否需要增值税专用发票？需要多少税率的增值税专用发票？是否需要抵扣进项税额？是否可以从上游客户处取得增值税专用发票？是否需要更加全面、灵活的纳税管理等？

【案例2-1】[①] 运输公司不达标主动认定为一般纳税人

G省某运输公司专门为一家矿山企业提供运输服务，双方建立了长期合作关系。在"营改增"试点前，由于运输公司在当时缴纳营业税，所以该公司提供运输服务后开具运输发票，矿山企业可以按运输费的7%计算抵扣进项税。"营改增"后，矿山企业明确提出，该运输公司必须开具运输服务增值税专用发票，否则将停止合作。于是，该运输公司主动健全了公司的会计核算制度，并向税务机关提出了一般纳税人资格认定申请，经税务机关审查后被认定为增值税一般纳税人。

3. 管理能力

一般纳税人需要按照税法规定进行详细的纳税申报和税款缴纳，需要具备相应的管理能力和满足专业需求的相关人员。相对来说，小规模纳税人的管理较为简单，适合管理能力有限的纳税人。

如果纳税人的销售额没有达到一般纳税人的标准，或者经营规模较小而会计核算制度又不健全，或者经营模式不需要大量的进项税额，那

[①] 本书中的案例来自税务机关、裁判文书网或相关企业。

么纳税人就可以选择成为小规模纳税人。因为小规模纳税人的税负率较低，而且计算简单，可以节省税收成本。纳税人应根据自己的具体情况和需求，合理选择自己的纳税人身份。同时，也应该注意，一旦选择了一般纳税人身份，就不得再转为小规模纳税人。

（二）纳税人身份转换的税务风险

增值税纳税人，年应税销售额超过财政部、国家税务总局规定的小规模纳税人标准（目前标准是 500 万元及以下）的，除按规定选择按照小规模纳税人纳税的以外，应当向主管税务机关办理一般纳税人登记。

年应税销售额是指纳税人在连续不超过 12 个月或 4 个季度的经营期内累计应征增值税销售额，包括纳税申报销售额、稽查查补销售额、纳税评估调整销售额。

销售服务、无形资产或者不动产有扣除项目的纳税人，其应税行为年应税销售额按未扣除之前的销售额计算。纳税人偶然发生的销售无形资产、转让不动产的销售额，不计入应税行为年应税销售额。

纳税人在年应税销售额超过规定标准的月份（或季度）的所属申报期结束后 15 日内按照规定程序办理并提交资料；未按规定时限办理的，主管税务机关应当在规定时限结束后 5 日内发出《税务事项通知书》，告知纳税人应当在 5 日内向主管税务机关办理相关手续；逾期仍不办理的，次月起按销售额依照增值税税率计算应纳税额，不得抵扣进项税额。

对小规模纳税人来说，需定期检查年应税销售额是否超过了小规模纳税人的标准，如果超过，应及时去主管税务机关办理一般纳税人登记。同时要特别注意，这里的"年"并不是按照会计年度或者纳税年度来确认，而是按照"连续的不超过 12 个月或 4 个季度的经营期"来确认。

【案例 2-2】小规模纳税人超标准转为一般纳税人的税务案件

根据 J 市税务机关的行政处罚决定书，湖北某建设工程有限责任公司的销售额已经超过了一般纳税人的标准，但并未及时办理一般纳税人资格登记，在 J 市税务机关通知其办理的情况下，仍然不及时办理，J 市税务机关于 2021 年 1 月 29 日向该公司下达《税务事项通知书》，通知该公司于 2021 年 2 月转为一般纳税人。同时作出如下处理：2019 年 1 月 1 日至 2021 年 1 月 31 日，对该公司按照小规模纳税人方式计算增值税，因该纳税人不符合疫情防控期间小规模纳税人增值税优惠政策条件，对此期间增值税仍应按照 3% 征收率计算缴纳；2021 年 2 月 1 日至 3 月 31 日，对该公司按照一般纳税人方式计算增值税，同时对其少缴的增值税处以50%的罚款。

点评：

该公司属于忽视了销售额超过小规模纳税人标准的典型案例；而且在本案例中，税务机关通知了该公司去办理一般纳税人登记，但公司仍然不去及时办理，并继续按照小规模纳税人身份缴税并享受税收优惠政策，最后导致税务机关的处罚。

通过本案例，还引申出另外的一个案例：

【案例2-3】 甲公司从事文具的生产，纳税人身份为小规模纳税人，2021年1—12月申报销售额400万元，享受1%的征收率、"六税两费"减半征收等税收优惠政策。2022年税务机关检查中发现，甲公司在2021年9月，隐匿销售收入200万元。

那么，这种情况下应该如何补缴增值税税款？税务机关认为2021年度甲公司应该按13%的税率来计算补税。理由是该纳税人销售额已达一般纳税人标准，但未申请办理一般纳税人认定，应按销售额依照增值税税率计算应纳税额，不得抵扣进项税额，也不得使用增值税专用发票。

补征增值税税额＝200×13%＝26（万元）

税务专家认为应该按1%的征收率来计算补税。理由是直至税务机关实施检查时，该公司仍属小规模纳税人，根据《关于延长小规模纳税人减免增值税政策执行期限的公告》（财政部 税务总局公告2020年第24号）、《关于延续实施应对疫情部分税费优惠政策的公告》（财政部 税务总局公告2021年第7号），小规模纳税人销售货物或者提供应税劳务、服务的征收率减按1%征收。

补征增值税税额＝200×1%＝2（万元）

还有一种观点认为，应对该纳税人连续四个季度的销售额进行审查，如果截至2021年9月底该纳税人以前连续四个季度销售额已达500万元，则其应在累计销售额超过500万元标准的次月1日起30日内，即10月1日起30日内，向主管税务机关申请认定一般纳税人。该纳税人未在上述期限内申请认定一般纳税人，应从累计销售额超过500万元标准的次月1日起，即10月1日起，按销售额依照增值税税率计算应纳税额，不得抵扣进项税额，也不得使用增值税专用发票。

补征增值税税额＝200×1%＋四季度销售额×13%－四季度已缴税额

点评：

无论哪一种观点是正确的，对该纳税人来说，都面临着无可置疑的风险，因此小规模纳税人应时刻关注"年应税销售额"的变动情况。如果要保持小规模纳税人的身份，就需要采用合法、合理的方法控制年应税销售额，不要超过规定的标准。但是需要注意，在控制年应税销售额的过程中，切不可采用销售收入不入账或者虚设机构分解营业收入等手段，这会被税务机关认定为逃税行为，将面临行政处罚，如果数额巨大、情节严重，还可能构成犯罪，得不偿失。

需要注意的是，在现行增值税税法中，有以下两类比较特殊的纳税人非常容易发生税务风险。

1. 承包、承租、挂靠方式经营的纳税人

单位以承包、承租、挂靠方式经营的，承包人、承租人、挂靠人以发包人、出租人、被挂靠人（以下统称发包人）名义对外经营并由发包人承担相关法律责任的，以该发包人为纳税人。否则，以承包人为纳税人。

2. 扣缴义务人

（1）境外的单位或者个人在境内销售劳务，在境内未设有经营机构的，以其境内代理人为扣缴义务人；在境内没有代理人的，以购买方为扣缴义务人。

（2）境外的单位或者个人在境内发生应税行为，在境内未设有经营机构的，以购买方为增值税扣缴义务人。

【案例 2-4】 境内 A 公司将子公司 B 酒店委托给一家境外酒店管理公司 M 公司管理，合同中约定，B 酒店由 M 公司派员管理，并按月向 M 公司支付管理服务费和酒店冠名费，M 公司取得上述收入在中国应纳的税金由 B 酒店负担。税务机关在检查中发现：B 酒店在 2020 年 5 月 1 日至 12 月 31 日共支付 M 公司管理费 212 万元、冠名费 111 万元。经检查认定，B 酒店未履行代扣代缴义务。税务机关认为，B 酒店对支付 M 公司的款项负有代扣代缴义务，因此 B 酒店属于应扣未扣。税务机关作出以下处理决定：由 M 公司补缴增值税，对 B 酒店处以应扣未扣税款一倍的罚款。

点评：

本案例中，非纳税义务人税费承担合同条款的约定并不能免除纳税义务人补缴税款的法律责任。但是在计算应补缴的税款过程中，需要注意，B酒店支付给M公司的相关款项，属于代扣代缴所有税费后的净收入，因此在计算应补缴的增值税、所得税等相关税费时，应先按照各税种的具体规定，换算为相应的计税依据再计算应补缴的税款。

二　征税范围划分的税务风险管理

在现行增值税的征税范围中，有一些税目容易混淆，而且这些接近或者类似的税目又适用不同的税率，如果不注意区分，极易造成税务风险。

（一）跨县（市）移送货物用于销售的税务风险

在视同销售行为中，其中有一条有如下规定：设有两个以上机构并实行统一核算的纳税人，将货物从一个机构移送其他机构用于销售，但相关机构设在同一县（市）的除外。这条规定所涉及的货物调拨，如果处理不当，很容易引起与税务机关的争议，从而导致税务风险。

【案例2-5】某网上商城注册地在北京，但为了便于销售配货，在全国各地都设立了仓库，总部集中采购后再分别运往全国各地的仓库，每个仓库有几个人负责管理并销售这些货物，各仓库人员的费用、货物发票、货款的回收，均由网上商城直接负责。税务机关在日常检查过程中发现了这一问题，认为该公司的货物在总分支机构间的移送应视同销售并缴纳增值税，要求某公司对上述移送的货物补缴税款，同时对该公司处以罚款并加收滞纳金。

对此，公司提出申辩，认为：其在外地的仓库不属于分支机构，而且与该货物相关的风险和报酬并没有从公司转移，在产品发往各地仓库时，货物能否售出、售给谁、售价是多少均不能确定，所以在货物移送时不应该作销售处理。并且仓库发出的货物，其收款和发票的开具都不是由仓库完成的，而是由网上商城来完成的，因此在货物从北京发往各地仓库，或者仓库之间的货物移送不应作视同销售处理。

点评：

（1）关于分支机构的定义。分支机构是企业整体的一个组成部分，它在经营业务、经营方针等各方面都要受到公司总部不同程度的控制。分支机构不是独立的法律主体，但通常是一个独立的会计主体。企业为了扩大市场占有份额，充分保证产品供应及时，减少运输费用，常常需要在外地设立仓库，此时的仓库并不构成分支机构。

（2）关于销售的界定。《国家税务总局关于企业所属机构间移送货物征收增值税问题的通知》（国税发〔1998〕137号）规定：《中华人民共和国增值税暂行条例实施细则》第四条视同销售货物行为的第（三）项所称的用于销售，是指受货机构（案例中的全国各仓库）发生以下情形之一的经营行为：

①向购货方开具发票；

②向购货方收取货款。

受货机构的货物移送行为有上述两项情形之一的，应当向所在地税务机关缴纳增值税；未发生上述两项情形的，则应由总机构统一缴纳增值税。

《国家税务总局关于纳税人以资金结算网络方式收取货款增值税纳税地点问题的通知》（国税函〔2002〕802号）进一步补充规定：纳税人以总机构的名义在各地开立账户，通过资金结算网络在各地向购货方收取销货款，由总机构直接向购货方开具发票的行为，不具备国税发〔1998〕137号文件规定的受货机构向购货方开具发票、向购货方收取货款两种情形之一，其取得的应税收入应当在总机构所在地缴纳增值税。

根据这两个文件，如果分支机构（仓库）不向购货方开具发票或不向购货方收取货款，则不具备"用于销售"的条件，不能认定这种货物的移送行为属于"视同销售"。纳税人应结合上述两份文件的规定，对于发货和货款的收取进行合理的安排，以避免被分支机构所在地的税务机关认定存在视同销售行为而产生税务风险。

（二）运输工具租赁与交通运输服务的税务风险

对船舶运输企业来说，除了正常的交通运输业务，还存在程租、期租和光租行为；对航空运输企业来说，也存在干租和湿租行为。按照现行的增值税政策，这几种行为之间是存在差异的：船舶运输业的程租和期租，以及航空运输业的湿租，一般都会配备运输工具的操作人员，所以税法对这几种行为，都认定为交通运输服务，按照"交通运输"这个税目来适用税率并据以计算缴纳增值税；而光租和干租，一般不配备运输工具的操作人员，应当按照"有形动产租赁"这个税目来适用税率并据以计算缴纳增值税。但是在实务中，如何判断是否配备了操作人员，更多的是基于双方签订的合同。因此，作为交通运输企业，在签订合同时需要明确注明是否配备操作人员，同时在履行合同时，也必须按照业务实质来确认相关的业务，以避免相关的税务风险。

(三) 基础电信服务和增值电信服务的税务风险

按照《中华人民共和国电信条例》和现行增值税政策，基础电信服务主要指利用固网、移动网、卫星、互联网等通信网络资源提供的语音通话服务，以及出租或出售带宽、波长等网络元素的服务。这些服务通常涉及公共网络基础设施的建设、维护和管理，以及基本的通信服务。

增值电信服务则是在基础电信服务的基础上，通过额外的通信技术和业务创新所提供的服务。这种服务包括但不限于短信和彩信服务、电子数据的传输和应用服务（如在线数据库查询）、互联网接入服务等。增值电信服务的特点在于能够增加原有的网络经济效益或功能价值，为企业和个人提供更加多样化和个性化的通信和信息技术服务。

基础电信服务和增值电信服务的增值税率不同，基础电信服务的增值税率为9%，而增值电信服务的增值税率为6%。这意味着，电信服务企业在提供服务时，需要根据服务的类别，分别计算缴纳增值税。

电信服务的这种划分，对于电信服务企业来说，无疑会产生税务风险。这就要求电信企业严格按照《中华人民共和国电信条例》和增值税相关政策，在企业的业务系统中，对每项业务在进行办理时即作出准确的划分，奠定税务风险管理的基础。对于业务划分遇到的疑难问题，应及时与主管税务机关进行沟通和确认。

(四) 建筑设备租赁的税务风险

按照现行税法，对于建筑设备的租赁服务需要区分两种情况：一种情况是单纯的建筑设备租赁，不配备操作人员，在这种情况下，这种行为需要按照"有形动产租赁"这个税目来适用税率并据以计算缴纳增值税；另一种情况是在出租建筑设备的同时配备了建筑设备的操作人员，此时应按照"建筑服务"这个税目来适用税率并据以计算缴纳增值税。两者区分的关键在于是否配备了建筑设备的操作人员，这就对租赁双方所签订的合同提出了明确要求。税务机关在作出判断时，合同将成为两种服务划分的关键依据。

在控制该税务风险的过程中，需要清楚界定什么是建筑设备。《关于明确金融　房地产开发　教育辅助服务等增值税政策的通知》（财税〔2016〕140号）第十六条规定：建筑施工设备是指用于建筑物、构筑物、交通工程、水利工程等建设项目的施工、修理、拆除、安装、调试等工作的设备,包括但不限于脚手架、钩机等。企业需要在初步判断所租赁的设备是否属于建筑施工设备后,再结合具体项目作出进一步的判断,以最终确定所租赁的设备是否属于税法意义上的"建筑设备"。另外,建筑企业在出租施工设备时,还应确保配备合格的操作人员,并与租赁方签订明确的操作人员服务协议。建筑企业在开具建筑设备租赁费发票时,若是配备了操作员的,则该行为属于建筑服务,应在发票的备注栏注明建筑服务发生地县(市、区)名称及项目名称,符合条件的,要在建筑服务发生地就地预缴增值税。

(五)仓库相关服务的税务风险

在与仓库相关的服务中,涉及两个税目,即仓库租赁和仓储服务,两者之间在增值税、房产税等方面的税收处理都不一样。要区分两者,需要视具体情况而定:一是看其交易的目的和合同的具体内容,如果目的是存储货物或合同内有货物存储等内容,则为仓储业服务,否则视为仓库租赁。二是看仓库实际运营管理方。如果仓库实际运营管理方属于受托方,那么此项业务视为仓储业服务。三是看哪方负有保管义务和安全责任,如果货物的存储义务、保管义务是由受托方全权负责的,那么此项业务应归于仓储服务。

在实践中,有企业故意混淆两者之间的差异,或者不懂两者之间的差异,而是选择了对企业有利的模式来申报纳税,这会给企业造成税务风险。

【案例2-6】S市税务机关税务人员在对湖北M农产品公司进行日常巡查时发现,该公司曾向某粮食贸易公司开具64份货物劳务名称为"仓储服务"的增值税普通发票,价税合计373万元。公司认为该业务提供的是仓储服务,所以就按照3%的征收率进行增值税申报。但税务人员对该公司的业务情况进行调查核实后发现,该公司的涉票业务,并不是向对方提供"仓储服务",实质上是该公司对外出租仓库的"不动产经营租赁行为",应按照5%的征收率申报纳税,为此要求公司补缴税款7.24万元税款,并加收滞纳金。该行为属于税目的适用错误,不具有主观逃税动机,因此没有按照逃税行为来进行罚款处理。

点评:

(1)一般纳税人提供仓储服务的税率为6%,可以适用简易计税3%征收率。对不动产租赁:一般纳税人出租其2016年5月1日后取得的不动产按9%税率缴纳增值税；出租其2016年5月1日前取得的不动产，可以选择简易计税按照5%征收率计算缴纳增值税。小规模纳税人出租住房以外的不动产，按5%的征收率计算缴纳增值税，出租住房，按照5%的征收率减按1.5%计算缴纳增值税。

（2）公司在提供仓库服务的过程中，应结合仓库出租和仓储服务两者的涉税处理差异，明确区分两项服务，从而准确地进行涉税业务处理。此外，两者在房产税方面也面临着差异：如果是仓库出租，应该按照不动产出租、以租金为计税依据，以12%税率来计算缴纳房产税；而仓储服务视为自用，以房产余值为计税依据，以1.2%的税率来计算缴纳房产税。

（3）会议场地租赁和会展服务、酒店式公寓和住宿服务与之类似。

①会议场地租赁和会展服务。根据《关于明确金融 房地产开发 教育辅助服务等增值税政策的通知》（财税〔2016〕140号），宾馆、旅馆、旅社、度假村和其他经营性住宿场所提供会议场地及配套服务的活动，按照"会议展览服务"缴纳增值税；如果仅仅是提供会议场地但不提供配套服务，则按照"不动产租赁"计算缴纳增值税。

②酒店式公寓和住宿服务。根据《国家税务总局关于在境外提供建筑服务等有关问题的公告》（国家税务总局公告2016年第69号），纳税人以长（短）租形式出租酒店式公寓并提供配套服务的，按照"住宿服务"缴纳增值税；出租酒店式公寓但不提供配套服务的，应按"不动产租赁服务"计算缴纳增值税

这里的关键在于"配套服务活动"。但现行的增值税法中对于配套服务的具体内容，并未作出明确的规定。这就需要服务的提供方，在与税务机关充分沟通的基础上，结合本单位的实际情况，在合同中明确配套服务的具体内容，以规避税务风险。

（六）快递服务的税务风险

对快递公司来说，其收取的快递费其实应归属于两个税目：物流辅助服务—收派服务和交通运输服务。所谓收派服务，是指接受寄件人委托，在承诺的时限内完成函件和包裹的收件、分拣、派送服务的业务活动。收件服务，是指从寄件人收取函件和包裹，并运送到服务提供方同城的集散中心的业务活动；分拣服务，是指服务提供方在其集散中心对函件和包裹进行归类、分发的业务活动；派送服务，是指服务提供方从

其集散中心将函件和包裹送达同城的收件人的业务活动。

交通运输服务是指利用运输工具将货物或者旅客送达目的地，使其空间位置得到转移的业务活动。

从上述关于收派服务和交通运输服务的界定可以发现，在快递服务中，从一个集散中心到另一个集散中心的货物运输应归属于交通运输服务，而收派服务和交通运输服务所适用的税率是不一样的，这实际上涉及增值税的兼营行为。这就要求快递企业分别核算收派服务和交通运输服务两个不同税目的销售额并按不同税率或征收率申报纳税，以避免从高适用税率计算缴纳增值税的风险。

同时还应注意，虽然向服务接收方开具的发票可能是按照6%税率来计算应纳税额的，但在实际申报纳税时，企业还应考虑到快递费涉及两个税目，而这两个税目的税率又不一致的情况，还应就"交通运输服务"这一税目进行补充申报，以避免出现漏税情况。

【案例2-7】2017年12月28日，菜鸟联盟主要成员公司在中国快递之乡——浙江桐庐召开年度会议。这次桐庐会议发出倡议，2018年菜鸟联盟成员将致力于提升快递员待遇，给快递员更多尊严，同时提升快递服务能力，破解末端压力。

点评：

（1）菜鸟联盟的这份倡议，体现了企业的担当和社会责任，是值得鼓励和倡导的。

（2）在进行快递费的划分时，必须找到充分的依据来证明企业将快递费划分为收派服务费和交通运输费的金额是准确的。在实践中，一般按照成本所占的比重来划分快递费是税务风险较低的一种方法，这就要求企业能够利用大数据和智慧化财务核算体系，确定本企业收派服务和交通运输服务的成本，并与同行业进行比较，确定本单位的成本比重，进而作为划分快递费的依据。

（3）倡议背后的税收考量。桐庐会议倡议提高快递员的待遇，未尝没有税收因素的考量。假如由于快递员待遇的提升，使得快递公司可以将每件货物收取的快递费多划分0.5元到收派服务费项目，由此减少的增值税为（以2017年400亿件为例）：0.5×（9%-6%）×400=6（亿元）。

除了上述比较常见的征税范围划分引致的税务风险，也应关注某些不太常见的由于征税范围划分引致的税务风险，比如非公开上市公司的股权转让的增值税、广告位出租的增值税、物流企业的增值税等,都需要纳税人根据业务实质,在正确理解税法的基础上,准确计算缴纳增值税。

三 增值税销售额的税务风险管理

对增值税一般纳税人来说,销售额是计算其销项税额的基础和依据;对小规模纳税人来说,销售额是计算其应纳税额的基础和依据。因此,在销售额的确认过程中,纳税人会面临着较大的税务风险。

销售额是指纳税人发生应税销售行为时收取的,并且形成销售方收入的全部价款和价外费用。增值税采用价外计税方式,以不含增值税价为计税依据,因而销售额中不包括向购买方收取的销项税额。同时,符合条件的代垫运输费用和代为收取的政府性基金或者行政事业性收费等不计入销售额。

基于企业的实践、结合税务机关对增值税实施税务检查和稽查的实践,增值税销售额的税务风险主要体现在以下几个方面。

(一)销售收入的完整性风险

在企业经营过程中,销售收入是企业的主要收入来源之一。然而,有些企业在处理销售收入时,经常会因为故意或者无意而造成不规范的情况,导致销售收入的完整性出现问题,由此导致在计算缴纳增值税时面临税务风险。

1. 现金收入、未开票收入不按规定入账的税务风险

一些企业在收取现金销售收入时,会仅仅将转账收入和开票收入纳入正规财务账户进行会计核算,而将现金收入和未开票收入不纳入企业账户,进而逃避税款。这种做法大概率会被税务机关认定为逃税行为,在金税四期下,税务机关通过大数据分析很容易就会发现企业的这种行为,从而引致税务风险。

现实中还有一些企业利用私人账户、微信账户或支付宝账户等收取货款来隐匿部分收入,这种行为在金税四期下一定都会被监控到,原因在于金税四期不仅仅通过纳税人申报的数据来核实其纳税情况是否存在异常,还会通过上下游企业相关账本数据、同行业收入、成本、利润情况等来进行稽查比对,而且中国人民银行早已施行了大额现金支付管理,公转私、私转公、私转私都可能会被检查,特别是以下三种情况,会被重点监管:

（1）法人、其他组织和个体工商户之间金额 100 万元以上的单笔转账支付；

（2）金额 20 万元以上的单笔现金收付，包括现金缴存、现金支取和现金汇款、现金汇票、现金本票解付；

（3）个人银行结算账户之间以及个人银行结算账户与单位银行结算账户之间金额 20 万元以上的款项划转。

【案例 2-8】东方某房地产公司以单价 20,000 元/平方米至 22,000 元/平方米不等的价格出售小区的住宅楼。为逃避缴税，该公司高管卢某、倪某等人收到业主以现金、转账方式交来的部分购房款后，未存入公司账户，并与业主签订销售单价为 13,000 元/平方米至 14,000 元/平方米不等的虚假合同，利用内、外两套账方式隐瞒收入，以少申报或者不申报收入的方式逃避税款。后经稽查局检查、核定，该公司以虚假合同、凭证申报纳税逃避缴纳税款 594 万余元，占应缴纳税款的 80% 以上。稽查局将案件移交公安，公安机关立案侦查后移交检察院，检察院以涉嫌逃税罪向法院提起公诉。法院审理认为，被告单位东方某房地产开发有限公司身为纳税人，违反国家税收管理法律、法规，采取欺骗、隐瞒手段进行虚假纳税申报，逃避缴纳税款数额巨大并且占应纳税额 30% 以上，经税务机关依法下达税务处理决定书、税务行政处罚决定书限其将偷逃税款缴纳入库后仍未补缴，其行为已构成逃税罪。卢某、倪某身为被告单位的高管人员，通过不建立账目、收入不入账、与业主签订虚假销售合同进行虚假纳税申报等方式，使被告单位逃避缴纳税款，对被告单位逃避缴纳税款造成国家税款流失负有直接责任，其行为均已构成逃税罪，法院判决对涉案公司处罚金 100 万元，判处倪某、卢某有期徒刑 4 年，并处罚金 10 万元。

点评：

（1）该案例中，当事公司及其高管采取签订"阴阳"合同、现金收入不入账、不如实向税务机关申报纳税等非法手段来实现少缴税的目的，属于典型的逃税行为，逃税金额巨大且占应纳税额 30% 以上，构成逃税罪，而对逃税罪实行双罚制，即单位和主管人员均要受到刑事处罚。

（2）金税四期是一个动态的税收信息管理系统。对法人，将实现法人税费信息"一户式"集成，这意味着金税四期可以贯通企业各类税费信息系统，实现企业各税费种数据、来自国内外的经营活动信息、企业集团各层级涉税涉费数据的"一户式"集成、"全景式"展现；对自然人，将实现自然人税费信息"一人式"集成，涵盖人数、收入来源、收入水平、年龄、地区、受雇单位所处行业等多个信息，可完整显现个人收入、财产情况。这些信息，一方面可以为税收征管服务，另一方面也可以为纳税人提供更好的服务和管理。

（3）在本案例中，企业在税务机关下达税务处理决定书、税务行政处罚决定书后，仍然未按照税务机关的要求及时补缴税款，错失了"首违不罚"的机会，也错失了《中华人民共和国刑法修正案（七）》第三条的适用：经税务机关依法下达追缴通知后，补缴应纳税款，缴纳滞纳金，已受行政处罚的，不予追究刑事责任；但是，五年内因逃避缴纳税款受过刑事处罚或者被税务机关给予二次以上行政处罚的除外。这也是为什么同样是明星逃税，2002年因为涉嫌偷逃税款1,450万元，刘某某被羁押了长达一年多；而2018年范某某及其担任法定代表人的企业涉嫌逃税金额高达2.55亿元，却没有进入刑事诉讼程序的原因：范某某在期限内补缴了所有税款并缴纳了所有罚款。

2. 销售收入长期挂账不转收入的税务风险

在企业运营过程中，销售收入的确认是计算缴纳增值税的重要环节，税法对销售收入的确认有清晰、明确的规定，一旦达到了销售收入确认的条件，就应及时确认销售收入，并据以计算缴纳当期的增值税。但现实中的一些企业为了避税或者逃税，或者为了调节利润，采取将销售收入长期挂账、不转收入的做法，以此逃避及时缴纳增值税和其他税收。这种做法可能会给企业带来税务风险。

【案例2-9】2023年N稽查局根据税收大数据分析线索，依法查处了N市某加油站偷税案件。经查，该加油站通过将第三方平台支付的部分优惠收入以"其他应付款"挂账等形式隐匿销售收入虚假申报等手段，少缴增值税等税费1,061.38万元。税务稽查部门依据《中华人民共和国行政处罚法》《中华人民共和国税收征收管理法》等相关规定，对该加油站依法追缴增值税等税费、处罚款合计1,526.61万元并加收滞纳金。

点评：

（1）会计科目中最容易引起税务机关注意的是往来科目，如应（预）收账款、应（预）付账款、其他应收（付）款等。基于金税四期的大数据分析，税务机关可以很容易发现以下行为：

①应收(付)账款异常。如果企业当年新增应收账款或应付账款大于销售收入的预警值,则意味着企业赊销业务占比太大,缺乏现金流,但企业还能存活,违反常理,存在隐瞒收入的可能性。如果企业当年新增应付账款大于销售收入的预警值,意味着应付账款过大,说明企业采购业务很多但并未付款,不符合常理,可能存在购买虚开发票的情形。

②预收(付)账款异常。如果当年预收账款余额占销售收入的比重超过预警值,说明企业收到了很多款项,但没有发货,不符合常理,可能存在企业已经发货,但不确认收入的情形。如果预付账款余额是负数,且金额较大可能是收到了款项但没有确认收入,有隐瞒收入的可能性。

③其他应收(付)款异常。当期新增其他应收款大于销售收入预警值,正常情况下企业新增的"其他应收款"占收入的比重较小,如果数额较大且年度终了后没有归还,可能会被税务机关认定为借款,从而参照金融业来计算利息的增值税或者视同对股东的分红而补缴个人所得税。如果"其他应付款"余额较大,可能会被税务机关怀疑存在隐藏收入、虚开发票等违法行为。

(2)长期大额挂账不但会造成企业的业务失真,而且如果不及时清理,就会越滚越大,最终导致严重的税务风险。

(3)实践中,很多企业利用"其他应收款"科目来处理各种无发票的支出、无法合理解释的业务、挪用资金等业务,但随着"金税四期"的推进、税收征管信息化手段的加强,在全方位的监管下,企业通过该科目弄虚作假的风险越来越大,因此企业必须关注这个科目,特别是企业对个人的借款行为、以隐藏不合理交易为目的的业务、隐匿收入行为和隐藏短期投资等行为,都会在税务机关端被监控到。

3. 视同销售行为未及时确认收入的税务风险

按照现行增值税政策,企业的许多应税行为应作视同销售处理,应按规定确认销售额,计算增值税销项税额,但企业由于种种原因,未及时确认收入,未及时计算销项税额,由此会给企业带来少缴增值税的税务风险。

因此,企业应关注是否存在视同销售行为,在智慧化财务核算系统中,借助信息技术手段和数据分析,重点关注"营业外支出""销售费用""应付职工薪酬""库存商品""主营业务成本"等科目,确认是否存在视同销售行为未及时确认销售收入的情况；若存在，应及时确认收入并计算增值税销项税额。同时，也应核实是否存在无须作视同销售但会计核算时按视同销售进行了纳税申报的情形，以避免多缴税的风险。

（二）向购货方收取的各种价外费用的税务风险

企业在销售商品和服务时，价外费用是指价外收取的各种性质的收费，包括但不限于手续费、补贴、基金、集资费、返还利润、奖励费、违约金、滞纳金、延期付款利息、赔偿金、代收款项、代垫款项、包装费、包装物租金、储备费、优质费、运输装卸费以及其他各种性质的价外收费。价外费用都应该计入销售额，并计算销项税额。税务机关在检查时，会重点核查纳税人是否已按税法规定全额确认销售额。

这里需要注意三个容易产生税务风险的问题：

（1）价外费用只能存在于销售方收取的款项，而购买方收取的款项不可能成为价外费用。比如甲向乙采购商品，但因为乙延迟交货给甲造成了损失，由此向甲支付赔偿金，该赔偿金就不构成甲的价外费用。

对于违约金等，如果是购买方违约，其向销售方支付的违约金需要区分合同的履行情况来判断是否属于价外费用：如果合同已履行或部分履行，则属于价外费用；如果合同尚未履行，则不属于价外费用。

（2）大多数情况下价外费用是销售方向购买方收取的，但并不意味着一定是向购买方收取的，也可能是向购买方以外的第三方收取的，比如新能源汽车制造企业按照汽车销量从地方政府取得的财政补贴，就应计入增值税的销售额；但如果取得的财政补贴来自中央财政，按照《国家税务总局关于中央财政补贴增值税有关问题的公告》（国家税务总局公告 2013 年第 3 号）规定：纳税人取得的中央财政补贴，不属于增值税应税收入，不征收增值税。

（3）通常情况下，价外费用属于含税价格，应注意是否未作换算便直接计入了销售额从而多缴纳了增值税。

另外需要注意，按照会计准则的规定，对价外收费一般都不在营业收入科目中核算，而在"其他应付款""营业外收入"等科目中核算，这会导致企业在进行账务处理时，虽在相应科目中进行了会计核算，但却未将其纳入销售额计算缴纳增值税。还有的企业既不按会计核算要求进行收入核算，又不按规定核算销项税额，而是将发生的价外收费直接冲减相关费用。因此，纳税人应严格核查各项价外收费，进行正确的会计核算和税额核算。

还需要注意，价外费用是销售额的组成部分，因此应与应税主行为的税率（征收率）保持一致，而不能随意适用税率。

（三）包装物押金的税务风险

包装物押金是指在销售商品或提供服务时，企业向购货方收取的一种保证金。它的主要目的是确保购货方按约定的方式归还或处理包装物，以保证包装物的回收和再利用。对于包装物押金，增值税法规定：对一般的包装物押金，在没有逾期而且单独记账的情况下，可以不计入销售额；在已逾期或者未单独记账的情况下，应计入销售额，计征增值税；对啤酒、黄酒的包装物押金，视同一般包装物押金处理；对于啤酒、黄酒之外的其他酒，无论是否逾期和是否单独记账，都需要计入销售额，计征增值税和消费税。

在包装物押金的处理过程中，纳税人需要注意以下税务风险：

（1）要特别关注"逾期"。税法对于"逾期"的期限包括两种情况：①合同中约定了押金退还期限并且期限不超过一年的，按合同约定的期限；②合同中未约定押金退还期限或者合同中约定期限超过一年的，以一年为限。

这意味着无论包装物周转使用期限长短，只要收取的包装物押金超过了合同约定的期限或者超过一年（含一年）以上仍不退还的，均应并入销售额征税。这就要求纳税人关注每一笔包装物押金的到期日并能够提前预警，利用现有的财务核算系统，很容易做到这一点。

（2）要注意单独记账。对于酒类产品，除啤酒、黄酒外的其他酒类产品的包装物押金无须单独记账，但对一般包装物押金和啤酒、黄酒的包装物押金，则需要单独记账，这是包装物押金不计入销售额计征增值税的前提条件之一。

（3）销售额的换算和税率的适用。如果包装物押金达到了计入销售额的标准，就需要计征增值税，在这种情况下，需要注意两个方面的问题：第一，收取的包装物押金包含增值税，在计算增值税销项税额时，需要将含税销售额换算成不含增值税的销售额，否则就可能多缴纳了增值税；第二，在适用税率（征收率）时，应按照包装物所包装的商品或者提供的服务所适用的税率（征收率）来确定包装物押金适用的税率（征收率），而不得随意选择适用税率（征收率）。

(4) 在实务中，还有一种情况：不收取押金，而是随同产品出售包装物，这时包装物收入也应计入销售额。

（四）增值税混合销售行为的税务风险

在现实中，纳税人经常将混合销售行为与兼营行为混淆，最终导致税率适用错误，引致税务风险。

【案例2-10】某装饰材料销售公司为增值税一般纳税人，主营各种装饰材料的销售，兼营单位和家庭装修业务，装饰材料的销售收入占总收入的75%左右。20*3年，税务稽查人员在对该公司前三年增值税的纳税情况进行大数据分析时发现公司销售相同质量和规格的产品存在不一致的销售价格。财务部门解释说，对于那些购买本公司的装饰材料并同时要求本公司提供装修服务的客户，公司会以较低的价格销售装饰材料，而对于那些仅购买装饰材料的客户，销售价格较高。但在申报缴纳增值税时，都按照兼营行为来适用税率。由此稽查局要求该企业对混合销售业务中提供装修服务所获得的收入，按销售装饰材料的适用税率计算并补缴了相应的增值税及滞纳金。

点评：

（1）混合销售，指一项销售行为既涉及货物又涉及服务。混合销售行为成立的行为标准有两点：一是其销售行为必须是一项；二是该行为必须既涉及货物销售又涉及服务，且货物销售和服务之间不可分割，两者之间存在因果关系或者从属关系。从事货物的生产、批发或者零售的单位和个体工商户的混合销售行为，按照销售货物缴纳增值税；其他单位和个体工商户的混合销售行为，按照销售服务缴纳增值税。这意味着混合销售是按照企业的主营业务来确定相关税率。而上例中，纳税人分割了两项业务，将其按照兼营计算缴纳了增值税，无形中少缴了税款。

（2）纳税人应注意混合销售和兼营行为的区别。兼营行为是指纳税人兼有销售货物，提供加工修理修配劳务，销售服务、无形资产或者不动产，兼营行为最突出的特点是各行为之间相互独立，是并存关系，相互之间不存在因果关系、从属关系或者先后关系。对于兼营行为，应当分别核算适用不同税率或者征收率的销售额，未分别核算销售额的，从高适用税率或者征收率征税。

（3）纳税人销售活动板房、机器设备、钢结构件等自产货物的同时提供建筑、安装服务，不属于混合销售，应分别核算货物和建筑服务的销售额，分别适用不同的税率或者征收率。

《国家税务总局关于明确中外合作办学等若干增值税征管问题的公告》（国家税务总局公告 2018 年第 42 号）第六条规定：一般纳税人销售自产机器设备的同时提供安装服务，应分别核算机器设备和安装服务的销售额，安装服务可以按照甲供工程选择适用简易计税方法计税。一般纳税人销售外购机器设备的同时提供安装服务，如果已经按照兼营的有关规定分别核算机器设备和安装服务的销售额，安装服务可以按照甲供工程选择适用简易计税方法计税。

纳税人对安装运行后的机器设备提供的维护保养服务，按照"其他现代服务"缴纳增值税。

从上述案例可以发现，纳税人需要加强对混合销售和兼营行为的管理，在签订合同、会计核算等方面都能够做到准确的区分，既不少缴税，也不多缴税。

（五）特殊销售方式下销售额确认的税务风险

在税法中，明确了几种特殊的销售方式，其中比较常见的包括折扣销售、捆绑销售、以旧换新等，在不同的销售方式下，销售额的确认规则不完全一致，由此会导致不同的税务风险。

1. 折扣销售

税法规定销售额和折扣在同一张发票金额栏分别注明时，才能按折扣后的金额缴纳增值税，如果没注明折扣额或是注明到备注栏里，则需要按照原价缴纳增值税。因此，企业在采用折扣销售方式时，一定需要留意价款和折扣额是否在同一发票上分别注明，而且要注意是否在正确的栏次上注明，进而准确确定最终的销售额。

但如果属于实物折扣，即纳税人将自产、委托加工和购买的商品或服务赠送给购买者，这种情况下则该实物款额不能从应税销售行为的销售额中减除，对赠送的商品或者服务应按"视同销售货物"中的"赠送他人"计算缴纳增值税。实务中，很多公司都按照实际交付给购货方的商品数量填写金额，并在同一张发票上开具实物折扣的折扣金额，将实物折扣转化为价格折扣就不用按照原价缴纳增值税了。

2. 销售折让

售出的商品出现质量问题，但又不影响正常使用，顾客虽然没有要求退货，但作为销售方都想拥有长期稳定的客户，为了补偿客户，商家就会给顾客打个折扣，如果此时商家已经确认了收入，给予的折扣则被称为销售折让。销售折让应冲减当期的销售收入，与此同时还应当冲减应交增值税—销项税额，即销售折让以折让后的价款为销售收入，按照折让后的价款缴纳增值税；如果还未确认收入，则按照折扣销售处理即可。

这种销售方式下，在确认了收入后再发生折让最容易产生税务风险。确认收入后发生的折让，一般情况下需要按规定开具红字发票冲减当期销项税额，但很多纳税人直接冲减了当期销售额，由此造成少缴税款而面临补缴税款、罚款和加收滞纳金的风险。

3. 捆绑销售

对于捆绑销售存在不同的观点：第一种观点认为在捆绑销售中的从货物（赠品），应该适用增值税中的视同销售规定；第二种观点认为主货物的销售额应该根据购买方支付的价款确认，从货物（赠品）的销售额应确认为零；第三种观点认为从货物（赠品）实际上是销售方给予购买方的一种实物商业折扣，其税务处理应该参照前面说过的折扣销售的税务处理，即将价款和折扣额在同一张发票上分别注明，以折扣后的价款为销售额。

对于第三种观点，如果主货物和从货物（赠品）的取得是同步的，那么开在同一张发票上比较好操作，比如超市对花生油和酱油进行捆绑；但如果主货物和从货物（赠品）的取得不是同步的，那么开在同一张发票上比较难。

然而在税法层面缺乏对这种销售方式的明确规定，因此要控制该风险，需要在采用这一销售方式之前就与主管税务机关沟通、协调好税务处理的方式和方法。

4. 以旧换新

按照《国家税务总局关于印发〈增值税若干具体问题的规定〉的通知》（国税发〔1993〕154号）规定，除金银首饰以外，纳税人采取以旧换新方式销售货物，应按新货物的同期销售价格确定销售额。对金银首饰以旧换新业务，可以按销售方实际收取的不含增值税的全部价款征收增值税。

对于以旧换新业务，在计算增值税时，不得从销售额中扣除旧货的回收价款，但所回收的旧货如果取得了增值税专用发票，其进项税额可以抵扣。

四 增值税进项税额的税务风险管理

对于一般纳税人来说，进项税额是决定其应纳税额的一个关键因素，而进项税额抵扣的关键在于确保进项税额的合规性和准确性，从而最大限度地降低企业的税务风险。由于现行的增值税采用凭票抵扣的模式，抵扣凭证的合规性是首要要求。对于这部分内容将在第五节进行说明。本部分将主要围绕着进项税额的准确性展开。进项税额抵扣的准确性要求进项税额抵扣的范围、数量、转出等方面都符合税法的规定和要求。

（一）可以抵扣的进项税额的税务风险

对于可以抵扣的进项税额，抵扣凭证是重要的依据，可抵扣的进项凭证大致可以分成四类：

第一类是需要认证或勾选确认的凭证，主要包括增值税专用发票、收费公路通行费电子普通发票、机动车销售统一发票。

第二类是需要稽核比对的凭证，主要是海关进口增值税专用缴款书。

第三类是需要通过计算方式抵扣的凭证，主要包括农产品收购发票或销售发票；桥、闸通行费发票；航空电子客票行程单；铁路车票；公路、水路等其他客票。

第四类是凭证上注明税额的凭证，主要包括电子普通发票、完税凭证。

对于这些凭证，需要注意，一般纳税人取得增值税发票后，可以自愿使用增值税发票选择确认平台查询、选择用于申报抵扣出口退税或者代办退税的增值税发票信息。实际上，在增值税发票确认平台确认增值税发票信息的过程，就是增值税发票认证的过程，一旦确认了相关信息，就需要在确认当期进行进项税额的抵扣，当期未抵扣的，不能结转下期抵扣。

另外还需要注意，企业应在开具发票之日起360日内进行认证或者确认，并在认证通过的次月申报期内申报。

1. 农产品进项税额抵扣的税务风险

对于纳税人购进农产品的进项税额抵扣，不同的扣除凭证可能存在不同的抵扣方式，大致可以分为认证抵扣、计算抵扣和核定扣除三种方式。认证抵扣和计算抵扣具体见表2-1。

表 2-1 认证抵扣和计算抵扣

抵扣凭证	发票来源	进项税额		
		用于生产销售或委托、受托加工13%税率货物	用于其他货物或服务	既用于13%货物又用于其他货物服务，未分别核算
增值税专用发票、海关进口增值税专用缴款书	一般纳税人	金额×10%	金额×9%	金额×9%
	小规模纳税人	金额×10%	金额×9%	金额×3%（或1%）
农产品收购发票或销售发票（仅限农业生产者销售自产农产品）	不区分	买价×10%	买价×9%	买价×9%

对于核定扣除方法，根据纳税人购进农产品主要用途不同又可分为三种：

第一种是纳税人购进农产品用于生产或委托加工货物，且构成产品实体的，从投入产出法、成本法和参照法选择一种，按照每种方法对应的不同的计算公式来计算当期允许抵扣的农产品进项税额；

第二种是购进农产品直接销售的，按照规定公式计算当期允许抵扣的农产品进项税额；

第三种是购进农产品用于生产经营且不构成货物实体（包括包装物、辅助材料、燃料、低值易耗品等）的，按照规定公式计算当期允许抵扣的农产品进项税额。

农产品进项税额抵扣面临的税务风险主要包括以下几个方面。

（1）农产品限定于从事农业生产的单位和个人销售的自产初级农业产品，农产品的范围由《财政部　国家税务总局关于印发〈农业产品征税范围注释〉的通知》（财税字〔1995〕52号）所确定。应注意税法对农产品范围的界定，严格按照税法的规定来区分农产品和非农产品，并按照各自的进项税额抵扣规则进行抵扣。

（2）无论哪一种方法，抵扣凭证都是基本要件之一，因此在购入农产品之前，就需要注意能否取得农产品抵扣凭证，如果不能取得农产品抵扣凭证，就会导致无法抵扣所购入农产品的进项税额。农产品收购发票是由收购方开具的，对于真实交易，需要注意发票开具的数量和价格要真实，防止被认定为虚开，从而招致税务机关的行政处罚；对于未发生的交易，切不可虚开。

（3）要注意从非农业生产者处购入的农产品所取得的抵扣凭证，不能按照农产品进项税额的抵扣办法来进行抵扣；如果既有采购自农业生产者的初级农产品，又有来自非农业生产者的初级农产品，就需要做到分别核算，以避免产生税务风险，比较可行的方法是取得的农业生产者开具的农产品销售发票，或者收购方开具的农产品收购发票，在备注栏内或具体农产品名称后注明"农业生产者自产"。

（4）根据所购入农产品的最终产品的不同，农产品的进项税额的扣除率也不同：购入农产品既用于生产销售或委托受托加工13%税率货物又用于生产其他货物或服务的，应分别核算用于生产销售或委托受托加工13%税率货物和其他货物或服务的农产品进项税额。未分别核算的，企业只能按照9%的扣除率计算进项税额，这可能会导致纳税人少抵扣了进项税额、多缴纳了税款。

（5）对于核定扣除方法，应注意农产品平均购买单价计算、扣除率适用等问题，避免出现错误，特别需要注意的是避免将取得增值税专用发票的农产品抵扣进项税额后又进行核定扣除，造成重复抵扣等税务风险。

2. 国内旅客运输服务进项税额抵扣的税务风险

根据《财政部　税务总局　海关总署关于深化增值税改革有关政策的公告》（财政部　税务总局　海关总署公告2019年第39号）第六条，纳税人购进国内旅客运输服务，其进项税额允许从销项税额中抵扣。

国内旅客运输服务的进项税额抵扣，需要关注的风险点如下。

（1）允许抵扣的运输服务，只限于国内旅客运输服务，对于国际旅客运输服务，即便产生了进项税额，也不允许抵扣。

（2）必须取得国内旅客运输服务进项税额抵扣凭证，目前主要包括以下五种：增值税专用发票；增值税电子普通发票；注明旅客身份信息的航空运输电子客票行程单，铁路车票以及公路、水路等其他客票。这里面有两个衍生的风险点需要关注：

第一，除增值税专用发票和增值税电子普通发票外，其他三种旅客运输扣税凭证，都必须注明旅客身份信息，否则不能计算抵扣进项税额。

第二，实务中，纳税人经常会通过订票平台订购出行服务或者住宿服务，这时需要注意，平台开具的发票，应税项目一般是"经纪代理服务"，税率为6%，不能以该发票来抵扣国内旅客运输服务的进项税额。

此时，如果需要抵扣国内旅客运输服务的进项税额，需要平台协助取得航空运输电子客票行程单，铁路车票以及公路、水路等其他客票，凭上述凭证方可抵扣进项税额。

（3）只有与本企业建立了合法用工关系的雇员所发生的国内旅客运输费用，才允许抵扣其进项税额。纳税人为非雇员支付的旅客运输费用，不能纳入抵扣范围。

上述允许抵扣的进项税额，应当用于企业的生产经营所需，如果用于集体福利或者个人消费、免税项目、简易计税等项目，其进项税额不得从销项税额中抵扣。比如奖励员工旅游发生的国内旅客运输服务，其进项税额不得抵扣。

3. 返还收入的税务风险

商业企业向供货方收取的与商品销售量、销售额挂钩（如以一定比例、金额、数量计算）的各种返还收入，按平销返利行为的规定冲减当期增值税进项税额，且一律不得开具增值税专用发票，只能由商业企业开具普通发票或由供货方开具增值税红字发票。返还收入面临的税务风险主要体现在以下几个方面：

（1）可能将返还收入计入其他应付款、其他应收款等往来科目或者冲减营业费用，而不作进项税额转出处理，这会导致纳税人少缴纳税款。

（2）在处理返还收入和相关的进项税额冲减时，纳税人需要确保进项税额冲减的准确性，以避免税务机关对纳税人进行税务检查和处罚。

（3）纳税人在进行进项税额冲减时需要提供相应的证明材料，证明返还收入的来源和合法性。如果纳税人没有充分的证据支持，可能会被税务机关质疑冲减的合理性，增加税务风险。

因此，纳税人在处理返还收入和进项税额冲减时，应严格遵守税法规定，确保相关操作的合规性，以避免税务行政处罚。

4. 销售折让、中止或者退回的税务风险

适用一般计税方法的纳税人外购货物、加工修理修配劳务、服务、无形资产和不动产，取得增值税专用发票后发生销售折让、中止或者退回的，应按规定从当期的进项税额中扣减。

因此，纳税人应及时、正确地处理销售折让、中止或者退回所涉及的进项税额转出或冲减，一方面需要提供相应的证明材料，证明销售折让、中止或者退回的合法性和真实性；另一方面需要准确计算销售折让、中止或者退回的金额，进而准确计算应从当期的进项税额中扣减的进项税额。这就要求纳税人在规范账务处理、加强税收政策学习的同时，对销售折让、中止或者退回业务进行动态监控，及时识别并预警税务风险，强化税务风险内部控制。

5. 租入资产的进项税额的税务风险

纳税人租入固定资产、不动产，既用于一般计税方法计税项目，又用于简易计税方法计税项目、免征增值税项目、集体福利或者个人消费的，其进项税额准予从销项税额中全额抵扣。对于这一规定，容易发生的税务风险体现在以下几个方面：

（1）纳税人需要明确租入资产的用途。对纳税人租入的固定资产、不动产，兼用于多种增值税计税项目的（一般计税项目、简易计税项目、免税项目、集体福利或者个人消费），其进项税额方准予从销项税额中全额抵扣。如果仅仅用于简易计税项目、免税项目、集体福利或者个人消费的，其进项税额不得从销项税额中抵扣。这就要求从账务和管理上都能体现出租入资产的用途，以免引发税务纠纷和风险。

（2）要注意区分税法意义上的固定资产。从税法角度，固定资产是指使用期限超过 12 个月的机器、机械、运输工具以及其他与生产经营有关的设备、工具、器具等有形动产，比如办公桌椅等家具是不在增值税的固定资产范围之内的，这与企业会计准则中关于固定资产的定义不一致。

（二）不得抵扣的进项税额的税务风险

增值税采用列举法，详细列举了不得抵扣进项税额的情形。

1. 不得抵扣进项税额的情形

用于简易计税方法计税项目、免征增值税项目、集体福利或者个人消费的购进货物、劳务、服务、无形资产和不动产，其进项税额不得抵扣。其中，涉及的固定资产、无形资产、不动产，仅指专用于上述项目的固定资产、无形资产（不包括其他权益性无形资产）、不动产。

（1）兼营不同计税方法项目的进项税额划分风险

对于纳税人购进货物、劳务、服务、无形资产和不动产，既用于一般计税项目，又用于简易计税项目、免征增值税项目、集体福利或者个人消费的，应当准确划分购入的货物或服务到底用在哪些项目上，只有用于一般计税项目的才可以抵扣，若是无法划分不得抵扣的进项税额的，应按照简易计税项目、免征增值税项目销售额占比来转出不得抵扣的增值税进项税额，避免产生税务风险。实务中，经常有纳税人因为无法作出准确的划分，或者将外购的货物或服务所取得的进项税额一并计入一般计税项目进行抵扣，多计了进项税额，并由此引致税务机关的处罚。

【案例2-11】某工程技术有限公司是增值税一般纳税人，该公司主要从事道路、桥梁施工业务，既提供一般计税方法的施工工程服务（税率9%），也提供纯劳务服务（清包工，征收率3%）。近日收到税务机关发出的税务风险提示，详细风险为"进项税额转出与销售额配比异常预警"，要求公司补缴增值税60,352元及滞纳金，同时要求公司进行2023年纳税自查。

该公司在2023年纳税自查的过程中，一般计税项目销售额为1,801,722.63元，符合财税〔2016〕36号文的简易计税项目金额为7,972,902.96元，本期抵扣进项税额90,711.55元，其中简易计税项目取得的增值税专用发票金额为53,322.28元，该进项直接认证并用于一般计税项目中，未进行进项税额转出处理。公司进行自查后，将相关资料提交税务机关审核，经与税务机关协调沟通后，进行进项税额转出处理及缴纳税款滞纳金。

点评：

随着金税四期的推进，税收征管系统中的纳税人信息将会越来越完整，越来越全面，在某种程度上，税务机关可能比纳税人更了解纳税人，这就对企业的财务核算、仓库管理、合同管理等内部管理提出了更高的要求。在进行财务核算的时候，应严格按照购入货物或者服务的用途，区分用于简易计税项目、免征增值税等项目，准确划分不得抵扣的进项税额，并作进项税额转出。这就要求纳税人的信息管理系统中，对常用的科目比如"原材料""库存商品""无形资产""固定资产"等科目应进一步明细化，明确原材料、库存商品、无形资产、固定资产等购入货物或服务的用途，以为进项税额的转出提供依据和支撑。

（2）关注专用资产的进项税额抵扣风险

专用于简易计税项目、免征增值税项目、集体福利或者个人消费而购入的固定资产、无形资产（不包括其他权益性无形资产）和不动产，其进项税额不得抵扣。这里需要对"专用"作出准确的理解，最好能够跟主管税务机关进行充分沟通，按照税务机关认可的方法来处理。

【案例 2-12】H 市地铁公司为增值税一般纳税人，地铁载运旅客项目选择适用简易计税方法计税。现在将地铁内外车体租赁给广告公司，由此取得的收入按照动产租赁依 13% 税率计提了增值税销项税。那么，购入地铁列车的进项税能否抵扣？地铁运行过程中发生的进项税额是否可以抵扣？

点评：

第一，对于本案例中购入的地铁列车所产生的进项税额能否抵扣，实践中有两种不同的观点：

第一种观点：根据《财政部 国家税务总局关于全面推开营业税改征增值税试点的通知》（财税〔2016〕36 号），专用于简易计税项目、免征增值税项目、集体福利或者个人消费的固定资产、无形资产和不动产，其进项税额不得抵扣，这意味着非专用于简易计税项目、免征增值税项目、集体福利或者个人消费的固定资产、无形资产和不动产，不属于不得抵扣的进项税。该公司购入的地铁列车属于固定资产的范围，又非专用于简易计税项目，其进项税可以全额抵扣。

第二种观点：根据《财政部 国家税务总局关于全面推开营业税改征增值税试点的通知》（财税〔2016〕36 号）"非专用于简易计税项目、免征增值税项目、集体福利或者个人消费的固定资产、无形资产和不动产，不属于不得抵扣的进项税"中的"专用于"是指物理整体功能。地铁列车的整体物理功能是运输乘客，而这个功能是专用于简易计税项目的，因此地铁公司将地铁列车的车体租赁于广告公司用作广告载体的用途，不属于财税〔2016〕36 号文中的"非专用于"，因此其进项税不允许抵扣。

对于这两种观点，不同的税务机关会有不同的理解，但对于第二种观点，难以从现行政策中找到直接的、更进一步的政策依据，由此会导致纳税争议。因此，纳税人应与税务机关提前进行充分的沟通和协调，努力争取按照第一种方法来处理类似问题。

第二，对于地铁运行过程中发生的进项税额，根据《财政部 国家税务总局关于全面推开营业税改征增值税试点的通知》（财税〔2016〕36 号）附件一《营业税改征增值税试点实施办法》第二十九条的规定：适用一般计税方法的纳税人，兼营简易计税方法计税项目、免征增值税项目而无法划分不得抵扣的进项税额，应按照下列公式计算不得抵扣的进项税额：

不得抵扣的进项税额=当期无法划分的全部进项税额×（当期简易计税方法计税项目销售额+免征增值税项目销售额）÷当期全部销售额

主管税务机关可以按照上述公式依据年度数据对不得抵扣的进项税额进行清算。

这就要求纳税人在财务核算环节，至少要准确核算出简易计税、免税项目的销售额，否则可能会面临全部进项税额都不得抵扣的风险。更进一步，在采购和使用环节，最好能够准确区分采购货物的用途以有效控制税务风险。

对于一些无法准确分摊的费用，比如水电费用、差旅费用、培训费用、咨询顾问费用、会议费用等，也应按照上述方法来进行处理。

2. 非正常损失的项目不得抵扣进项税额

非正常损失，是指因管理不善造成货物被盗、丢失、霉烂变质，以及因违反法律法规造成货物或者不动产被依法没收、销毁、拆除的情形。在这里，税法采用的是正列举法，将属于非正常损失的情形予以明确列示，这意味着税法没有列举的就不属"非正常损失"。因此，对于这类项目的税务风险，主要体现在以下几个方面。

（1）非正常损失的界定

非正常损失限定于因管理不善造成货物被盗、丢失、霉烂变质，以及因违反法律法规造成货物或者不动产被依法没收、销毁、拆除的情形。这种情况下，因自然灾害而造成的货物损失，或者因产品质量原因或者产品滞销过期而主动销毁的货物不属于非正常损失，故而其进项税额可以抵扣。

（2）非正常损失的进项税额未作转出的税务风险

对于非正常损失的购进货物、劳务或者服务，如果其进项税额尚未抵扣，则直接不抵扣即可；如果已经抵扣了进项税额，则需要作转出处理。如果未按规定作进项税额转出处理，就会产生少缴增值税的风险。因此，企业需要在核实相关明细科目的基础上，收集损失的原因、责任认定、责任人赔偿和内部核批文件等相关资料，进一步确认是否属于非正常损失，并据以确定是否作进项税额转出。在作进项税额转出时，还应注意转出金额的准确性。

（3）非正常损失的货物按残值出售的税务风险

实务中，对于发生非正常损失的货物，除货物完全灭失外，通常都还会有残值，纳税人可能会按照残值出售这些受损的货物，并按照销售额计算了销项税额，同时对进项税额进行全额抵扣，这也会产生税务风险。一旦税务机关对货物的售价产生疑问，纳税人通常无法提供低价销售的正当理由或者证据，必然会与税务机关产生税务纠纷，造成税务风险。

此外，在货物非正常损失后，可能会获得保险赔偿，获得的保险赔付不征收增值税。

五 增值税纳税申报的税务风险管理

（一）纳税义务发生时间的税务风险

税法中对纳税义务发生时间的规定比较明确，但这些规定在实践中还存在与具体业务的匹配问题，由此会导致产生税务风险。

1. 确认收入时间的税会差异引致的税务风险

增值税纳税义务发生时间与会计确认收入时间方面存在差异，这可能会导致未按增值税纳税义务发生时间确认销售额，申报缴纳增值税。比如，合同约定了分期收款，已经达成了增值税确认收入的条件，但会计上由于控制权尚未发生转移，因此会计上未确认收入，进而也未按规定申报缴纳增值税，导致企业面临未及时缴纳增值税的风险。

在这种情况下，纳税人可以利用智慧化财务核算系统，自动对合同内容进行核对，包括但不限于合同约定的销售货物、提供劳务和服务的种类，以及合同的生效时间、收款时间等，确认是否存在税会差异，是否严格按照增值税纳税义务发生时间的规定确认了销售额并据以进行了纳税申报。

2. 收到款项和开具发票的时间差异引致的税务风险

已发货或已完成劳务、服务提供等，但因未收到款项或者因未开具发票，导致未按增值税纳税义务发生时间确认应税销售额、申报缴纳增值税。

增值税纳税人发生应税行为，其纳税义务发生时间通常为收讫销售款项或者取得索取销售款项凭据的当天；先开具发票的，为开具发票的当天。

取得索取销售款项凭据的当天，是指书面合同确定的付款日期；未签订书面合同或者书面合同未确定付款日期的，为服务、无形资产转让完成的当天或者不动产权属变更的当天。

因此，纳税人可以利用智慧化财务核算系统，自动对相关合同约定的结算方式、收款时间等进行对比，同时核对出货单据、运输单据、服务对账单据等相关凭据，确认是否存在已发货、已完成服务但因未收到款项而未确认应税销售额，以及已收到款项但因未开具发票而未确认应税销售额的情形。实务中，经常出现未开票收入不申报缴纳增值税的情形，这需要引起纳税人的充分重视。

此外，还需要注意未收讫销售款项或者取得索取销售款项凭据但先开具发票的问题。一旦开具发票，则即发生纳税义务，在这种情况下，一方面会占用纳税人的资金用于缴纳税款，另一方面如果纳税人开票销售额过大，而回流的货币资金过少、应收账款余额过大，可能会被税务机关怀疑存在虚开发票的行为，招致税务机关的检查或稽查。

【案例2-13】W市税务机关稽查局对本市某汽车服务有限公司作出处罚，要求其补缴增值税等相关税款。其中涉及增值税的如下：

你单位于2018年3月28日收到甲单位支付的60,752,500.00元购车款，应根据合同约定自收到购车款90日内向购货方交付全部车辆。你单位采购了96辆汽车改装完成后于2018年9月至2019年11月陆续交付给购货方，并陆续向其开具了增值税专用发票。你单位销售96辆车（经改装后）全部交付对方，但部分收入按实际交付时间应确认在2019年4月1日之前，销售机动车增值税税率为16%。根据《中华人民共和国增值税暂行条例》第十九条及《中华人民共和国增值税暂行条例实施细则》第三十八条之规定，你单位采取预收款方式销售货物事实成立，应当按照货物实际交接时间确认收入的实现，计算缴纳增值税及其附加、企业所得税等相关税费。

你单位2019年2月少确认收入造成当月应补缴增值税157,154.07元、2019年3月少确认收入造成当月应补缴增值税78,104.00元，应合计补缴2019年增值税235,258.07元。

上述违法事实，主要有以下证据证明：

证据一，你单位纳税申报资料；

证据二，你单位上游企业提供的收款明细账、银行收款流水单、发货单明细账、相关记账凭证等复印件；

证据三，你单位下游企业提供的购车资料等复印件；

证据四，货物与劳务系统查询的发票取得和开具信息打印件。

我局认为：你单位2019年2月、3月收取的车辆销售款收入未进行纳税申报，造成少缴增值税 235,258.07 元、城市维护建设税 16,468.06 元的事实成立；你单位从事汽车销售业务，未按照合同金额缴纳印花税 27,794.10 元的事实成立。你单位上述行为符合《中华人民共和国税收征收管理法》第六十三条第一款关于偷税的界定，应定性为偷税。根据《中华人民共和国税收征收管理法》第六十三条第一款之规定，拟对你单位处少缴税款百分之五十的罚款，计 139,760.12 元。

点评：

（1）对于采取预收货款方式销售货物的，其纳税义务发生时间为发出货物的当天，但生产销售生产工期超过 12 个月的大型机械设备、船舶、飞机等货物，为收到预收款或者书面合同约定的收款日期的当天。本案例中，汽车服务公司采用的是预收款方式销售汽车，而且在合同中明确约定了自收到购车款 90 日内向购货方交付全部车辆，这意味着其纳税义务发生时间是非常明确的，但该汽车服务公司未及时申报缴纳增值税，由此招致了税务机关的行政处罚。

（2）在本案例中，还涉及不同纳税期的税率调整问题。根据《财政部 税务总局 海关总署关于深化增值税改革有关政策的公告》（财政部 税务总局 海关总署公告 2019 年第 39 号），自 2019 年 4 月 1 日起，汽车销售的增值税税率调整为 13%。该汽车服务公司可能想通过收入确认时间的调整以使其产品适用较低的税率以降低税负，但由于处理方式的不当，反而未达到预期的目标。

（3）W 市税务机关稽查局收集了四个方面的证据来证明自己的结论，在金税四期下，这些证据的获取将会变得更容易，通过数据的"一户式"集成，汽车服务公司上下游的客户信息会完全呈现在税务机关的客户端，通过法定的程序，也很容易取得资金流转数据。所以纳税人应充分了解金税四期的功能，结合纳税人的实际情况，建立和完善税务风险控制体系，以规避和控制税务风险。

（二）增值税预警指标异常的税务风险

增值税预警指标是一种衡量纳税人增值税风险的量化工具，通过对纳税人增值税相关数据的分析和处理，可以预测纳税人可能出现的税务风险。预警指标最早是税务机关用于监管纳税人纳税状况的工具，但纳税人也可以采用这些指标体系来进行税务风险预警，对可能引发涉税纠纷、造成损失或影响税务安全的因素进行事前预警，及时采取应对措施，利用智慧化财务核算系统，可以很容易对税务机关常用的预警指标进行监控，对异常的指标，及时进行分析和处理，以避免税务风险。

1. 增值税专用发票用量变动异常

如果增值税专用发票用量出现突然增加，但业务变化不大，可能存在虚开风险。这时应及时与相关部门确认购销合同的真实性，了解生产经营的实际情况，同时对"原材料""产成品""银行存款""现金"以及应收账款、预收账款等会计科目进行分析，判断发票的使用增量的真实性，以避免被税务机关认定存在虚开的可能性而实施检查或者稽查。

2. 增值税一般纳税人税负变动异常

增值税一般纳税人税负变动异常，说明纳税人可能存在账外经营、未及时确认收入、虚抵进项税额或虚开发票等风险。

为此纳税人应重点关注销售业务，利用智慧化管理信息系统，实现销售合同、销售收入、应收账款、其他应付款、存货、银行流水等科目的智能化比对，以确保不存在隐瞒收入问题；同时，应严格按照税法的规定进行进项税额的抵扣。如果发现问题，应及时进行订正申报，以避免税务机关的处罚。

3. 进项税额大于进项税额控制额

税务机关会对纳税人申报的进项税额与进项税额控制额进行比较，若申报的进项税额大于进项税额控制额，则可能存在虚抵进项税额或者未付款的购进货物提前申报抵扣进项税额的问题，因此纳税人应严格按照税法的规定来管理和抵扣进项税额。

4. 进项税额变动率高于销项税额变动率

如果纳税人的进项税额变动率高于销项税额变动率，可能会被税务机关认为存在少计收入或虚抵进项税额。此时纳税人应自查销项税额和进项税额的真实性，确认购销业务是否真实，是否存在销售已实现而收入却长期挂在"预收账款""应收账款"科目，是否存在虚假申报抵扣进项税问题。

另外，从税务机关的实践看，一般纳税人零低申报、增值税专用发票红字发票率偏高、查账征收小规模纳税人纳税额偏低等指标都有相应的预警值，也是税务机关进行税务分析时的常用指标，纳税人需要时刻关注本单位相关指标的变动情况，如果出现异常，应及时查找原因并收集相关的证据，在税务机关进行检查或者稽查时，有充分的证据证明行为的合规性，从而可以有效避免税务风险。

（三）增值税纳税申报比对过程中的税务风险

增值税纳税申报比对是税务机关为确保税收征管的准确性和公正性，对纳税人申报的增值税数据进行核实和比对的过程。这个过程涉及多个方面的比对内容，以确保申报数据的合法性、真实性和准确性。

增值税纳税申报比对的主要内容包括：

（1）表表比对。这是对增值税纳税申报表内的各项数据进行逻辑关系核对。例如，申报表中的销售额、进项税额、应纳税额等关键数据之间的逻辑关系是否合理，是否存在逻辑错误或矛盾。

（2）票表比对。这是将纳税人开具的各类发票信息与申报表进行比对。包括增值税专用发票、普通发票等的开票信息与申报表中的相应数据进行核对，以确保票、表数据的一致性。

（3）表税比对。这是指将纳税人申报的应纳税款与实际入库的税款进行比对。通过比对申报表中的应纳税款与实际缴纳的税款，可以检查是否存在少报、漏报或虚报税款的情况。

针对增值税纳税申报比对管理，纳税人可以从以下几个方面开展申报前的自行比对，一方面确保申报数据的合法性、真实性和准确性，另一方面通过事先的比对管理，提高纳税人的税务管理水平，有效控制和管理税务风险。

1. 增值税申报表收入与开票收入的比对

一般来说，增值税申报表收入应等于开票收入加未开票收入。若增值税申报表收入小于开票收入，意味着纳税人存在开票未纳税申报问题，可能会被税务机关认定涉嫌虚开发票。

此外，还需要就当期申报的免税销售额、即征即退的销售额，与纳税人的增值税优惠备案信息进行比对，以判断是否与备案信息相匹配。

2. 增值税申报表收入与企业所得税收入的比对

一般情况下，企业所得税收入与增值税的不含税销售额差异不大，或者企业所得税的收入略大于增值税的不含税销售额。但如果企业所得税收入小于增值税申报表收入超过10%就有可能会被税务机关预警，税务机关可能会让纳税人说明增值税和所得税收入出现差异的原因。如果没有合理的解释和说明，税务机关就有可能会对纳税人展开全面检查或稽查，由此可能引出一大堆问题。

因此在进行纳税申报时，一定要注意增值税和所得税收入的一致性，尽量控制两者的差异在合理范围内。但是也需要注意，会计确认收入的时间点与增值税确认收入的时间点有比较多的差异，在业务和数据合规、真实的情况下，出现财务报表收入与纳税申报收入的不同是一种正常现象，只要向税务机关作出说明或解释即可。

3. 增值税申报表收入与应纳税额比对

该项比对主要是为了确保纳税人申报的销售额和应纳税额之间的逻辑关系合理且准确。纳税人需要确保所有的应税收入项目都进行了申报，并且金额准确无误；确保应纳税额是根据申报表中的收入、按照适用税率计算得出；确保应税收入和适用税率的准确性。

在比对收入与应纳税额时，如果发现差异，企业应该进行调查和分析，找出差异的原因，并及时进行纠正。可能的原因包括计算错误、遗漏收入、税率错误、未正确应用减免税政策等。如果是税务机关发现了差异，企业应及时向税务部门提供相关证明材料或进行进一步的核实，申请订正申报。

4. 增值税申报表中进项税额结构分析

进项税额结构分析是对纳税人申报的进项税额的来源、性质和金额进行详细分析的过程。纳税人在申报前可以围绕以下几个方面展开进项税额的结构分析：

（1）进项税额来源分析。全面了解进项税额的来源，包括来自采购商品或服务、来自进口货物等。通过对进项税额来源的分析，可以确定各种进项税额的比例，进而全面把握企业整体税务状况。

（2）进项税额性质分析。与进项税额相关的抵扣凭证可能包括增值税专用发票、增值税普通发票、农产品收购发票等。企业需要对不同性质的进项税额进行归类和分析，了解各种进项税额的性质及对应的购进货物或服务等的用途，以便更好地管理进项税额。

（3）进项税额金额分析。纳税人应当对进项税额的金额进行详细分析，包括总额、月度或季度分布情况、不同来源的进项税额金额等。通过对进项税额金额的分析，可以发现可能存在的问题和风险，并及时采取有效措施。

（4）进项税额合规性分析。纳税人还应对进项税额的合规性进行分析，包括是否符合税法规定、是否存在虚假发票等情况。通过对进项税额的合规性分析,可以确保企业的税务申报的合规性,避免因为违规行为而导致税务风险。

纳税人可以结合内部财务数据和税务数据,利用智慧化财务核算系统或税务管理软件进行进项税额结构分析,从而更好地管理和控制税务风险。

5. 增值税申报表中进项转出额分析

进项税额转出是将那些按税法规定不能抵扣,但购进时已作抵扣的进项税额如数转出,正常来说应为正数。当进项税额转出出现负数时,企业应当首先核查具体的原因,并根据实际情况进行调整。如果是因为计算错误导致的,应当及时调整相关账务,确保进项税额转出的准确性。如果是因为用途发生变化导致的,应当重新确认进项税额的抵扣条件,并按照规定进行申报和调整。

对于税务机关而言,进项转出额也是监控的重点之一。如果纳税人的进项转出额频繁出现异常波动,税务机关可能会对其进行更深入、全面的检查或稽查。

6. 增值税申报表中未开票收入分析

未开票收入包括真正未开票收入(增值税纳税义务已经发生但客户没有索要发票)、视同销售收入、纳税义务已发生但暂未开票三部分。

未开票收入申报主要涉及以下两个方面的税务风险。

一是未开票收入不记账、不申报,这会被认定为逃税,纳税人不仅需要补税,还需要缴纳滞纳金和罚款。

二是申报表中的未开票收入栏次为负值,纳税人可能存在以前月份虚开发票的行为,或故意填写负值以减少销项税额。无论哪种行为,都会引起税务机关的注意,从而可能会对纳税人的涉税情况展开检查或稽查,引发不必要的税务风险。

为了避免增值税申报比对异常情况的发生,纳税人应加强增值税的日常管理:在申报前,通过智慧化财务核算系统或税务管理软件进行申报前的预先比对,以降低和控制税务风险;在税务机关发现纳税人存在增值税申报比对异常情况时,一般会通知纳税人进行核查并提供相关资料,此时纳税人应及时响应并配合税务机关进行核查,如实提供相关资料和信息,积极配合调查。

第四节 增值税优惠政策使用的税务风险管理

中国现行增值税制中有大量的税收优惠政策，包括增值税免税、减税、即征即退、先征后退、先征后返等。充分利用税收优惠政策可以为企业带来多方面的好处，包括降低税负、提升竞争力、鼓励投资和创业、促进产业结构调整等。纳税人在利用税收优惠政策时需要注意控制两个方面的风险：其一是是否用足了税收优惠政策；其二是在利用优惠政策的过程中，需要严格遵守税法的规定，确保合规性，避免滥用和不当申请。

一　用足税收优惠政策

（一）梳理增值税的现行优惠政策

增值税的优惠政策的种类繁多，适用范围各异。在合理利用税收优惠政策之前，纳税人应结合自身业务情况，梳理现行的各项税收优惠政策，系统、深入地学习税收优惠政策适用的主体范围、优惠内容和享受条件等，确保对政策内容有全面的了解。

（二）调整主体结构满足适用税收优惠政策的条件

每个纳税人的经营状况各不相同，因此在选择适用的税收优惠政策时，需要结合纳税人自身的经营情况和业务模式进行考虑。首先，纳税人需要准确把握自身行业特点和经营模式，确定适用的税收优惠政策。其次，纳税人还需综合考虑财务状况、投资规划和发展战略等因素，选择能够最大限度地减轻税负、提高盈利能力的政策。

【案例 2-14】某水果种植公司在某城镇郊外拥有一个水果种植园，每年水果外销收入为 500 万元左右。后来公司为了提高产品附加值，决定对自产水果进行深加工后出售，公司拟注册成立一家水果深加工公司 B，其原材料主要来自自己的水果种植园。其他材料主要是外购的包装物、添加剂及动力（水电）等，年支出为 120 万元左右（可取得增值税专用发票）。预计 B 公司每年不含税销售收入为 800 万元。经过梳理现行的税收优惠政策，公司决策层决定将水果种植园独立出去并认定为税法意义上的农业生产者，成为 B 公司的兄弟公司，水果种植园与 B 公司之间的交易，按照正常交易原则来进行。

点评：

（1）如果水果种植园和 B 公司在同一个纳税主体下，此时水果种植园与 B 公司之间的交易属于不征税的内部交易，而企业的最终产品是深加工的水果产品，不能享受农业生产者销售自产的农产品免税的政策。在这种情况下，公司总体的增值税应纳税额为：

应纳税额=800×13%−120×13%=88.4（万元）

（2）将水果种植园独立出去成为农业生产者，则种植园销售的自产农产品可以享受免征增值税的优惠，同时 B 公司采购种植园的水果可以按照农产品的进项税额抵扣规则抵扣进项税额，此时公司总体的增值税应纳税额为：

应纳税额=800×13%−120×13%−500×10%=38.4（万元）

（3）就本案例看，纳税主体难以适用合适的税收优惠政策，但如果综合考虑公司的整体业务情况，就可以发现种植园的业务可以适用农产品的免税政策，这时可以通过企业分离的方式，将一部分业务剥离原有的纳税主体，从而满足增值税优惠政策的适用主体要求。

在增值税的优惠政策中，有很多类似的政策都属于这种情况，都可以通过业务剥离或者企业分离的方式，将满足增值税优惠政策的业务剥离出来，让其成为一个独立的纳税主体，从而充分享受税收优惠政策。

（三）结合纳税人自身情况选择适用政策

在利用税收优惠政策的过程中，还需要注意，就具体的纳税人来说，其在某个阶段享受某项优惠政策对纳税人并不一定有利，在这种情况下，纳税人就需要结合自身实际情况作出最优选择。比如新开办的幼儿园和医疗机构，在初始的 36 个月之内，可能会有大量的进项税额需要抵扣，在这种情况下，享受免税就意味着这些进项税额无法抵扣，因此放弃免税可能才是最好的选择；再比如对于收购免税农产品加工后的产品仍然属于农产品范围的企业，会呈现明显的"高抵低征"特征，此时享受免税的政策不一定是最优选择。

因此，税法赋予纳税人选择权：纳税人销售货物、应税劳务或者服务适用免税、减税规定的，可以放弃免税、减税。放弃免税、减税后，36 个月内不得再申请免税、减税；纳税人发生应税行为同时适用免税和零税率规定的，纳税人可以选择适用免税或者零税率。

但是，也需要注意：纳税人一经放弃减免税权，其发生的全部应税行为均应按照适用税率或征收率征税，不得选择某一减免税项目放弃减免税权，也不得根据不同的对象选择部分应税行为放弃减免税权。并且，放弃减免税权，应当以书面形式提交放弃声明，报主管税务机关备案。

更为重要的是，企业应当将税收优惠政策的选择与企业发展战略紧密结合。选择税收优惠项目时，不仅要考虑短期利益，更要着眼于长远发展。

（四）税收优惠管理

1. 主动申请税收优惠

虽然税务机关现在向以服务纳税人、缴费人为中心的服务型征管模式转变，但对于税收优惠政策，税务机关一般不会主动向单个纳税人提示，因此就需要纳税人及时学习和了解相关政策，及时向税务机关申请或备案符合条件的税收优惠，确保纳税人能够及时享受到相关的税收优惠待遇。在申请或备案之前，纳税人应按照政策要求，准备完整、准确的申请或备案材料。如果属于"自行判别、申报享受、有关资料留存备查"办理方式，则一定要按照相关规定，保留相关凭证和支持资料，并确保留存备查资料的真实性、合法性，以便税务部门进行审查核验，避免招致税务检查、稽查以至税务行政处罚。

2. 税收优惠的事中管理

在优惠事项实行资料留存备查管理方式后，各级税务机关会根据国家税收法律、法规、规章、规范性文件等规定开展减免税后续管理，如风险管理、税务检查等。因此，纳税人应与税务机关保持良好的沟通和合作关系，及时向税务部门报告企业的经营情况和税务数据，以便更好地享受税收优惠政策。

同时，纳税人应定期评估企业的经营情况和税务政策的变化，确保在优惠期内都符合享受税收优惠的条件从而确保持续享受税收优惠政策。

3. 税收优惠的动态管理

一方面，纳税人享受税收优惠政策时需要进行动态风险管理和合规性检查，确保适用税收优惠政策的合规性，避免滥用和不当申请税收优惠。

另一方面，随着时代的发展和形势的变化，税收优惠政策也在不断更新，比如调整税收优惠的适用范围、条件和期限，优化税收优惠的管理和落地、实施等。纳税人应及时了解最新的政策动态，把握政策的调整方向和影响范围，及时了解并合理运用新政策。

此外，纳税人还应根据经济和社会的变化前瞻性地判断和分析未来税收优惠政策的可能变化，结合企业业务范围、商业模式或者发展战略等的调整，提早作出应对。

二 出口退税的税务风险管理

出口退税对于纳税人降低成本、改善现金流、完善出口业务流程以及提高盈利能力等都具有重要的意义，因此纳税人应熟悉出口退税政策，通过合理的出口退税管理和安排，不但可以提高出口商品的市场竞争力，而且可以提高企业的经济效益。同时，适应出口退税新系统的申报、证明办理、核准、退库等出口退（免）税业务线上办理和简化办理以及税收征管"数字化""智慧化"模式的转变，纳税人应及时推进出口业务税务管理的数字化、智能化模式转型，规范、优化和固化出口业务流程，并在此基础上提升税务合规评估、税务风险自查能力，实现企业的可持续发展。

（一）出口贸易模式选择的税务风险

常见的出口贸易包括一般贸易出口、来料加工贸易和进料加工贸易三种模式。不同的贸易模式，其出口退税的计算过程和方法也不尽相同。对外贸企业来说，采取的是免税并退税的方式，相对来说其出口退税受贸易模式的影响较小；而对生产型外贸企业来说，其出口退税采用"免、抵、退"方式，不同的贸易模式对出口退税的影响相对较大，因此，生产型外贸企业除根据自身产品特点、市场需求、成本等因素选择合适的出口模式以外，出口退税也是一个重要的考量指标。在基于出口退税因素选择贸易模式时，主要考虑货物征税率、退税率、企业当期增值税应纳税额和当期免抵退税额这四个因素。通常情况下，当征税率和退税率相等时，选择一般贸易出口模式可获得更多退税金额，该模式对利润的影响与进料加工贸易模式一致，而来料加工贸易模式对利润的影响相对不确定；当征税率和退税率不相等时，一般贸易出口模式将会获得更多退税金额；但就利润来说，进料加工贸易模式的利润水平更高，来料加工贸易模式对利润的影响相对不确定。这也是实践中更多的企业会选择一般贸易出口模式或者进料加工贸易模式的原因。

在选择出口贸易模式时，出口退税政策只是影响企业选择的一个因素，更多的还需要纳税人根据自身产品特点、市场需求、成本等因素，选择对纳税人最有利的出口模式。

【案例 2-15】H 市 L 灯具公司原本是一家生产型出口企业，主要生产各种灯具。后来 L 公司变更为商贸型出口企业，于 2022 年 6 月初在工商部门完成了变更。但在出口退税系统中，一直未变更出口方式。2023 年 1 月，税务机关在抽查中发现 L 公司的工商变更信息，因此要求其将 2022 年 6—12 月的出口退税款 60 万元退回，并且不允许办理订正申报。

点评：

（1）企业类型不同，适用的出口退（免）税计算方法也不同。生产型出口企业适用免、抵、退税计算办法，而商贸型出口企业则适用免、退税计算办法。L 公司在变更企业类型和经营方式后，未及时进行退（免）税备案变更，但进行了货物出口，由此造成出口退税款的损失。

（2）企业要根据自己的实际经营情况，及时、准确地办理出口退（免）税备案。如果已经备案的信息发生改变，应及时到主管税务机关办理出口退（免）税备案变更。在办理备案变更前，要确保变更前的出口货物，已完成出口退（免）税申报，以减少不必要的损失。

（二）出口方式选择的税务风险

实践中产品的出口主要有以下三种方式：

第一种是自营出口，是有进出口经营权的外贸企业直接出口，自行办理出口货物的报关、报检、收汇、结算、外汇核销、出口退税等相关手续。

第二种是代理出口，是没有进出口经营权或虽有进出口经营权但不选择自营出口的企业，将货物委托其他外贸企业代理报关出口，代理企业代为办理出口的相关手续。

第三种是间接出口，是生产企业将货物卖断给关联外贸企业，由关联外贸企业自营出口。这种出口方式大多适用于企业集团，可以从集团层面对生产、经营和出口作出统筹安排，目的是最大化集团整体利益。

不同的出口方式下，如果征税率和退税率一致，那么三种出口方式的退税金额是一样的，对纳税人利润产生影响的是不同出口方式所产生的其他成本。在选择适合的出口方式时，企业需要综合考虑多方面因素，包括产品属性、市场需求、贸易政策、风险控制等。

但是也需要注意，不同的出口方式意味着不同的出口退税管理要求，由此导致纳税人面临的税务风险并不完全相同。特别需要注意的是间接出口方式下存在"假自营真代理"的税务风险，这就要求纳税人与关联外贸企业之间必须是真实的交易，关联外贸企业按照自营出口的标准开展业务、办理手续，谨防"四自三不见"的情形，防止发生税务风险；而且，交易价格也需要符合正常交易原则，以免被税务机关认定交易价格不合理而进行调整，甚至引致税务机关的检查和稽查。

（三）上下游客户选择的税务风险

上下游客户的选择，不会对纳税人出口退税的金额产生影响，但会影响出口退税的进度，影响纳税人出口退税管理的难易度。因此，纳税人应加强对上下游客户的管理，关注上游供应商和下游客户的税务资质和纳税情况，防范外部因素引致的税务风险。

1. 加强上游供应商的资质审查与管理，防范函调风险

出口退税函调是税务机关收到纳税人的退税申请后，发函至开出增值税发票的企业所在地税务机关进行调查，以证实该笔出口退税的合法性。为规避因为函调而导致与该供应商相关交易的退税审批延期，纳税人应从事前、事中加强对供应商资质的审查管理，在函调的事中、事后与主管税务机关保持充分、及时的联系与沟通。

在选择供应商之前，应加强对供应商的纳税信用等级、有无违规记录、生产能力、财务状况等信息的收集和考察，选择那些各项状况都满足出口退税需求的供应商；合作期间，持续关注供应商的相关资质、财务状况和信用记录。

若供应商违规导致企业被函调，则在函调过程中应积极配合主管税务机关工作，快速准备函调资料并及时报告具体情况。

2. 在间接出口模式下，应选择合格的关联外贸企业

在间接出口模式下，关联外贸企业的出口企业管理类别应在二类及以上，这样其增值税出口退税申报才可以避免进项发票交叉稽核的2个月等待期，才可以适用出口退税新系统和无纸化申报。因此，为缩短退税周期、获取退税款的时间价值，并且简化申报资料，采用间接出口模式的纳税人应选择合格的关联外贸企业。

（四）单证准备的税务风险

自2006年1月1日起，中国对出口企业出口货物退（免）税有关单证实行备案管理制度。企业在申报出口退（免）税时，不需要提供相关单证，按照规定留存备查即可。2022年《国家税务总局关于进一步便利

出口退税办理　促进外贸平稳发展有关事项的公告》（国家税务总局公告2022年第9号）又对出口退（免）税备案单证的管理要求进行了优化。

出口企业备案单证的内容主要分为三类：出口企业签订的购销合同、出口货物的运输单据、出口企业委托其他单位报关的单据。企业应在申报出口退（免）税后15日内，将相应备案单证妥善留存，并按照申报退（免）税的时间顺序，制作出口退（免）税备案单证目录，注明单证存放方式，以备税务机关核查。纳税人无法取得上述单证的，可用具有相似内容或作用的其他资料进行单证备案，还可以自行选择纸质化、影像化或者数字化方式，对备案单证进行留存保管。

实施单证备案管理制度后，备案单证成为企业办理出口退（免）税的一项必备材料，并由企业保管。这样，一方面理顺了企业内部出口环节，另一方面降低了企业出口退（免）税风险，减轻了企业财务人员的办税压力，同时为出口企业办理出口退（免）税提供了极大的便利。

实务中，经常有出口企业因不了解或未全面掌握出口退（免）税货物单证备案的相关规定，忽略了对备案单证的管理，引发了税务风险。

1. 备案单证的规范性引致的税务风险

备案单证的规范性要求出口企业在办理出口业务时，按照相关法律法规和贸易规范要求，准确、完整、合规地提交备案单证。备案单证涉及购销合同、出口合同、发票、装箱单、报关单等，这些单证的内容不完全一致，但相互之间又存在勾稽关系，因此出口企业应认真核对各项信息的准确性和完整性，确保各项单证的内容符合规范，并且与合同和实际交易相符。企业可以借助电子化的备案单证管理系统，提高备案效率和准确性，降低税务风险。

2. 不同单证之间信息的一致性引致的税务风险

备案单证信息一致性是指出口企业在提交备案单证时，应确保各项单证之间的信息保持一致。保持备案单证信息的一致性对于企业的出口业务非常重要，可以避免因备案单证信息不一致而导致的税务风险和纠纷。如有不一致之处应及时进行调整和修正，或者作出情况说明，以免造成损失和税务风险。比如，海运提单一般包括两种类型：船东提单和货代提单。船东提单是船公司签发的海运提单，可以签发给直接货主，也可签发给货代公司，再由货代公司出具货代提单给直接货主。货代提单是具备资格的货代公司所签发的提单，一般签发给直接货主。需要注意的是，无论是船东提单还是货代提单，提单上的发货人、货物品名、数量、规格、运输方式、目的港、提运单号等内容，都必须与出口货物报关单内容相符。如果出现不一致，可能会导致出口企业不但无法适用出口退（免）税政策，而且可能还要对出口货物缴税。

3. 备案单证的完整性引致的税务风险

备案单证的完整性是指出口企业在办理出口业务时，严格按照税法的规定来准备备案单证，仔细核对各个单证的信息是否齐全和准确，确保单证的完整性和合规性。比如对于出口货物运输单据，税法特别列明了出口企业承付国内运输发票。实务中，相当一部分出口企业会将一揽子出口业务委托给货代公司进行物流操作，货代公司会把境内运输费用、国际运输费用的增值税发票一并开具给出口企业。但根据增值税的规定，国际运输费用免税，而境内运输费用应按适用税率计税。如果企业无法进行区分，则可能造成出口企业的财务核算系统中找不到国内运输费用的相关记录；如果货代公司也无法提供出口企业承担国内运输费用的相关记录，就有可能因为备案单证不完整、不合规而无法适用出口退税政策。

在日常管理中，出口企业应制定相应的税务风险防控机制，定期对备案单证的相关情况进行整理和核对，确保单证的具体内容符合规范。如果梳理发现单证存在疏漏，应尽快补充完善。确实无法补充获取的，应取得具有相似内容或作用的其他资料进行单证备案。如果连其他资料都无法取得，建议出口企业及时与主管税务机关沟通，对相应的出口货物不适用增值税退税或免税政策，及时更正申报，避免产生后续被主管税务机关认定为骗取出口退税等的法律风险。

针对上述风险，结合增值税出口退税数字化申报的新系统、无纸化申报的新模式和税收征管改革向"以数治税""智慧税务"的转型，纳税人应充分适应这种变化，用信息科技手段智能化生成出口退税申报资料和备案单证目录，帮助企业完整关联和记录每笔出口业务单证信息的详细情况，形成备案单证及资料电子数据档案库和电子资料索引。这样做，既规范各部门协同完成备案单证，又减轻出口企业办税负担，有效控制了出口单证的管理风险。

（五）出口退税时效的税务风险

由于出口企业在整个出口退税的流程中面临着很多时间限定，一旦超出了这些时间，就可能给公司造成损害，因此时效风险是出口企业面临的主要税务风险之一。

出口企业在开展出口业务的过程中，应该注意以下四个时间限定：

（1）30天的时间限定。出口企业购进出口货物后，应及时向供货企业索取增值税专用发票或普通发票，对于属于防伪税控的增值税发票，出口企业必须在开票之日起30天内办理认证手续。

（2）90天的时间限定。出口企业必须在货物报关出口之日起90天内办理出口退税申报手续，生产企业必须在货物报关出口之日起三个月后免抵退税申报期内办理免抵税申报手续。

（3）180天的时间限定。出口企业必须在货物报关出口之日起180天内，向所在地主管退税部门提供出口收汇核销单（远期收汇除外）。

（4）3个月的时间限定。出口企业出口货物纸质退税凭证丢失或内容填写有误，按有关规定可以补办或更改的，出口企业可在申报期限内向退税部门提出延期办理出口货物退（免）税申报的申请，经批准后，可延期3个月申报。

上述时间限定决定了出口企业退税的周期，为了能够使垫付资金尽快回流，提高企业的资金利用率，出口企业应当在符合退税条件的前提下尽快申报退税。

如因交易特殊情况无法获取或丢失备案单证、原始票据时，可采取相同功能或类似的单据进行替代并做好记录。在取得报关单、发票等信息后，尽快向税务机关申请办理出口退税，使垫付资金尽快回流，减轻资金压力，增加流动资金，促进企业经营的持续发展。

第五节　增值税发票的税务风险管理

一　增值税发票的基本规定

（一）增值税发票的种类

发票是在购销商品、提供或者接受服务以及从事其他经营活动中，开具、收取的收付款凭证。

1. 纸质发票和电子发票

《中华人民共和国发票管理办法》中，将发票划分为纸质发票和电子发票，并且明确：电子发票与纸质发票具有同等法律效力，任何单位和个人不得拒收。电子发票是在购销商品、提供或者接受服务以及从事其他经营活动中，按照税务机关发票管理规定以数据电文形式开具、收取的收付款凭证。目前税务机关正在推行的数字全电发票就属于电子发票的一种。

2. 实践中的发票种类

《中华人民共和国发票管理办法》第五条规定：发票的种类、联次、内容、编码规则、数据标准、使用范围等具体管理办法由国务院税务主管部门规定。从实践看，发票种类主要包括以下几种：

（1）增值税专用发票（含增值税电子专用发票），这是增值税纳税人销售商品或提供服务及从事其他经营活动中开具的，也是购买方支付增值税额并可按照增值税有关规定据以抵扣增值税进项税额的凭证。

（2）增值税普通发票，包括电子普通发票、卷式发票、通行费发票等，是增值税纳税人销售商品或提供服务及从事其他经营活动时，通过税控专用设备或电子发票服务平台开具的普通发票。

（3）机动车销售统一发票，这是从事机动车零售业务的单位和个人，在销售机动车（不包括销售旧机动车）收取款项时开具的发票。

（4）二手车销售统一发票，是二手车经销企业、经纪机构和拍卖企业，在销售、中介和拍卖二手车收取款项时，通过税控专用设备或电子发票服务平台开具的普通发票。

（二）增值税发票的联次和内容

1. 增值税发票的联次

纸质发票的基本联次包括存根联、发票联、记账联。存根联由收款方或开票方留存备查；发票联由付款方或受票方作为付款原始凭证；记账联由收款方或开票方作为记账原始凭证。同时，考虑到各省具体情况的不同，将发票联次的确定权力下放到省级税务机关，省以上税务机关可根据纸质发票管理情况以及纳税人经营业务的需要，增减除发票联以外的其他联次，并确定其用途。这就导致实践中，省与省之间增值税纸质发票的联次的差异。

电子发票无联次。

2. 增值税发票的内容

增值税发票的基本内容包括发票的名称、发票代码和号码、联次及用途、客户名称、开户银行及账号、商品名称或经营项目、计量单位、数量、单价、大小写金额、税率（征收率）、税额、开票人、开票日期、开票单位（个人）名称（章）等。

电子发票的基本内容包括二维码、发票号码、开票日期、购买方信息、销售方信息、项目名称、规格型号、单位、数量、单价、金额、税率/征收率、税额、合计、价税合计（大写、小写）、备注、开票人。其中的二维码、发票号码、开票日期等信息由系统自动生成，无须填写。

省以上税务机关可根据经济活动以及发票管理需要，确定发票的具体内容。

二　增值税发票领用的税务风险

发票领用既是整个发票管理的起点，也是税务管理工作的基础环节，对于确保税务合规和减少税务风险具有重要意义。《中华人民共和国发票管理办法》和《中华人民共和国发票管理办法实施细则》对发票的领用作出了具体而明确的规定，纳税人需要严格按照相关的规定来领用发票，保证发票领用的顺畅。

（一）发票领用的税务风险

按照现行政策，纳税人在领用发票时，税务机关会对其相关情况进行审核，审核的主要方面包括纳税人的实际经营情况（包括经营范围、规模）、税收风险程度、纳税信用级别等，这些都会对发票的领用产生影响，税务机关会根据上述因素确定或调整其领用发票的种类、数量、额度以及领用方式。

实践中，许多纳税人为了多领取发票，采用各种不合法的手段来扩大经营规模，以达到领取大量增值税发票，或取得高限额开票资格的目的，在"以数治税"的征管模式下，这些行为都会给纳税人带来风险。因为发票的领用，虽然只是发票管理的起点，但更涉及发票的开具、使用和保管。

领用发票时，税务机关会查验发票使用情况，因此纳税人应及时将领用的增值税发票进行登记，包括发票号码、数量等信息，对于开具的每一份发票，也要及时登记，这样在下次领用之前就会很容易汇总发票领、用、存的情况及相关开票数据，以为下次的领用奠定基础。

纳税人应结合自身的实际情况，在发票的批量供应、交旧领新、验旧领新、额度确定等领用方式中选择最适合自身情况的领用方式。纳税人也应按照领用数量和种类妥善保管发票，避免遗失或滥用。

（二）外出经营领取发票的税务风险

现行税法规定：固定业户（增值税一般纳税人）临时到外省（自治区、直辖市）以外从事经营活动，必须向经营地税务机关出示"外出经营活动税收管理证明"回原地纳税，需要向购货方开具专用发票的，也回原地补开。对未持"外出经营活动税收管理证明"的，经营地税务机关按规定预征税。对擅自携票外出，在经营地开具专用发票的，经营地主管税务机关根据发票管理的有关规定予以处罚并将其携带的专用发票逐联注明"违章使用作废"字样。

因此，临时到本省、自治区、直辖市以外从事经营活动的单位或者个人，应当凭所在地税务机关的证明，向经营地税务机关领用经营地的发票。

（三）及时处理发票领用过程中的风险

纳税人在办理票种核定、发票领用等业务时，如果被税收大数据认定为高风险纳税人的，需要到办税服务厅前台办理，其中，对办理票种核定业务的，纳税人法定代表人（业主、负责人）应于10个工作日内，到主管税务机关签署《发票使用风险提示告知承诺书》并接受税务约谈。若纳税人对风险等级存有异议，可向主管税务机关提请核实风险事项，主管税务机关依据约谈、调查巡查结果对风险等级进行调整、维持或解除。法定代表人（业主、负责人）未按规定的时间签署或拒不签署《发票使用风险提示告知承诺书》的，将严格控制发票核定（领用）数量和最高开票限额。

三　增值税发票开具的税务风险管理

（一）未按规定的时限开具发票的税务风险

《中华人民共和国发票管理办法》规定：应当按照规定的时限开具发票；《中华人民共和国发票管理办法实施细则》规定：填开发票的单位和个人必须在发生经营业务确认营业收入时开具发票。未发生经营业务一律不准开具发票。从现行规定看，对于什么是"规定的时限"并未作出更明确和具体的规定。税务机关在执行时，会按照"确认营业收入"时开具发票进行认定。未发生的经营业务则不得开具发票。发票开具时限的这些规定，跟税务实践并不完全一致，也可能跟纳税人的理解不一致，由此会产生税务风险。

实践中，经常有纳税人因为延迟开票被认定为隐匿收入，或者虽已按规定确认了收入并缴纳了税款，但因为没有按照规定开具发票给对方而被税务机关处罚。此外，对于未按规定时限开票，可能还会面临被购买方提起诉讼要求赔偿未开票损失的风险。

实务中还会经常发生这种情形：购买方要求先取得发票才会支付货款，即所谓的提前开票，这一行为的主要风险在于开具的发票可能与实际生产经营不符，引致虚开的风险。因此，纳税人若在实际业务中确有需要提前开票的情形，应当准备充分的资料，证明交易的真实性；若因各种原因导致全部或部分业务被取消，应及时进行红冲处理，以防范虚开发票的风险。

（二）发票信息合规性的税务风险

《中华人民共和国发票管理办法》规定：开具发票应当按照规定的时限、顺序、栏目，全部联次一次性如实开具，开具纸质发票应当加盖发票专用章。

《中华人民共和国发票管理办法实施细则》规定：单位和个人在开具发票时，项目应当填写齐全，内容真实。开具纸质发票应当按照发票号码顺序填开，字迹清楚，全部联次一次打印，内容完全一致，并在发票联和抵扣联加盖发票专用章。

发票信息的合规性是指发票上所填写的各项信息必须符合税法的规定，保证发票信息、栏目的完整性、准确性和真实性。这方面常见的涉税风险包括备注栏填写不全、盖章不规范、税率适用错误、项目栏填写过于笼统、发票内容与实际交易内容不符等。发票信息的合规性需要注意以下几个方面：

1. 发票抬头和基本信息

发票上必须包含开票单位或个人的名称、纳税人识别号、注册地址等基本信息，确保抬头信息准确无误。

2. 发票开具时不要错误选择税率或者征税率

不同税目的税率或征税率是不同的，需要根据业务所属税目选择合适的税率或征税率，特别是对于容易混淆的税目更要特别注意，以确保税额计算准确无误。

3. 按商品和服务税收编码规范开票

商品和服务税收分类与编码是指纳税人开具发票时，票面上的货物或应税劳务、服务名称应与税收编码进行关联，按分类编码上注明的税率或征收率开具发票，这是税务机关统计、筛选、分析、比对数据等最强有力的抓手。

填开发票时，"货物或应税劳务名称"必须从商品和服务税收分类编码库中选取，否则该商品不能开票。若纳税人未正确、规范地开具带税收分类编码的发票，税务机关将按发票管理的有关规定进行处罚。在选择商品和服务税收编码时，应注意以下几个问题：

（1）对于品种较多的，一张发票上无法开具的，按照规定可以采用清单方式开具。在采用清单开票方式时，票面选择包含各品名的大类开具，清单中则需要按照最细化编码开具。

（2）对于提供服务、劳务中所使用的部分材料，不符合兼营标准的，应该按照服务、劳务征税的，在开具发票选择编码时，只需选择对应的服务、劳务就可以，不需要过度区分明细分别开具。

（3）对于常见的价外费用，按照该价外费用对应的应税品名开具。

（4）在相似的业务中，需要根据业务实质进行划分，否则有可能对自己或者受票方带来较大影响。比如：网络运行公司提供的互联网信息采集等服务项目，在信息系统服务、信息系统增值服务和广告服务三个编码中都可以找到相似的表述，此时就需要按照业务实质来严格区分，不可以随便选择。如果发生的是信息综合性服务行为，在开具发票时，按照"信息技术服务—信息系统服务"或者信息系统增值服务开具，则受票方一般可以按照规定进行所得税税前扣除，开票方在符合条件下，高新技术企业归集到研发费用科目就比较容易；如果选择了广告服务的编码，票面开成"广告服务—信息服务费"，则很容易被判断为属于广告服务业务，受票方与审计、税务机关之间可能会围绕是否应当按照广告费的规定来进行所得税税前扣除处理产生争议，且属于票面有差错。

（5）在选择编码时，开票系统会智能推荐编码，此时需要进一步对应税项目与所选编码是否对应进行核对，避免被税务机关认定选择的编码不符合规定而被责令限期改正。

4. 应如实开具发票

销售方开具增值税发票时，发票内容应按照实际销售情况如实开具，不得根据购买方要求填开与实际交易不符的内容，更不得变名虚开发票。如果销售方通过销售平台系统与增值税发票税控系统后台对接，导入相关信息开票的，系统导入的开票数据内容应与实际交易相符，如不相符应及时修改完善销售平台系统。

5. 增值税普通发票也须填写纳税人识别号

对于购买方为企业的，在索取增值税普通发票时，应提供纳税人识别号或统一社会信用代码，并在发票上开具。该规定只针对买方是企业的情形；对于以个人或者政府机关、事业单位等非企业单位为抬头的发票就不需要填写这些信息。

6. 部分发票开具不要漏填发票备注栏

对某些特殊的服务，备注栏是非常重要的内容，比如销售不动产，纳税人自行开具或者税务机关代开增值税发票时，应在发票"货物或应税劳务、服务名称"栏填写不动产名称及房屋产权证书号码（无房屋产权证书的可不填写）。在通过电子税务局开具数电发票的情况下，建筑服务、货物运输服务、不动产销售、不动产经营租赁服务、旅客运输服务这五项被称为特定业务，其相应的"备注信息"为必填项，如果不填开就无法开具发票。

7. 折扣销售时应把价款和折扣额在同一张发票分别注明

纳税人采取折扣方式销售服务、无形资产或者不动产，价款和折扣额在同一张发票上分别注明是指价款和折扣额在同一张发票上的"金额"栏分别注明，以折扣后的价款为销售额征收增值税。未在同一张发票"金额"栏注明折扣额，而仅在发票的"备注"栏注明折扣额的，折扣额不得从价款中减除。

发票信息的合规性对于纳税人来说至关重要。违反税法规定开具不合规的发票可能会导致税务风险，包括税务调查、罚款等。因此，纳税人在开具发票时务必谨慎填写，确保发票内容符合税法规定，避免因为发票问题而引发税务风险。

（三）发票开具行为合法性的税务风险

1. 虚开发票的税务风险

《中华人民共和国发票管理办法》中列示了虚开发票的三种情形：

（1）为他人或者自己开具与实际经营业务情况不符的发票；

（2）让他人给自己开具与实际业务情况不相符的发票；

（3）介绍他人开具与实际经营业务情况不相符的发票。

《最高人民法院　最高人民检察院关于办理危害税收征管刑事案件适

用法律若干问题的解释》（法释〔2024〕4号）第十条规定：具有下列情形之一的，应当认定为刑法第二百零五条第一款规定的"虚开增值税专用发票或者虚开用于骗取出口退税、抵扣税款的其他发票"：

（1）没有实际业务，开具增值税专用发票，用于骗取出口退税、抵扣税款的其他发票的；

（2）有实际应抵扣业务，但开具超过实际应抵扣业务对应税款的增值税专用发票，用于骗取出口退税、抵扣税款的其他发票的；

（3）对依法不能抵扣税款的业务，通过虚构交易主体开具增值税专用发票，用于骗取出口退税、抵扣税款的其他发票的；

（4）非法篡改增值税专用发票或者用于骗取出口退税、抵扣税款的其他发票相关电子信息的；

（5）违反规定以其他手段虚开的。

为虚增业绩、融资、贷款等不以骗抵税款为目的，没有因抵扣造成税款被骗损失的，不以本罪论处，但构成其他犯罪的，依法以其他犯罪追究刑事责任。

第十二条规定：具有下列情形之一的，应当认定为刑法第二百零五条之一第一款规定的"虚开刑法第二百零五条规定以外的其他发票"：

（1）没有实际业务而为他人、为自己、让他人为自己、介绍他人开具发票的；

（2）有实际业务，但为他人、为自己、让他人为自己、介绍他人开具与实际业务的货物品名、服务名称、货物数量、金额等不符的发票的；

（3）非法篡改发票相关电子信息的；

（4）违反规定以其他手段虚开的。

《国家税务总局关于纳税人对外开具增值税专用发票有关问题的公告》（国家税务总局公告2014年第39号）则规定：纳税人通过虚增增值税进项税额偷逃税款，但对外开具增值税专用发票同时符合以下情形的，不属于对外虚开增值税专用发票：

（1）纳税人向受票方纳税人销售了货物，或者提供了增值税应税劳务、应税服务；

（2）纳税人向受票方纳税人收取了所销售货物、所提供应税劳务或者应税服务的款项，或者取得了索取销售款项的凭据；

（3）纳税人按规定向受票方纳税人开具的增值税专用发票相关内容，

与所销售货物、所提供应税劳务或者应税服务相符，且该增值税专用发票是纳税人合法取得并以自己名义开具的。

受票方纳税人取得的符合上述情形的增值税专用发票，可以作为增值税扣税凭证抵扣进项税额。

国家税务总局的公告实际上是结合税收实践提出的，也就是所谓的"三流合一"的对外开票行为不属于虚开增值税专用发票。

金税四期下，税务机关将利用大数据建立虚开发票行为模型，以曾被判定虚开企业的行业分布、规模大小、开票特征、纳税情况等建立综合画像，当纳税人的开票行为与画像特征一致时就会被纳入重点监管对象，如果被认定为存在虚开行为，将会面临税务行政处罚，情节严重者会追究刑事责任，进而会导致纳税信用等级的降低，影响到纳税人与上下游企业间的合作。因此，对于增值税发票的开具，应严格按照发票管理的相关要求，努力做到"三流合一"。

实践中也经常出现在挂靠经营过程中，被挂靠人代为开具发票的现象，特别是在交通运输业，是非常普遍的一种行为。相关的法律并没有对这种行为是否属于虚开作出明确的规定，但根据法院的判例和最高人民法院研究室《关于如何认定以"挂靠"有关公司名义实施经营活动并让有关公司为自己虚开增值税专用发票行为的性质征求意见的复函》（法研〔2015〕58号），如果挂靠方以挂靠形式向受票方实际销售货物，且被挂靠方向受票方开具增值税专用发票的，不属于虚开增值税发票行为。

综上所述，真实交易、开票数量和金额是判断是否虚开的主要标准，因此在发票开具过程中，纳税人应加强发票管理，严格按照相关法律的规定开具发票。

2. 开具红字发票的税务风险

增值税一般纳税人开具增值税专用发票后，发生销货退回、开票有误、应税服务中止等情形但不符合发票作废条件，或者因销货部分退回及发生销售折让时，可以开具红字增值税专用发票。

纳税人在开具红字发票时，应严格按照税法规定和相关流程开具红字发票，确保红字发票的真实性、准确性和合法性。纳税人应当根据实际生产经营的需要按照税法规定开具增值税红字发票；对已开具的红字发票，纳税人要保留购销双方的合同或协议、出库单、退库单、验收单、运费发票等证明资料,以备税务机关的检查。

此外,应避免滥用红字发票以规避或延迟纳税,因为这种行为可能会给纳税人带来严重的税务风险。税务机关会通过大数据分析发现滥用红字发票问题,必要时会实施重点检查,对超过正常开票一定比例的红字发票,税务机关会重点监控。

四 增值税发票取得的税务风险管理

(一)无法取得增值税发票的税务风险

按照发票管理的相关规定,购买方要求销售方开具发票用以抵扣增值税进项税额或者作为其他税种的税前扣除凭证,销售方不能拒绝。但在实践中,由于不同企业的规范性、合法性不同,经常有纳税人遇到销售方拒绝开具增值税发票的情况。针对这种风险,纳税人可以从以下几个方面着手控制相关的税务风险:要在合同中明确约定发票开具的相关条款,包括但不限于:发票的种类、发票的开具时间、发票的开具条件等。这样如因特殊情况未能按合同约定取得发票时,可以向税务机关举报或走司法程序。

(二)取得的发票项目填写不完整或不规范的税务风险

《中华人民共和国发票管理办法》中规定:不符合规定的发票,不得作为财务报销凭证,任何单位和个人都有权拒收。对增值税一般纳税人来说,如果取得不符合规定的增值税扣税凭证,其进项税额不得从销项税额中抵扣;就企业所得税来说,取得不符合规定的发票、不符合规定的其他外部凭证,不得作为所得税税前扣除凭证;纳税人接受不符合规定的建筑安装发票,不得计入土地增值税扣除项目金额。因此,纳税人在取得发票时,应按照发票管理的要求,仔细检查、核对发票的各项信息是否完整,商品分类编码是否正确,数量和金额是否准确,特别要关注以下方面:货物运输发票的备注栏,是否包含了起运地、到达地、车种车号以及运输货物信息等内容;建筑服务发票的备注栏是否注明建筑服务发生地县(市、区)名称及项目名称;不动产出租发票的备注栏是否注明不动产的详细地址。

对于不同应税服务汇总开具的发票,应注意发票是否只笼统列明"服务费"等,而缺少明细清单,这会导致每项服务的金额无法确认,进而造成主管税务机关难以确认真实的业务内容,导致进项税额的抵扣面临不确定性。

为控制取得发票不完整、不规范的税务风险，纳税人在签订合同时，应在合同中列明发票开具要求：包括票种、商品或服务信息、税率、备注栏信息等发票应填列的相关信息。一旦未按要求开具而给纳税人造成损失，纳税人有权要求销售方承担赔偿责任。

（三）取得虚开发票的税务风险

按照行为和责任的不同，纳税人取得虚开发票的行为可以区分为恶意取得虚开发票和善意取得虚开发票两种情况：

对于恶意取得虚开的发票，将会被认定为逃税，必然面临着补缴税款、罚款和滞纳金的处罚，同时也会降低纳税人的纳税信用等级。对于善意取得虚开发票，不认定为逃税或者骗取出口退税，只需要作进项税额转出、补缴增值税以及城建税及教育费附加等，有可能还需要补缴企业所得税及滞纳金。因此，如果纳税人取得了虚开发票，应首先努力争取认定为善意取得。这就要求纳税人积极配合税务机关的检查，按照税务机关的要求提供相关的业务合同、资金往来凭证及银行对账单、物流信息、企业出入库单、发票入账及成本结转的会计记账凭证，努力证明虚开发票的取得符合善意的构成要件，即：

（1）购货方与销售方存在真实的交易；

（2）销售方使用的是其所在省（自治区、直辖市和计划单列市）的专用发票；

（3）专用发票注明的销售方名称、印章、货物数量、金额及税额等内容与实际相符；

（4）没有证据表明购货方知道销售方提供的专用发票是以非法手段获得的。

从实践看，取得虚开发票是经常发生的普遍情况，需要引起纳税人的充分重视，纳税人可以考虑从事前、事中和事后三个方面加强取得虚开发票的税务风险控制工作。

1. 事前防范

在与对方交易前，要做好对对方企业的调查、考察工作，要求对方提供营业执照、税务登记证、一般纳税人认定表、银行账户信息等资料，特别要关注对方的注册时间（注册时间越短越要留意）、关联企业情况、企业纳税信用情况，确保对方一般纳税人主体的合法性，尽量选择规模大、经营规范、信誉好、经营时间久、会计核算规范、企业内控制度好的企业进行交易。

此外，在签订合同时要明确列示因对方虚开发票而给受票方造成损失的责任条款，比如：确保开具发票的真实性、合法性、有效性；若开具虚假、作废发票等无效发票的，开票方应重新开具发票，并向受票方承担赔偿责任，包括但不限于税款（含未抵扣的增值税、不得税前扣除成本费用对应的企业所得税）、滞纳金、罚款、资金占用利息及相关损失等。

2. 事中控制

交易进行过程中，纳税人要积极主动地采取一些必要措施，关注业务实质是否与合同、发票一致；关注销售方是否有随意变更开票公司情形，遵循销售或服务提供与开票单位一致的原则；付款时尽量通过银行转账方式结算，确保对方提供的银行账户与发票上注明的信息相符，一旦发现疑点应暂缓付款，以降低税务风险。

3. 事后防范

业务发生后，纳税人要及时要求相关人员索要发票，取得发票后及时查验发票真伪，核查商品名称、编码是否与实际业务相符、准确。如果发现取得的发票与实际业务、合同不符，应当暂缓抵扣进项税额，及时查明原因，做补充协议或重新开具发票。在取得数电发票时，一定要在官方公布的网站查询以查验发票的真伪，切不可贪图省事而通过任何官网之外的第三方软件或网站进行查询。

流程控制是税务风险控制的有效手段，纳税人应梳理自身的业务流程，进而控制和规范交易流程。选定供货商之后，从签订合同到支付货款、从货物运输到货物入库，都需要提供第三方凭据。如果向供货商支付货款，则尽量选择银行转账方式，一定要避免大额现金支付，由此可以取得银行汇款或者支付凭据；还需要确保收款人与合同的乙方、发票的开具单位一致，这样就可以做到"三流合一"。此外，还需要确保货物运输、物流凭据保存完整，如从哪里发货，发货人及收货人名字及货物类别、数量。货物入库时，物流单据、入库单与货物品名数量一致，入库和出库手续完备。

（四）失控发票抵扣的税务风险

失控发票是指防伪税控企业丢失被盗金税卡中未开具的发票以及被列为非正常户的防伪税控企业未向税务机关申报或未按规定缴纳税款的

发票。

按照现行的增值税相关规定,"认证时失控"和"认证后失控"的发票,暂不得作为增值税进项税额的抵扣凭证,税务机关扣留原件,移送稽查部门作为案源进行查处。经税务机关检查确认不属于税务机关责任以及技术性错误造成的,不得作为增值税进项税额的抵扣凭证。"失控发票"是因为交易对象的原因而给纳税人带来的税务风险,因此针对失控发票,纳税人应加强对交易对方的考察和了解,控制付款的时间和方式,取得发票后及时查验发票的真伪。一旦遇到失控发票的情况,应主动配合税务机关检查和协查,如果确认销货方已经申报纳税,并取得销售方主管税务机关出具的书面证明,仍然可以抵扣进项税额,减少不必要的损失。

(五)发票红冲的税务风险

随着数电发票应用的推进,越来越多的纳税人选择了开具和取得数电发票。由于数电发票的红冲与传统纸质版发票的红冲流程不完全一致,由此会给受票方纳税人造成销售方恶意红冲的税务风险。

对于增值税专用发票,如果购买方尚未用于申报抵扣进项税额,则发票勾选系统内发票状态栏会显示"已红冲",或者在查验发票信息时,发票票面会显示红色大字"红冲",这种情况下就需要联系销售方,让销售方作出情况说明,或者重新开具发票;如果购买方已经进行了抵扣申报,销售方无法自行开具红字发票,须先与购买方沟通协调,让购买方填开红字发票信息表后方可开具红字发票。

对于增值税普通发票,由于开具红字发票不需要填信息表,其红字信息不会关联到原发票上,所以无论何时查询,原发票都是正常状态。但是电子税务机关的增值税综合服务平台有"红字增值税发票信息提醒"功能,登录后会有"弹窗提示",就可以看见本月收到的红字发票数量,点击提醒中的数字,就能看见红字发票的详细信息,可依据备注栏备注的蓝字发票信息号码查找对应原票;也可以通过勾选平台的"发票下载"功能来查询:登录勾选平台后,选择"发票下载"功能,设置条件后下载发票信息,比如下载增值税电子普通发票,通过下载的明细清单,就能看到被红冲发票的详细信息了。

通过这种方式,可以提前知道发票是否被红冲,但是要从根源上来杜绝这件事情,重点还是要做好事前防范。除前面提到的防范措施外,针对增值税专用发票还可以等开票方申报纳税后再进行勾选和税额抵扣；如果发现销售方已经进行发票红冲，要及时联系对方询问情况，寻求解决方案。

（六）发票保管的税务风险

《中华人民共和国发票管理办法》规定：开具发票的单位和个人应当建立发票使用登记制度，配合税务机关进行身份验证，并定期向主管税务机关报告发票使用情况。

开具发票的单位和个人应当在办理变更或者注销税务登记的同时，办理发票的变更、缴销手续。

开具发票的单位和个人应当按照国家有关规定存放和保管发票，不得擅自损毁。已经开具的发票存根联，应当保存 5 年。

根据以上规定，纳税人应按照要求加强对发票的管理。

1. 空白发票的保管

纳税人领用的空白发票要有专人、专柜保管，专人领发，并对所领发票的种类、数量、字轨和号码等要素进行详细记录。未经许可，不得跨规定的使用区域携带、邮寄、运输空白发票，禁止携带、邮寄或者运输空白发票出入境。

2. 作废发票的保管

对不同的作废发票，应当采取不同的管理方法：

（1）开具发票过程中出现的作废发票的管理。对由于开票人员工作失误或其他原因开错的发票，应当在发票上加盖"作废"戳记，重新开具发票，不得在开错的发票上涂改。开错的"作废"发票必须全部联次妥善保管，粘贴在原发票存根上，不得私自销毁，以备查核。

（2）政策调整或变化造成的作废发票的管理。税务机关实行发票统一换版或政策变化以后，一般会规定一个过渡期，在过渡期内，新旧发票可以同时使用，到期后，旧版发票应当在税务机关收缴完毕以后，指定专人集中保管，并登记清册，经办人员和负责人签字后，统一销毁。增值税专用发票的销毁须报经省级国税局批准。

3. 发票存根的保管

用票单位和个人已使用过的发票的存根，也应妥善保管。在保管期限内，任何单位和个人都不得私自销毁。

【思考题】

1. 纳税人身份选择过程中，主要有哪些风险点？如何防范？
2. 计算缴纳增值税过程中，应如何防范划分征税范围及适用税率风险？
3. 在计算销项税额时，常见的风险点有哪些？
4. 在进项税额抵扣时，常见的风险点有哪些？
5. 在使用增值税优惠政策的过程中，应关注哪些主要的风险点？
6. 纳税人在办理出口退税的过程中，应如何防控风险？
7. 如何有效防控增值税的发票风险？

第三章 消费税的税务风险管理

【学习目标】

- 熟悉消费税的基本规定
- 掌握消费税应税销售额的税务风险管理
- 熟悉消费税纳税申报的税务风险管理

第一节 消费税的基本规定

一 消费税的纳税人

消费税的纳税人是指在中华人民共和国境内生产、委托加工和进口应税消费品的单位和个人,以及国务院确定的销售《中华人民共和国消费税暂行条例》规定的应税消费品的单位和个人。

具体包括:

(一) 生产应税消费品的纳税人

生产应税消费品的纳税人主要是指从事应税消费品生产的各类企业、单位和个体经营者。

对于生产应税消费品,销售环节是消费品征收的主要环节,因消费税具有只对单一环节征税的特点,在生产销售环节征税以后,无论货物在流通环节再转售多少次,都不用再缴纳消费税。纳税人除了直接对外销售时应缴纳消费税,将生产的应税消费品换取生产资料、消费资料、投资、偿还债务及用于继续生产应税消费品以外的其他方面时也应缴纳消费税。

需要注意的是,金银首饰在零售环节征收消费税;卷烟和电子烟同时在生产和批发环节征收消费税;超豪华小汽车同时在生产和零售环节征收消费税。

（二）委托加工应税消费品的纳税人

委托加工应税消费品是指委托方提供原料和主要材料、受托方只收取加工费和代垫部分辅助材料加工的应税消费品。通常委托方为纳税人，由受托方代收代缴消费税。

（三）进口应税消费品的纳税人

进口应税消费品，由货物进口人或代理人在报关进口时缴纳消费税。

二 税目与税率

税目体现了征税的广度，现行消费税制包含 15 个消费税税目，有的税目还下设了若干子税目，大致可划分为以下几类。

第一类：特殊消费品，若过度消费这些消费品会对人类健康、社会秩序、生态环境等方面造成危害，如烟、酒、鞭炮、焰火等；

第二类：奢侈品、非生活必需品，如贵重首饰及珠宝玉石、高档化妆品等；

第三类：高能耗及高档消费品，如小汽车、摩托车、高尔夫球及球具、高档手表、游艇等；

第四类：不可再生和替代的消费品，如成品油、木制一次性筷子、实木地板等；

第五类：具有一定财政意义的产品，如汽车轮胎等。

消费税税率有比例税率和定额税率两种形式。啤酒、黄酒、成品油采用定额税率；白酒、卷烟采用比例税率和定额税率复合计税；其他应税消费品均采用比例税率。消费税的具体税目及税率见表3-1。

表 3-1 消费税税目及税率

税目		税率		
		生产（进口、委托加工）环节	批发环节	零售环节
一、烟				
1. 卷烟	（1）甲类卷烟（每标准条不含增值税调拨价≥70元）	56%加 0.003 元/支	11%加 0.005 元/支	
	（2）乙类卷烟（每标准条不含增值税调拨价<70元）	36%加 0.003 元/支		

续表

税目	税率		
	生产（进口、委托加工）环节	批发环节	零售环节
2. 雪茄烟	36%		
3. 烟丝	30%		
4. 电子烟	36%	11%	
二、酒			
1. 白酒	20%加0.5元/500克		
2. 黄酒	240元/吨		
3. 啤酒　甲类啤酒	250元/吨		
乙类啤酒	220元/吨		
4. 其他酒	10%		
三、高档化妆品	15%		
四、贵重首饰及珠宝玉石			
1. 金银首饰、铂金首饰和钻石及钻石饰品			5%
2. 其他贵重首饰和珠宝玉石	10%		
五、鞭炮、焰火	15%		
六、成品油			
1. 汽油	1.52元/升		
2. 柴油	1.20元/升		
3. 航空煤油（暂缓征收）	1.20元/升		
4. 石脑油	1.52元/升		
5. 溶剂油	1.52元/升		
6. 润滑油	1.52元/升		
7. 燃料油	1.20元/升		
七、摩托车			
1. 气缸容量为250毫升的	3%		
2. 气缸容量为250毫升以上的	10%		
八、小汽车			
1. 乘用车			
（1）气缸容量在1升（含1升）以下的	1%		
（2）气缸容量在1—1.5升（含1.5升）的	3%		
（3）气缸容量在1.5—2升（含2升）的	5%		
（4）气缸容量在2—2.5升（含2.5升）的	9%		
（5）气缸容量在2.5—3升（含3升）的	12%		
（6）气缸容量在3—4升（含4升）的	25%		
（7）气缸容量在4升以上的	40%		
2. 中轻型商用客车	5%		
3. 超豪华小汽车	按乘用车和中轻型商用客车的规定征收		10%

续表

税目	税率			
	生产（进口、委托加工）环节	批发环节	零售环节
九、高尔夫球及球具	10%		
十、高档手表：不含增值税售价在每只10000元（含）以上的手表	20%		
十一、游艇	10%		
十二、木制一次性筷子	5%		
十三、实木地板	5%		
十四、电池	4%		
十五、涂料	4%		

第二节 消费税应纳税额的计算与征收管理

一 消费税应纳税额的计算

除卷烟和电子烟在批发环节加征一道消费税、超豪华小汽车在零售环节加征一道消费税、金银首饰在零售环节缴纳消费税以外，其他消费税应税消费品主要在生产销售环节、委托加工环节和进口环节缴纳消费税。消费税应纳税额在各环节的计算有所不同，具体计算如下。

（一）生产销售应税消费品应纳消费税的计算

纳税人在生产销售环节应缴纳的消费税，包括直接对外销售应税消费品应缴纳的消费税和自产自用应税消费品应缴纳的消费税。

1. 直接对外销售应税消费品

直接对外销售应税消费品适用从价定率、从量定额与从价定率和从量定额复合计算三种方法。

（1）从价定率计算

应纳税额=应税消费品的销售额×适用税率

（2）从量定额计算

应纳税额=应税消费品的销售数量×单位税额

（3）从价定率和从量定额复合计算

应纳税额＝应税销售额×比例税率＋应税消费品的销售数量×单位税额

2. 自产自用应税消费品

纳税人将生产的应税消费品用于连续生产应税消费品或用于其他方面均为自产自用，但在不同情况下缴纳的税额也不同。

（1）用于连续生产应税消费品

纳税人自产自用的应税消费品，用于连续生产应税消费品的，不纳税，根据最终形成的应税消费品来计算缴纳消费税。

（2）用于其他方面的应税消费品

纳税人自产自用的应税消费品，除用于连续生产应税消费品外，凡用于其他方面的，均应视同销售，于移送使用时纳税。用于其他方面是指纳税人用于生产非应税消费品、在建工程、管理部门、非生产机构、提供劳务，以及用于馈赠、赞助、集资、广告、样品、职工福利、奖励等方面。

（3）组成计税价格及应纳税额的计算

纳税人自产自用的应税消费品用于其他方面，应当纳税。具体分为以下两种情况：

第一种情况："有价找价"，即有同类消费品的销售价格的，按照纳税人生产的同类消费品的不含增值税销售价格（若当月同类应税消费品价格不一致，则按加权平均价格）计算纳税，但销售价格明显偏低又无正当理由的，应按组成计税价格计算。

第二种情况："无价组价"，即没有同类消费品销售价格的，应按组成计税价格计算。

考虑到消费税计税有从价计税、从量计税和复合计税三种情况，相应地，消费税组成计税价格也分如下三种情况：

①从价计税

组成计税价格＝（成本＋利润）÷（1－消费税比例税率）

应纳税额＝组成计税价格×消费税比例税率

其中，成本是指消费税应税消费品的生产成本，利润是由国家税务总局确定的应税消费品的全国平均成本利润率计算的利润。

②从量计税

应纳税额＝课税数量×定额税率

对于需要根据销售价格来确定所适用税率的应税消费品（比如卷烟、啤酒、超豪华小汽车），组价公式为：

组成计税价格＝（成本+利润）÷（1-消费税比例税率）

③复合计税

组成计税价格＝（成本+利润+课税数量×定额税率）÷（1-消费税比例税率）

应纳税额＝组成计税价格×消费税比例税率+课税数量×定额税率

3. 外购已纳消费税扣除的计算

为避免生产环节重复征收消费税的问题，税法规定，外购应税消费品继续生产应税消费品，可按当期生产使用数量计算准予扣除外购应税消费品已缴纳的消费税。具体扣除范围为：

（1）外购已税烟丝生产的卷烟。

（2）外购已税高档化妆品为原料生产的高档化妆品。

（3）外购已税珠宝玉石为原料生产的贵重首饰及珠宝玉石。

（4）外购已税鞭炮焰火为原料生产的鞭炮焰火。

（5）外购已税杆头、杆身和握把为原料生产的高尔夫球杆。

（6）外购已税木制一次性筷子为原料生产的木制一次性筷子。

（7）外购已税实木地板为原料生产的实木地板。

（8）外购已税汽油、柴油、石脑油、燃料油、润滑油为原料用于连续生产的应税成品油。

（9）从葡萄酒生产企业购进、进口葡萄酒连续生产应税葡萄酒。

注意：

（1）扣税一般只涉及同一大类科目中的购入应税消费品的连续加工，不能跨税目抵扣。

（2）前一环节征税，后一生产环节扣税；批发、零售（流通）环节不得扣税。

（二）委托加工应税消费品应纳消费税的计算

1. 委托加工应税消费品的特点和基本计税规则

委托加工应税消费品是指委托方提供原料和主要材料、受托方只收取加工费和代垫部分辅助材料加工的应税消费品。委托方为纳税人，由受托方在向委托方交货时代收代缴消费税。受托方是法定的代收代缴义务人，必须严格履行代收代缴义务，正确计算和按时代缴税款。

2. 受托方代收代缴消费税的计算

委托加工的应税消费品，按照受托方的同类消费品的销售价格（若当月同类应税消费品价格不一致，则按加权平均价格）计算纳税，但销售的应税消费品有下列情况之一的，按组成计税价格计算：①销售价格明显偏低又无正当理由的；②无销售价格的。

（1）从价计税

组成计税价格=（材料成本+加工费）÷（1-消费税比例税率）

应纳税额=组成计税价格×消费税比例税率

其中，材料成本是指委托方所提供加工材料的实际成本。加工费是指受托方接受委托加工应税消费品向委托方所收取的全部费用，包括代垫辅助材料的实际成本，但不包括随加工费收取的增值税。

（2）从量计税

应纳税额=委托加工数量×定额税率

（3）复合计税

组成计税价格=（材料成本+加工费+委托加工数量×定额税率）÷（1-消费税比例税率）

应纳税额=组成计税价格×消费税比例税率+委托加工数量×定额税率

3. 受托方没有按规定代收代缴消费税

对于受托方没有按规定代收代缴税款的，并不能因此免除委托方补缴税款的责任，即若在检查中发现委托加工应税消费品业务中受托方没有代收代缴税款，则委托方要补缴税款。若在检查时，收回的应税消费品已经直接销售的，则按销售额计税；收回的应税消费品尚未销售或不能直接销售的（如收回后用于连续生产等），则按组成计税价格计算。

委托加工的应税消费品，受托方在交货时已代收代缴消费税，委托方收回后以不高于受托方计税价格出售的，不再缴纳消费税；委托方以高于受托方的计税价格出售的，需按照规定申报缴纳消费税，在计税时准予扣除受托方已代收代缴的消费税。如果受托方收回的应税消费品用于连续生产成另一种应税消费品，销售时还应按新的应税消费品纳税。为了避免消费税在生产环节重复征税，依照税法规定的项目范围和抵税条件，按当期生产领用量抵扣委托加工收回的应税消费品已纳的消费税税款。

(三) 进口应税消费品应纳消费税的计算

(1) 实行从价定率办法计算应纳税额的，其计算公式为：

组成计税价格＝（关税完税价格＋关税）÷（1－消费税比例税率）

应纳税额＝组成计税价格×消费税比例税率

(2) 实行从量定额办法计算应税额的，其计算公式为：

应纳税额＝应税消费品进口数量×消费税单位税额

应税消费品进口数量是指海关核定的应税消费品进口征税数量。

(3) 实行复合计税方法计算应纳税额的，其计算公式为：

组成计税价格＝（关税完税价格＋关税＋应税消费品进口数量×消费税单位税额）÷（1－消费税比例税率）

应纳税额＝组成计税价格×消费税比例税率＋应税消费品进口数量×消费税单位税额

(四) 消费税出口货物退（免）税

1. 出口退税率的规定

出口应税消费品应退消费税的税率或单位税额，依据《中华人民共和国消费税暂行条例》所附《消费税税目税率（税额）表》执行。当出口应税消费品时，其应退还的消费税应按应税消费品所适用的消费税率计算。对不同消费税税率的出口应税消费品，企业应分别核算和申报，凡划分不清适用税率的，一律从低适用税率计算应退消费税税额。

2. 出口应税消费品退（免）税政策

出口应税消费品退（免）税政策主要包括出口免税并退税、出口免税但不退税、出口不免税也不退税三种。

(1) 出口免税并退税

该情况适用于有出口经营权的外贸企业购进应税消费品直接出口以及外贸企业受其他外贸企业委托代理出口应税消费品。

但需要注意的是，外贸企业只有受其他外贸企业委托，代理出口应税消费品才可办理退税。如果外贸企业受其他企业（非生产性的商贸企业）委托，代理出口应税消费品是不予退（免）税的。

(2) 出口免税但不退税

有出口经营权的生产性企业自营或委托外贸企业代理出口自产应税消费品，依据其实际出口数量免征消费税，不予办理退还消费税。因为对生产性企业在出口销售环节免征消费税，该消费品没有负担消费税就出口了，所以也无须再办理退还消费税。

（3）出口不免税也不退税

除生产企业、外贸企业外的其他企业如商贸企业，委托外贸企业代理出口应税消费品一律不予退（免）税。

3. 出口应税消费品退税额的计算

外贸企业从生产性企业购进货物直接出口或受其他外贸企业委托代理出口应税消费品的应退消费税税款，按从量定额和从价定率计征计算。

从量定额计征计算：应退消费税税款=出口数量×单位税额

从价定率计征计算：应退消费税税款=出口货物工厂销售额×税率

二　征收管理

（一）纳税义务发生时间

（1）纳税人销售应税消费品，其纳税义务发生时间根据销售和结算方式而有所不同，具体如下：

①纳税人采取赊销和分期收款结算方式的，其纳税义务发生时间为书面合同约定的收款日期的当天。书面合同没有约定收款日期或者无书面合同的，为发出应税消费品的当天。

②纳税人采取预收货款结算方式的，其纳税义务的发生时间，为发出应税消费品的当天。

③纳税人采取托收承付和委托银行收款方式销售的应税消费品，其纳税义务的发生时间，为发出应税消费品并办妥托收手续的当天。

④纳税人采取其他结算方式，其纳税义务的发生时间，为收讫销售款或者取得索取销售款凭据的当天。

（2）纳税人自产自用的应税消费品，其纳税义务的发生时间为移送使用的当天。

（3）纳税人委托加工的应税消费品，其纳税义务的发生时间为委托方提货的当天。

（4）进口的应税消费品，其纳税义务的发生时间为报关进口的当天。

（二）纳税地点

（1）纳税人销售的应税消费品、自产自用的应税消费品，除国家另有规定外，应当向纳税人核算地主管税务机关申报纳税。

（2）委托加工的应税消费品，除受托方为个体经营者外，由受托方向所在地主管税务机关代收代缴消费税税款。

（3）进口的应税消费品，由进口人或者其代理人向报关地海关申报纳税。

（4）纳税人到外县（市）销售或委托外县（市）代销自产应税消费品的，于应税消费品销售后，回纳税人核算地或所在地缴纳消费税。

（5）纳税人的总机构与分支机构不在同一县（市）的，应在生产应税消费品的分支机构所在地缴纳消费税。但经国家税务总局及所属省份的国家税务机关批准，纳税人分支机构应纳消费税税款也可由总机构汇总向总机构所在地主管税务机关缴纳。

（6）纳税人销售的应税消费品，如因质量等原因由购买者退回时，经所在地主管税务机关审核批准后，可退还已征收的消费税税款。但不能直接自行抵减应纳税款。

（三）纳税期限

消费税的纳税期限分别为 1 日、3 日、5 日、10 日、15 日、1 个月或者 1 个季度。纳税人的具体纳税期限，由主管税务机关根据纳税人应纳税额的大小分别核定；不能按照固定期限纳税的，可以按次纳税。

纳税人以 1 个月或者 1 个季度为一期纳税的，自期满之日起 15 日内申报纳税；以 1 日、3 日、5 日、10 日或者 15 日为一期纳税的，自期满之日起 5 日内预缴税款，于次月 1 日起至 15 日内申报纳税并结清上月应纳税款。

纳税人进口应税消费品，应当自海关填发海关进口消费税专用缴款书之日起 15 日内缴纳税款。

（四）退货的消费税处理

纳税人销售的应税消费品，如因质量等原因发生退货的，其已缴纳的消费税税款可予以退还。纳税人办理退税手续时，应将开具的红字增值税发票、退税证明等资料报主管税务机关备案。主管税务机关核对无误后办理退税。

纳税人直接出口的应税消费品办理退税后，发生退关或者国外退货进口时予以免税的，报关出口者必须及时向其所在地主管税务机关申报补缴已退的消费税税款。

纳税人直接出口的应税消费品办理免税后，发生退关或国外退货，进口时已予以免税的，经所在地主管税务机关批准，可暂不办理补税，待其转为国内销售时，再向其主管税务机关申报补缴消费税。

（五）纳税申报资料

纳税人申报缴纳消费税时，一般应报送以下资料：

（1）消费税纳税申报表；

（2）领购金银饰品零售专用发票的纳税人还应填报《金银饰品零售专用发票》领用存月报表；

（3）有金银首饰生产、加工、批发、零售业务的纳税人还应填报金银饰品购销存月报表。

第三节　消费税的税务风险分析与管理

一　消费税应税销售额的税务风险管理

销售额是计算消费税税额的基础和依据，因此，在销售额的确认过程中，纳税人会面临着较大的税务风险。基于企业的实践，结合税务机关对消费税实施税务检查和税务稽查的实践，消费税销售额的税务风险主要体现在以下几个方面。

（一）销售收入的完整性风险

1. 价外费用确认的税务风险

企业的销售额包括销售应税消费品向购买方收取的全部价款和价外费用。价外费用包括销售货物或应税劳务时向购买方收取的价款以外的各种费用，比如手续费、补贴、基金、集资费、返还利润、奖励费、违约金（延期付款利息）、包装费、包装物租金、储备费、优质费、运输装卸费、代收款项、代垫款项及其他各种性质的价外费用。税务机关稽查企业消费税的计税基数时，企业的销售额是否包括销售应税消费品向购买方收取的全部价款和价外费用是稽查重点。企业如果不把价外费用确认为销售收入，通过往来科目进行处理，减少计税依据，少缴消费税，则存在补缴税款、滞纳金和罚款的风险。因此，企业在计算消费税的计税依据时，应将价外费用并入销售额计算缴纳消费税。

【案例3-1】D市税务机关第二稽查局对甲贸易有限责任公司涉嫌逃避缴纳超豪华小汽车消费税实施稽查。检查人员利用金税四期的大数据分析，结合企业销售台账，以车架号为索引，将上百辆与涉案车辆同款车辆的购销价格进行比对，并通过查询汽车报价App软件，比对车辆的市场销售均价，结果发现甲公司存在将所购进超豪华小汽车亏本销售的行为，其所销售的两款车型的销售价格均略低于130万元，而市场上的平均销售价格都高于130万元。进一步检查发现，甲公司通过账外收款方式逃避缴纳消费税。最终D市税务机关第二稽查局依法将甲公司的违法行为定性为偷税，作出追缴税款、加收滞纳金并处罚款的处理。

点评：

（1）在金税四期下，利用大数据和企业申报的数据，税务机关很容易发现销售价格方面的问题；对于销售价格明显偏低的，企业应有充分的证据证明其合理性，否则基于金税四期的大数据分析，很可能引起税务机关的检查或稽查，一旦发现存在违法、违规行为，就会面临着补缴税款、罚款和加收滞纳金的税务风险。

（2）税务机关在查办偷税案件时，一般会先查询企业对公账户流水信息，查找企业法定代表人、股东及其配偶等相关个人账户信息，再查询相关账户流水信息，确认是否存在购买方另外付款的流水信息，这样就很容易判断某账户是否为账外收款账户。特别是随着深化税收征管改革的推进，部门间的协作将会越来越便捷和顺畅，采用违法、违规的方式逃避税款将会越来越难，合法合规是企业税务风险最低的选择。

2. 应税消费品连同包装物销售的，包装物未计入消费税计税依据的税务风险

应税消费品连同包装物销售的，无论包装物是否单独计价以及在会计上如何核算，均应并入应税消费品的销售额中缴纳消费税。如果包装物不作价随同产品销售，而是收取押金，此项押金则不应并入应税消费品的销售额中征税。但对因逾期未收回的包装物不再退还的或者已收取的时间超过12个月的押金，应并入应税消费品的销售额，按照应税消费品的适用税率缴纳消费税。对既作价随同应税消费品销售，又另外收取的包装物押金，凡纳税人在规定的期限内没有退还的，均应并入应税消费品的销售额，按照应税消费品的适用税率缴纳消费税。

企业销售应税消费品是否连同包装物一起销售、是否把包装物价格并入应税消费品的销售额缴纳消费税是税务机关稽查的重点。现实中，企业销售应税消费品时通常连同包装物一起销售，如果包装物是单独计价的，企业通常将此部分计入往来科目或是冲减包装物成本，不计入销售收入，也就不作为消费税的计税依据，少缴了消费税，由此导致补缴

税款、加收滞纳金和罚款的风险。

3. 视同销售行为未及时确认销售收入的税务风险

纳税人自产自用的应税消费品，用于连续生产应税消费品的，不纳税；用于其他方面的，于移送使用时纳税。其中，用于其他方面，是指纳税人将自产自用应税消费品用于生产非应税消费品、在建工程、管理部门、非生产机构、提供劳务、馈赠、赞助、集资、广告、样品、职工福利、奖励等方面。

企业是否将自产应税消费品用于上述其他方面但又未作视同销售处理，是税务机关稽查的重点。若生产应税消费品的企业将自产消费品用于上述其他方面，但又未作视同销售处理、在商品移送时计算缴纳消费税，则存在补缴消费税并加收滞纳金及罚款的风险。对此，企业应自查：是否有自产的应税消费品用于生产非应税消费品、在建工程、管理部门、非生产机构、提供劳务、馈赠、赞助、集资、广告、样品、职工福利、奖励等方面，核查"应交税金—应交消费税"科目及产成品科目贷方，是否直接对应"管理费用""销售费用""营业外支出""应付职工薪酬—福利费""应付账款""其他应付款""应付股利""应付利息""长期股权投资""原材料""低值易耗品""周转材料""库存商品"等科目，并结合产品移送情况，核实是否在消费税申报时作视同销售处理，按同类产品的售价计算缴纳消费税。

此外，还需要注意，纳税人将应税消费品用于换取生产资料和消费资料、投资入股和抵偿债务的，应以应税消费品的最高销售价格计算该部分应税消费品的应纳税额。实务中，经常有企业习惯性用平均销售价格来计算上述用途的应税消费品的应纳税额，这会造成少缴税的风险。

4. 自产自用或委托加工应税消费品未准确核算组成计税价格的税务风险

企业自产自用的应税消费品，应按照企业生产的同类消费品的销售价格计算纳税；没有同类消费品销售价格的，按照组成计税价格计算纳税。委托加工的应税消费品，按照受托方的同类消费品的销售价格计算纳税；没有同类消费品销售价格的，按照组成计税价格计算纳税。应税消费品的计税价格明显偏低并且无正当理由的，由税务机关核定其计税价格。现实中，企业为了少缴消费税，故意降低组成计税价格的成本，或对复合计税的商品组价只包括从价部分而不包括从量部分，这将面临补缴消费税的风险。

（二）兼营不同税率应税消费品未分别核算、税率未从高的税务风险

纳税人兼营不同税率的应税消费品，应当分别核算不同税率应税消费品的销售额、销售数量；未分别核算的，或者将不同税率的应税消费品组成成套出售的，从高适用税率。

税务机关在稽查企业应税消费品兼营业务时，是否分别核算不同税率应税消费品的收入是稽查的重点。没有分别核算又未从高适用税率，就会导致少缴消费税，存在补缴税款、滞纳金及罚款等风险。因此，企业应充分利用智慧化管理信息系统，在系统中针对不同的应税消费品设置各自的计算公式；同时在核算系统中，分别核算不同税率的应税消费品的销售额和销售数量，确保满足税法意义上的分别核算要求；对于将不同税率的应税消费品组成成套消费品销售的，从高适用税率，并保留相关的资料备查，以控制和降低税务风险。

二　委托加工应税消费品的税务风险管理

在委托加工业务中，主要涉及以下三个方面的税务风险。

（一）业务实质不能构成委托加工的税务风险

税法规定：委托加工应税消费品，是指由委托方提供原料和主要材料，受托方只收取加工费和代垫部分辅助材料加工的应税消费品。对于由受托方提供原材料或主要材料生产的应税消费品，或者受托方先将原材料卖给委托方，然后再接受加工的应税消费品，以及由受托方以委托方名义购进原材料生产的应税消费品，无论在财务上是否作销售处理，都不得作为委托加工应税消费品，而应当按照销售自制应税消费品缴纳消费税。

实践中，经常存在由受托方提供主要原材料，或者受托方先将原材料卖给委托方，委托方再来委托受托方加工，或者受托方以委托方名义购进原材料再进行加工的情况，此时受托方应按销售自制应税消费品处理。但如果受托方不作销售处理也不代收代缴消费税，就会存在少缴消费税的风险。

（二）受托方代收代缴消费税的税务风险

对委托加工应税消费品业务，税法规定：如果受托方是个体工商户（个人），则由委托方自行缴税；如果受托方是非个体经营者，应由受托方在交货时代收代缴消费税税款；在确定委托加工应代收代缴的消费税

时，要严格按照税法规定的确认顺序来确认。实务中，组成计税价格的方法应用最多，因此受托方在计算代收代缴的消费税时，要严格遵循税法的规定，避免相关的税务风险。

（三）委托方少缴税的风险

委托方将收回的应税消费品，以不高于受托方的计税价格出售的，为直接出售，不再缴纳消费税；委托方以高于受托方的计税价格出售的，不属于直接出售，需按照规定申报缴纳消费税，在计税时准予扣除受托方已代收代缴的消费税。实务中，委托方收回委托加工货品后通常会加价出售，但因受托方已经在加工环节代扣代缴过消费税，委托方对于加价出售部分不再补缴消费税，存在少缴消费税的风险。

【案例3-2】国家税务总局H省税务机关稽查局税务行政处罚事项告知书

H省甲石油化工有限公司：（纳税人识别号：91460100******787A）

对你公司的税收违法行为拟于2021年10月25日之前作出行政处罚决定，根据《中华人民共和国税收征收管理法》第八条和《中华人民共和国行政处罚法》第四十四条、第六十三条、第六十四条规定，现将有关事项告知如下：

1. 委托加工应税消费品燃料油，未按规定申报缴纳消费税

你公司于2017年12月将购进的原油、原料油、重质油等共计183,153.25吨（其中：重质油132,188.98吨；原料油21,408.99吨；原油29,555.28吨）委托S石化科技有限公司进行油品调和，加工成应税消费品燃料油，通过银行转账方式支付了加工费2,197,389.00元，并取得了受托方开具的油品调和增值税专用发票。根据《中华人民共和国消费税暂行条例》第一条规定，在中华人民共和国境内生产、委托加工和进口本条例规定的应税消费品的单位和个人，以及国务院确定的销售本条例规定的应税消费品的其他单位和个人，为消费税的纳税人；根据《中华人民共和国消费税暂行条例实施细则》第二条规定，条例第一条所称单位，是指企业、行政单位、事业单位、军事单位、社会团体及其他单位。因此，发生消费税应税行为的非工业企业应为消费税纳税人。

根据上述规定，由于你公司购进化工原料（重质油、原料油和原油）进行委托加工或者调和成燃料油的行为属于委托加工行为，燃料油

又属于应税消费品，因此加工或者调和燃料油的行为属于应税行为，委托加工的应税消费品，除受托方为个人外，由受托方在向委托方交货时代收代缴税款，受托方企业则为消费税的扣缴纳税义务人。

S石化科技有限公司作为受托加工方，应当在向委托方交货时代收代缴消费税税款。据国家税务总局K市税务机关移交资料显示，S石化科技有限公司认为油品调和环节不属于加工消费税品应税产品的环节，并未履行消费税代收代缴义务。据D市税务机关B税务分局提供的协查资料显示，S石化科技有限公司未向其主管税务机关申报缴纳过代收代缴消费税。

根据征管法第六十九条规定，由税务机关向纳税人追缴税款，因此委托加工应税燃料油消费税应由你公司申报缴纳，计算征收税款方式为从量定额计征；根据《财政部 国家税务总局关于继续提高成品油消费税的通知》（财税〔2015〕11号）规定，将柴油、航空煤油和燃料油的消费税单位税额由1.1元/升提高到1.2元/升；根据《中华人民共和国消费税暂行条例实施细则》（财政部 国家税务总局令第51号）第十条规定，燃料油1吨等于1,015升。因此，你公司2017年12月委托加工应税燃料油应补缴消费税为223,080,658.5（183,153.25×1,015×1.2＝223,080,658.5）元。

2. 将外购的消费税非应税产品以消费税应税产品对外销售，未按规定申报缴纳消费税

根据你公司开具的发票信息（数据来源于增值税发票大数据分析监控系统），你公司于2018年1月8日至10日向Y市经济技术开发区G环保油厂共计销售燃料油51,877.82吨。由于你公司购进的重质油、原油和原料油合计为235,046.971吨，已将其中的132,188.98吨重质油、21,408.99吨原料油和29,555.28吨原油（合计为183,153.25吨）委托S石化科技有限公司进行油品调和，加工成应税消费品燃料油并已经销售完毕，这次销售的51,877.82吨燃料油实际为你公司购入的重质油，属于将外购的消费税非应税产品以消费税应税产品对外销售行为，根据《国家税务总局关于消费税有关政策问题的公告》（国家税务总局公告2012年第47号）第三条的规定，将外购的消费税非应税产品以消费税应税产品对外销售的，视为应税消费品的生产行为，按规定征收消费税，上述销售重质油的行为应视同销售燃料油征收消费税，计算征收税

款方式为从量定额计征。根据《财政部 国家税务总局关于继续提高成品油消费税的通知》（财税〔2015〕11号）规定，将柴油、航空煤油和燃料油的消费税单位税额由1.1元/升提高到1.2元/升；根据《中华人民共和国消费税暂行条例实施细则》（财政部 国家税务总局令第51号）第十条规定，燃料油1吨等于1,015升。根据上述规定，你公司2018年1月应补缴的消费税为：63,187,184.76（51,877.82×1,015×1.2=63,187,184.76）元。

以上两项合计应补缴消费税286,267,843.3元。

点评：

（1）现行消费税的税目中，成品油下设汽油、柴油、石脑油、溶剂油、航空煤油、润滑油和燃料油七个子税目。由于消费税的核算是由财务人员来进行的，因此很多财务人员往往会望文生义，将生活中的成品油视同税法意义上的成品油，由此导致将应税消费品范围内的油品按照非应税消费品处理，造成少缴税款。因此，企业应结合自身产品情况，根据产品的特点，查阅相关税法文件，必要时向税务机关咨询，核实所销售的产品是否属于应税消费品范围，并据以进行相应的税务处理。

（2）在委托加工过程中，受托方未履行代收代缴消费税的义务，并不能免除委托方补税的责任。税法规定，对于受托方未代收代缴消费税的，由委托方补缴税款，受托方则处以应代收代缴税款50%—3倍的罚款。因此，作为代收代缴和代扣代缴义务人，应确保履行代收代缴和代扣代缴义务，以避免相应的税务风险。

三 纳税义务发生时间的税务风险管理

纳税人在纳税申报时间方面面临以下风险：

（一）赊销和分期收款未约定日期的，未在发出商品时缴纳消费税

企业销售应税消费品采取赊销和分期收款结算方式的，纳税义务发生时间为书面合同约定的收款日期的当天，书面合同没有约定收款日期或者无书面合同的，为发出应税消费品的当天。合同里未约定收款日期的，如果不在发出商品时计算缴纳消费税，而是在收款或开发票时才确认收入，属延迟缴纳消费税，存在补缴税款、滞纳金和罚款的风险。对此，企业应核查销售业务的收款方式，与消费税纳税义务时间进行比对，发现不相符的及时进行调整。

（二）预收货款结算方式，未在发出商品时缴纳消费税

企业销售应税消费品采取预收货款结算方式的，纳税义务发生时间为发出应税消费品的当天。客户在支付预付款时往往不要发票而只要企业开具的收款收据，企业在收款时记入"预收账款"科目，发出商品时用"发出商品"冲减"库存商品"，等到给客户开发票时才确认收入缴纳消费税，存在延迟确认收入、滞纳消费税的风险。对此，企业销售应税消费品采取预收货款结算方式的，为发出应税消费品的当天，企业应及时按纳税义务发生时间确认收入并计算缴纳消费税。

【思考题】

1. 消费税中的销售收入的完整性风险主要包括哪几个方面？应如何控制该种风险？
2. 如何实现消费税中所要求的"分别核算"？
3. 应如何管理和控制委托加工中的消费税风险？
4. 如何控制和管理消费税纳税义务发生时间的税务风险？

第四章 关税的税务风险管理

【学习目标】

- 熟悉关税的基本规定
- 掌握关税完税价格的税务风险管理
- 熟悉关税纳税申报的税务风险管理
- 掌握关税优惠政策使用的税务风险管理

第一节 关税的基本规定

关税是海关依法对进出境货物、物品征收的一种税。其中,"境"是指关境,是一个国家的海关法得以全部实施的区域。

一 征税对象

关税的征税对象是准许进出境的货物和物品。

应注意以下几点:

(1) 货物是指贸易性商品。

(2) 物品包括入境旅客随身携带的行李和物品、个人邮递物品、各种运输工具上的服务人员携带进口的自用物品、馈赠物品以及其他方式进入国境的个人物品。

二 纳税义务人

关税纳税义务人是基于便利原则确定的。具体而言,进口货物的纳税义务人为收货人;出口货物的纳税义务人为发货人;进出境物品的纳税义务人为物品所有人和推定所有人(携带人、收件人、寄件人或托运人等)。

具体界定如下:

(1) 携带进境的物品，推定其携带人为所有人；
(2) 分离运输的行李，推定相应的进出境旅客为所有人；
(3) 以邮递方式进境的物品，推定其收件人为所有人；
(4) 以邮递或其他运输方式出境的物品，推定其寄件人或托运人为所有人。

三 关税税率

（一）进口关税税率

1. 进口货物税率形式

中国现行税则设有最惠国税率、协定税率、特惠税率、普通税率、关税配额税率等，对进口货物在一定期限内可实行暂定税率。

（1）最惠国税率

最惠国税率适用原产于与中国共同适用最惠国待遇条款的 WTO 成员的进口货物，或原产于与中国有相互给予最惠国待遇条款的双边贸易协定的国家或者地区的进口货物，以及原产于中国境内的进口货物。

（2）协定税率

协定税率适用原产于中国参加的含有关税收优惠条款的区域性贸易协定有关缔约方的进口货物。

（3）特惠税率

特惠税率适用原产于与中国有特殊优惠关税协定的国家或者地区的进口货物。

（4）普通税率

普通税率适用于上述国家和地区以外的其他国家和地区的进口货物，以及原产地不明的进口货物。按普通税率征税的进口货物，经批准，也可以适用最惠国税率。

（5）关税配额税率

配额是进口国限制进口货物数量的一种措施。关税配额税率指对实行关税配额管理的进口货物，在关税配额内进口的货物适用关税配额税率，对于超过配额后所进口的货物则按不同情况分别适用最惠国税率、协定税率、特惠税率或普通税率。

（6）暂定税率

暂定税率是指在进口优惠税率的基础上，对进口的某些重要的工农业生产原材料和机电产品关键部件（但只限于从与中国有关税互惠协议的国家和地区进口的货物）和出口的特定货物实施的更为优惠的关税税率。

暂定税率一般按照年度制定，并且可以随时根据需要恢复按照法定税率征税。

2. 进口货物税率适用规则

（1）暂定税率优先适用于特惠税率或最惠国税率。适用协定税率、特惠税率的进口货物也适用暂定税率的，从低适用税率。当最惠国税率低于或等于协定税率时，协定有规定的，按相关协定的规定执行；协定无规定的，两者从低适用。

（2）实行关税配额管理的进口货物，配额内的，适用关税配额税率；配额外的，按其适用税率的规定执行。

（3）按照普通税率征税的进口货物，不适用暂定税率；经国务院关税税则委员会特别批准，可以适用最惠国税率。

（4）对进口货物采取反倾销、反补贴、保障措施的，其税率的适用按有关规定执行。

3. 进境物品税率

自2019年4月9日起，除另有规定外，中国对准予应税进口的旅客行李物品、个人邮寄物品以及其他个人自用物品，均由海关按照《中华人民共和国进境物品进口税税率表》的规定，征收进口关税、代征进口环节增值税和消费税等进口税。具体见表4-1。

表4-1　　　　中华人民共和国进境物品进口税税率

序号	物品名称	税率
1	书报、刊物、教育用影视资料；计算机、视频摄录一体机、数字照相机等信息技术产品；食品、饮料；金银；家具；玩具、游戏品、节日或其他娱乐用品；药品（对国家规定减按3%征收进口环节增值税的进口药品，按照货物税率征税）	13%
2	运动用品（不含高尔夫球及球具）、钓鱼用品；纺织品及其制成品；电视摄像机及其他电器用具；自行车；税目1、税目3中未包含的其他商品	20%
3	烟、酒；贵重首饰及珠宝玉石；高尔夫球及球具；高档手表；高档化妆品（本税目所列商品具体范围与消费税征收范围一致）	50%

（二）出口关税税率

中国仅对少数资源性产品及易于竞相杀价、盲目出口和需要规范出口秩序的半制成品征收出口关税。出口关税税率为一栏税率，税率为20%—40%。

自2021年1月1日起，继续对铬铁等107项商品征收出口关税，适用出口税率或出口暂定税率，征收商品范围和税率维持不变。

（三）税率的适用

1. 一般规定

进出口货物，应当适用海关接受该货物申报进口或者出口之日实施的税率。

2. 特殊进出口方式的货物或违规货物的税率规定

这种情况下的税率适用具体见表4-2。

表4-2　　　　特殊进出口方式的货物或违规货物的税率适用

具体情况	适用税率
进口货物到达之前，经海关核准先行申报的	装载此货物的运输工具申报进境之日实施的税率
进口转关运输货物	指运地海关接受该货物申报进口之日实施的税率；货物运抵指运地前，经海关核准先行申报的，应当适用装载该货物的运输工具抵达指运地之日实施的税率
出口转关运输货物	启运地海关接受该货物申报出口之日实施的税率
经海关批准，实行集中申报的进出口货物	每次货物进出口时海关接受该货物申报之日实施的税率
因超过规定期限未申报而由海关依法变卖的进口货物	装载该货物的运输工具申报进境之日实施的税率
因纳税义务人违反规定需要追征税款的进出口货物	违反规定的行为发生之日实施的税率；行为发生之日不能确定的，适用海关发现该行为之日实施的税率

3. 保税、减免税等货物的补税规定

已申报进境并放行的保税货物、减免税货物、租赁货物或者已申报进出境并放行的暂时进出境货物，有下列情形之一需缴纳税款的，应当适用海关接受纳税义务人再次填写报关单申报办理纳税及有关手续之日实施的税率：

（1）保税货物经批准不复运出境的；

（2）保税仓储货物转入国内市场销售的；

（3）减免税货物经批准转让或者移作他用的；

（4）可暂不缴纳税款的暂时进出境货物，经批准不复运出境或者进境的；

（5）租赁进口货物，分期缴纳税款的。

4. 补征或者退还进出口货物的税率规定

补征或者退还进出口货物关税税款，应当按照前述规定确定适用的税率。

第二节　关税应纳税额的计算与征收管理

一　一般进口货物的完税价格

完税价格是海关以进出口货物的实际成交价格为基础，经调整确定的计征关税的价格。成交价格不能确定时，由海关依法估定完税价格。

（一）成交价格估价方法

进口货物的成交价格是指货物购买方为购买该货物实付或应付的，并按照有关规定调整后的价款总额。从销售方的角度来说，就是买方要取得对货物的控制权，必须向销售方或者第三方支付或将要支付的全部款项。

1. 进口货物完税价格的构成

为方便理解，可把进口货物的完税价格归纳为正常的到岸价格 CIF，其中，C 是完整的货价，包含支付的佣金（但不包括支付给自己的采购代理人的购货佣金）；I 是保险费，包括在出口国和进口途中（货物运抵中国关境内输入地点起卸前）的保险费；F 是运费和相关费用，包含在出口国和进口途中（货物运抵中国关境内输入地点起卸前）的运费和其他费用。

进口货物完税价格 = 到岸价格

= 离岸价格 + 离岸后到岸前的运输费、保险费等相关费用

= 货价 + 出口税和离岸前相关费用 + 离岸后到岸前的运输费、保险费等相关费用

= 货价 + 出口国和进口途中的保险费 + 出口国和进口途中的运费

可能调整的项目具体如下：

（1）由买方负担的除购货佣金以外的佣金和经纪费。其中，佣金通常可分为购货佣金和销售佣金。购货佣金指买方为购买进口货物向自己的采购代理人支付的劳务费用。销售佣金指卖方向其销售代理人支付的佣金，但上述佣金如果由买方直接付给卖方的代理人，则应计入完税价格。经纪费指买方为购买进口货物向代表买卖双方利益的经纪人支付的劳务费用。

（2）由买方负担的包装材料和包装劳务费用、与该货物视为一体的容器费用。

（3）与国内销售有关的，由买方以免费或者以低于成本的方式提供并可以按适当比例分摊的料件、工具等费用，以及在境外开发、设计等相关服务的费用。

（4）与进口货物有关且构成进口条件的，由买方直接或间接支付的特许权使用费。但是，进口货物在境内的复制权费不得计入。

（5）卖方直接或间接从买方对该货物进口后在转售、处置或使用所得中获得的收益。

2. 不计入完税价格的项目

（1）货物进口后的基建、安装、装配、维修和技术服务的费用。

（2）货物运抵境内输入地点之后的运输费用、保险费和其他相关费用。

（3）进口关税、进口环节海关代征税及其他国内税。

（4）为在境内复制进口货物而支付的费用。

（5）境内外技术培训及境外考察费。

（6）符合条件的为进口货物而融资产生的利息费用。

3. 进口货物完税价格中的运输及其相关费用、保险费的确定

（1）进口货物的运输及其相关费用应当按照买方实际支付或者应当支付的费用计算。如果无法确定，海关应当按照该货物进口同期的正常运输成本审查确定。

运输工具作为进口货物，利用自身动力进境的，海关在审查确定完税价格时，不再另行计入运输及其相关费用。

（2）进口货物的保险费，应当按照实际支付的费用计算。如果无法确定或者未实际发生，海关应当按照"货价加运费"两者总额的3‰计算

保险费，其计算公式为：保险费 =（货价+运费）×3‰。

邮运进口的货物，应当以邮费作为运输及其相关费用、保险费。

（二）进口货物海关估价方法

进口货物的价格不符合成交价格的条件或不能确定成交价格时，海关依次以相同或类似货物成交价格方法、倒扣价格方法、计算价格方法及其他合理方法确定的价格为基础来估定完税价格。

1. 相同或类似货物成交价格方法

相同或类似货物成交价格方法是指海关以与进口货物同时或者大约同时向中华人民共和国境内销售的相同或类似货物的成交价格为基础，审查确定进口货物的完税价格的估价方法。如果有多个成交价格，应当以最低价为基础，估计进口货物的完税价格。

相同或类似的要求为：特征、组成材料、功能等方面相同或类似，并且要求在商业中可以互相替代。当货物同时有相同货物价格和类似货物价格时，应当优先参考相同货物价格。

使用这一方法应注意：

第一，要考虑商业水平和进口数量等的影响；

第二，要考虑运输方式和运输距离的影响。

2. 倒扣价格方法

倒扣价格方法是指海关以进口货物、相同或者类似进口货物在境内的销售价格为基础，扣除境内发生的有关费用后，审查确定进口货物完税价格的估价方法。

按照倒扣价格方法审查确定进口货物的完税价格时，如果进口货物、相同或者类似货物没有在海关接受进口货物申报之日前后45日内在境内销售，可以将在境内销售的时间延长至接受货物申报之日前后90日内。

3. 计算价格方法

计算价格方法是指按下列各项总和计算的价格估定完税价格：

（1）原材料费用和加工费用；

（2）进口前同等级或同种类货物的利润、一般费用相符的利润和一般费用；

（3）货物运抵输入地点起卸前的运费、保险费等。

具体来说，完税价格为：

完税价格=生产成本等+进口前的销售利润+进口前的经营费用+入境前的运费和保险费等。

4. 其他合理方法

其他合理方法是指海关以客观量化的数据资料为基础估定完税价格。但不得使用以下价格：

（1）境内生产的货物在境内的销售价格；

（2）可供选择的价格中较高的价格；

（3）货物在出口地市场的销售价格；

（4）以计算价格方法规定之外的价值或者费用计算的相同或者类似货物的价格；

（5）出口到第三国或地区的货物的销售价格；

（6）最低限价或者武断、虚构的价格。

二 特殊进口货物的完税价格

（一）运往境外修理的货物

运往境外修理的机械器具、运输工具或其他货物，出境时已向海关报明，并在海关规定期限内复运进境的，应当以境外修理费和物料费为基础审查确定完税价格。

（二）运往境外加工的货物

出境时已向海关报明，并在海关规定期限内复运进境的，应当以海关审定的境外加工费和料件费，以及该货物复运进境的运输及其相关费用、保险费估定完税价格，即以入境前发生的费用为基础确定完税价格。

（三）暂时进境货物

经海关批准的暂时进境的货物应当按照一般进口货物估价办法的规定，估定完税价格。

（四）租赁方式进口的货物

租赁方式进口的货物可分为以下三种情况，分别适用不同的完税价格估计方法：①以租金方式对外支付的租赁货物，在租赁期间以海关审定的租金作为完税价格；②留购的租赁货物，以海关审定的留购价格作为完税价格；③承租人申请一次性缴纳税款的，可选择按照"进口货物海关估价方法"确定完税价格，或者按照海关审查确定的租金总额作为完税价格。

（五）留购的进口货样等

境内留购的进口货样、展览品和广告陈列品，以海关审定的留购价格作为完税价格。

（六）予以补税的减免税货物

减税或免税进口的货物需要补税时，应当以海关审定的该货物原进口时的价格，扣除折旧部分以后的价值作为完税价格。

特定减免税进口货物的监管年限为：①船舶、飞机：8年；②机动车辆：6年；③其他货物：3年。监管年限自货物进口放行之日起计算。

（七）不存在成交价格的进口货物

易货贸易、寄售、捐赠、赠送等不存在成交价格的进口货物，由海关与纳税人进行价格磋商后，按照"进口货物海关估价方法"的规定，估定完税价格。

（八）进口软件介质

进口载有专供数据处理设备用软件的介质，具有下列情形之一的，应当以介质本身的价值或者成本为基础审查确定完税价格：

（1）介质本身的价值或者成本与所载软件的价值分列；

（2）介质本身的价值或者成本与所载软件的价值虽未分列，但是纳税义务人能够提供介质本身的价值或者成本的证明文件，或者能提供所载软件价值的证明文件。

需要注意的是：含有美术、摄影、声音、图像、影视、游戏、电子出版物的介质不适用上述规定。

三　出口货物的完税价格

（一）以成交价格为基础的完税价格

出口货物的完税价格，由海关以该货物向境外销售的成交价格为基础审查确定，并应包括货物运至中国境内输出地点装载前的运输及其相关费用、保险费，但不包括出口关税以及在货物价款中单独列明的货物运至中国境内输出地点装载后的运输及其相关费用、保险费。其中，出口货物的成交价格是指该货物向境外销售时，卖方为销售该货物应当向买方直接收取和间接收取的价款总额。如果出口货物成交价格中含有支付给境外的佣金，若单独列明，则应予扣除。

出口货物的完税价格=成交价+境内运费及其相关费用+保险费

（二）出口货物海关估价方法

出口货物的成交价格不能确定时，海关经了解有关情况，并且与纳税义务人进行价格磋商后，依次以下列价格审查确定该货物的完税价格：

（1）同时或者大约同时向同一国家或者地区出口的相同货物的成交价格；

（2）同时或者大约同时向同一国家或者地区出口的类似货物的成交价格；

（3）根据境内生产相同或者类似货物的成本利润和一般费用（包括直接费用和间接费用）、境内发生的运输及其相关费用、保险费计算所得的价格；

（4）按照合理方法估定的价格。

四 关税应纳税额计算

（一）从价计税

关税应纳税额＝应税进（出）口货物数量×单位完税价格×税率

（二）从量计税

关税应纳税额＝应税进（出）口货物数量×单位货物税额

（三）复合计税

关税应纳税额＝应税货物数量×单位货物税额＋应税货物数量×单位完税价格×税率

（四）滑准计税

关税应纳税额＝应税进（出）口货物数量×单位完税价格×滑准税税率

五 跨境电子商务零售进口税收政策

跨境电子商务零售进口商品按照货物征收关税和进口环节增值税、消费税。购买跨境电子商务零售进口商品的个人作为纳税义务人。电子商务企业、电子商务交易平台企业或物流企业可作为代收代缴义务人。跨境电子商务以实际交易价格（包括货物零售价格、运费和保险费）作为完税价格。

（一）适用范围

适用于从其他国家或地区进口的、《跨境电子商务零售进口商品清单》范围内的以下商品：

（1）所有通过与海关联网的电子商务交易平台交易，能够实现交易、支付、物流电子信息"三单"比对的跨境电子商务零售进口商品；

（2）未通过与海关联网的电子商务交易平台交易，但快递、邮政企业能够统一提供交易、支付、物流等电子信息，并承诺承担相应法律责任进境的跨境电子商务零售进口商品；

（3）不属于跨境电子商务零售进口的个人物品以及无法提供交易、支付、物流等电子信息的跨境电子商务零售进口商品，按现行规定执行。

（二）计征限额

（1）跨境电子商务零售进口商品的单次交易限值为人民币5,000元，个人年度交易限值为人民币26,000元。

（2）在限值以内进口的跨境电子商务零售进口商品，关税税率暂设为0；进口环节增值税、消费税暂按法定应纳税额的70%征收。

（3）完税价格超过单次交易限值5,000元，但低于26,000元年度交易限值的，可以自跨境电商零售渠道进口，按照货物税率全额征收关税、进口环节增值税和消费税；超过年度交易限值的，应按照一般贸易方式全额征税。

（三）计征规定

（1）跨境电子商务零售进口商品自海关放行之日起30日内退货的，可申请退税，并相应调整个人年度交易总额。

（2）跨境电子商务零售进口商品购买人（订购人）的身份信息应进行认证；未进行认证的，购买人（订购人）身份信息应与付款人一致。

六 征收管理

（一）关税缴纳

（1）关税的申报时间：进口货物自运输工具申报进境之日起14日内，出口货物在货物运抵海关监管区后装货的24小时以前，向货物进（出）境地海关申报。

（2）在海关填发税款缴纳书之日起15日内，缴纳税款。

（3）关税纳税义务人因特殊情况不能按期缴纳税款的，依法提供税款担保后，可以延期缴纳税款，但最长不得超过6个月。

（二）关税的强制执行

关税的强制执行包括征收关税滞纳金和强制征收两项措施。

1. 征收关税滞纳金

关税滞纳金是自关税缴纳期限届满之日起,至纳税义务人缴纳关税之日止,按滞纳税款0.5‰的比例按日征收,周末或法定节假日不予扣除。

关税滞纳金金额=滞纳关税税额×滞纳金征收比例(0.5‰)×滞纳天数

2. 强制征收

若纳税义务人自海关填发缴款书之日起3个月仍未缴纳税款,经海关关长批准,海关可以采取强制扣缴、变价抵缴等强制措施。

(三)关税退还、补征和追征

关税退还,是指海关将实际征收多于应当征收的税额(溢征关税)退还给纳税人的一种行政行为。溢征关税,海关发现后应立即退还。纳税人发现的,申请退税时限为缴纳税款之日起1年内。

关税补征,是指海关在纳税义务人按海关核定的税额缴纳关税后,发现因非纳税人原因造成少征或漏征关税时,责令纳税义务人补缴所差税款的一种行政行为。关税补征期为缴纳税款或货物放行之日起1年内,不加收滞纳金。

关税追征,是指海关在纳税义务人按海关核定的税额缴纳关税后,发现因纳税人违反海关规定造成少征或漏征关税时,责令纳税义务人补缴所差税款的一种行政行为。关税追征期为缴纳税款或货物放行之日起3年内,按日加收万分之五的滞纳金。

(四)关税纳税争议

(1)纳税义务人同海关发生争议时,可以向海关申请复议,但同时应当在规定期限内按海关核定的税额缴纳关税,逾期则构成滞纳,海关有权按规定采取强制执行措施。

(2)纳税争议的申诉程序如下:①纳税义务人自海关填发税款缴款书之日起60日内,向原征税海关的上一级海关书面申请复议。逾期申请复议的,海关不予受理。②海关应当自收到复议申请之日起60日内作出复议决定,并以复议决定书的形式正式答复纳税义务人。

第三节　关税的税务风险分析与管理

一　关税完税价格确定的税务风险管理

关税完税价格是计算关税的基础和依据。海关以进出口货物的实际成交价格为基础，经调整确定关税完税价格。因此，在关税完税价格的确认过程中，纳税人会面临着较大的税务风险。

基于税务机关对关税实施税务检查和税务稽查的实践，关税完税价格的税务风险主要体现在以下几个方面。

(一) 关税完税价格的完整性风险

进口货物的成交价格是指货物购买方为购买该货物实付或应付的，并按照有关规定调整后的价款总额。具体包含货价、佣金、经纪费、容器费、包装材料和劳务费、料件、工具、模具、消耗材料，以及境外开发、设计等相关服务费。如果漏掉其中一项就会导致关税完税价格计算不准。进口货物的完税价格计算错误，导致少缴关税是税务和海关的稽查重点，存在补缴关税、滞纳金和罚款的风险。

因此，企业应正确核算进口货物的完税价格。进口货物的完税价格包含进口货物的成交价格以及该货物运抵中国境内输入地点起卸前的运输及其相关费用、保险费等。同时，还应关注是否将应计入完税价格的调整项目，比如符合条件的佣金和经纪费、容器费用等计入了关税完税价格，以避免少缴税的风险；也需要关注是否将不需要计入完税价格的项目，比如符合条件的佣金等计入了关税完税价格而导致多缴税的风险。

【案例4-1】深圳A公司从事电子配件进口业务，海关于2022年年初到公司稽查，扣押其电脑、负责人手机以及部分报关资料等。经稽查，海关认定A公司存在真、假两套资料，即提供虚假的合同、发票、装箱单等用以报关，商品价格远低于真实采购价格，存在低报价格的走私行为，涉嫌偷逃税款500余万元，目前案件已经移交缉私部门处理。

点评：

(1) 成交价格是海关征税的基础，因此价格稽查是海关稽查案件中最为常见的一类。价格稽查，是海关核查进出口企业是否向海关申报进出口货物的真实价格情况，即核查申报价格与成交价格是否一致。

（2）企业在申报价格过程中，需要提交合同、发票等相关资料，企业应确保相关资料的真实性，避免以节省成本为目的的低报、伪报行为。

（3）成交价格中，包含运抵中国海关之前的保险费和运费，因此在申报之前应确保这些费用已经计入成交价格，而不是仅仅按照发票价格进行申报。同时，也要核查、确认是否对成交价格应予以调整的项目进行了调整。

（4）企业应审核交易双方是否存在特殊关系并影响到实际成交价格，即买卖双方是否存在特殊关系；若存在，则需要准备相关资料证明特殊关系并未影响实际成交价格。这样在海关对与货物销售有关的情况进行审查时，有充足的证据证明交易符合一般商业惯例，特殊关系对进口货物的成交价格不会产生影响。

（二）货物运输方式选择的税务风险

运输及其相关费用、保险费等，在进出口货物的完税价格中占有相当比重，这会在一定程度上影响企业的关税负担。以一般海运、陆运、空运方式进口的货物，进口货物的运输及其相关费用应按照由买方实际支付或者应当支付的费用计算，保险费应按实际支付或结算比例计算。若运费无法确定，则进口货物的运输及其相关费用应当按照货物进口时的正常运输成本审查确定。若保险费无法确定或者未实际发生，则应当按照"货价加运费"两者总额的3‰计算保险费，其计算公式为：保险费＝（货价+运费）×3‰。对于其他运输方式进口的货物，运费和保险费的计算有所不同，例如：①运输工具作为进口货物，利用自身动力进境的，海关在审查确定完税价格时，不再另行计入运输及其相关费用；②邮运进口的货物，应当以邮费作为运输及其相关费用、保险费。

另外，纳税人也可以选择不同的外贸运输方式，进口货物有 CIF（货价+运费+保险费）价格、FOB（仅含货价）价格、CFR（货价+运费）价格；出口货物也有 CIF 价格、FOB 价格、CFR 价格，以及 CIFC（货价+运费+保险费+佣金）价格。在不同的外贸方式下，计算完税价格的方式也不同。

综上所述，选择不同的进出口方式和货物运输方式，将会影响企业的关税负担。纳税人应权衡各进出口方式和货物运输方式的成本及税收负担，选择总成本最小的方式。

（三）审定成交价格的税务风险

为降低企业关税税负，企业可能降低进出口货物的申报价格，这在海关审定价格时会面临补税的风险，甚至有被认定为偷税或走私的风险。对此，企业降低申报价格的同时，也要考虑是否会被海关审定为"正常成交价格"。另外，在同类产品中，企业应选择进口或出口成交价格比较低的、运输等相关费用相对较小的货物。

二 关税纳税申报的税务风险管理

（一）未按期申报纳税的税务风险

进口货物的企业，应当自海关填发税款缴款书之日起15日内缴纳税款；逾期缴纳的，存在被加收滞纳金的风险。超过3个月仍未缴纳的，存在被海关强制扣缴税款、应税货物依法变卖抵税等风险，海关采取强制措施时，未缴纳的滞纳金也会同时强制扣缴。

（二）被免费更换的原进口货物不退运出境，未补关税的税务风险

进出口企业在进口货物时，通常会出现因残损、短少、品质不良或者规格不符原因，由进出口货物的发货人、承运人或者保险公司免费补偿或者更换相同货物的情况，免费更换的货物在进出口时不征收关税。但被免费更换的原进口货物不退运出境或者原出口货物不退运进境的，海关应当对原进出口货物重新按照规定征收关税。现实中，企业为了少缴关税，对免费更换的货物通常会隐瞒不报或延迟申报关税，这将面临被补缴税款和加收滞纳金的风险。

（三）复运进、出境未按规定办理延期的税务风险

暂时进境或者暂时出境的下列货物，在进境或者出境时纳税义务人向海关缴纳相当于应纳税款的保证金或者提供其他担保的，可以暂不缴纳关税，并应当自进境或者出境之日起6个月内复运出境或者复运进境；需要延长复运出境或者复运进境期限的，纳税义务人应当根据海关总署的规定向海关办理延期手续。

（1）在展览会、交易会、会议以及类似活动中展示或者使用的货物；

（2）文化、体育交流活动中使用的表演、比赛用品；

（3）进行新闻报道或者摄制电影、电视节目使用的仪器、设备以及用品；

（4）开展科研、教学、医疗活动使用的仪器、设备和用品；

（5）上述第（1）项至第（4）项所列活动中使用的交通工具以及特

种车辆；

(6) 货样；

(7) 慈善活动使用的仪器、设备以及用品；

(8) 供安装、调试、检测、修理设备时使用的仪器以及工具；

(9) 盛装货物的包装材料；

(10) 旅游用自驾交通工具及其用品；

(11) 工程施工中使用的设备、仪器以及用品；

(12) 测试用产品、设备、车辆；

(13) 海关总署规定的其他暂时进出境货物。

上述所列暂准进境货物在规定的期限内未复运出境的，或者暂准出境货物在规定的期限内未复运进境的，海关应当依法征收关税；上述所列可以暂时免征关税范围以外的其他暂准进境货物，应当按照该货物的完税价格和其在境内滞留时间与折旧时间的比例计算征收进口关税。具体办法由海关总署规定。

若企业对上述货物未及时办理延期手续，同时未补关税，则存在被补缴关税和加收滞纳金的风险。

(四) 商品归类的税务风险

商品归类在进出口活动中的地位极为重要，商品归类编码决定了货物的税负、贸易管制，因此企业应仔细甄别商品中的细节差别，进行正确的商品归类，以避免产生相应的税务风险。

在商品归类过程中，应做好以下几个方面的工作：

(1) 不仅要查看品目条文，更要注意查看类注、章注。很多企业仅仅根据产品的名称，就直接在关税税则中查找相应的商品名称，然后把对应的税则号列向海关申报。其实，这样做会有很大的归类差错风险。

(2) 尽量避免直接根据商品的基本特征运用归类总规则三。根据归类总规则一的规定，只有在品目、类注或章注无相应规定的情况下，才能适用归类总规则三。因此，企业在进行商品归类时，应先确定无法适用品目、类注或章注的归类规定，方可按照归类总规则三的规定，按照商品的基本特征进行商品归类。

(3) 应关注品目注释、本国子目录注释、商品归类决定与裁定的检索，在确定子目时按逐级比较原则进行子目检索。

【案例 4-2】F 省甲公司是一家从事化妆品进口的贸易公司，2018—

2021年，甲公司从欧洲进口某品牌化妆品，其申报的税号为B，适用的关税税率为1%。2021年海关到甲公司开展稽查，对公司采购单证、送货单证及涉案化妆品样品进行了扣押。经稽查，稽查部门出具稽查报告，认为甲公司存在违法行为，涉案商品应归入C税号，适用关税税率20%，由此要求企业补缴税款，并对其作出行政处罚。

点评：

进出口商品的纳税人或者其代理人应当依照法律、行政法规以及其他相关规定，如实、准确申报其进出口货物的商品名称、规格型号等事项，并对其申报的进出口货物进行准确的商品归类，准确地确定相应的商品编码。一旦出现商品归类错误而导致税率适用错误，就会给纳税人带来税务风险。纳税人在进行商品归类时，应仔细审核商品品名、规格型号和其他影响归类的要素（比如商品用途、料号、工艺流程等），这些因素会影响到商品归类，进而影响到进出口环节的关税、增值税和消费税等税额的计算。因此，企业应借助全国海关无纸化应用支撑平台，对进出口商品实施智慧化管理，以避免和控制相关的税务风险。

三 关税优惠政策使用的税务风险管理

中国现行关税有法定减免、特定减免、暂时减免和临时减免等减免政策。充分利用关税优惠政策可以降低税负、促进企业出口、提升企业国际竞争力等。纳税人在利用税收优惠政策时需要注意控制两个方面的风险：第一，是否用足了税收优惠政策；第二，在利用优惠政策的过程中，需要严格遵守税法的规定，确保合规性，避免滥用和不当申请。

（一）原产地标准的税务风险

中国进口税则设有最惠国税率、协定税率、特惠税率、普通税率、关税配额税率、暂定税率等税率。同一种进口货物的原产地不同，适用的税率会因此而有较大差别。对于原产地的确认，中国采用全部产地生产标准和实质性加工标准两种国际上通用的原产地标准。其中，全部产地生产标准是指进口货物完全在一个国家内生产或制造，生产国或制造国就是该货物的原产国。实质性加工标准是适用于确定有两个或两个以上国家参与生产产品的原产国标准，以最后一个对货物进行经济上可以视为实质性加工的国家作为有关货物的原产国。实质性加工应符合以下两个条件之一：①加工后，进出口税则4位数税号一级的税则归类发生改变；②加工增值部分占新产品总值的比例在30%以上（含30%）。

目前，许多跨国公司在全球不同国家或地区设立了分支机构，这些机构在企业产品生产过程中承担了不同的角色。可以说，最终产品是用在不同国家或地区生产的零部件组装起来的，因此，最后在哪组装成最终产品就非常重要。企业选择与进口国签订有优惠税率的国家或地区完成最终产品组装，避开进口国征收特别关税的国家或地区，就能在一定程度上降低企业关税税负。基于此，跨国公司面临着选择合适地点，以正确合理运用原产地标准的风险。例如，A 国与 B 国没有签订新能源汽车关税优惠协议，但 B 国与 C 国签订了相关优惠协议，那么 A 国就可以将在不同国家或地区生产的新能源汽车零部件运到 B 国组装成整机再向 C 国出口，以避免新能源汽车整机被 B 国视为原产于 A 国，从而避免被多征收关税的风险。

（二）保税制度的税务风险

为营造良好的营商环境，各个国家或地区通常会在境内设立保税区。保税区是在海关监控管理下存放和加工保税货物的特定区域。保税区内复运出口的进口货物通常免征进口关税。基于此，纳税人面临着选址的风险。若纳税人在保税区内投资设厂，则可获取豁免进出口关税的好处。另外，若纳税人能将进口货物向海关申请为保税货物，那么进口货物时不需缴纳关税，等该批货物向保税区外销售之时再补缴进口关税，这种延期纳税使纳税人获得了自批准日到补缴税款日这段时间内该笔税款的时间价值。

（三）特定减免税货物移作他用的税务风险

根据《中华人民共和国海关进出口货物减免税管理办法》，除海关总署另有规定外，在海关监管年限内，减免税申请人应当按照海关规定保管、使用进口减免税货物，并依法接受海关监管。

实务中，经常有企业因为各种原因将减免税货物移作他用，由此导致税务风险。因此，企业应关注：

（1）减免税申请人发生分立、合并、股东变更、改制等主体变更情形的，或者因破产、撤销、解散、改制或者其他情形导致其终止的，当事人是否按照有关规定，向原减免税申请人的主管海关报告主体变更或者终止情形。

（2）是否按照原定地区使用减免税货物。除有关进口税收优惠政策实施措施另有规定外，减免税货物需要变更使用地点的，减免税申请人应当向主管海关提出申请，并说明理由；经主管海关审核同意的，可以变更使用地点。

（3）是否按照原定用途使用减免税货物。在海关监管年限内，减免税申请人应当于每年 6 月 30 日以前向主管海关提交《减免税货物使用状况报告书》，报告减免税货物使用状况。

【思考题】

1. 如何控制和管理关税计税依据中的税务风险？
2. 如何选择进出口商品的运输方式？
3. 如何管理和控制商品归类的税务风险？
4. 如何避免滥用关税的税收优惠政策？

第五章 企业所得税的税务风险管理

【学习目标】
- 熟悉企业所得税法的基本规定
- 理解企业所得税纳税人身份选择的税务风险管理
- 掌握企业所得税收入项目的税务风险管理
- 掌握企业所得税扣除项目的税务风险管理
- 掌握企业所得税优惠政策使用的税务风险管理

第一节 企业所得税的基本规定

一 纳税人

企业所得税的纳税人，是指在中华人民共和国境内的企业和其他取得收入的组织。个人独资企业、合伙企业不适用《中华人民共和国企业所得税法》，不是企业所得税的纳税义务人。

根据纳税义务范围的不同，我国企业所得税的纳税人包括两类：居民企业和非居民企业。

(一) 居民企业

居民企业，是指依法在中国境内成立，或者依照外国（地区）法律成立但实际管理机构在中国境内的企业，包括企事业单位、社会团体以及其他取得收入的组织。

实际管理机构，是指对企业的生产经营、人员、账务和财产等实施实质性全面管理和控制的机构。

(二) 非居民企业

非居民企业，是指依照外国（地区）法律成立且实际管理机构不在中国境内，但在中国境内设立机构、场所，或者在中国境内未设立机构、场所，但有来源于中国境内所得的企业。如果非居民企业委托营业代理人在中国境内从事生产经营活动，包括委托单位或者个人经常代其签订合同或者储存、交付货物等，该营业代理人视为非居民企业在中国境内设立的机构、场所。

二 征税对象

企业所得税的征税对象是指企业的生产经营所得、其他所得和清算所得。居民企业和非居民企业的征税对象不同。

（一）居民企业的征税对象

居民企业以来源于中国境内、境外的所得作为征税对象。所得包括销售货物所得，提供劳务所得，转让财产所得，股息、红利等权益性投资所得，利息所得，租金所得，特许权使用费所得，接受捐赠所得和其他所得。

（二）非居民企业的征税对象

非居民企业在中国境内设立机构、场所的，应当就其所设机构、场所取得的来源于中国境内的所得，以及发生在中国境外但与其所设机构、场所有实际联系的所得，缴纳企业所得税。

非居民企业在中国境内未设立机构、场所的，或者虽设立机构、场所，但取得的所得与其所设机构、场所没有实际联系的，应当就其来源于中国境内的所得缴纳企业所得税。实际联系，是指非居民企业在中国境内设立的机构、场所拥有据以取得所得的股权、债权，以及拥有、管理、控制据以取得所得的财产等。

三 税率

企业所得税实行比例税率，《中华人民共和国企业所得税法》将纳税人分为居民企业和非居民企业，税率也根据纳税人的不同而不同。现行所得税法规定的税率如下。

（一）基本税率

企业所得税的基本税率为25%，适用于居民企业和在中国境内设有机构、场所且所得的取得与机构、场所有实际联系的非居民企业。

（二）低税率

企业所得税的低税率为20%，适用于在中国境内未设立机构、场所且所得与机构、场所无实际联系的非居民企业。

在基本税率和低税率的基础上，根据企业、产业性质的不同，通常对居民企业和非居民企业还会进行税收优惠，比如对高新技术企业适用15%的税率、对小型微利企业适用20%的税率等。

第二节　企业所得税应纳税额的计算与征收管理

企业所得税应纳税额等于应纳税所得额乘以所得税税率。因此，应纳税所得额是计算企业所得税的基础和依据。但对于居民企业和非居民企业，其应纳税所得额的计算方法也不尽相同。

一　应纳税所得额的计算

应纳税所得额是计算企业所得税的依据。非居民企业和居民企业的应纳税所得额计算公式分别为：

非居民企业应纳税所得额＝收入总额（或转让财产所得）

非居民企业所得主要包括非居民企业取得来自中国境内的股息和红利等权益性投资收益、利息、租金、特许权使用费所得和转让财产所得。非居民企业取得来自中国境内的股息和红利等权益性投资收益、利息、租金、特许权使用费所得通常以收入总额为应纳税所得额，转让财产所得通常以收入全额减除财产净值后的余额为应纳税所得额。对于非居民企业取得的其他所得参照收入总额或转让财产所得两项规定的方法计算应纳税所得额。

居民企业应纳税所得额＝纳税年度的收入总额－不征税收入－免税收入－各项扣除－允许弥补的以前年度亏损

（一）收入总额

企业的收入总额包括企业以货币或非货币形式从各种来源取得的收入，包括销售货物收入，提供劳务收入，转让财产收入，股息、红利等权益性投资收益，利息收入，租金收入，特许权使用费收入，接受捐赠收入，其他收入。

纳税人取得收入的货币形式有现金、银行存款、应收账款、应收票据、准备持有至到期的债券投资以及债务的豁免等。

纳税人取得收入的非货币形式有存货、固定资产、生物资产、无形资产、股权投资、劳务、不准备持有至到期的债券等资产以及其他权益等。这些以非货币形式取得的收入，应当按照公允价值确定收入额。

收入的确定主要涉及收入实现的内容和确认的时间，具体应根据取得收入的形式来确定。

1. 销售货物收入和提供劳务收入

销售货物收入是指企业销售商品、产品、原材料、包装物、低值易耗品以及其他存货取得的收入。提供劳务收入是指企业从事建筑安装、修理修配、交通运输、仓储租赁、金融保险、邮电通信、咨询经纪、文化体育、科学研究、技术服务、教育培训、餐饮住宿、中介代理、卫生保健、社区服务、旅游、娱乐、加工以及其他劳务服务活动取得的收入。

2. 转让财产收入

转让财产收入是指企业转让固定资产、生物资产、无形资产、股权、债权等财产取得的收入。

转让股权收入扣除为取得该股权所发生的成本后的余额为股权转让所得。企业在计算股权转让所得时，不得扣除被投资企业未分配利润等股东留存收益中按该项股权所可能分配的金额。

被清算企业的股东分得的剩余资产的金额中，相当于被清算企业累计未分配利润和累计盈余公积中按该股东所占股份比例计算的部分，应确认为股息所得；剩余资产减除股息所得后的余额，超过或低于股东投资成本的部分，应确认为股东的投资转让所得或损失。

投资企业从被投资企业撤回或减少投资，其取得的资产中相当于初始出资的部分，应确认为投资收回；相当于被投资企业累计未分配利润和累计盈余公积按减少实收资本比例计算的部分，应确认为股息所得；其余部分应确认为投资资产转让所得。

3. 股息、红利等权益性投资收益

股息、红利等权益性投资收益是指企业因权益性投资从被投资方取得的收入。按照被投资方作出利润分配决定的日期确认收入的实现。

被投资企业将股权（票）溢价所形成的资本公积转为股本的，不作为投资方企业的股息、红利收入，投资方企业也不得增加该项长期投资的计税基础。

4. 利息收入

利息收入是指企业将资金提供他人使用但不构成权益性投资，或者因他人占用本企业资金取得的收入，包括存款利息、贷款利息、债券利息、欠款利息等收入。利息收入，按照合同约定的债务人应付利息的日期确认收入的实现。

5. 租金收入

租金收入是指企业提供固定资产、包装物或者其他有形资产的使用权取得的收入。按照合同约定的承租人应付租金的日期确认收入的实现。

如果交易合同或协议中规定租赁期限跨年度，且租金提前一次性支付的，出租人可对确认的租金收入，在租赁期内，分期均匀计入相关年度收入。

6. 特许权使用费收入

特许权使用费收入，按照合同约定的特许权使用人应付特许权使用费的日期确认收入的实现。

7. 接受捐赠收入

接受捐赠收入包括接受的来自其他企业、组织或者个人无偿给予的货币性资产、非货币性资产。按照实际收到捐赠资产的日期确认收入的实现。

8. 其他收入

其他收入包括企业资产溢余收入、逾期未退包装物押金收入、确实无法偿付的应付款项、已作坏账损失处理后又收回的应收款项、债务重组收入、补贴收入、违约金收入、汇兑收益等。

9. 特殊收入的确认

（1）以分期收款方式销售货物的，应当按照合同约定的收款日期确认收入的实现。

（2）受托加工制造大型机械设备、船舶、飞机等，以及从事建筑、安装、装配工程业务或者提供劳务等，持续时间超过12个月的，按照纳税年度内完工进度或者完成的工作量确认收入的实现。

（3）采取产品分成方式取得收入的，以企业分得产品的时间确认收入的实现，其收入额按照产品的公允价值确定。

（4）企业发生非货币性资产交换，以及将货物、财产、劳务用于捐赠、赞助、集资、广告、样品、职工福利和利润分配，应当视同销售货物、转让财产和提供劳务。但国务院财政、税务主管部门另有规定的除外。

10. 处置资产收入的确认

(1) 企业发生下列情形的处置资产，除将资产转移至境外以外，由于资产所有权属在形式和实质上均不发生改变，可作为内部处置资产，不视同销售确认收入，相关资产的计税基础延续计算。

①将资产用于生产、制造、加工另一产品；
②改变资产形状、结构或性能；
③改变资产用途（如自建商品房转为自用或经营）；
④将资产在总机构及其分支机构之间转移；
⑤上述两种或两种以上情形的混合；
⑥其他不改变资产所有权属的用途。

(2) 企业将资产移送他人的下列情形，因资产所有权属已发生改变而不属于内部处置资产，应按规定视同销售确定收入。

①用于市场推广或销售；
②用于交际应酬；
③用于职工奖励或福利；
④用于股息分配；
⑤用于对外捐赠；
⑥其他改变资产所有权属的用途。

对于需要确认收入的处置资产，应按照被移送资产的公允价值确定销售收入。

11. 非货币性资产投资的企业所得税

非货币性资产是指现金、银行存款、应收账款、应收票据以及准备持有至到期的债券投资等货币性资产以外的资产。企业以非货币性资产对外投资，应对非货币性资产进行评估并按评估后的公允价值扣除计税基础后的余额，计算确认非货币性资产转让所得；于投资协议生效并办理股权登记手续时，确认非货币性资产转让收入的实现。

12. 企业接收政府和股东划入资产的企业所得税

(1) 接收政府划入资产的企业所得税

①县级以上人民政府（包括政府有关部门）将国有资产明确以股权投资方式投入企业，企业应作为国家资本金（包括资本公积）处理。该项资产如为非货币性资产，应按政府确定的接收价值确定计税基础。

②县级以上人民政府将国有资产无偿划入企业，凡指定专门用途并

按《财政部 国家税务总局关于专项用途财政性资金企业所得税处理问题的通知》(财税〔2011〕70号)的规定进行管理的,企业可作为不征税收入进行企业所得税处理。其中,该项资产属于非货币性资产的,应按政府确定的接收价值计算不征税收入。

除上述情形外,应按政府确定的接收价值计入当期收入总额计算缴纳企业所得税。政府没有确定接收价值的,按资产的公允价值计算确定应税收入。

(2) 企业接收股东划入资产的企业所得税

①企业接收股东划入资产(包括股东赠予资产、上市公司在股权分置改革过程中接收原非流通股股东和新非流通股股东赠予的资产、股东放弃本企业的股权),凡合同、协议约定作为资本金(包括资本公积)且在会计上已作实际处理的,不计入企业的收入总额,企业应按公允价值确定该项资产的计税基础。

②企业接收股东划入资产,凡作为收入处理的,应按公允价值计入收入总额,计算缴纳企业所得税,同时按公允价值确定该项资产的计税基础。

(二) 不征税收入

不征税收入主要包括财政拨款,依法收取并纳入财政管理的行政事业性收费、政府性基金,国务院规定的其他不征税收入。

1. 财政拨款

财政拨款是指各级政府对纳入预算管理的事业单位、社会团体等组织拨付的财政资金,但国务院以及国务院财政、税务主管部门另有规定的除外。

2. 行政事业性收费

行政事业性收费是按照国务院规定程序批准,在实施社会公共管理,以及在向公民、法人或者其他组织提供特定公共服务过程中,向特定对象收取并纳入财政管理的费用。

3. 政府性基金

政府性基金是指企业根据法律、行政法规等有关规定,代政府收取的具有专项用途的财政资金。

4. 国务院规定的其他不征税收入

国务院规定的其他不征税收入是指企业取得的,经国务院批准的,国务院财政、税务主管部门规定专项用途的财政性资金。

(三) 免税收入

(1) 国债利息收入,即纳税人因购买国债而取得的利息收入,免征企业所得税。

企业到期前转让国债,或者从非发行者投资购买的国债,其持有期间尚未兑付的国债利息收入,按以下公式计算确定:

国债利息收入=国债金额×(适用年利率÷365)×持有天数

(2) 符合条件的居民企业之间的股息、红利等权益性投资收益,指居民企业直接投资于其他居民企业取得的投资收益。

(3) 在中国境内设立机构、场所的非居民企业从居民企业取得与该机构、场所有实际联系的股息、红利等权益性投资收益。不包括连续持有居民企业公开发行并上市流通的股票不足12个月取得的投资收益。

(4) 符合条件的非营利组织的收入。

(四) 所得税前扣除项目

企业申报的扣除项目和金额要真实、合法。真实是指能提供证明有关支出确属已经实际发生的适当凭据;合法是指符合国家税收规定,若其他法规规定与税法规定不一致,应以税法规定为标准。税法规定:企业实际发生的与取得收入有关的、合理的支出,包括成本、费用、税金、损失和其他支出,准予在计算应纳税所得额时扣除。

企业发生支出,应取得符合规定的税前扣除凭证,作为计算企业所得税应纳税所得额时扣除相关支出的依据。企业应在当年度企业所得税法规定的汇算清缴期结束前取得税前扣除凭证。企业应将与经营活动直接相关且能够证明税前扣除凭证真实性的相关资料,包括合同协议、支出依据、付款凭证等留存备查。

一般情况下,在计算扣除项目时还应遵循以下原则:

(1) 权责发生制原则,是指企业费用应在发生的所属期扣除,而不是在实际支付时确认扣除。

(2) 配比原则,是指企业发生的费用应当与收入配比扣除。除特殊规定外,企业发生的费用不得提前或滞后申报扣除。

(3) 相关性支出,是指与取得收入直接相关的支出。

(4) 合理性支出,是指符合生产经营活动常规,应当计入当期损益或者有关资产成本的必要与正常的支出。

(5) 区分收益性支出和资本性支出。收益性支出可以在发生当期直接扣除；资本性支出应当按照税收法律、行政法规的规定分期扣除或者计入有关资产成本，不得在发生当期直接扣除。

(6) 不重复扣除。除企业所得税法和条例另有规定外，企业实际发生的成本、费用、税金、损失和其他支出，不得重复扣除。

此外必须注意：企业的不征税收入用于支出所形成的费用或者财产，不得扣除或者计算对应的折旧、摊销扣除。

在计算扣除项目时，属于收益性支出应该一次性税前扣除，属于资本性支出应该采取分期折旧或摊销，并且税法规定了不同支出项目的扣除标准。

1. 收益性支出

收益性支出项目均按照实际发生额或规定的标准扣除。

(1) 工资、薪金支出

企业实际发生的、合理的职工工资、薪金，准予在税前扣除。

职工工资、薪金，是指企业每一纳税年度支付给在本企业任职或与其有雇佣关系的员工的所有现金或非现金形式的劳动报酬，包括基本工资、奖金、津贴、补贴、年终加薪、加班工资、符合条件的福利性补贴以及与任职或者受雇有关的其他支出。

特别规定：

①属于国有性质的企业，其工资、薪金，不得超过政府有关部门给予的限定数额；超过部分，不得计入企业工资、薪金总额，也不得在计算企业应纳税所得额时扣除。

②企业因雇用季节工、临时工、实习生、返聘离退休人员以及接受外部劳务派遣用工所实际发生的费用，应区分为工资、薪金支出和职工福利费支出，并按规定在企业所得税前扣除。其中，属于工资、薪金支出的，准予计入企业工资、薪金总额的基数，作为计算其他各项相关费用扣除的依据。

③对于股权激励计划，在授予激励对象时，应按照该股票的公允价格及数量，计算确定作为上市公司相关年度的成本或费用，作为换取激励对象提供服务的对价，并按照规定确认计入工资、薪金总额的金额。

(2) "三项费用"

企业发生的职工福利费、工会经费、职工教育经费按标准扣除，未超过标准的按实际数扣除，超过标准的只能按标准扣除。

①企业发生的职工福利费支出，不超过工资、薪金总额14%的部分，准予扣除。福利费的列支范围，由税法作出明确规定，并且企业发生的职工福利费，纳税人应该单独设置账册，进行准确核算。没有单独设置账册准确核算的，税务机关应责令企业在规定的期限内进行改正。逾期仍未改正的，税务机关可对企业发生的职工福利费进行合理的核定。

②企业拨缴的职工工会经费支出，不超过工资、薪金总额2%的部分，准予扣除。

③除国务院财政、税务主管部门另有规定外，企业发生的职工教育经费支出，不超过工资、薪金总额8%的部分，准予在计算企业所得税应纳税所得额时扣除；超过部分，准予在以后纳税年度结转扣除。

(3) 劳动保护费

企业发生的合理的劳动保护支出，准予扣除。企业根据其工作性质和特点，由企业统一制作并要求员工工作时统一着装所发生的工作服饰费用，可以作为企业合理的支出在税前扣除。

(4) 保险费

①社会保险费。企业依照国务院有关主管部门或者省级人民政府规定的范围和标准为职工缴纳的五险一金，即基本养老保险费、基本医疗保险费、失业保险费、工伤保险费、生育保险费等基本社会保险费和住房公积金，准予扣除。

企业为投资者或者职工支付的补充养老保险费、补充医疗保险费，在国务院财政、税务主管部门规定的范围和标准内，准予扣除。企业依照国家有关规定为特殊工种职工支付的人身安全保险费和符合国务院财政、税务主管部门规定可以扣除的商业保险费准予扣除。

②商业保险费。企业参加财产保险，按照规定缴纳的保险费，准予扣除。企业为投资者或者职工支付的商业保险费，不得扣除。

(5) 捐赠

企业通过符合条件的公益性社会团体或者县级（含县级）以上人民政府及其部门，用于《中华人民共和国公益事业捐赠法》规定的公益事业的捐赠支出，在年度利润总额12%以内的部分，准予在计算应纳税所得额时扣除。年度利润总额，是指企业按照国家统一会计制度的规定计算的年度会计利润。

(6) 利息费用

企业在生产、经营活动中发生的、符合规定的不需要资本化的借款费用，准予扣除。

(7) 汇兑损失

企业在货币交易中，以及纳税年度终了时将人民币以外的货币性资产、负债按照期末即期人民币汇率中间价折算为人民币时产生的汇兑损失，除已经计入有关资产成本以及与向所有者进行利润分配相关的部分外，准予扣除。

(8) 业务招待费

①企业发生的与生产经营活动有关的业务招待费支出，按照发生额的60%扣除，但最高不得超过当年销售（营业）收入的5‰。

②对从事股权投资业务的企业（包括集团公司总部、创业投资企业等），其从被投资企业所分配的股息、红利以及股权转让收入，可以按规定的比例计算业务招待费扣除限额。

③企业在筹建期间发生的与筹办活动有关的业务招待费支出，可按实际发生额的60%计入企业筹办费，并按有关规定在税前扣除。

(9) 广告费和业务宣传费

企业发生的符合条件的广告费和业务宣传费支出，除国务院财政、税务主管部门另有规定外，不超过当年销售（营业）收入15%的部分，准予扣除；超过部分，准予结转以后纳税年度扣除。

企业在筹建期间发生的广告费和业务宣传费，可按实际发生额计入企业筹办费，并按规定在税前扣除。

(10) 环境保护专项资金

企业依照法律、行政法规有关规定提取的用于环境保护、生态恢复等方面的专项资金，准予扣除。上述专项资金提取后改变用途的，不得扣除。

(11) 有关资产的费用

企业转让各类固定资产发生的费用，允许扣除。企业按规定计算的固定资产折旧费、无形资产和长期待摊费用的摊销费，准予扣除。

(12) 资产损失

企业发生的损失，减除责任人赔偿和保险赔款后的余额，依照国务院财政、税务主管部门的规定扣除。

企业已经作为损失处理的资产，在以后纳税年度又全部或者部分收回时，应当计入当期收入。

企业向税务机关申报扣除资产损失，仅需填报企业所得税年度纳税申报表即《资产损失税前扣除及纳税调整明细表》，不再报送资产损失相关资料，相关资料由企业留存备查。

（13）手续费及佣金支出

企业发生的与生产经营有关的、符合条件的手续费及佣金支出，准予扣除；超过部分，不得扣除。

（14）其他项目

依照有关法律、行政法规和国家有关税法规定准予扣除的其他项目，如会员费、合理的会议费、差旅费、违约金、诉讼费用等。

2. 资本性支出

资本性支出往往形成资产，只能采取分次计提折旧或分次摊销的方式予以扣除，即纳税人经营活动中使用的固定资产的折旧费用、无形资产和长期待摊费用可以扣除。资本性支出的税前扣除，须遵循以下原则：

第一，纳入税务处理范围的资产形式主要包括固定资产、生物资产、无形资产、长期待摊费用、投资资产、存货等，上述资产均以历史成本为计税基础。历史成本，是指企业取得该项资产时实际发生的支出。

第二，企业持有各项资产期间发生的资产增值或损失，除税收规定可以确认损益的外，不得调整有关资产的计税基础。

第三，企业不能提供财产取得或持有时的支出以及税前扣除情况有效凭证的，税务机关有权采用合理方法估定其财产净值。

此外，各项资产还必须遵守具体的税务处理规则：

（1）固定资产

固定资产是指企业为生产产品、提供劳务、出租或经营管理而持有的，使用时间超过 12 个月的非货币性长期资产，包括房屋、建筑物、机器、机械、运输工具以及其他与生产经营有关的设备、器具、工具等。

固定资产的计税基础按历史成本为计价基础。但固定资产取得的方式不同，其具体计价的项目也不同，为此税法作出了具体而明确的规定，企业在进行会计核算和税务处理时，必须遵守这些规定。

按照税法规定：在计算应纳税所得额时，企业按照规定计算的固定资产折旧，准予扣除。

但对于房屋、建筑物以外未投入使用的固定资产,以经营租赁方式租入的固定资产,以融资租赁方式租出的固定资产,已足额提取折旧仍继续使用的固定资产,与经营活动无关的固定资产,单独估价作为固定资产入账的土地及其他不得计算折旧扣除的固定资产,不得计算折旧扣除。

(2)生产性生物资产

生产性生物资产是指为生产农林产品、提供劳务或者出租等而持有的生物资产,包括经济林、薪炭林、产畜和役畜等。

生产性生物资产主要通过外购、捐赠、投资、非货币性资产交换、债务重组等方式取得。外购生产性生物资产,按照购买价款和支付的相关税费作为计税基础;通过捐赠、投资、非货币性资产交换、债务重组取得的生产性生物资产,按该资产的公允价值和应支付的相关税费作为计税基础。

按照税法规定:在计算应纳税所得额时,企业按照规定计算的生产性生物资产折旧,准予扣除。

(3)无形资产

无形资产包括专利权、商标权、著作权、土地使用权、非专利技术、商誉等。

无形资产按直线法摊销。税法规定摊销年限不得少于10年。若是投资或者受让的无形资产,在有关法律或协议、合同中规定了使用年限的,依规定使用年限摊销。但下列无形资产不得计算摊销费用扣除:

①自行开发的支出已在计算应纳税所得额时扣除的无形资产;

②自创商誉;

③与经营活动无关的无形资产;

④其他不得计算摊销费用扣除的无形资产;

⑤外购商誉的支出,在企业整体转让或清算时,准予扣除。

(4)投资资产

投资资产是指企业对外进行权益性投资和债权性投资形成的资产。

投资资产按照以下方法确定成本:

①通过支付现金方式取得的投资资产,以购买价款为成本;

②通过支付现金以外的方式取得的投资资产,以该资产的公允价值和支付的相关税费为成本。

企业对外投资期间,投资资产的成本在计算应纳税所得额时不得扣除，企业在转让或者处置投资资产时，投资资产的成本，准予扣除。

(5) 存货

存货指企业持有以备出售的产品或者商品、处在生产过程中的在产品、在生产或者提供劳务过程中耗用的材料和物料等。

存货成本的税前扣除主要取决于存货的取得成本和发出成本。

针对不同的存货取得方式，税法规定了不同的存货取得成本的确定方法，企业须遵从这些方法来确定存货的取得成本。

对于存货的发出成本，税法规定从先进先出法、加权平均法、个别计价法选定一种来确定。计价方法一经选用，不得随意变更。

(6) 长期待摊费用

长期待摊费用指企业发生的应在超过一个会计年度进行摊销的费用。

长期待摊费用包括已足额提取折旧的固定资产和租入固定资产的改建支出（改变房屋或者建筑物结构、延长使用年限等发生的支出）；固定资产的大修理支出（同时符合以下条件的支出：修理支出达到取得固定资产时的计税基础 50% 以上；修理后固定资产的使用寿命延长 2 年以上）及其他应当作为长期待摊费用的支出。

长期待摊费用的摊销时间须按其内容不同而采用不同的摊销时间。

企业转让以上资产，在计算企业应纳税所得额时，资产的净值允许扣除。其中，资产的净值是指有关资产、财产的计税基础减除已经按照规定扣除的折旧、折耗、摊销、准备金等后的余额。

除国务院财政、税务主管部门另有规定外，企业在重组过程中，应当在交易发生时确认有关资产的转让所得或损失，相关资产应当按照交易价格重新确定计税基础。

(五) 不得扣除的项目

在计算应纳税所得额时，下列支出不得扣除：

(1) 向投资者支付的股息、红利等权益性投资收益款项；

(2) 企业所得税税款；

(3) 税收滞纳金，是指纳税人违反税收法规，被税务机关处以的滞纳金；

(4) 罚金、罚款和被没收财物的损失，是指纳税人违反国家有关法律、法规规定，被有关部门处以的罚款，以及被司法机关处以的罚金和被没收的财物；

(5) 超过规定标准的捐赠支出；

(6) 赞助支出，是指企业发生的与生产经营活动无关的各种非广告性质支出；

(7) 未经核定的准备金支出，是指不符合国务院财政、税务主管部门规定的各项资产减值准备、风险准备等准备金支出；

(8) 企业之间支付的管理费、企业内营业机构之间支付的租金和特许权使用费，以及非银行企业内营业机构之间支付的利息；

(9) 与取得收入无关的其他支出。

(六) 亏损弥补

(1) 亏损是指企业依照《中华人民共和国企业所得税法》及《中华人民共和国企业所得税法实施条例》的规定，将每一纳税年度的收入总额减除不征税收入、免税收入和各项扣除后小于零的数额。税法规定，企业某一纳税年度发生的亏损可以用下一年度的所得弥补，下一年度的所得不足以弥补的，可以逐年延续弥补，但最长不得超过5年。

这里需要注意，对于汇总计算缴纳企业所得税的企业，其境外营业机构的亏损不得抵减境内营业机构的盈利。

(2) 符合高新技术企业或科技型中小企业条件的企业，其具备资格年度之前5个年度发生的尚未弥补完的亏损，准予结转以后年度弥补，最长结转年限由5年延长至10年。

(3) 企业筹办期间不计算为亏损年度，企业自开始生产经营的年度，为开始计算企业损益的年度。企业从事生产经营之前进行筹办活动期间发生的筹办费用支出，不得计算为当期的亏损，企业可以在开始经营之日的当年一次性扣除，也可以按照税法有关长期待摊费用的处理规定处理，但一经选定，不得改变。

二 企业重组的所得税处理

(一) 企业重组的界定

企业重组，是指企业在日常经营活动以外发生的法律结构或经济结构重大改变的交易，包括企业法律形式改变、债务重组、股权收购、资产收购、合并、分立等。

(二) 企业重组的一般性税务处理方法

1. 企业注册信息改变，相关交易的税务处理

企业由法人转变为个人独资企业、合伙企业等非法人组织，或将登

记注册地转移至中华人民共和国境外（包括港、澳、台地区），应视同企业进行清算、分配，股东重新投资成立新企业。企业的全部资产以及股东投资的计税基础均应以公允价值为基础确定。

企业发生其他法律形式简单改变的，可直接变更税务登记，除另有规定外，相关企业所得税纳税事项（包括亏损结转、税收优惠等权益和义务）由变更后的企业承继，但因住所发生变化而不符合税收优惠条件的除外。

2. 企业债务重组，相关交易的税务处理

（1）以非货币资产清偿债务，应当分解为转让相关非货币性资产、按非货币性资产公允价值清偿债务两项业务，确认相关资产的所得或损失。

（2）发生债权转股权的，应当分解为债务清偿和股权投资两项业务，确认有关债务清偿所得或损失。

（3）债务人应当按照支付的债务清偿额低于债务计税基础的差额，确认债务重组所得；债权人应当按照收到的债务清偿额低于债权计税基础的差额，确认债务重组损失。

（4）债务人的相关所得税纳税事项原则上保持不变。

3. 企业股权收购、资产收购，相关交易的税务处理

（1）被收购方应确认股权、资产转让所得或损失。

（2）收购方取得的股权或资产的计税基础应以公允价值为基础确定。

（3）被收购企业的相关所得税事项原则上保持不变。

4. 企业合并，当事各方的税务处理

（1）合并企业应按公允价值确定接受被合并企业各项资产和负债的计税基础。

（2）被合并企业及其股东都应按清算进行所得税处理。

（3）被合并企业的亏损不得在合并企业结转弥补。

5. 企业分立，当事各方的税务处理

（1）被分立企业对分立出去的资产应按公允价值确认资产转让所得或损失。

（2）分立企业应按公允价值确认接受资产的计税基础。

（3）被分立企业继续存在时，其股东取得的对价应视同被分立企业分配进行处理。

（4）被分立企业不再继续存在时，被分立企业及其股东都应按清算进行所得税处理。

（5）企业分立相关企业的亏损不得相互结转弥补。

（三）企业重组的特殊性税务处理方法

1. 适用特殊性税务处理的条件

企业重组同时符合下列条件的，适用特殊性税务处理规定：

（1）具有合理的商业目的，且不以减少、免除或者推迟缴纳税款为主要目的；

（2）被收购、合并或分立部分的资产或股权比例符合规定的比例；

（3）企业重组后的连续12个月内不改变重组资产原来的实质性经营活动；

（4）重组交易对价中涉及的股权支付金额符合规定的比例；

（5）企业重组中取得股权支付的原主要股东，在重组后连续12个月内，不得转让所取得的股权。

2. 交易各方的税务处理

符合特殊性税务处理条件的，交易各方对其交易中的股权支付部分的税务处理如下：

（1）企业债务重组确认的应纳税所得额占该企业当年应纳税所得额50%以上，可以在5个纳税年度的期间内，均匀计入各年度的应纳税所得额。

企业发生债权转股权业务，对债务清偿和股权投资两项业务暂不确认有关债务清偿所得或损失，股权投资的计税基础以原债权的计税基础确定。企业的其他相关所得税事项保持不变。

（2）股权收购，收购企业购买的股权不低于被收购企业全部股权的50%，且收购企业在该股权收购发生时的股权支付金额不低于其交易支付总额的85%，可以选择按以下规定处理：

①被收购企业的股东取得收购企业股权的计税基础，以被收购股权的原有计税基础确定；

②收购企业取得被收购企业股权的计税基础，以被收购股权的原有计税基础确定；

③收购企业、被收购企业的原有各项资产、负债的计税基础和其他相关所得税事项保持不变。

（3）资产收购，受让企业收购的资产不低于转让企业全部资产的50%，且受让企业在该资产收购发生时的股权支付金额不低于其交易支付总额的85%，可以选择按以下规定处理：

①转让企业取得受让企业股权的计税基础，以被转让资产的原有计税基础确定；

②受让企业取得转让企业资产的计税基础，以被转让资产的原有计税基础确定。

（4）企业合并，企业股东在该企业合并发生时取得的股权支付金额不低于其交易支付总额的85%，以及同一控制下且不需要支付对价的企业合并，可以选择按以下规定处理：

①合并企业接受被合并企业资产和负债的计税基础，以被合并企业的原有计税基础确定。

②被合并企业合并前的相关所得税事项由合并企业承继。

③可由合并企业弥补的被合并企业亏损的限额为被合并企业的净资产公允价值乘以截至合并业务发生当年年末国家发行的最长期限的国债利率。

④被合并企业股东取得合并企业股权的计税基础，以其原持有的被合并企业股权的计税基础确定。

（5）企业分立，被分立企业所有股东按原持股比例取得分立企业的股权，分立企业和被分立企业均不改变原来的实质经营活动，且被分立企业股东在该企业分立发生时取得的股权支付金额不低于其交易支付总额的85%，可以选择按以下规定处理：

①分立企业接受被分立企业资产和负债的计税基础，以被分立企业的原有计税基础确定。

②被分立企业已分立出去资产相应的所得税事项由分立企业承继。

③被分立企业未超过法定弥补期限的亏损额可按分立资产占全部资产的比例进行分配，由分立企业继续弥补。

④被分立企业的股东取得分立企业的股权（以下简称新股），如需部分或全部放弃原持有的被分立企业的股权（以下简称旧股），新股的计税基础应以放弃旧股的计税基础确定。如不需放弃旧股，则其取得新股的计税基础可从以下两种方法中选择确定：直接将新股的计税基础确定为零，或者以被分立企业分立出去的净资产占被分立企业全部净资产的比

例先调减原持有的旧股的计税基础，再将调减的计税基础平均分配到新股上。

企业发生符合上述规定的特殊性重组条件并选择特殊性税务处理的，除企业发生其他法律形式简单改变情形外，重组各方应在该重组业务完成当年，办理企业所得税年度申报时，分别向各自主管税务机关报送《企业重组所得税特殊性税务处理报告表及附表》和申报资料。合并、分立中重组一方涉及注销的，应在尚未办理注销税务登记手续前进行申报。重组主导方申报后，其他当事方向其主管税务机关办理纳税申报。申报时还应附送重组主导方经主管税务机关受理的《企业重组所得税特殊性税务处理报告表及附表》。

三　企业所得税优惠

企业所得税的税收优惠主要是以产业优惠为主，国家鼓励发展高新技术、农业、环保、节能等产业。优惠方式包括减免税优惠、调整应纳税所得额优惠、所得税额抵免优惠和其他优惠四类。

（一）减免税优惠

1. 居民企业所得税减免

居民企业从事下列项目的所得可以免征、减征企业所得税。

（1）从事农、林、牧、渔业项目的所得，分为免征企业所得税、减征企业所得税。

企业从事下列项目的所得，免征企业所得税：

①蔬菜、谷物、薯类、油料、豆类、棉花、麻类、糖料、水果、坚果的种植；

②农作物新品种的选育；

③中药材的种植；

④林木的培育和种植；

⑤牲畜、家禽的饲养；

⑥林产品的采集；

⑦灌溉、农产品初加工、兽医等农、林、牧、渔服务业项目；

⑧远洋捕捞。

企业从事下列项目的所得，减半征收企业所得税：

①花卉、饮料和香料作物的种植；

②海水养殖、内陆养殖。

国家禁止和限制发展的项目，不得享受上述税收优惠。

（2）从事国家重点扶持的公共基础设施项目投资经营的所得，从项目取得第一笔生产经营收入所属纳税年度起，第一年至第三年免征企业所得税，第四年至第六年减半征收企业所得税。但执行该减免税优惠政策时必须注意两点：其一，国家重点扶持的公共基础设施项目，是指《公共基础设施项目企业所得税优惠目录》内的港口码头、机场、铁路、公路、电力、水利等项目；其二，企业承包经营、承包建设和内部自建自用以上项目，不得享受企业所得税优惠。

（3）从事符合条件的环境保护、节能节水项目的所得，从项目取得第一笔生产经营收入所属纳税年度起，第一年至第三年免征企业所得税，第四年至第六年减半征收企业所得税。但执行该减免税优惠政策时必须注意：符合条件的环境保护、节能节水项目，包括公共污水处理、公共垃圾处理、沼气综合开发利用、节能技术改造和节能服务、海水淡化等，具体条件和范围由国务院财政、税务主管部门会同有关部门共同制定报国务院批准后公布施行。

享受上述两项减免税的，在减免税期未满时转让的，受让方自受让之日起，可以在剩余期限内享受规定的企业所得税优惠；在减免税期满后转让的，受让方不得就该项目重复享受减免税。

（4）符合条件的技术转让所得，实行免征、减征税额。符合条件的技术转让所得免征、减征企业所得税，是指一个纳税年度内居民企业技术所有权转让所得不超过500万元的部分免征企业所得税，超过500万元的部分减半征收企业所得税。

（5）小型微利企业所得税率为20%。小型微利企业是指从事国家非限制和禁止行业，且同时符合年度应纳税所得额不超过300万元、从业人数不超过300人、资产总额不超过5,000万元三个条件的企业。

（6）高新技术企业所得税税率为15%。国家需要重点扶持的高新技术企业，是指拥有核心自主知识产权，并同时符合下列条件的企业。

①企业申请认定时须注册成立一年以上。

②企业通过自主研发、受让、受赠、并购等方式，获得对其主要产品（服务）在技术上发挥核心支持作用的知识产权的所有权。

③对企业主要产品（服务）发挥核心支持作用的技术属于《国家重点支持的高新技术领域》规定的范围。

④企业从事研发和相关技术创新活动的科技人员占企业当年职工总数的比例不低于10%。

⑤企业近3个会计年度（实际经营期不满3年的按实际经营时间计算）的研究开发费用总额占同期销售收入总额的比例符合如下要求：

最近一年销售收入小于5,000万元（含）的企业，比例不低于5%；

最近一年销售收入在5,000万元至2亿元（含）的企业，比例不低于4%；

最近一年销售收入在2亿元以上的企业，比例不低于3%；

其中，企业在中国境内发生的研究开发费用总额占全部研究开发费用总额的比例不低于60%。

⑥近一年高新技术产品（服务）收入占企业同期总收入的比例不低于60%。

⑦企业创新能力评价应达到相应要求。

⑧企业申请认定前一年内未发生重大安全事故、重大质量事故或严重环境违法行为。

（7）技术先进型服务企业所得税税率为15%。自2017年1月1日起，对经认定的技术先进型服务企业，减按15%的税率征收企业所得税。享受符合规定的企业所得税优惠政策的技术先进型服务企业必须同时符合以下条件：

①在中国境内（不包括港、澳、台地区）注册的法人企业；

②从事《技术先进型服务业务认定范围（试行）》中的一种或多种技术先进型服务业务，采用先进技术或具备较强的研发能力；

③具有大专以上学历的员工占企业职工总数的50%以上；

④从事《技术先进型服务业务认定范围（试行）》中的技术先进型服务业务取得的收入占企业当年总收入的50%以上；

⑤从事离岸服务外包业务取得的收入不低于企业当年总收入的35%。

2. 非居民企业所得税减免

非居民企业所得税减免主要包括减税和免税。

在中国境内未设立机构场所的，或者虽设立机构场所但取得的所得与其所设机构、场所没有实际联系的非居民企业，应当就其来源于中国境内的所得减按10%的税率计算缴纳企业所得税。下列所得可以免征企业所得税：

（1）国际金融组织贷款给中国政府和居民企业取得的利息所得；

（2）在中国境内未设立机构、场所的非居民企业，从其直接投资的国家需要重点扶持的高新技术企业取得的股息、红利等权益性投资所得。

此外，民族自治地方的自治机关对本民族自治地方的企业应缴纳的企业所得税中属于地方分享的部分，可以决定减征或者免征。对于民族自治地方内国家限制和禁止行业的企业，不得减征或者免征企业所得税。

（二）调整应纳税所得额优惠

调整应纳税所得额优惠主要包括加计扣除税前费用、加速折旧、减计征税收入、投资额一定比例冲减应纳税所得额等。

1. 加计扣除税前费用

（1）企业为开发新技术、新产品、新工艺发生的研究开发费用，未形成无形资产计入当期损益的，在按照规定实行100%扣除基础上，按照研究开发费用的100%税前加计扣除；形成无形资产的，按照无形资产成本的200%税前摊销。

（2）对企业出资给非营利性科学技术研究开发机构、高等学校和政府性自然科学基金用于基础研究的支出，在计算应纳税所得额时可按实际发生额在税前扣除，并可按100%在税前加计扣除。对非营利性科研机构、高等学校接收的企业、个人和其他组织机构的基础研究资金收入，免征企业所得税。

（3）2023年1月1日至2027年12月31日，对集成电路企业和工业母机企业开展研发活动中实际发生的研发费用，未形成无形资产计入当期损益的，在按规定据实扣除的基础上，再按照实际发生额的120%在税前扣除；形成无形资产的，在上述期间按照无形资产成本的220%在税前摊销。

（4）企业安置残疾人员的，在据实扣除支付给残疾职工工资的基础上，再按照支付给上述人员工资的100%加计扣除；安置国务院规定鼓励安置并享受税收优惠的其他就业人员的，自安置就业所属纳税年度起3年内，在按照支付给上述人员工资的100%扣除基础上，按照支付给上述人员工资的50%加计扣除。

2. 加速折旧

（1）加速折旧的一般规定

企业的固定资产由于技术进步等原因，确需加速折旧的，可以缩短折旧年限或者采取加速折旧的方法。

采取缩短折旧年限或者采取加速折旧方法的固定资产,包括:

①由于科技进步,产品更新换代较快的固定资产;

②常年处于强震动、高腐蚀状态的固定资产。

采取缩短折旧年限方法的,最低折旧年限不得低于税法规定折旧年限的60%;采取加速折旧方法的,为双倍余额递减法或者年数总和法。

(2)加速折旧的特殊规定

①对制造业企业2014年1月1日后新购进的固定资产,可缩短折旧年限或采取加速折旧的方法。

对制造业企业中的小型微利企业2014年1月1日后新购进的研发和生产经营共用的仪器、设备,单位价值不超过100万元的,允许一次性计入当期成本费用在计算应纳税所得额时扣除,不再分年度计算折旧;单位价值超过100万元的,可缩短折旧年限或采取加速折旧的方法。

②对所有行业企业2014年1月1日后新购进的专门用于研发的仪器、设备,单位价值不超过100万元的,允许一次性计入当期成本费用在计算应纳税所得额时扣除,不再分年度计算折旧;单位价值超过100万元的,可缩短折旧年限或采取加速折旧的方法。

③对所有行业企业持有的单位价值不超过5,000元的固定资产,允许一次性计入当期成本费用在计算应纳税所得额时扣除,不再分年度计算折旧。

企业按上述第①项、第②项规定缩短折旧年限的,对其购置的新固定资产,最低折旧年限不得低于税法规定的折旧年限的60%;企业购置已使用过的固定资产,其最低折旧年限不得低于税法规定的最低折旧年限减去已使用年限后剩余年限的60%。采取加速折旧方法的,可采取双倍余额递减法或者年数总和法。

3. 减计征税收入

对企业以《资源综合利用企业所得税优惠目录》规定的资源作为主要原材料,生产非国家限制和禁止并符合国家和行业相关标准的产品取得的收入,减按90%计入收入总额。

企业以《资源综合利用企业所得税优惠目录》规定的资源作为主要原材料占生产产品材料的比例不得低于《资源综合利用企业所得税优惠目录》规定的标准。

4. 投资额一定比例冲减应纳税所得额

创业投资企业采取股权投资方式投资于未上市的中小高新技术企业2年以上的，可以按照其投资额的70%在股权持有满2年的当年抵扣该创业投资企业的应纳税所得额，当年不足抵扣的，可以在以后纳税年度逐年延续抵扣。

（三）所得税额抵免优惠

企业购置并实际使用《环境保护专用设备企业所得税优惠目录》《节能节水专用设备企业所得税优惠目录》《安全生产专用设备企业所得税优惠目录》规定的环境保护专用设备、节能节水专用设备、安全生产专用设备，其设备投资额的10%可以从企业当年的应纳税额中抵免；当年不足抵免的，可以在以后5个纳税年度结转抵免。

享受优惠的专用设备，应当是企业实际购置并自身实际投入使用的设备，企业购置上述设备在5年内转让、出租的，应当停止执行相应企业所得税优惠政策并补缴已抵免的企业所得税税款。

（四）其他优惠

1. 西部大开发的税收优惠

对设在西部地区的国家鼓励类产业企业，在2021年1月1日至2030年12月31日，减按15%的税率征收企业所得税。国家鼓励类产业企业，是指以《西部地区鼓励类产业目录》中规定的产业项目为主营业务，其主营业务收入占企业收入总额60%以上的企业。

2. 鼓励软件产业和集成电路产业发展的优惠政策

税法对软件产业和集成电路产业主要实行免税、减税和加大扣除等优惠政策。

（1）国家鼓励的集成电路线宽小于28纳米（含），且经营期在15年以上的集成电路生产企业或项目，第1年至第10年免征企业所得税；国家鼓励的集成电路线宽小于65纳米（含），且经营期在15年以上的集成电路生产企业或项目，第1年至第5年免征企业所得税，第6年至第10年按照25%的法定税率减半征收企业所得税；国家鼓励的集成电路线宽小于130纳米（含），且经营期在10年以上的集成电路生产企业或项目，第1年至第2年免征企业所得税，第3年至第5年按照25%的法定税率减半征收企业所得税。

对于按照集成电路生产企业享受税收优惠政策的，优惠期自获利年度起计算；对于按照集成电路生产项目享受税收优惠政策的，优惠期自项目取得第一笔生产经营收入所属纳税年度起计算，集成电路生产项目需单独进行会计核算、计算所得，并合理分摊期间费用。

（2）国家鼓励的线宽小于130纳米（含）的集成电路生产企业，属于国家鼓励的集成电路生产企业清单年度之前5个纳税年度发生的尚未弥补完的亏损，准予向以后年度结转，总结转年限最长不得超过10年。

（3）国家鼓励的集成电路设计、装备、材料、封装、测试企业和软件企业，自获利年度起，享受"两免三减半"的企业所得税优惠待遇，按照25%的法定税率减半征收企业所得税。

（4）国家鼓励的重点集成电路设计企业和软件企业，自获利年度起，第1年至第5年免征企业所得税，接续年度减按10%的税率征收企业所得税。

（5）集成电路企业或项目、软件企业按照国家公告规定同时符合多项定期减免税优惠政策条件的，由企业选择其中一项政策享受相关优惠。其中，已经进入优惠期的，可由企业在剩余期限内选择其中一项政策享受相关优惠。

（6）软件生产企业实行增值税即征即退政策所退还的税款，由企业用于研究开发软件产品和扩大再生产，不作为企业所得税应税收入，不予征收企业所得税。

（7）软件生产企业的职工培训费用，可按实际发生额在计算纳税所得额时税前扣除。

另外，企事业单位购进软件，凡符合固定资产或无形资产确认条件的，可以按照固定资产或无形资产进行核算，经主管税务机关核准，其折旧或摊销年限可以适当缩短，最短可为2年。

3. 鼓励证券投资基金发展的优惠政策

（1）对证券投资基金从证券市场中取得的收入，包括买卖股票、债券的差价收入，股权的股息、红利收入，债券的利息收入及其他收入，暂不征收企业所得税。

（2）对投资者从证券投资基金分配中取得的收入，暂不征收企业所得税。

（3）对证券投资基金管理人运用基金买卖股票、债券的差价收入，暂不征收企业所得税。

4. 执行优惠政策时的注意事项

企业同时从事适用不同行业或区域所得税待遇项目的，其优惠项目应单独计算所得，并合理分摊企业的期间费用，计算享受所得税优惠的所得额；没有单独计算所得的，不得享受税收优惠。

凡生产经营项目适用不同税率和不同税收待遇的，按企业经营收入、职工人数或工资总额、资产总额等因素在各生产经营项目之间合理分配应纳税所得额。

四 特别纳税调整

特别纳税调整是指企业与其关联方之间的业务往来，不符合独立交易原则而减少企业或者其关联方应纳税收入或者所得额的，税务机关有权按照合理方法调整。企业与其关联方共同开发、受让无形资产，或者共同提供、接受劳务发生的成本，在计算应纳税所得额时应当按照独立交易原则（指没有关联关系的交易各方，按照公平成交价格和营业常规进行业务往来所遵循的原则）进行分摊。

因此，对于关联企业之间业务必须做到：

（1）关联企业之间发生共同开发、受让无形资产，或者共同提供、接受劳务发生的成本，在计算应纳税所得额时应当按照独立交易原则进行分摊；企业与其关联方分摊成本时，应当按照成本与预期收益相配比的原则进行分摊，并在税务机关规定的期限内，按照税务机关的要求报送有关资料。倘若企业与其关联方分摊成本时违反售价、成本分摊规定，其自行分摊的成本不得在计算应纳税所得额时扣除。

（2）企业可以向税务机关提出与其关联方之间业务往来的定价原则和计算方法，税务机关与企业协商、确认后，达成预约定价安排。

（3）企业向税务机关报送年度企业所得税纳税申报表时，应当就其与关联方之间的业务往来，附送年度关联业务往来报告表。具体附送年度关联业务往来报告表和有关资料如下：

①与关联业务往来有关的价格、费用的制定标准、计算方法和说明等同期资料。

②关联业务往来所涉及的财产、财产使用权、劳务等的再销售（转让）价格或者最终销售（转让）价格的相关资料。

③与关联业务调查有关的其他企业应当提供与被调查企业可比的产品价格、定价方式以及利润水平等资料。

④其他与关联业务往来有关的资料。企业应当在税务机关规定的期限内提供与关联业务往来有关的价格、费用的制定标准、计算方法和说明等资料。关联方以及与关联业务调查有关的其他企业（指与被调查企业在生产经营内容和方式上相类似的企业）应当在税务机关与其约定的期限内提供相关资料。

若企业不提供与其关联方之间的业务往来资料，或者提供虚假、不完整的资料，未能真实反映其关联业务往来情况，税务机关则有权依法核定其应纳税所得额。税务机关采用的核定方法为：参照同类或者类似企业的利润率水平核定；按照企业成本加合理的费用和利润的方法核定；按照关联企业集团整体利润的合理比例核定；按照其他合理方法核定。

企业对税务机关按照前款规定的方法核定的应纳税所得额有异议的，应当提供相关证据，经税务机关认定后，调整核定的应纳税所得额。

企业与其关联方之间的业务往来，不符合独立交易原则，或者企业实施其他不具有合理商业目的安排的，税务机关有权在该业务发生的纳税年度起10年内，进行纳税调整。

五　企业所得税应纳税额的计算

（一）查账征收企业所得税应纳税额的计算公式

企业所得税应纳税额等于企业应纳税所得额乘以企业所得税税率。

1. 居民企业

对居民企业来说，应纳税所得额的计算有以下两种方法。

（1）直接计算法

居民企业应纳税所得额＝纳税年度的收入总额－减除不征税收入－免税收入－各项扣除－允许弥补的以前年度亏损

（2）间接计算法

应纳税所得额＝会计利润总额±纳税调整项目

企业所得税应纳税额＝居民企业应纳税所得额×企业所得税税率－减免税额－抵免税额。

计算应纳税额时，若企业享受减免税额、减少应纳税所得额、抵免所得税额等优惠政策的，还要从应纳税额中减去。

2. 非居民企业

非居民企业应纳税所得额＝收入总额（或转让财产所得）

企业所得税应纳税额＝非居民企业应纳税所得额×企业所得税税率－减

免税额-抵免税额。

（二）核定征收企业所得税应纳税额的计算公式

1. 核定征收的范围

纳税人具有下列情形之一的，核定征收企业所得税：

（1）依照法律、行政法规的规定可以不设置账簿的；

（2）依照法律、行政法规的规定应当设置但未设置账簿的；

（3）擅自销毁账簿或者拒不提供纳税资料的；

（4）虽设置账簿，但账目混乱或者成本资料、收入凭证、费用凭证残缺不全，难以查账的；

（5）发生纳税义务，未按照规定的期限办理纳税申报，经税务机关责令限期申报，逾期仍不申报的；

（6）申报的计税依据明显偏低，又无正当理由的。

2. 核定应税所得率

（1）核定的范围

纳税人具有下列情形之一的，核定其应税所得率：

①能正确核算（查实）收入总额，但不能正确核算（查实）成本费用总额的；

②能正确核算（查实）成本费用总额，但不能正确核算（查实）收入总额的；

③通过合理方法，能计算和推定纳税人收入总额或成本费用总额的。

（2）应纳税所得额的计算

采用应税所得率方式核定征收企业所得税的，应纳所得税额计算公式如下：

应纳所得税额＝应纳税所得额×适用税率

应纳税所得额＝应税收入额×应税所得率

或：应纳税所得额＝成本（费用）支出额÷（1-应税所得率）×应税所得率

3. 核定应纳所得税额

纳税人不属于核定应税所得率情形的，核定其应纳所得税额。

税务机关采用下列方法核定征收企业所得税：

（1）参照当地同类行业或者类似行业中经营规模和收入水平相近的纳税人的税负水平核定；

(2) 按照应税收入额或成本费用支出额定率核定；
(3) 按照耗用的原材料、燃料、动力等推算或测算核定；
(4) 按照其他合理方法核定。

采用前款所列一种方法不足以正确核定应纳税所得额或应纳税额的，可以同时采用两种以上的方法核定。采用两种以上方法测算的应纳税额不一致时，可按测算的应纳税额从高核定。

(三) 境外所得抵扣税额的计算

上述应纳税额的计算公式中的抵免税额通常有限额的规定。企业取得的下列所得已在境外缴纳的所得税税额，可以从其当期应纳税额中抵免。

1. 居民企业来源于中国境外的应税所得

居民企业从其直接控制（居民企业直接持有外国企业 20% 以上股份）或者间接控制（居民企业以间接持股方式持有外国企业 20% 以上股份，具体认定办法由国务院财政、税务主管部门另行规定）的外国企业获得的来源于中国境外的股息、红利等权益性投资收益，外国企业在境外实际缴纳的所得税税额中属于该项所得负担的部分，可以作为该居民企业的可抵免境外所得税税额，在企业所得税法规定的抵免限额内抵免。

2. 非居民企业在中国境内设立机构、场所，取得发生在中国境外但与该机构、场所有实际联系的应税所得

已在境外缴纳的所得税税额，是指企业来源于中国境外的所得依照中国境外税收法律以及相关规定应当缴纳并已经实际缴纳的企业所得税性质的税款。

若要抵免税额，还必须提供中国境外税务机关出具的税款所属年度的有关纳税凭证。但必须注意的是：已在境外缴纳的所得税税额，可以从企业当期应纳税额中抵免，但抵免规定了抵免限额，超过抵免限额的部分，可以在以后连续 5 个年度内，用每年度抵免限额抵免当年应抵税额后的余额进行抵补；抵免限额应当分国（地区）不分项计算。企业境外业务之间的盈亏可以互相弥补，但企业境内外业务之间的盈亏不得相互弥补。

其计算公式为：

境外所得税税额的抵免限额=中国境内、境外所得按税法计算的应纳税总额×来源于某国（地区）的应纳税所得额÷境内、境外应纳税所得

总额

六 企业所得税的征收管理与纳税申报

(一) 纳税期限

企业所得税按年计征,分月或者分季预缴,年终汇算清缴,多退少补。

企业所得税的纳税年度,自公历 1 月 1 日起至 12 月 31 日止。企业在一个纳税年度的中间开业,或者由于合并、关闭等原因终止经营活动,使该纳税年度的实际经营期不足 12 个月的,应当以其实际经营期为一个纳税年度。企业清算时,应当以清算期间作为一个纳税年度。企业应当自月份或者季度终了之日起 15 日内,向税务机关报送预缴企业所得税纳税申报表,预缴税款。

企业应当自年度终了之日起 5 个月内,向税务机关报送年度企业所得税纳税申报表,并汇算清缴,结清应缴税款并办理应退税款的退库手续。

企业在报送企业所得税纳税申报表时,应当按照规定附送财务报告和其他有关资料。

此外,纳税申报应注意两点:其一,企业在纳税年度内无论盈利或者亏损,都应当依照企业所得税法第五十四条规定的期限,向税务机关报送预缴企业所得税纳税申报表、年度企业所得税纳税申报表、财务会计报告和税务机关规定应当报送的其他有关资料。其二,企业在年度中间终止经营活动的,应当自实际经营终止之日起 60 日内,向税务机关办理当期企业所得税汇算清缴。

(二) 纳税地点

税法对居民企业和非居民企业的纳税地点分别进行了规定。

1. 居民企业的纳税地点

居民企业以企业登记注册地为纳税地点;但登记注册地在境外的,以实际管理机构所在地为纳税地点。居民企业在中国境内设立不具有法人资格的营业机构的,应当汇总计算并缴纳企业所得税。

2. 非居民企业的纳税地点

非居民企业取得的所得,以机构、场所所在地为纳税地点。

非居民企业在中国境内设立两个或者两个以上机构、场所的,经税务机关审核批准,可以选择由其主要机构、场所汇总缴纳企业所得税。

非居民企业经批准汇总缴纳企业所得税后,需要增设、合并、迁移、关闭机构、场所或者停止机构、场所业务的,应当事先由负责汇总申报缴纳企业所得税的主要机构、场所向其所在地税务机关报告;需要变更汇总缴纳企业所得税的主要机构、场所的,依照前款规定办理。

非居民企业在中国境内未设立机构、场所的,或者虽设立机构、场所但取得所得与其所设机构、场所没有实际联系的,以扣缴义务人所在地为纳税地点。

除国务院另有规定外,企业之间不得合并缴纳企业所得税。

第三节 企业所得税的税务风险分析与管理

企业所得税是中国现行税制的主体税种之一,对企业所得税进行税务风险分析和管理有重要的现实意义。对企业所得税实施税务风险管理,应主要围绕企业所得税的税制要素,结合企业所得税的具体规定,来逐一分析其可能存在的风险点,并进行相应的风险管理。

一 纳税人身份选择的税务风险管理

在现行税法下,所得税包括两种:企业所得税和个人所得税。企业所得税是对中国境内的企业和其他取得收入的组织的生产经营所得和其他所得征收的一种税收。

企业所得税的纳税义务人是在中国境内的企业和其他取得收入的组织,即依照中国法律、行政法规在中国境内成立的,除个人独资企业和合伙企业以外的公司、企业、事业单位、社会团体、民办非企业单位、基金会、外国商会、农民专业合作社以及取得收入的其他组织,均为企业所得税的纳税人。个人独资企业和合伙企业不缴纳企业所得税,而是执行个人所得税法,按个体工商户缴纳个人所得税。因此,企业在选择纳税人身份时,需要考虑不同的纳税人身份对企业纳税的影响。

(一)企业所得税纳税人和个人所得税纳税人身份选择的税务风险

两种纳税人的身份选择通常由其所属的法律主体类型和所得情况来确定,纳税人应当根据自身的实际情况和所得类型进行综合考量,选择相应的纳税人身份,在确保合规纳税并最大限度地减少税务风险的同时,争取获得最大的税收收益。

一般来说，在企业规模不大、业务相对简单、账务处理不规范的情况下，选择缴纳个人所得税可能对企业更有利，此时可以选择个人独资企业、合伙企业或者个体工商户。但是，这种类型的企业通常需要承担无限责任，这意味着企业的债务和税务责任由企业主个人或者合伙人共同承担。

就税收来说，公司制企业和合伙企业在税收待遇上是不同的，由此会造成投资者的税后利润也不同。纳税人应尽量选择对企业最有利的身份。

另外，在纳税人身份选择时，除了要考虑税收负担水平，还要考虑不同组织形式的企业在责任承担、对外交往中的利弊。

（二）子公司和分公司选择的税务风险

纳税人在设立分支机构时，通常会在子公司和分公司之间进行选择，两者在税收待遇方面是有差异的。

子公司通常是独立的法人实体，享有独立的经营权利和财产权利。因此，子公司的税收待遇会受到当地政府的税收政策和优惠政策的影响。不同地区可能有不同的税收优惠政策，例如税收减免、税收返还等，子公司可以根据所在地的税收政策享受相应的税收优惠待遇。

分公司通常是母公司的一个部门或办事处，不具有独立的法人地位。分公司的所得应当归属于母公司，由母公司统一申报和缴纳企业所得税。因此，分公司的税收待遇往往受到母公司所在地税收政策的影响。母公司所在地的税收政策可能对分公司的税收待遇产生影响，例如母公司可能享受的税收优惠政策也会适用于分公司。

在选择子公司和分公司时，企业需要综合考虑当地税收政策、经济环境、市场需求等因素，以获得最佳的税收待遇，获取最大的税收利益。

【案例5-1】黄河公司是一家拥有A、B两家分公司的集团公司，20*8年公司本部实现利润3,000万元，其分公司A实现利润500万元，分公司B亏损300万元，企业所得税税率为25%，则该集团公司在20*8年度应纳所得税税额为800万元〔（3,000+500-300）×25%〕。

如果上述A、B两家公司换成子公司，总体税收就发生了变化。假设A、B两家子公司的所得税税率仍为25%，则：

公司本部应纳企业所得税＝3,000×25%＝750（万元）

A公司应纳企业所得税＝500×25%＝125（万元）

B公司由于发生年度亏损,则该年度不应缴纳企业所得税。

那么,该集团公司20*8年度汇总:

应纳企业所得税=750+125=875(万元)

在母子公司体制下,该集团应纳企业所得税比总分公司体制多缴纳75万元(875万-800万)。

点评:

当总公司要在异地设立分公司或子公司时,要看总公司的税率与盈利情况,当总公司盈利且税率低于将要在异地设立的分公司或子公司适用的税率时,企业就应尽可能设立分公司,因为依据税法规定:居民企业在中国境内设立不具有法人资格的营业机构的,应当汇总计算并缴纳企业所得税。这样就可将分公司的应纳税所得额并入总公司,从而可以适用低税率计算缴纳企业所得税,节约税收。另外,对于企业来说,在外地设立分公司之初,往往费用大、易亏损,此时设立分公司可以将分公司的费用和亏损与总公司合并计算,相应冲减总公司的应纳税所得,降低公司总体的所得税负担。如果为了融资目的或享受其他利益,则应该设立子公司。

二 收入类项目的税务风险管理

增值税和企业所得税之间有很强的相关性,一般情况下,企业所得税的收入与增值税的不含税销售额差异不大,或者企业所得税的收入略大于增值税的不含税销售额。因此,在增值税销售额部分所分析的税务风险,仍然适用于企业所得税的收入项目。但是,毕竟两者之间还存在很多差异,接下来将基于企业所得税收入类项目的特点,分析其所可能面临的税务风险。

企业所得税的收入是确认应纳税所得额的重要基础,涉及收入确认原则、确认时点、确认金额,而且其范围也要比会计上的收入范围广泛很多,由此导致的税会差异也是引致企业所得税风险的一项重要因素。从实践看,企业所得税的收入风险主要体现为:

第一,应确认收入但未确认收入,未按权责发生制原则确认收入并计税,比如对视同销售行为、减免的流转税及各项补贴、收到政府奖励等未按规定计入应税收入;

第二,企业延迟确认收入或提前确认收入,比如利用往来账户"其他应付款"等中间科目延迟实现应税收入或人为调整企业利润。

具体来说，企业所得税收入类项目常见的税务风险体现在以下几个方面：

(一) 收入来源地确定的税务风险

《中华人民共和国企业所得税法实施条例》根据不同的交易活动，详细规定了所得来源地的确定规则。对于纳税人来说，其日常的生产经营活动主要发生在中国境内，其所得来源地自然就是中国。但是也有特殊的情况，在判断其所得来源地时，可能会面临困难。比如纳税人转让其境外拥有的不动产或者境外公司的权益性投资资产，虽然税法规定，对于不动产是按照不动产所在地作为所得的来源地，对于权益性投资资产转让所得是按照被投资企业所在地作为所得来源地，但由于国内企业都是中国的居民纳税人，要就其来源于中国境内、境外的全部所得缴纳企业所得税，只不过对于来源于境外的所得可以抵免国外已经缴纳的所得税。这种情况下，如果纳税人少计了来自境外的收入，或者故意模糊了境内、境外所得的界限，一旦被税务机关检查或者稽查发现，不但要补缴税款、罚款和加收滞纳金，还会影响企业的纳税信用，为企业带来损失。

除此之外，还有一种情况：企业购买了境外的服务，如果服务的提供方在中国境内没有设立机构、场所，也没有营业代理人，在这种情况下，企业应履行代扣代缴境外企业所得税的义务。在实务中，纳税人在界定支付给境外的款项是否需要履行代扣代缴义务时常常存在不确定性，这可能会导致税务风险。

因此，纳税人在进行财务核算时，对来源于境内、境外的所得应严格按照会计制度和税法的规定，据实记账；对支付境外的款项，首先要区分境外单位是否属于我国的非居民企业，对于非居民企业应严格按照税法的规定预提所得税；对于合同约定由扣缴义务人实际承担应纳税款的，应将非居民企业取得的不含税所得换算为含税所得，据此计算并代扣代缴税款。

【案例5-2】中国居民企业M公司与甲国居民企业L公司（未在中国境内设立机构、场所）签订合同，约定M公司向L公司支付90万元的技术服务费。合同明确约定，L公司所收取的90万元为不含任何税费的净报酬，在中国境内需要缴纳的税款均由M公司来承担。假设L公司不享受税收协定待遇，适用10%的税率缴纳企业所得税。M公司是否需要就其对外支付的技术服务费扣缴增值税和企业所得税呢?

答案是显然的,M公司需要代扣代缴该笔技术服务费的增值税和企业所得税。

由于合同约定的90万元为净所得,所以需要先还原成税前收入:

90÷(1-10%)=100(万元)

应代扣代缴的企业所得税为:100×10%=10(万元)

由于增值税是价外税,所以应代扣代缴的增值税为:100×6%=6(万元)

两项合计,M公司应代扣代缴的税款为:10+6=16(万元)。

点评:

(1)根据《中华人民共和国企业所得税法》第三条第三款规定,非居民企业在中国境内未设立机构、场所的,或者虽设立机构、场所但取得的所得与其所设机构、场所没有实际联系的,应当就其来源于中国境内的所得缴纳企业所得税。《国家税务总局关于非居民企业所得税源泉扣缴有关问题的公告》(国家税务总局公告2017年第37号)进一步明确,扣缴义务人与非居民企业签订与企业所得税法第三条第三款规定的所得有关的业务合同,凡合同中约定由扣缴义务人实际承担应纳税款的,应将非居民企业取得的不含税所得换算为含税所得计算并缴纳应扣税款。

(2)居民企业与境外企业签订服务合同时,如果约定的服务价格为税后价格,即约定该交易在中国境内需缴纳的税款均由境内企业承担,境外企业获得约定的净收入,那么纳税人在履行代扣代缴义务时,应当将境外企业取得的不含税所得换算为含税所得,再计算应扣缴的增值税和企业所得税。

(3)代扣代缴的相关税金不能作为企业成本或费用直接在计算企业所得税时税前扣除。因此应注意非居民企业向企业开具的发票或具有发票性质的收款凭据金额是否包括代扣代缴税款。如果包括,应将代扣代缴的税款剔除。

(二)一般收入或特殊收入确认的税务风险

对于一般收入或特殊收入,税法也明确规定了确认的范围、时点和金额。但实践中经常有纳税人或业务处理不恰当,或主观故意,通过种种方法来隐瞒收入或者延迟确认收入,由此给纳税人带来税务风险。

1. 确认收入实现时间的税务风险

现行税法对于销售商品或者提供劳务等，都明确了收入的确认条件和确认时间，如果已满足收入确认的条件而未确认收入，则会导致当期未足额缴纳企业所得税，税务机关通过大数据分析很容易发现这种行为，会要求纳税人补缴税款；如果相关的手段被税务机关认定为非法，还将会对这种行为进行处罚，严重者会被追究刑事责任，由此产生一系列税务风险。

因此，纳税人应关注这种类型的风险，清楚了解不同的销售方式下的收入确认条件和确认时间，及时确认收入。如果发生延迟确认收入的情况，应及时进行调整或纠正。

2. 应收账款未及时计入收入的税务风险

税法规定：企业应纳税所得额的计算，以权责发生制为原则，属于当期的收入和费用，无论款项是否收付，均作为当期的收入和费用；不属于当期的收入和费用，即使款项已经在当期收付，均不作为当期的收入和费用。

实务中，相当一部分纳税人的收入往来不是即收即付的，对于收取的款项可能会挂在"应收账款""预收账款"科目而不及时结转为营业收入。这种行为一直是税务机关检查或稽查的重点之一，一旦被税务机关发现，则必然面临补缴税款、加收滞纳金甚至罚款的处罚，也必然会影响到纳税人的纳税信用，严重者甚至会面临刑事责任。

【案例5-3】G省税务机关于2023年对G环保科技有限公司进行税务稽查，发现如下事实：(1) 你单位于2018—2019年销售智能水处理器等，商品已发出，通过私人银行账户收取款项合计561,500.00元（含税）。你单位取得上述款项未在账上如实记载。(2) 你单位于2018—2019年销售智能水处理器等，商品已发出，通过单位基本存款账户收取款项合计74,250.00元（含税）。你单位取得上述款项通过"应收账款""预收账款"科目记载，未结转营业收入。上述违法事实造成你单位少缴增值税79,827.99元、城市维护建设税5,587.94元、企业所得税28,897.38元。根据《中华人民共和国税收征收管理法》第六十二条第一款"纳税人伪造、变造、隐匿、擅自销毁账簿、记账凭证，或者在账簿上多列支出或者不列、少列收入，或者经税务机关通知申报而拒不申报或者进行虚假的纳税申报，不缴或者少缴应纳税款的，是偷税。对纳税人偷税的，由税务机关追缴其不缴或者少缴的税款、滞纳金，并处不缴或者少缴的税款百分之五十以上五倍以下的罚款；构成犯罪的，依法追究刑事责任"的规定，你单位在账上不列收入造成少缴增值税、城市维护建设税、企业所得税的行为属于偷税行为。

对你单位处以少缴增值税 79,827.99 元百分之五十的罚款 39,914.00 元，少缴城市维护建设税 5,587.94 元百分之五十的罚款 2,793.97 元，少缴企业所得税 28,897.38 元百分之五十的罚款 14,448.69 元。罚款金额合计：57,156.66 元。

点评：

在实践中，经常会遇到两种难以确定收入的情况：

其一，商品已经发出或者服务已完成，但一直未收到货款，对于何时收回以及收回多少，缺乏准确的估计，由此导致无法确认收入；

其二，商品已经发出或者服务已经完成，也收到了货款，但无法确定商品或者服务是否能够通过客户的验收，由此导致无法确认收入。

针对这两种情况，需要注意会计上确认收入的条件和时间与税法是不一致的，就税法来说，如果与商品所有权相关的继续管理权、主要风险和报酬转移给购买方后，销售方就需要确认收入。对于未能收回的款项，应按照资产损失的相关办法来处理。

纳税人应严格按照权责发生制对当期收入及时完整入账，利用智慧财务系统或者智慧化信息管理系统，自动勾稽、检查"主营业务收入""库存商品""银行存款""库存现金""生产成本""销售费用""管理费用""财务费用""预收账款（或者合同负债）""其他应收款""其他应付款"等科目的明细，重点关注长期挂账未处理的账项；自动匹配收入的相关项目与合同、产品出库单据、送货单、客户签收单据及对账单等，核实是否存在商品所有权上的风险和报酬已经转移但未及时确认收入或者收入不入账等情形。若存在上述问题，应及时进行调整和纠正。

3. 企业处置资产确认收入的税务风险

按照税法规定，纳税人处置资产应该按照资产的公允价值确定销售收入，如果企业瞒报转让资产的收入，或者按照历史成本或者重置成本来确定收入，则会带来税务风险。因此，纳税人应对处置的资产，合理地确定其公允价值，并保留相关的资料备查，以避免和控制税务风险。

在实务中，还有两种类型的资产处置经常面临税务风险：

(1) 低值易耗品的处置引致的税务风险。低值易耗品处置数额较小且不经常发生,可能会有少计收入的风险。因此,纳税人应经常性自查是否存在低值易耗品处置业务,一旦发生就及时确认收入并入账,避免因小失大。

(2) 废旧物、下脚料、副产品处置引致的税务风险。纳税人对外销售下脚料、残次废产品、副产品等未确认收入或计入往来账目,或处置收入抵减清理费用,少计销售收入。针对这种情况,纳税人应利用智慧财务系统或者智慧化信息管理系统,自动核查生产各环节废品、下脚料等及副产品等的相关数据和信息,并与"其他应收款""其他业务收入""营业外收入""营业外支出"等科目明细进行勾稽,确保该类收入已确认收入并进行了相应的财务核算,确保不存在坐收、坐支不计收入的情形。

4. 租金收入的税务风险

税法规定:企业提供固定资产、包装物或者其他有形资产的使用权取得的租金收入,应按交易合同或协议约定的承租人应付租金的日期确认收入的实现。其中,如果交易合同或协议中约定租赁期限跨年度且租金提前一次性支付的,根据《中华人民共和国企业所得税法实施条例》第九条规定的收入与费用配比原则,出租人可对上述已确认的收入,在租赁期内,分期均匀计入相关年度收入。

在实务中,经常有企业未按收入与费用配比原则确认收入。企业出租的固定资产或者无形资产,如厂房、机器设备、土地使用权等,已经取得跨年度租金收入,相关折旧和摊销也已经计入成本费用,但租金收入却没有及时确认为当期收入。

或者,企业已经提供了服务,但由于没有收到相应的款项,未按照合同约定付款日或分期均匀计入相关年度收入并据以计算缴纳企业所得税,由此导致被税务机关认定为逃税而面临补缴税款、罚款和加收滞纳金的税务风险。

因此,纳税人应加强对租赁合同的管理,关注合同的相关日期、金额等,经常性审核是否存在跨年度租金收入未按收入与费用配比原则确认收入的情况,及时确认收入,并计算缴纳企业所得税。

5. 企业接受划入资产的税务风险

根据《国家税务总局关于企业所得税应纳税所得额若干问题的公告》

（国家税务总局公告 2014 年第 29 号）的规定，企业接收股东划入资产的企业所得税处理具体如下。

（1）企业接收股东划入资产（包括股东赠予资产、上市公司在股权分置改革过程中接收原非流通股股东和新非流通股股东赠予的资产、股东放弃本企业的股权），凡合同、协议约定作为资本金（包括资本公积）且在会计上已做实际处理的，不计入企业的收入总额，企业应按公允价值确定该项资产的计税基础。

（2）企业接收股东划入资产，凡作为收入处理的，应按公允价值计入收入总额，计算缴纳企业所得税，同时按公允价值确定该项资产的计税基础。

按照上述规定，如果企业接受股东投资不满足"合同、协议约定作为资本金（包括资本公积）且在会计上已做实际处理的"，应计入应税收入并据以计算缴纳企业所得税，如果未计入，税务机关会要求进行调整，追缴税款，有可能会加收缴纳滞纳金和处以罚款。

此外，企业还应注意：根据上述规定，只有企业接受股东的划转资产、在合同或协议中约定计入所有者权益并且已经实际这样处理的，企业取得的划转资产才能够不计入收入总额中，不需要缴纳企业所得税。所以，接受划转资产的企业，一定要严格按照税法的规定和会计制度的要求进行会计处理和税务处理，以避免多缴税的风险。

在资产划转的过程中，可能会涉及企业重组的相关问题，此时企业应尽量争取按照特殊性重组的要求来安排资产划转事项。同时，企业所得税优惠事项应按照"自行判别、申报享受、相关资料留存备查"的方式办理。在年度所得税汇算清缴时，当事各方应遵循一致性税务处理原则，分别向各自主管税务机关报送相关资料；在资产划转完成后的下一年度的企业所得税年度申报时，各自向其主管税务机关提交书面情况说明，以证明被划转资产自划转完成日后连续 12 个月内，没有改变原来的实质性经营活动。如果交易一方在划转完成日后连续 12 个月内发生经营业务、资产或股权变化，需在发生变化后 30 日内调整划转完成年度的应纳税所得额及相应股权的计税基础，调整纳税申报表，计算缴纳企业所得税。

6. 收回已税前扣除的资产损失的税务风险

根据《中华人民共和国企业所得税法实施条例》第三十二条规定：

企业已经作为损失处理的资产，在以后纳税年度又全部收回或者部分收回时，应当计入当期收入。因此，企业要特别关注收回已税前扣除的资产损失未确认收入的税务风险。

比如，企业已作坏账损失处理，在以后年度又全部收回或部分收回的应收款项，此时应将其计入当期的收入，计算缴纳企业所得税，如果未按税法规定在收回时确认为当期收入，则存在少缴所得税的风险。

【案例5-4】2011年C环保科技有限公司先后与S区人民政府签订《S区污水处理厂BOT项目特许经营协议》及补充协议，约定"C公司按协议规定向S区政府提供污水处理收集服务并收取污水处理服务费""试运营期连续出水合格20日后，可申请正式商业运营""若污水出水水质月综合达标率低于90%，甲方（区政府）有权拒绝支付该月污水处理费"等条款。C公司于2014年开始运营，但一直未达到S区政府规定的标准，直到2015年7月，S区政府才认为C公司可以商业运营。C公司2018年前处于企业所得税减免优惠期，自2019年进入正常缴税阶段。

因S区政府拖欠C公司大量污水处理费，C公司向仲裁机构提交《仲裁请求申请书》，请求S区政府支付2014年至2018年欠缴的污水处理费11,099万元。仲裁机构下达《仲裁委员会裁决书》，裁决S区政府支付C公司2015年7月至2018年污水处理费4,666万元，驳回S区政府支付C公司2014年至2015年6月6,433万元污水处理费的请求。根据最终裁决结果，C公司仍有6,433万元应收账款无法收回。2014年至2018年，C公司已将欠缴的污水处理费11,099万元计入应收账款并确认营业收入。2019年C公司对上述无法收回的应收账款6,433万元予以核销，确认坏账损失，并在2019年企业所得税汇算清缴时申报扣除。

2020年上半年税务机关对C公司2018年和2019年进行税务核查，认为该公司核销的坏账6,433万元不应列入2019年，而应认定为前期会计差错、追溯更正；以前确认收入缴纳的增值税、城市维护建设税和教育费附加予以退还，并要求C公司更正2019年度企业所得税年度纳税申报，补缴2019年企业所得税1,608万元，以前年度退税额可抵减2020年应缴企业所得税。

对此，C公司和税务机关之间产生了争议：

C公司认为，每年确认的收入都按期申报并缴纳了相应税款，因S区政府未实际支付相应款项，所以确认为应收账款。依据仲裁结果，应收账款确定无法收回，因此确认为坏账损失，并根据《企业资产损失所得税税前扣除管理办法》相关规定，在会计确认损失的年度申报资产损失并税前扣除。仲裁决议是2019年作出的，所以该损失应该在2019年度申报扣除。

税务机关认为，根据协议条款约定，C公司2014年至2015年6月，没有正确判断"商业运营年度""出水水质达标率"等收入确认要素，未可靠地计量收入金额，导致错误地确认了收入。这不是坏账损失问题，而是提前确认收入问题，属于前期重大会计差错，应当追溯调整2014年和2015年的收入，而不是抵减2019年的应纳税所得额。

点评：

（1）双方争议的焦点在于未收回的款项到底是属于坏账还是错账。坏账是指债务人因各种原因未能按照与债权人事先约定的时间、金额或方式偿还债务，导致债权人发生的损失。错账是指账簿记录发生错误，包括适用账户错误、计量金额错误、归属期错误等情况。错账可能涉及损益的计算，也可能与损益无关。

企业所得税法规定，除金融企业、保险企业和证券行业等特殊行业外，企业只有在坏账损失实际发生时，才能够在企业所得税税前扣除，并且企业应保留相关证据材料，证明损失发生的真实性、合理性与相关性。

（2）本案例中，无论从哪个角度看，C公司将按会计制度确认的坏账损失在企业所得税税前扣除的做法都不符合税法的规定，因此税务机关的处理并无错误。

（3）本案例表面是坏账损失的税前扣除所引起的税务争议，其本质是收入的确认环节出现了问题，因此企业应准确理解会计和税法在收入确认方面的差异，严格按照各自的规定进行相应的会计处理和税务处理。

（三）视同销售收入确认的税务风险

增值税法规定的视同销售行为与企业所得税法规定的视同销售有着明显的差别，因此纳税人一方面要注意增值税确认的视同销售的范围超过了企业所得税所确认的视同销售的范围而引起的多缴税问题，另一方面要注意增值税确认的视同销售的范围低于企业所得税所确认的视同销售的范围而引起的少缴税问题。

按照税法规定，企业发生资产移送他人用于市场推广、交际应酬、职工奖励或福利、利润分配、无偿捐赠等改变资产所有权的情形，或者发生非货币性资产交换，将货物、财产、劳务用于捐赠、偿债、赞助、集资、广告等，应视同销售货物、转让财产或者提供劳务，应按规定确认收入。但实践中，经常有企业未按规定对视同销售行为进行纳税申报，由此导致少报应税收入或重复列支成本。

视同销售收入的确认问题也是税务机关检查和稽查的重点对象之一，因此，企业应加强对视同销售收入的管理，经常进行纳税自查，核查是否存在视同销售行为，是否按税法的规定确认了收入并及时计算、缴纳了企业所得税；如果发现问题应及时纠正，并及时进行订正申报，以避免被税务机关加收滞纳金或罚款。

企业应特别关注用于交际应酬的礼品赠送和企业资产用于职工福利的情况。对于这两种行为，企业所得税法都应作视同销售处理，但财务处理时，通常直接通过"管理费用""销售费用""职工福利费"进行处理，由此导致少确认了收入。企业应加强对相关科目的核查，以确认是否存在上述行为，若存在就应及时调整和纠正。

（四）专项用途财政资金管理的税务风险

通常情况下专项用途资金是可以作为不征税收入来处理的。但实践中经常有企业取得的财政性资金不符合或部分不符合企业所得税不征税收入的条件，长期挂往来款科目而未计入收入总额计算缴纳企业所得税。

此外，由于符合条件的财政性资金作不征税收入处理后，需要在五年（60个月）内使用完毕，对于未发生支出且未缴回财政或其他拨付资金的政府部门的部分，应计入取得该资金第六年的应税收入总额。实践中，也会有企业对未使用完的专项用途财政资金不计入收入总额计算缴纳企业所得税的情形，这会给企业带来少缴税的风险。

因此，纳税人应备好专项用途的资金拨付文件、专门的资金管理办法或具体管理要求、企业就该资金发生的支出单独进行核算的会计账簿等，严格按规定的用途和使用时间使用该项资金，通过智慧财务系统或者智慧化信息管理系统，及时获取专项资金取得时间、使用和结余情况，结合企业所得税申报表，分析是否应将这部分专项资金计入第六年的应税收入总额。

另外，还需要注意：根据《中华人民共和国企业所得税法实施条例》第二十八条规定，企业的不征税收入用于支出所形成的费用或者财产，不得扣除或者计算对应的折旧、摊销扣除。这就要求企业严格按照税法的规定，对不征税收入的账务进行单独核算，避免不征税收入所对应的折旧和摊销进行了税前扣除而导致补缴税款和被加收滞纳金的风险。

(五) 应付未付款收入确认的税务风险

根据《国家税务总局关于企业取得财产转让等所得企业所得税处理问题的公告》(国家税务总局公告 2010 年第 19 号) 的规定：企业取得财产（包括各类资产、股权、债权等）转让收入、债务重组收入、接受捐赠收入、无法偿付的应付款收入等，无论是以货币形式还是以非货币形式体现，除另有规定外，均应一次性计入确认收入的年度计算缴纳企业所得税。

企业应对确实无法支付的应付款项按税法规定计入收入总额。税务机关在对企业进行检查或稽查时，超账期应付款项未确认收入是关注的重点之一，因此企业应对"应付账款""其他应付款"明细科目中长期未核销余额加强管理，时常核查是否存在超账期应付款项，特别是账龄三年以上的应付款，如果确认为无法支付款项，则应及时按税法和会计制度的规定进行处理，及时确认收入并据以计算缴纳企业所得税。

三　扣除类项目的税务风险管理

税前扣除是计算应纳税所得额进而计算应纳税额的基础。按照税法的规定：企业实际发生的、与取得收入有关的、合理的支出，包括成本、费用、税金、损失和其他支出，准予在计算应纳税所得额时扣除。有关的支出，是指与取得收入直接相关的支出；合理的支出，是指符合生产经营活动常规，应当计入当期损益或者有关资产成本的必要和正常的支出。

企业申报的扣除项目和金额要真实、合法。所谓真实，是指能提供有关支出确属已经实际发生的证明；合法，是指符合国家税法的规定，若其他法规规定与税收法规规定不一致，应以税收法规的规定为标准。这意味着，不能证明真实性和合法性的支出，不能在所得税前扣除。

(一) 税前扣除凭证的合规性风险

企业所得税税前扣除凭证，是指企业（居民企业和非居民企业）在计算企业所得税应纳税所得额时，证明与取得收入有关的、合理的支出实际发生，并据以税前扣除的各类凭证。企业所得税税前扣除凭证种类繁多、来源广泛，是纳税人在日常税务管理中需要重点关注的税务风险点之一。企业在计算缴纳企业所得税的过程中，要清楚把握不同支出项目所需要的税前扣除凭证种类及要求，做到合规扣除。同时，要及时取得税前扣除凭证，满足税前扣除凭证的取得时间要求，避免不必要的税务风险。

按照凭证来源的不同，可以把企业所得税税前扣除凭证划分为内部凭证和外部凭证。

内部凭证是指企业自制的，用于成本、费用、损失和其他支出核算的会计原始凭证。内部凭证的填制和使用应当符合国家会计法律、法规等相关规定。

外部凭证是指企业发生经营活动和其他事项时，从其他单位、个人取得的用于证明其支出发生的凭证，包括但不限于发票（包括纸质发票和电子发票）、财政票据、完税凭证、收款凭证、分割单等。

从税务风险管理角度，内部凭证的风险相对可控，只要按照会计制度的要求制作即可。更多的税务风险来自外部凭证。在外部凭证中，增值税发票占有相当大的比重，因此增值税发票的税务风险分析与管理的方法仍然适用于企业所得税税前扣除凭证的税务风险管理。

除增值税发票外，对其他外部扣除凭证企业应关注以下风险点：

（1）对于企业已经发生的支出，要确认是否已取得税前扣除凭证；对于暂未取得税前扣除凭证的，企业应在当年度企业所得税法规定的汇算清缴期结束前取得税前扣除凭证。

（2）要根据不同的支出项目，清楚了解不同支出项目对税前扣除凭证的要求，确保税款扣除凭证的完整性和齐备性：与税前扣除凭证相关的资料，包括合同协议、支出依据、付款凭证等是否齐备。企业应将上述资料，按照会计制度和税法的要求存档，以备税务机关的检查。

（3）如果发现税前扣除凭证不合规：对于内部凭证，应及时进行纠正；对于外部凭证，应及时要求对方补开、换开发票或其他外部凭证。在这种情况下，应注意税法对不同情形的规定：

①企业应当取得而未取得发票、其他外部凭证或者取得不合规发票、不合规其他外部凭证的，若支出真实且已实际发生，应当在当年度汇算清缴期结束前，要求对方补开、换开发票、其他外部凭证。补开、换开后的发票、其他外部凭证符合规定的，可以作为税前扣除凭证。

②企业在补开、换开发票、其他外部凭证过程中，因对方注销、撤

销、依法被吊销营业执照、被税务机关认定为非正常户等特殊原因无法补开、换开发票、其他外部凭证的，应按照税法的要求，提供相关证明资料证实支出真实性后，其支出允许税前扣除。因此，企业应在交易的过程中，就有意识地去收集和准备税法列明的相关资料。

③汇算清缴期结束后，税务机关发现企业应当取得而未取得发票、其他外部凭证或者取得不合规发票、不合规其他外部凭证并且告知企业的，企业应当自被告知之日起60日内补开、换开符合规定的发票、其他外部凭证。其中，因对方特殊原因无法补开、换开发票、其他外部凭证的，企业应当按规定，自被告知之日起60日内提供可以证实其支出真实性的相关资料。如果企业在税务机关规定的期限未能补开、换开符合规定的发票、其他外部凭证，并且未能按照规定提供相关资料证实其支出真实性，相应支出则不得在发生年度税前扣除，也不得在以后年度追补扣除。

④税务机关对企业所得税税前扣除凭证风险管理实施常态化监管，会定期将风险发票推送给受票方纳税人。纳税人一旦收到推送的风险提示，就应按照税务机关的要求及时应对，尽快核实风险发票的相关信息及与发票相关的资料，必要时作出纳税调整，及时更正申报或补缴税款。同时，企业还应将风险发票的核实情况，包括入账扣除、支出真实性、换开发票、调整补税等情况及时反馈给主管税务机关。

（二）与生产经营活动无关支出的税务风险

与企业生产经营活动的直接相关性是企业所得税税前扣除应遵循的基本原则之一，所以税法规定与生产经营无关的支出不得在企业所得税税前扣除。但实务中，经常有应由个人负担的费用，比如油费、修车费、停车费、保险费以及其他个人家庭消费等的发票被拿到企业去报销，企业可能作为费用在税前列支，这会造成企业多记成本，从而减少应纳税所得额。在计算缴纳企业所得税之前，如果企业不进行纳税调整，一旦被税务机关发现，必然会要求企业补缴税款，还可能会导致被罚款和加收滞纳金。

因此，企业一方面应通过内部管理制度和管理流程的完善控制这方面的支出，另一方面要利用智慧化信息管理系统，加强对管理费用、销售费用、财务费用、生产成本、制造费用等科目的明细科目的检查，确认是否存在与生产经营无关但在税前进行了扣除的各项支出，如果发现类似的问题，应及时作出调整并补缴税款。

（三）收益性支出与资本性支出的税务风险

按照税法规定：企业发生的支出应当区分为收益性支出和资本性支出。收益性支出在发生当期直接扣除；资本性支出应当分期扣除或者计入有关资产成本，不得在发生当期直接扣除。

划分收益性支出与资本性支出是企业所得税处理的要求，以实现应税收益与支出在时间上的配比，避免企业发生的支出随意在不同纳税期间扣除。企业发生的支出应当区分收益性支出和资本性支出是企业所得税非常重要的原则之一，因此企业要正确区分收益性支出和资本性支出并进行相应的税务处理，以避免相关的税务风险。

实践中，经常会发生此类风险，其大致包括以下几个方面。

1. 固定资产大修理支出的税务风险

按照税法规定，大修理支出是同时符合下列条件的支出：①修理支出达到取得固定资产时的计税基础50%以上；②修理后固定资产的使用年限延长2年以上。对于大修理支出，应按照固定资产尚可使用年限分期摊销。因此，固定资产大修理支出和一般修理支出的税务处理是不同的。企业在安排固定资产的修理业务时，从税收角度要考虑是否把修理支出确认为大修理支出。由此，企业可以从两个方面来斟酌。

如果企业处于盈利状态，就可以考虑将修理支出费用化，这时应当控制修理支出的金额不要超过取得固定资产时的计税基础50%以上，或者能够取得有效的外部证据证明修理后固定资产的使用年限延长不会超过2年，此时的修理支出可以费用化，无形中就会增加当期的税前扣除项目，可以达到减少当期应纳税额的目标。

如果企业现在和未来一段时间内都处于亏损状态，此时企业应考虑将支出资本化，这样可以相应地增加固定资产的计税基础，按尚可使用年限分期摊销，使税前扣除金额向以后年度递延，以便将可以税前弥补的亏损保持在合理的范围内，以充分享受税前弥补亏损的税收优惠政策。

对于已经发生的修理支出，企业应核查修理支出是否满足了大修理支出的标准，如果已满足大修理支出的标准，则需要进一步核查是否将大修理支出作为费用化支出在当期一次性予以扣除，如果存在这种情形，就应及时调整应纳税所得额并补缴税款，以免产生税务风险。

2. 长期待摊费用的税务风险

企业发生的已足额提取折旧的固定资产的改建支出、租入固定资产的改建支出、固定资产的大修理支出以及其他应当作为长期待摊费用的支出，若其摊销期限少于三年，则会虚增当期费用，减少当期应纳税所得额，引致补缴企业所得税、被处罚款和加收滞纳金的风险。

【案例5-5】2023年8月，税务机关对甲公司进行税务检查，发现其2022年1月账簿中，有"房屋建筑物维修费"663,875.66元，"设备改造费"207,115.61元。通过询问企业财务人员、查阅合同、核实明细账等，得知企业目前的办公房屋为其从母公司租赁而来，甲公司并不具有所有权，租赁期限为2022年1月至2033年12月。

由于房屋部分设施严重老化，甲公司于2022年初对其进行了一定程度的更新改造。设备改造费为企业自有设备的大修理支出，本次修理支出达到取得固定资产时的计税基础50%以上，且企业自有设备修理后尚可使用3年，可进行分期摊销。

企业将上述870,991.27元在2022年企业所得税税前一次性扣除。对于房屋建筑物维修费部分，由于房屋租赁期尚有12年，摊销期限为2022年1月至2033年12月。税务机关据此对甲公司2022年的应纳税所得调增608,552.69元（663,875.66÷12×11）；设备大修部分，由于设备尚可使用3年，摊销年限为2022年1月至2024年12月，因此应纳税所得调增138,077.07元（207,115.61÷3×2）。两者合计2022年应纳税所得调增总额为746,629.76元，合计补缴企业所得税186,657.44元并缴纳相应滞纳金。

点评：

税法中详细列明了应当作为长期待摊费用的项目，因此企业应严格按照税法的规定对相关的支出进行税务处理，以避免产生税务风险。此外，如果企业对尚未提足折旧的自有房屋进行装修，此时就不能将装修费作为长期待摊费用来处理，而应当计入固定资产原值，通过折旧的方式来进行处理；只有已足额提取折旧的固定资产的装修费，才可以按照长期待摊费用进行税务处理。

3. 资本化利息支出的税务风险

税法规定：企业为购置、建造固定资产、无形资产和经过12个月以上的建造才能达到预定可销售状态的存货发生借款的，在有关资产购置、建造期间发生的合理的借款费用，应当作为资本性支出计入有关资产的成本，并依照规定扣除。固定资产的更新改造等后续支出，如果存在应予以资本化的利息，也应当计入固定资产成本，按照规定进行折旧或者摊销，而不得作为财务费用一次性在企业所得税前扣除。如果企业错误地将这部分利息支出作为财务费用在税前扣除，则会使当期的费用增加，减少当期的应纳税额，存在被税务机关追缴税款和滞纳金的风险。因此，企业应通过智慧化的信息管理系统，将财务费用、在建工程、固定资产等会计科目与相关借款合同、借款用途等实现自动勾稽，确保利息的扣除符合税法的规定。

此外，还需要注意，有关资产竣工结算并交付使用后或达到预定可销售状态后发生的借款费用，可在发生当期扣除。企业发生的不需要资本化的借款费用，符合税法对利息水平限定条件的，准予扣除。因此，企业应关注有关资产的完工进度，一旦达到了竣工的条件，就应及时结转到相关资产来管理，此后发生的利息费用就可以在当期扣除。同时，对于利息支出，特别是向非金融企业的借款，税法对利息水平规定了限定条件，在签订借款合同时，应努力按照这些限定条件来展开谈判，以避免后期进行税务处理时产生税务风险。

（四）不得扣除项目的税务风险

企业所得税法明确列示了不得在所得税前扣除的八类项目，即向投资者支付的股息和红利等权益性投资收益款项、企业所得税税款、税收滞纳金、罚金罚款和被没收财物的损失、不符合条件的捐赠支出、赞助支出、未经核定的准备金支出、与取得收入无关的其他支出。企业在进行会计核算时，如果已经对上述项目进行了扣除，那么在计算缴纳企业所得税时，则需要相应地调增应纳税所得额，据以计算缴纳企业所得税。企业应利用智慧化信息管理系统，核查营业外支出、销售费用、管理费用等科目及明细科目，重点核查各种准备金支出、赞助支出、与取得收入无关的其他支出，确保已计入损益的八类项目都进行了纳税调整，避免被税务机关追缴税款、处以罚款和加收滞纳金的风险。

特别需要注意的是，税收滞纳金是明确不得在所得税前扣除的项目，而其他性质的滞纳金是否可以扣除则存在争议。《国家税务总局关于发布〈中华人民共和国企业所得税年度纳税申报表（A类，2014年版）〉的公告》（国家税务总局公告2014年第63号）规定，罚金、罚款和被没收财物的损失不包括纳税人按照经济合同规定支付的违约金（包括银行罚息）、罚款和诉讼费。根据这一规定，在实务中一般遵循如下原则来判断滞纳金是否可以在所得税前扣除：如果是行政性的罚款导致的滞纳金，一般不允许在企业所得税前扣除，因为行政性的罚款本身就属于企业所得税前的不可扣除项目；如果是经营性的罚款导致的滞纳金或者违约金，则可以在所得税前扣除。

基于这一原则，企业因违反经济合同而支付的违约金和滞纳金是可以在企业所得税前扣除的，包括逾期缴纳土地出让金而产生的滞纳金。但对于企业因延迟缴纳社会保险费而支付的社保滞纳金能否在企业所得税前扣除，则存在争议：部分地区执行的政策是不可以在所得税前扣除，部分地区执行的政策是可以在所得税前扣除。从现有的政策看，如果不允许在企业所得税前扣除缺少明确的法律依据，这显然违背了税收法定原则。虽然目前的社会保险费是由税务机关代收的，但其本质上不是税，也不属于行政性的罚款，从这个意义上看，允许社保滞纳金在所得税前扣除并不违背现行税法的规定。

（五）限额扣除项目的税务风险

企业在计算应纳税所得额时，允许扣除的成本和费用中，相当部分有规定的扣除范围和扣除限额，并不是按照实际发生的金额来进行扣除的。如果企业超范围或者超限额扣除而又未进行纳税调整，会被税务机关认定为逃税行为，从而对其进行税务行政处罚，由此引致税务风险。

1. 工资、薪金支出的税务风险

《中华人民共和国企业所得税法实施条例》第三十四条规定：企业发生的合理的工资、薪金支出，准予扣除。所称工资、薪金，是指企业每纳税年度支付给在本企业任职或者受雇的员工的所有现金形式或者非现金形式的劳动报酬，包括基本工资、奖金、津贴补贴、年终加薪、加班工资，以及与员工任职或者受雇有关的其他支出。在对工资、薪金支出的税务风险实施管理时，主要围绕以下三个方面展开。

（1）工资、薪金支出是否真实合理

只有合理的工资、薪金支出才可以税前扣除。合理的工资、薪金，是指企业按照股东大会、董事会、薪酬委员会或相关管理机构制定的工资、薪金制度实际发放给员工的工资、薪金。税务机关在审核工资、薪金的合理性时，会遵循税法规定的原则，比如工资、薪金制度是否完善，是否符合行业及地区水平等。对于国有企业，则主要判断工资、薪金总额是否超过政府有关部门规定的限额。

对列入企业员工工资、薪金制度，固定与工资、薪金一起发放的福利性补贴，符合《国家税务总局关于企业工资薪金及职工福利费扣除问题的通知》（国税函〔2009〕3号）第一条规定的，可作为企业发生的工资、薪金支出，按规定在税前扣除。不能同时符合上述条件的福利性补贴，应作为第三条规定的职工福利费，按规定计算限额并在所得税前扣除。

（2）工资、薪金是否实际支出

按照企业所得税相关法律的规定，准予税前扣除的，应当是企业实际所发生的工资、薪金支出。对于当年度提取但当年度未实际发放的工资、薪金，如果在来年的企业所得税汇算清缴之前实际发放的，允许计入当年的工资、薪金总额在企业所得税前扣除。未实际发放的工资、薪金，不得在企业所得税前扣除。

（3）是否与任职或受雇有关

只有支付给与企业形成了事实上的任职或者受雇员工的劳动报酬才能计入企业的工资、薪金支出在企业所得税前扣除。

对于企业因雇用季节工、临时工、实习生、返聘离退休人员所实际发生的费用，则需要区分为工资、薪金支出和职工福利费支出，并按企业所得税法的相关规定在企业所得税前扣除。其中，属于工资、薪金支出的，准予计入企业工资、薪金总额的基数，作为计算其他各项相关费用扣除的依据。

对于企业接受外部劳务派遣用工所实际发生的费用，应区分两种情况按规定在税前扣除：按照协议（合同）约定直接支付给劳务派遣公司的费用，应作为劳务费支出；直接支付给员工个人的费用，应作为工资、薪金支出和职工福利费支出。其中属于工资、薪金支出的费用，准予计入企业工资、薪金总额的基数，作为计算其他各项相关费用扣除的依据。

对于与企业取得收入不直接相关的离职退休人员工资、福利费等支出，不得在企业所得税前扣除。

对企业来说，工资、薪金是计算三项费用（福利费、工会费和职工教育费）的基础，因此有相当部分企业通过虚列工资、薪金的方式来加大税前扣除，同时相应地增加三项费用的金额。由于工资、薪金与员工名册、福利费等数据存在着紧密的联系，税务机关在检查或稽查时以福利费作为切入点，很容易发现企业是否存在虚列工资、薪金的问题。

此外，随着社会保险费由税务机关负责征收，社会保险费的征收行为也越来越规范，一般情况下，税务机关会以工资、薪金总额作为企业缴纳的社会保险费的基数，如果企业想通过虚增工资、薪金的方式来达到多列支出、多列支三项费用的目的，可能会导致企业多缴纳社会保险费。因此，从防范税务风险的角度，企业不仅应准确把握工资、薪金合理性的原则，还可以从以下三方面入手，对照、测算和分析工资、薪金是否具备合理性：

第一，对照《企业所得税年度纳税申报表（A类）》附表一"收入明细表"，或"金融企业收入明细表"，或"事业单位、社会团体、民办非企业单位收入明细表"的各收入行次，测算、分析企业收入规模与工资负担水平是否相匹配。

第二，对照《企业所得税年度纳税申报表（A类）》附表二"成本费用明细表"，或"金融企业成本费用明细表"，或"事业单位、社会团体、民办非企业单位支出明细表"中营业成本和期间费用相关行次，测算、分析企业工资、薪金支出所占成本费用的比重是否正常、合理。

第三，依据《企业所得税年度纳税申报表（A类）》附表五"税收优惠明细表"中的"企业从业人数（全年平均人数）"，与国税函〔2009〕3号文的相关规定相比对，测算、分析企业税前扣除的工资、薪金支出标准是否畸高。

实践中，要注意是否将劳务派遣人员工资计入了工资、薪金，这会对企业造成多重危险。因此，企业应重点核查"应付职工薪酬""主营业务成本——人工费或劳务费"等科目及明细科目，确保相关的会计和税务处理符合税法的规定。另外，还需要注意汇算清缴结束前将上一年度计提的工资、薪金实际发放完毕。

2. 股权激励费用税前扣除的税务风险

股权激励是企业为了激励和留住核心人才而推行的一种长期激励机制，是最常用的激励员工的方法之一，并为越来越多的企业所采用。根据税法规定，对于股权激励计划实行后，需要满足一定服务年限或者达到规定业绩条件方可行权的，企业等待期内会计上计算确认的相关成本费用，不得在对应年度计算缴纳企业所得税时扣除，而是在股权激励计划可行权后,方可根据该股票实际行权时的公允价格与当年激励对象实际行权支付价格的差额及数量计算确定,并作为当年工资、薪金支出,依照税法规定进行税前扣除。

会计准则将上市公司实施股权激励计划的支出,确认为企业的营业成本,归属于工资、薪金。但上市公司实行股权激励计划,通常都是附有实施条件的,对于股权激励计划能否实施以及按照什么样的行权价实施,都面临着不确定性,因此税法不允许扣除不确定性的成本费用。如果企业根据会计制度的规定把员工未实际行权的股权激励进行了列支而不进行纳税调整,则少缴了所得税,会面临补缴税款、处以罚款和加收滞纳金等风险。

企业应重点关注"应付职工薪酬—股份支付""管理费用""银行存款"等科目,其中"应付职工薪酬—股份支付"科目期末贷方余额,反映企业应付未付的职工薪酬;核查企业职工薪酬纳税调整明细表、职工薪酬支出及纳税调整明细表相关行次,核实是否存在股权激励未行权预提费用税前扣除的情况,如果存在,应及时作出调整和纠正。

3. 职工福利费扣除的税务风险

企业发生的职工福利费支出,不超过工资、薪金总额14%的部分,准予扣除。企业发生的职工福利费,应当单独设置账册,进行准确核算。没有单独设置账册准确核算的,税务机关应责令企业在规定的期限内进行改正。逾期仍未改正的,税务机关可对企业发生的职工福利费进行合理的核定。

职工福利费的范围,主要包括以下三个方面。

(1) 尚未实行分离办社会职能的企业,其内设福利部门所发生的设备、设施和人员费用,包括职工食堂、职工浴室、理发室、医务所、托儿所、疗养院等集体福利部门的设备、设施及维修保养费用和福利部门工作人员的工资、薪金、社会保险费、住房公积金、劳务费等。

(2) 为职工卫生保健、生活、住房、交通等所发放的各项补贴和非货币性福利,包括企业向职工发放的因公外地就医费用、未实行医疗统筹企业职工医疗费用、职工供养直系亲属医疗补贴、供暖费补贴、职工防暑降温费、职工困难补贴、救济费、职工食堂经费补贴、职工交通补贴等。

(3) 按照其他规定发生的其他职工福利费,包括丧葬补助费、抚恤费、安家费、探亲假路费等。

从上述可以看出，税法对于允许在企业所得税前扣除的职工福利费有着明确的扣除比例、扣除范围和核算要求，职工福利费扣除额是否超过标准也是税务机关检查和稽查的重点。因此，企业应严格按照要求来进行扣除和管理，利用智慧化信息管理系统，定期核查实际发生的职工福利费发生额是否合规，对职工福利费税前扣除是否按照税法规定的比例、范围并单独设置账册进行准确核算，若企业存在前述问题，应及时进行调整和纠正。

实践中，经常还会发生以下行为，若处理不当，也会给企业带来税务风险：

（1）退休职工的费用，被辞退职工的补偿金，职工劳动保护费，职工在病假、生育假、探亲假期间领取到的补助，职工教育或培训费用，职工的伙食补助费（包括职工在企业的午餐补助和出差期间的伙食补助等）等费用不属于职工福利费的列支范围。因此，企业应核查是否将上述费用进行了所得税税前扣除，若存在这种情况，企业应及时进行调整和纠正。

（2）根据《财政部关于企业加强职工福利费财务管理的通知》（财企〔2009〕242号）第二条的规定，企业为职工提供各种交通、住房、通信待遇，如果企业已经实行了货币化改革，按月按标准发放或支付的住房补贴、交通补贴以及车改补贴、通信补贴，则应当纳入职工工资、薪金总额，不再纳入职工福利费管理；而尚未实行货币化改革的，企业发生的相关支出则应作为职工福利费管理。企业以现金形式发放给员工的节日补助和未统一供餐按月发放的午餐费补贴，应纳入工资、薪金总额管理，而不应计入职工福利费。

（3）根据《国家税务总局关于企业工资薪金及职工福利费扣除问题的通知》（国税函〔2009〕3号）第三条第二款的规定，未实行医疗统筹企业的职工医疗费用可以作为福利费在企业所得税税前扣除；已实行医疗统筹（包括基本医疗保险费）的企业，其为员工报销的医药费不属于职工福利费范围，不得作为职工福利费支出从税前扣除。但是，企业每年组织员工进行体检，发生的费用属于职工卫生保健方面的支出，可以作为职工福利费支出，按照规定税前扣除。

（4）根据《国家税务总局关于企业所得税应纳税所得额若干税务处

理问题的公告》（国家税务总局公告 2012 年第 15 号）第一条的规定，企业因雇用季节工、临时工、实习生、返聘离退休人员所实际发生的费用，应区分为工资、薪金支出和职工福利费支出，并按规定在企业所得税前扣除。

（5）根据《国家税务总局关于企业工资薪金及职工福利费扣除问题的通知》（国税函〔2009〕3 号）第三条第二款的规定，企业为员工提供集体宿舍的支出，属于企业为员工提供的用于住房方面的非货币性福利，可以作为福利费支出，按照相关规定税前扣除。

对于上述行为，企业应该进行正确处理，争取能够在企业所得税前扣除，避免多缴税的风险。

4. 工会经费扣除的税务风险

工会经费的税前扣除应满足以下条件：必须是实际拨缴的才能在税前扣除；税前扣除额不能超过工资、薪金总额的 2%，超过限额部分不能向以后年度结转扣除；必须凭规定的税前扣除凭据（《工会经费收入专用收据》或合法、有效的工会经费代收凭据）方可税前扣除。企业应将不符合税前扣除的工会经费按规定进行纳税调整。

实践中，要特别注意，如果企业只是进行了账面计提但未实际"拨缴"工会经费，即便企业已经以"工会经费"的名义进行了开支，也不能在税前扣除，在所得税申报时应对应纳税所得额调增。企业应当在智慧化信息管理系统中，设定相应的控制指标以监控工会经费账户的明细科目，判断工会经费的处理是否符合税法的规定，发现问题时应及时进行调整和纠正。

5. 职工教育费扣除的税务风险

自 2018 年 1 月 1 日起，企业发生的职工教育经费支出，不超过工资、薪金总额 8% 的部分，准予在计算企业所得税应纳税所得额时扣除；超过部分，准予在以后纳税年度结转扣除。

对集成电路设计企业和符合条件的软件企业发生的职工教育经费中的职工培训费用，可全额扣除。对于不能准确划分的，以及准确划分后扣除职工培训费用的职工教育经费余额，按照工资、薪金总额的 8% 标准扣除。根据《财政部　国家税务总局关于进一步鼓励软件产业和集成电路产业发展企业所得税政策的通知》（财税〔2012〕27 号）第六条规定：集成电路设计企业和符合条件的软件企业的职工培训费用，应单独进行核算并按实际发生额在计算应纳税所得额时扣除。因此，上述企业应特别注意单独核算的要求。

航空企业实际发生的飞行员养成费、飞行训练费、乘务训练费、空中保卫员训练费等空勤训练费用，可以作为航空企业运输成本在税前扣除。

核力发电企业为培养核电厂操纵员发生的培养费用，可作为企业的发电成本在税前扣除。企业应将核电厂操纵员培养费与员工的职工教育经费严格区分，单独核算，员工实际发生的职工教育经费支出不得计入核电厂操纵员培养费中直接扣除。

基于上述规定，企业发生的职工教育经费只有在规定比例和范围之内并且实际使用了才允许在税前扣除，对于按规定提取但未实际使用的部分不能在税前扣除，否则存在补缴所得税、加收滞纳金和处以罚款的风险。

另外，需要注意两点：

（1）职工教育经费应按照《关于印发〈关于企业职工教育经费提取与使用管理的意见〉的通知》（财建〔2006〕317号）规定的列支范围来使用，对职工参加社会上的学历教育以及个人为取得学位而参加的在职教育，其费用应由个人承担，不能在税前扣除。

（2）对于符合条件的集成电路设计企业、软件企业、航空企业和核力发电企业，允许其可以全额扣除职工教育费实际上是一种税收优惠，因此税法要求划分可以全额扣除的项目和限额扣除的项目，实行分别核算，否则只能按照一般的职工教育费来处理。这就要求可以享受全额扣除职工教育费的企业，应严格按照税法的规定做到分别核算。

6. 业务招待费扣除的税务风险

企业发生的与生产经营活动有关的业务招待费支出，按照发生额的60%扣除，但最高不得超过当年销售（营业）收入的5‰；企业在筹建期间，发生的与筹办活动有关的业务招待费支出，可以按实际发生额的60%计入企业筹办费，允许税前扣除。

对从事股权投资业务的企业（包括集团公司总部、创业投资企业等），其从被投资企业所分配的股息、红利以及股权转让收入，可以按规定的比例计算业务招待费扣除限额。

对于企业申报扣除的业务招待费，如果税务机关要求提供证明资料的，应当提供证明真实发生的、充分的有效凭证或资料；不能提供的，不得在税前扣除。相关的证明资料包括支出金额、商业目的、与被招待人的业务关系、招待的时间和地点。企业投资者或雇员的个人娱乐支出和业余爱好支出不得作为业务招待费申报扣除。

如果企业的业务招待费超过当年销售（营业）收入的5‰的部分进行了税前列支，就会产生多计支出、少缴税款的风险，会被税务机关要求补缴税款、处以罚款和加收滞纳金。

从实践看，对于业务招待费的扣除，还经常会发生以下风险。

（1）业务招待费混同广告费和业务宣传费的风险。在实践中，税务机关通常将业务招待费的支付范围界定为餐饮、住宿费、香烟、食品、礼品、正常的娱乐活动、安排客户旅游等项目，《企业所得税法实施条例释义》中解释，招待客户的住宿费和景点门票可以作为业务招待费核算。而广告费和业务宣传费与业务招待费有明显的不同，特别是涉及礼品的部分：将印有企业标记、对企业的形象有宣传作用的礼品赠送给客户，可以作为业务宣传费。但除此之外的礼品赠送活动，应作为业务招待费，除了要代扣代缴个人所得税外还要在企业所得税前进行纳税调整，否则将产生税务风险。因此，企业要通过完善内部管理和控制制度，从根本上消除这种情形的发生，一旦发生就应及时调整和纠正。

（2）业务招待费混同会议费的风险。业务招待费属于限额扣除的项目，而符合条件的会议费则不受扣除限额的限制。企业为了多扣除业务招待费，经常会将业务招待费混同会议费进行税前扣除。

对于企业申报扣除的会议费支出，税务机关要求提供证明资料的，应当提供证明真实发生的、充分的有效凭证或资料。相关证明资料包括会议时间、地点、出席人员、内容、目的、费用标准、支付凭证等。企业应当区分业务招待费、业务宣传费、会议费支出，如果上述费用无法分清，税务机关会将上述费用均计入业务招待费并要求企业进行纳税调整。若企业未调整业务招待费或无法提供会议费证明材料，则存在补缴企业所得税、被处以罚款并加收滞纳金的风险。

因此，企业可以利用智慧化信息管理系统，确定相关费用是否取得合法、有效的凭证，各项费用的证明材料是否齐备，是否存在将业务招待费计入会议费或其他科目未进行所得税纳税调整的情形，如果存在就及时作出调整和纠正，或者补充相关的凭证和证明材料。

实践中特别要注意对餐费的处理：

①企业因召开工作会议而产生的住宿费、伙食费、会议室租金、交通费、文件印刷费、医药费等，企业依据财务会计制度规定，并实际在财务会计处理上已确认的支出，凡没有超过《中华人民共和国企业所得税法》和有关税收法规规定的税前扣除范围和标准的，可按企业实际会计处理确认的支出，在企业所得税税前扣除，计算其应纳税所得额。

②企业因没有自己的食堂而给员工统一订午餐，由企业统一结算，供餐单位给企业统一开具餐费发票，在会计核算上应该按照《财政部关于企业加强职工福利费财务管理的通知》（财企〔2009〕242号）规定，将统一供应午餐支出计入"职工福利费"科目核算。在所得税处理上，按照职工福利费支出的相关规定和要求进行处理。

③公司职工因公出差而发生的用餐支出，一般参照《中央和国家机关差旅费管理办法》的规定，将员工出差旅途中的用餐支出计入"差旅费"科目核算。在所得税处理中，依据《中华人民共和国企业所得税法》第八条，职工出差的用餐支出作为企业实际发生的与取得收入有关的、合理的差旅费支出，可以在计算应纳税所得额时据实扣除。

④员工因工作需要，按照企业规定加班，而企业会按一定标准给予报销餐费。对这种加班的餐费支出，在会计实务中一般通过"职工福利费"科目核算。在所得税处理上，按照职工福利费支出的相关规定和要求进行处理。

⑤对于招待客户的餐费支出，属于生产经营业务活动的需要而合理开支的接待费用，在会计处理上计入"管理费用—业务招待费"科目核算，在所得税处理上，也应按照业务招待费的相关规定和要求进行处理。

7. 会议费扣除的税务风险

税法规定，合理的会议费支出可以扣除，主管税务机关要求提供证明资料的，应能够提供证明会议费支出真实性的合法凭证，否则，不得在税前扣除。会议费支出通常包括会议住宿费、伙食费、会议场地租金、交通费、文件印刷费、医药费等。在列支会议费时，应按照税法的要求准备会议费的相关证明材料包括会议时间、地点、出席人员、内容、目的、费用标准、支付凭证等。同时还应注意，只有真实发生的会议费才能税前扣除，虚假的会议费不仅不能税前扣除，还有可能被税务机关处罚。

【案例5-6】2020年Z市税务机关对辖区内A企业作出如下处理决

定：你单位取得广州市甲企业管理有限公司开具的增值税普通发票1份，开票日期2018年8月6日，发票代码为440017＊＊＊＊，发票号码为3421＊＊＊＊，发票价税合计为35,320元；取得广州市乙酒店管理有限公司开具的增值税普通发票2份，开票日期2018年8月6日，发票代码为440017＊＊＊＊，发票号码为3421＊＊＊＊、3421＊＊＊＊，发票价税合计为99,680元。检查你单位的账簿、记账凭证发现3份增值税普通发票所列支的住宿费、培训费、会议费并没有发现住宿费、培训费、会议费相关参与列支人员的交通费用（如飞机票、高铁车票等）列支账载情况。以上发票为已证实虚开发票。根据《中华人民共和国企业所得税法》第八条、《企业所得税税前扣除凭证管理办法》第十二条之规定，应调增应纳税所得额135,000.00元。你单位2018年度企业所得税汇算清缴为亏损-982,848.30元，调减亏损额135,000元后，亏损额为-847,848.30元。依据《中华人民共和国税收征收管理法》第六十四条第一款之规定，对你单位处罚款3,000元。

点评：

（1）会议费支出在所得税前扣除，不能仅靠发票，还需要其他的相关证明材料，比如委托代办会议的合同、会议议程表、参会人员交通费及凭证、会议现场照片等。

（2）如果酒店确实提供了与会议有关的配套服务，则可以将餐费纳入会议费中一并开具发票；如果酒店只管饭，不提供会议配套服务，则只能单独开具餐费发票，此时增值税进项税额不允许抵扣。

8. 广告费和业务宣传费扣除的税务风险

企业发生的符合条件的广告费和业务宣传费支出，除国务院财政、税务主管部门另有规定外，不超过当年销售（营业）收入15%的部分，准予扣除；超过部分，准予在以后纳税年度结转扣除。对化妆品制造或销售、医药制造和饮料制造（不含酒类制造）企业发生的广告费和业务宣传费支出，不超过当年销售（营业）收入30%的部分，准予扣除；超过部分，准予在以后纳税年度结转扣除。烟草企业的广告费和业务宣传费支出不得在企业所得税前扣除。企业筹办期间发生的广告费和业务宣传费，按实际发生额计入企业筹办费，允许税前扣除。

税法对广告费和业务宣传费的确认以费用支付、内容审批、媒体传播、取得发票为依据，在当年的扣除金额上也有限制，如果企业将广告费和业务宣传费计入其他费用科目或将非广告费和业务宣传费计入广告费和业务宣传费科目，都会对其企业所得税的计算和缴纳产生影响。从实践看，税务机关会重点检查或稽查广告费和业务宣传费是否符合税法规定的扣除条件，并且会对相关的会计明细科目进行核实和确认，因此企业应严格按照税法的规定来处理广告费和业务宣传费，利用智慧化信息管理系统，自动审核"销售费用—业务宣传费""销售费用—广告费"等科目并与相关合同和税前扣除凭证相匹配，确保相关支出的合规性，以避免补缴企业所得税、被处以罚款及加收滞纳金的风险。

另外，需要注意赞助支出。赞助支出可以区分为广告性质的赞助支出与非广告性质的赞助支出。非广告性质的赞助支出被视为与企业的生产经营活动无关，因此不允许扣除；广告性质的赞助支出，符合一定的条件可以在企业所得税前扣除。广告性质的赞助支出，一般有两种处理方式：第一种是企业能取得合法、有效的凭证，可以作为广告费和业务宣传费在企业所得税前按规定扣除；第二种是企业无法取得合法、有效的凭证，或者直接作为捐赠处理，这时应计入营业外支出科目，不能税前扣除。

9. 公益性捐赠支出的税务风险

税法规定：企业通过公益性社会组织或者县级（含县级）以上人民政府及其组成部门和直属机构，用于慈善活动、公益事业的捐赠支出，在年度利润总额12%以内的部分，准予在计算应纳税所得额时扣除；超过年度利润总额12%的部分，准予结转以后三年内在计算应纳税所得额时扣除。根据这项规定，公益性捐赠支出的税务风险主要体现在以下几个方面。

（1）根据《关于通过公益性群众团体的公益性捐赠税前扣除有关事项的公告》（财政部 税务总局公告2021年第20号），公益性群众团体，包括依照《社会团体登记管理条例》规定不需要进行社团登记的人民团体以及经国务院批准免予登记的社会团体，且按规定条件和程序已经取得公益性捐赠税前扣除资格。

群众团体取得公益性捐赠税前扣除资格应当同时符合以下条件：①符合《中华人民共和国企业所得税法实施条例》第五十二条第一项至第八项规定的条件；②县级以上各级机构编制部门直接管理其机构编制；③对接受捐赠的收入以及用捐赠收入进行的支出单独进行核算，且申报前连续

3年接受捐赠的总收入中用于公益慈善事业的支出比例不低于70%。

企业在选择合作对象时，应按照税法的规定，详细核实其是否具备公益性捐赠税前扣除资格，以免因为其资格问题，影响了企业的公益性捐赠支出的税前扣除而给企业带来多缴税的风险。

（2）捐赠对象的选择要慎重。按照税法的规定，只能对《中华人民共和国公益事业捐赠法》规定的公益事业进行的捐赠才能在税前扣除。另外，针对某些特殊的活动，比如对大型国际体育活动的捐赠，或者针对某些特殊的群体，比如对老年服务机构的捐赠，国家会随时调整相关的捐赠扣除政策，企业在捐赠前，应详细查阅现行的政策，在充分把握政策的基础上做出捐赠决策，以避免捐赠了但无法在所得税前扣除的税务风险。

（3）捐赠的限额以年度利润总额的12%为限。年度利润总额，是指企业依照国家统一会计制度的规定计算的大于零的数额。因此，企业应结合本企业的会计利润情况，合理确定捐赠的金额。

（4）捐赠非货币资产的风险。按照税法规定，如果企业所捐赠的属于非货币资产，应按照增值税法和企业所得税法的规定作视同销售处理，因此企业应关注相关的税务风险。

（5）捐赠的合法、有效凭证风险。《财政部　税务总局　民政部关于公益性捐赠税前扣除有关事项的公告》（财政部　税务总局　民政部公告2020年第27号）规定：公益性社会组织、县级以上人民政府及其部门等国家机关在接受捐赠时，应当按照行政管理级次分别使用由财政部或省、自治区、直辖市财政部门监（印）制的公益事业捐赠票据，并加盖本单位的印章。企业或个人将符合条件的公益性捐赠支出进行税前扣除，应当留存相关票据备查。

因此，企业在控制公益性捐赠的税务风险时，应当自行核查是否存在公益性捐赠行为，判断捐赠程序是否符合相关程序和法规要求，是否取得合法、有效的证明以备税务机关检查，在此基础上判断捐赠的金额是否超过了规定的限额，对于超过限额的部分是否在当年度进行了所得税前扣除。如果存在问题，应及时进行调整或补充相关证明材料，以避免补缴税款、被处以罚款及加收滞纳金的税务风险。

10. 手续费和佣金支出的税务风险

对于手续费和佣金支出，现行税法规定：

（1）保险企业发生的、与其经营活动有关的手续费及佣金支出，不超过当年全部保费收入扣除退保金等后余额的18%（含本数）的部分，在计算应纳税所得额时准予扣除；超过部分，允许结转以后年度扣除。

（2）其他企业，按与具有合法经营资格的中介服务机构或个人（不含交易双方及其雇员、代理人和代表人等）所签订服务协议或合同确认的收入金额的5%计算限额。

（3）电信企业在发展客户、拓展业务等过程中需向经纪人、代办商支付手续费及佣金的，其实际发生的相关手续费及佣金支出，不超过企业当年收入总额的5%的部分，准予税前扣除。

【案例5-7】海外销售合作背后的交易

N市A生物技术股份公司主要从事孕检、毒检等检测试剂产品的生产、销售业务，是一家享受企业所得税税收优惠政策的高新技术企业。该公司经营状态良好，2020年之前，每年企业销售额为1亿元左右，2020年后，该企业转型生产新型试剂，主要业务为向外国出口检测试剂，该年企业销售额因此迅速增长，申报营业利润近5亿元，并缴纳了企业所得税7,500万元。

2022年4月，N市税务机关按照上级税务机关专项检查的要求，运用征管软件、J省涉税信息大数据管理平台等分析工具，对其2019—2021年税收情况实施分析核查，经过对企业申报数据、涉税信息等进行风险疑点综合分析，发现以下问题：

（1）企业销售费用率异动。申报数据显示，该公司2020年以前，每年销售费用占收入的比率为20%左右。2020年，其营业收入急剧增长，销售费用也同步增至2.7亿元，占收入比率为26%。2021年，虽然企业销售收入相比上年下降至4.2亿元，但销售费用却大幅下降至5,500万元，占收入比率仅为13%。

（2）上游开票单位关系异常，业务费用支出异常。2020—2021年，与该公司有业务往来且A公司支付金额超过500万元的开票企业中，有24家是有限合伙企业，并且具有注册地点相同、企业主要管理人员交叉的关联企业特征。这些企业向A公司所开发票名目均为"贸易咨询费"，总金额合计达2.01亿元。

（3）其他应付款变动异常。企业资产负债表信息显示，2020年第三季度企业其他应付款期末余额为1.7亿元，但到第四季度期末时，企业其他应付款金额却锐减至 3,100 万元。

税务机关提取了公司的电子账套和其他与生产经营有关的财务数据、内部报表等电子资料；调取了销售合同、销售服务协议、销售统计表、销售提成清单等；查看了企业货物收发记录、提货单等资料单据，核实了发货运营情况。针对企业销售费用异动和大额咨询业务支出，检查人员重点审阅了检查期内企业账目中销售费用的记录。税务机关发现，检查期内除销售人员工资、奖金以及营销费用外，每月企业都发生了一笔咨询费。这些费用企业在年度汇算清缴时，均列为销售费用进行了税前扣除，2020 年、2021 年共税前扣除咨询费 2.01 亿元。进一步了解发现，该公司财务人员在计提销售费用时，均是先将其放置在"其他应付款"贷记科目中，待实际付款后进行冲减。A 公司曾在 2020 年 12 月集中支付 1.78 亿元咨询费，因此导致企业"其他应付款"科目余额在当月大幅下降。

在警方的协助下，税务机关对 A 公司和开具"咨询费"发票的 24 户疑点企业及相关人员的资金账户实施调查，发现：在收到 A 公司转入的资金后，这些企业均很快将款项转入个人账户，资金再经过两三个个人账户中转后，最终款项均汇入名为王某、刘某的几个私人账户。再结合提取的公司财务数据和《海外客户订单居间费支付表》等资料发现，"居间费用"的总金额与 A 公司对外支付的咨询费完全一致。

最终税务机关认定 A 公司在 2020—2021 年发生的 2.01 亿元业务咨询费，实为王某介绍海外业务的居间费，在性质上属于与生产经营有关的佣金支出。根据《财政部 国家税务总局关于企业手续费及佣金支出税前扣除政策的通知》（财税〔2009〕29 号）第一条规定，企业发生与生产经营有关的手续费及佣金支出，其税前扣除比例，不得超过企业与中介服务机构或个人所签订的服务协议或合同确认的收入金额的 5%，超过部分不得扣除。

按照上述事实，税务机关对检查期内 A 公司可税前扣除的佣金金额进行确认后，依法对其作出补缴企业所得税 2,550 万元、加收滞纳金并处少缴税款 0.5 倍罚款的处理决定。

点评：

（1）手续费和佣金支出属于限额扣除的项目，因此，企业为了多扣除，会通过各种非法的手段将手续费和佣金支出转变为销售费用从而达到全额扣除的目的，进而逃避缴纳税款，这种做法，在金税四期下将无所遁形，必然为企业带来税务风险。

（2）个别企业为少缴所得税，还会通过多开佣金、手续费发票虚列费用，虚列部分账目往往以现金支付方式提现。按税法规定：一般企业发生与生产经营有关的手续费及佣金支出，按服务协议或合同确认的收入金额的5%计算限额，除委托个人代理外，必须转账支付，否则不得扣除。即使是正常经营业务发生的佣金手续费支出，若以现金方式支付，仍不得在税前扣除。

（3）金税四期依托海量征管信息和大数据分析，已经结合某些行业的特点，构建、完善了成本归集、费用列支等方面税收监管预警模型，发现研发费用低而销售费用高、年度业务宣传费与销售额比例失常、短期大量接受企业大额服务发票等异常情况时，都能及时展开针对性核查。因此，企业应针对这种情况，从基础环节入手，完善财务管理制度，加强内部控制体系，善用信息技术手段，加强对各环节业务的监控和自查，以避免税务风险。

（4）即便佣金及手续费支出的支付方式和支付限额符合税法的规定，仍然要取得合法、有效的扣除凭证方可在企业所得税前扣除。

（六）利息支出的税务风险

对于利息支出，主要的风险点表现在以下几个方面。

1. 超限额列支利息

对于企业向自然人（非股东）或非金融企业借款的利息支出不超过按照金融企业同期同类贷款利率计算的数额的部分，可以在企业所得税前扣除。在实践中，如果企业支付的利息超过了规定的限额，而未相应调增应纳税所得额，可能会给企业带来少缴税款的风险。

对于企业向内部职工或非关联关系的其他人员借款的利息支出，其借款情况同时符合以下条件的，其利息支出在不超过按照金融企业同期同类贷款利率计算的数额的部分准予扣除：

（1）企业与个人之间的借贷是真实、合法、有效的，并且不具有非法集资目的或其他违反法律、法规的行为；

（2）企业与个人之间签订了借款合同。

因此，企业应加强向自然人借款的管控，满足税前利息扣除的条件，以避免税务风险。

2. 关联方之间的利息支付不符合规定

企业实际支付给境内关联方的利息支出，不超过按税法规定的债权性投资和权益性投资比例（金融企业为5∶1，其他企业为2∶1）的部分，可以在企业所得税前扣除；如果关联方之间的利息支付不符合扣除的条件而进行了扣除，就需要相应地调增相关年度应纳税所得额，否则会面临少缴税的风险。

在确定债权性投资和权益性投资比例时，税法将企业区分为金融企业和其他企业，如果企业同时从事金融业务和非金融业务，其实际支付给关联方的利息支出，应按照合理方法分开计算；没有按照合理方法分开计算的，一律按其他企业的比例计算准予税前扣除的利息支出。所以，对这种类型的企业，一定要按照税法的规定做到分别核算，否则可能会无法扣除相应的利息支出而引致多缴税的风险。

此外，对于关联企业间的利息支出还需要准备相关的证明材料以证实相关交易活动符合独立交易原则，否则可能需要对相关利息支出进行纳税调整。

3. 未区分资本性利息支出与收益性利息支出

企业将应当资本化的利息支出混同收益性利息支出，一次性在税前扣除，没有计入有关资产的成本，没有按照有关资产折旧、摊销的规定分期计入企业的损益，从而造成少缴税的风险。

4. 没有取得合法有效的凭证

企业发生的借款利息支出应当按照规定取得合法有效的凭证，以证明其真实性、合规性。

企业在日常的税务管理中，应利用智慧化的信息管理系统，自动审核"短期借款""长期借款""其他应付款""财务费用"等科目及其明细科目金额，自动审核、分析企业贷款来源结构，确认是否存在向职工个人借款和非金融机构借款情形，相关合同是否齐备；通过相关的会计科目判断是否对资本性利息支出与收益性利息支出进行了区分；审核与关联企业的借款合同，核实利息的计算方式及利率，是否存在超过关联债资比标准比例的部分，未按规定进行纳税调整。

（七）租赁费扣除的税务风险

租赁费扣除的税务风险，主要表现在以下几个方面：

（1）企业以经营租赁方式租入固定资产未按照租赁期限均匀扣除，

一次性列支租赁费的风险。

（2）企业融资租赁方式租入的固定资产，未按照规定计提折旧、分期扣除，而是将租赁费一次性扣除的风险。

（3）企业在租赁时发生车辆保险费、车船税等，将本应由出租方承担的费用列入本企业管理费用，可能引致违规列支成本费用的风险。

上述行为都会造成企业多列成本、费用而少缴所得税的结果，由此招致税务风险。企业应结合各类租赁合同，准确区分经营租赁和融资租赁；结合"在建工程""财务费用""未确认融资费用""管理费用—租金""制造费用—租金"等科目，核查租赁费用归集是否正确，是否进行了相应的纳税调整。

（八）资产损失扣除的税务风险

资产损失涉及范围广，直接影响企业的应纳所得税，因此资产损失税前扣除是企业的重点涉税事项之一；按照现行政策，企业向税务机关申报扣除资产损失，仅需填报企业所得税年度纳税申报表《资产损失税前扣除及纳税调整明细表》，不再报送资产损失相关资料。相关资料由企业留存备查。这意味着税务机关对企业申报的资产损失实质上采取了事后管理的模式，也意味着与资产损失税前扣除相关的风险主要转移到了企业层面。因此，企业应加强资产损失税前扣除的风险分析和管控。从实务角度，资产损失税前扣除的税务风险管理，主要围绕着以下四个方面来实施。

1. 注意区分实际资产损失还是法定资产损失

实际资产损失是指企业在实际处置、转让资产过程中发生的合理损失，准予在企业所得税税前扣除。企业实际资产损失，应当在其实际发生且会计上已作损失处理的年度申报扣除。

法定资产损失是指企业虽未实际处置、转让上述资产，但符合规定条件计算确认的损失。法定资产损失，应当在企业向主管税务机关提供证据资料证明该项资产已符合法定资产损失确认条件，且会计上已作损失处理的年度申报扣除。

因此，企业应对资产损失按照规定进行归类，以便能够及时对损失的资产进行扣除，以避免多缴税的风险。

2. 注意资产损失扣除的时间要求

实际资产损失，应当在其实际发生且会计上已作损失处理的年度申报扣除；法定资产损失，应当在有证据资料证明该项资产已符合法定资产损失确认条件，且会计上已作损失处理的年度申报扣除。这意味着实际资产损失只有转让了才会发生损失，并在转让年度进行扣除。

法定资产损失必须要取得证明资料，且会计上已作相应处理才能扣除。

实际资产损失与法定资产损失在扣除的时间上有所差别，主要体现在以前年度发生的资产损失。对企业发现以前年度实际发生的、按照税法规定应在企业所得税前扣除而未扣除或者少扣除的支出，企业做出专项申报及说明后，准予追补至该项目发生年度计算扣除，但追补确认期限不得超过5年。企业由于上述原因多缴的企业所得税税款，可以在追补确认年度企业所得税应纳税款中抵扣，不足抵扣的，可以向以后年度递延抵扣或申请退税。亏损企业追补确认以前年度未在企业所得税前扣除的支出，或盈利企业经过追补确认后出现亏损的，应首先调整该项支出所属年度的亏损额，然后再按照弥补亏损的原则计算以后年度多缴的企业所得税款。

这就要求企业及时对发生的资产损失进行会计处理，并在对资产损失进行准确归类的基础上进行正确、及时的税前扣除，同时企业应当完整保存资产损失相关资料备查，并保证资料的真实性、合法性，以避免引致税务风险。

3. 准备资产损失确认所需要的证据

企业发生资产损失，要及时取得有关证据，并完整保留相关证据备查。证据包括内部证据和外部证据。内部证据是企业内部对损失的确认、计量、处理、审批等相关证据资料；外部证据是国家有权部门和中介机构对资产损失出具的报告和证明等。企业发生资产损失，要按照税法要求，及时收集、整理、保存内部证据；需要外部证据的，要及时提请有权机关按规定处理或者委托中介机构进行鉴证，以便获得外部证据。

由于企业资产损失的时间跨度一般都比较长，相关资料比较多，查阅和分析资料的工作量很大，这就要求企业应当建立健全资产损失内部核销管理制度，做好相关资料的日常收集整理和保管工作，以便及时收集、整理、编制、申报详细的资产损失的内部证据和外部证据材料。

4. 完善企业资产损失的内部核销制度

企业应建立完善的内部资产损失核销管理制度，对企业的资产损失审批及处理流程做出明确规定，明确损失的处理流程、权力分配制衡以及责任追究办法等。企业应对资产损失情况提前在内部进行核销管理和审批并收集相关证据，以备税务机关的检查。

总体上，对于资产损失的税前扣除，要在正确理解、把握税前扣除政策的基础上，熟悉资产损失税前扣除的征管要求，按照规定准备相关资料，保证证明材料的完备性，并按照规定的流程进行扣除，以有效降低和避免税务风险。

第四节　企业所得税优惠政策使用的税务风险管理

中国现行企业所得税有大量的税收优惠政策，这些优惠政策遵循以产业优惠为主、区域优惠为辅的原则，在优惠的方式上主要包括免税、减税、加计扣除、加速折旧、减计收入、税额抵免等。企业在利用这些税收优惠政策时需要注意控制两方面的风险：其一是是否用足了税收优惠政策；其二是在利用优惠政策的过程中，需要严格遵守税法的规定，确保合规性，避免滥用和不当享受优惠政策。

一　用足企业所得税优惠政策

（一）梳理企业所得税的现行优惠政策

要想用足企业所得税的优惠政策，需要企业结合自身业务情况，梳理现行的各项税收优惠政策，系统、深入地学习税收优惠政策适用的主体范围、优惠内容和享受条件等，全面把握税务机关对企业所得税优惠的管理要求，确保对企业所得税政策理解到位，不会发生滥用所得税优惠政策的情况。

（二）调整业务和主体结构以满足享受税收优惠的条件

企业所得税针对不同的产业和不同性质的主体实施不同的税收优惠政策，比如针对小型微利企业和中小微企业的税收优惠政策，针对高新技术企业的税收优惠政策，针对环保行业的税收优惠政策，这些优惠政策都有适用条件和适用范围，因此企业应基于自身的产品或服务的特点，结合企业的运营模式，对相关的业务或者主体进行合理的调整，以满足税收优惠政策的适用条件。这就要求企业能够将自身的行业特点、经营模式与现行的企业所得税政策进行匹配，必要时进行业务剥离或企业分立。

纳税人还需综合考虑企业的管理水平和能力、财务状况、投资规划和发展战略等因素，选择能够最大限度减轻税负、提高盈利能力的政策。企业应当将税收优惠政策的选择与企业发展战略紧密结合，从企业长远发展的角度来选择最合适的税收优惠政策。

二　股息、红利免税的税务风险管理

为了鼓励投资，促进证券市场健康发展，消除经济性重复课税，现行所得税政策对符合条件的居民企业之间股息、红利等权益性投资收益给予免税优惠。但从税务实践看，由于企业对该政策的理解不到位而造成操作层面的偏差，使得企业不但难以享受到这项税收优惠政策，反而会给企业带来税务风险。

（一）上市公司股票持有时间的税务风险

连续持有居民企业公开发行并上市流通的股票不足12个月取得的股息、红利所得不能享受免税。实践中税务机关对于该项税收优惠，会重点核实企业在二级市场进行股票交易取得的股息、红利所得是否符合免税收入条件。但由于证券市场交易相对活跃，企业投资上市流通股票时大多存在多品种频繁交易现象，如何判定企业取得的股息、红利是否满足连续持有12个月的条件，是税务机关核实的重点。因此，企业应根据股票交易的情况，在取得股息、红利后进行准确的会计核算，应合理地将相应的股息、红利在连续12个月和非连续12个月的股票之间进行分配，对持有时间不足12个月的股票所取得的股息、红利照章缴税，同时保留相关的证据证明股息、红利分配的合理性，以避免相关的税务风险。

（二）投资性质确认的税务风险

居民企业取得的可作为免税收入的股息、红利等权益性投资收益，是指居民企业直接投资取得的投资收益。直接投资一般是指投资者将货币或非货币资产直接投入投资项目或者购买现有企业的资产。通过直接投资，投资者可以拥有全部或一定数量的被投资企业的资产及经营所有权，直接或间接参与被投资企业的经营管理。在当前的金融监管环境下，企业通过专业投资机构，如信托、私募基金等进行股权投资的活动日益增多。在现行税制下，除特殊规定外，上述通过专业机构间接取得的股息、红利等权益性投资收益不能享受税收优惠。因此，税务机关也会重点关注企业取得的股息、红利所得对应的权益投资性质，进而判断是否将非直接投资所取得的股息、红利作为免税收入来处理。因此，企业应在会计核算时，根据投资性质，明确区分免税和不免税的股息、红利，以避免因无法分别核算而被税务机关认定为不符合免税条件，从而错失免税优惠，增加税务负担。

（三）非现金股利分配的税务风险

被投资企业分配税后利润，既可以向股东分配现金股利，也可以分配股票股利、财产股利等非现金股利。企业往往只关注现金股利的核算与税务处理，在发生股权转让时，才发现非现金股利在取得当期未进行税务处理或税务处理不当，由此招致税务机关的检查或者稽查，而且会连带影响被投资企业也被主管税务机关检查或稽查。因此，企业应关注非现金股利的分配情况，关注非现金股利相关的会计核算和税务处理情况，严格按照税法的规定和要求进行税务处理。

（四）将投资于不符合免税条件的投资收益适用免税优惠的税务风险

企业可能存在将投资于非居民企业、合伙企业取得的股息、红利等投资性收益适用免税优惠政策，由此造成少缴纳企业所得税的风险。企业可以基于相关的会计科目，审核投资合同（协议）、投资资产持有时间和持股比例，查看投资形式，确定投资对象的身份和组织形式，核查是否存在向非居民企业、合伙企业等进行投资的情形，结合企业所得税申报表中享受免税优惠的股息、红利金额，分析其构成及来源，核实是否有投资于非居民企业所取得的股息、红利，是否有取得来源于合伙企业的所得分配，是否将来源于非居民企业、合伙企业的权益性投资收益错误适用免税政策，如果发现错误，应及时调整和纠正。

三 小型微利企业税收优惠的税务风险管理

为了扶持小型微利企业发展，增强小型微利企业的发展动力，推动实体经济的进一步发展，国家推出了一系列针对小型微利企业的优惠措施，包括税收优惠政策、金融优惠政策等。就企业所得税来说，专门出台了针对小型微利企业的所得税优惠政策。因此，企业应善加利用这些政策，避免多缴税的风险。

（一）小型微利企业标准的税务风险

小型微利企业是指从事国家非限制和禁止行业，且同时符合年应纳税所得额不超过300万元、从业人数不超过300人、资产总额不超过

5,000万元三个条件的企业。按照现行政策，到2027年12月31日之前，对小型微利企业减按25%计算应纳税所得额，按20%的税率缴纳企业所得税（综合税负率5%）。

因此，企业要特别关注小型微利企业的三个指标。

1. 年应纳税所得额超过300万元的风险

如果企业年应纳税所得额长期接近但又始终不会超过300万元，就有可能会引起税务机关的关注。企业应在正确、全面把握税法的基础上，充分享受加计扣除、加速折旧等减免税优惠，正确核算年应纳税所得额。同时，应谨慎适用小型微利企业的税收优惠，因为如果加计扣除、加速折旧等税收优惠因为不合规而被税务机关进行了调整，造成不满足小型微利企业的标准，将面临补缴税款、加收滞纳金，有可能还会引致罚款。这就需要企业综合比较不同的税收优惠政策对应纳税所得额的影响，选择对企业风险最小、税负最低的优惠政策。

2. 从业人数超过300人的风险

税法规定了从业人数的计算公式和方法，即按企业全年的季度平均值确定。如果企业要享受小型微利企业的税收优惠政策，一定要控制在本企业的从业人员不超过300人，切忌用不合规的手段来达成这一目标。员工队伍的稳定可以促进企业生产经营的稳定性。临时性的从业人数指标管理反而可能会给企业带来各种风险、损失和不稳定因素。

此外，这里的人数是从业人数，包括与企业建立劳动关系的职工人数和企业接受的劳务派遣用工人数。

3. 资产总额超过5,000万元的风险

资产总额指标是按照资产负债表中资产总额的季度平均值来计算的。由于资产负债表是完全按照会计制度来进行编制的，因此如果希望控制资产总额符合小型微利标准，就必须严格遵守会计制度的规定，同时在不违背会计制度、符合业务实质的前提下，通过某些特定事项的处理（比如用银行存款支付货款、资产减值等）来调整资产总额指标使之满足小型微利企业的标准，以为企业争取最大税收利益。

实务中，也有一部分企业为了满足小型微利企业的标准，采用不开发票、隐藏收入、虚列成本费用等手段来达到降低应纳税所得额的目标，这些手段都属于违法违规行为，一定会被税务机关发现，一旦被发现，必然会被认定为逃税，也必然会面临补缴税款、被处以罚款和加收滞纳金的处罚。

（二）小型微利企业所得税预缴的税务风险

小型微利企业在预缴和汇算清缴企业所得税时，通过填写纳税申报表，即可享受小型微利企业所得税优惠政策。小型微利企业应准确填报基础信息，包括从业人数、资产总额、年度应纳税所得额、国家限制或禁止行业等，税收征管信息系统将为小型微利企业智能预填优惠项目、自动计算减免税额。小型微利企业预缴企业所得税时，资产总额、从业人数、年度应纳税所得额指标，暂按当年度截至本期预缴申报所属期末的情况进行判断。

由于纳税申报系统将为小型微利企业智能预填优惠项目、自动计算减免税额，这就要求企业在填报基础信息时，一定要保证数据的准确性和完整性。

（三）小型微利企业所得税优惠管理

小型微利企业享受此项税收优惠虽无须报送资料进行备案，但企业应当按照规定归集和留存所从事行业不属于限制和禁止行业的说明、从业人数的计算过程、资产总额的计算过程等备查资料，在完成年度汇算清缴后，将留存备查资料归集齐全并整理完整，以备税务机关核查。按照税法的要求，相关留存备查资料应从享受优惠事项当年的企业所得税汇算清缴期结束次日起保留10年，并由企业对优惠事项留存备查资料的真实性、合法性承担法律责任。

此外，国家会随着经济和社会形势的变化调整相关的税收政策，因此企业应时刻关注最新的税收政策，及时根据税收政策的变化来调整企业的税务风险管理策略，在控制税务风险的同时，获取最大化的税收收益。

四　高新技术企业的税务风险管理

自对高新技术企业实施税收优惠政策以来，高新技术企业便一直受到资格认定部门的重点监管，更是税务机关检查和稽查的重点，因此高新技术企业应关注自身高新技术资格的合规问题：企业在资质认定的申报过程中，要保证申请资料的真实性和合规性；在后续经营过程中，应按照规定的程序和资料要求，及时向税务机关报备，防止在后期的检查与复核中被撤销高新技术企业的资格，并被追缴税款。因此，高新技术企业应当做到从资质认定到后续实际经营，从年度备案到复核和重新认定的全过程，都全面符合高新技术企业资质的合规标准，确保企业能够合理、合法地享受高新技术企业的税收优惠政策。

从实务看，高新技术企业面临的所得税优惠风险，主要体现在以下几个方面。

(一) 高新技术企业资格认定的税务风险

从税务机关角度，税务机关在高新技术企业资格认定方面，重点关注高新收入及占比、研发费用及占比和科技人员占比。对每一项指标，都有一系列的合规性要求。因此，高新技术企业资格认定和管理要求众多，环节复杂，其中任何一个方面、任何一个环节出现问题，都会导致资格认定失败；如果年度备案或者复审失败，可能还要面临补缴税款的问题，如果被税务机关认定为逃税，就要面临加收滞纳金和罚款的处罚。

因此，高新技术企业应加强资质管理，企业可以考虑设置专门的管理部门，专人专管，负责研发活动从项目立项到研发成果转化等活动的跟踪和落实，协调企业内部不同部门之间的工作，保证企业日常经营过程中的合规性，提高税务风险的管理水平，减少潜在的税务风险。

在高新技术企业资格认定的过程中，税务机关主要依据企业提交的资料进行审核，这包括认定申请表、知识产权材料、科研项目立项证明、科技成果转化、企业职工和科技人员情况说明表、高新技术产品（服务）鉴证报告等一系列申请、证明材料。并且，在年度备案、重新认定和复核时，都需要提交符合规定的证明材料，如果资料不完备，或者存在虚假，必然会影响高新技术企业的认定进程，同时也会增加企业的税务风险。

留存备查资料是高新技术企业享受研发费用加计扣除优惠政策的关键资料，企业须在年度申报前准备好备查资料，若资料准备不充分、不完整、资料缺失将严重影响企业优惠政策的享受并且导致税务机关的后续检查，给企业带来税务风险。

企业设立专门的管理部门，不仅可以完善资料的收集工作，也便于对相关资料进行整理和归档，防止因为资料丢失而给企业带来税务风险。

(二) 高新技术企业年度核查的税务风险

高新技术企业享受优惠事项采取"自行判别、申报享受、相关资料留存备查"的办理方式。高新企业应当根据经营情况以及相关税收规定自行判断是否符合优惠事项规定的条件，符合条件的可以按照税法规定的时间自行计算减免税额，并通过填报企业所得税纳税申报表享受税收优惠。同时，按规定归集和留存相关资料备查。

针对高新技术企业，应妥善保管以下资料留存备查：①高新技术企业资格证书；②高新技术企业认定资料；③知识产权相关材料；④年度主要产品（服务）发挥核心支持作用的技术属于《国家重点支持的高新技术领域》规定范围的说明，高新技术产品（服务）及对应收入资料；⑤年度职工和科技人员情况证明材料；⑥当年和前两个会计年度研发费用总额及占同期销售收入比例、研发费用管理资料以及研发费用辅助账，研发费用结构明细表；⑦省税务机关规定的其他资料。

与这种变化相适应，税务机关近几年利用金税四期，加大了对高新技术企业抽查和检查的力度，因此高新技术企业面对的年度核查的税务风险也越来越大。

从税收实践看，企业创新能力评价是税务机关专业能力之外的内容，在这方面税务机关主要依据其他部门提供的证明材料作出判断，企业只要按规定做好资料的收集和保存工作即可控制住这方面的风险。税务机关更多的是基于其专业能力，围绕高新收入及占比、研发费用及占比和科技人员占比来展开审核，而这三项也是高新技术企业认定和年度核查中最容易出现问题的风险点。

1. 高新技术产品（服务）收入及占比的税务风险

按照税法规定：高新技术企业近一年高新技术产品（服务）收入占企业同期总收入的比例不低于60%。高新收入占比是税务机关检查和稽查的重点，主要涉及两方面的风险：

（1）高新技术产品（服务）收入确认的税务风险

依据《高新技术企业认定管理办法》第十一条第六款规定，高新技术产品（服务）收入是企业通过研发和相关技术创新活动获得的产品（服务）收入与技术性收入的总和，涵盖了技术转让收入、技术服务收入和接受委托研究开发收入。对于高新技术产品（服务）范围的界定，指对其发挥核心支持作用的技术属于《国家重点支持的高新技术领域》规定范围的产品（服务），另外企业的高新产品（服务）收入必须有相应的证明材料，并由具备资质的中介机构进行专项审计或鉴证。因此，企业应关注相关证明材料的收集和准备工作，如产品销售合同或有资质部门的检验报告等；如果不属于全合同额归集类型的收入，企业应通过技术合同登记方式进行第三方认证。

（2）总收入确认的税务风险

对于总收入，不同的部门有不同的口径，税务机关执行的口径是按照企业所得税法的规定来执行的，即收入总额减去不征税收入。

总收入是计算高新收入占比的重要指标，要引起企业足够的重视。对于业务范围比较广、收入来源多样化，特别是对某些年度非经常性收入比较多的企业来说，需要重点关注这一指标的变化，企业应当确保高新技术产品（服务）收入占企业同期总收入的比例不低于60%的最低标准，否则极易引发税务风险。

2. 研发费用占比的税务风险

研发费用不仅是确认企业是否能够获得高新技术企业资格认定的依据之一，还由于其可以享受加计扣除的叠加优惠，成为税务机关检查和稽查的重中之重。

（1）研发费用归集范围的税务风险

《高新技术企业认定管理工作指引》明确规定了研发费用的归集范围，涵盖人员人工费用、直接投入费用、折旧费用与长期待摊费用、无形资产摊销费用、设计费用、装备调试费用与试验费用、委托外部研究开发费用以及其他费用。

从企业日常会计核算角度，一般来说只要符合财务会计制度的规定即可，没有对研发费用的会计核算提出专门的要求。在这种情况下，如果高新技术企业没有按照对高新技术企业的管理要求设置研发费用辅助账，就有可能会出现按照会计核算口径归集研发费用的情况，而会计核算的研发费用和高新技术企业要求的研发费用之间存在差异，主要体现在两个方面：

第一，人工费用的差异。会计核算时，与研发活动有关的人员发生的费用，都会计入研发费用中的人员人工费用，不考虑研发人员在本企业的任职时间；而高新技术企业要求的研发费用，只列入了研发人员的工资、薪金、五险一金及外聘研发人员的劳务费。

第二，其他相关费用的差异。会计上，只要是与研发活动直接相关的支出，按照财务会计制度无法归类到相关类别的，都会统一归类到其他相关费用进行核算。《高新技术企业认定管理工作指引》则规定，其他费用一般不得超过研究开发总费用的 20%。

因此，会计核算所确认的研发费用要超过按照高新技术企业要求所归集的研发费用，如果不进行准确的区分，或者研发费用辅助账处理不规范，就会造成高估研发费用的税务风险。企业应该按照要求设置研发费用辅助账，利用智慧化信息管理系统，区分两种口径下的研发费用并能够自动核算和归集不同口径的研发费用。

（2）研发费用核算和归集的税务风险

很多高新技术企业在进行会计核算时，没有设置研发费用明细账和辅助账，直接计入"管理费用—研发费用"科目进行笼统核算；对于共用费用虽然进行了分摊，但是分摊依据不真实、不合理，明显向研发倾斜；在费用归集过程中，人为扩大研发费用的核算范围，比如将不懂技术的人任命为项目领导，或者将外聘研发人员的交通费、住宿费、通信费及其他补贴等全部计入"外聘研发人员的劳务费用"；对于外聘人员，为了满足 183 天的时间要求，对考勤工时造假或篡改。这些行为一旦被税务机关发现，就会被要求补税和加收滞纳金，如果被认定为逃税，则还会面临罚款甚至刑事责任。

3. 科技人员占比的税务风险

依据《高新技术企业认定管理办法》，企业从事研发和相关技术创新活动的科技人员占企业当年职工总数的比例不低于 10%。

依据《高新技术企业认定管理工作指引》，企业科技人员是指直接从事研发和相关技术创新活动，以及专门从事上述活动的管理和提供直接技术服务的，累计实际工作时间在 183 天以上的人员，包括在职、兼职和临时聘用人员。在职人员通过企业是否签订了劳动合同或缴纳社会保险费来鉴别；兼职、临时聘用人员主要依据工作时间确定，全年须在企业累计工作 183 天以上。同时，企业当年职工总数、科技人员数均按照全年月平均数计算。

税务机关在对科技人员人数的认定方面，重点是核查科技人员在本企业的累计工作时间、劳动合同及缴纳社会保险费的情况。所以，企业应结合本企业的实际情况，明确科技人员的职责分工，区分专门研发人员及辅助研发人员，编制研发人员工时比例分配表，结合研发人员的考勤或工作记录等辅助资料证明科技人员占比的真实性和合理性。

（三）高新资格复核和重新认定未通过的税务风险

按照现行政策规定，对已认定的高新技术企业，有关部门在日常管理过程中发现其不符合认定条件的，应以书面形式提请认定机构复核。复核后确认不符合认定条件的，由认定机构取消其高新技术企业资格，并通知税务机关追缴其不符合认定条件年度起已享受的税收优惠。

高新技术企业需要每隔三年重新认定一次，如果企业资格认定证书三年期满后未及时进行重新认定时，企业可以在期满一年内暂时享受相关税收优惠，但需要尽快提交材料重新申请认定；如果企业有效期满一年后仍未进行资格认定，则会被取消高新技术企业认定资格，不再享受优惠政策，同时当年享受的优惠部分也会被追缴。

无论是复核未通过还是重新认定未通过，都会面临着补缴税款的问题，因此企业应加强资质管理，重视备案资料的留存以及关注高新技术资格证书的有效时间，避免因疏忽导致企业无法享受税收优惠政策，并因此给企业带来多缴税款的风险。

【案例5-8】Z省B科工贸股份有限公司是一家主营食品的上市公司，2008年，该公司申报高新技术企业，并经认定合格。2011年9月，审计署Z省特派办在对高新技术企业进行抽查审计时发现：该公司在高新资格认定时，研发费用占销售收入的比例和发明专利与主要产品的关联性两个条件不满足高新技术企业的要求。因此，Z省国家税务机关要求该公司补缴其2008年度与2009年度减免的所得税，合计5,892.7万元。2012年5月，Z省科技部门认定该公司前三年研发费用归集不合理，撤销其高新技术企业资格，并需再次补缴税款2,785万元，该公司也失去了在之后五年内重新申请"高新企业"的资格，所得税率恢复到25%，同时也丧失了地方财政授予的土地和政策方面的优惠，其经营业绩受到严重影响。2013年12月，财政部驻Z省财政监察专员办事处对该公司2012年度会计信息质量进行检查，发现其存在销售业务少缴税收和会计核算不规范等问题，需要补缴税款及滞纳金552.72万元。由此造成该公司变成ST股票，经过三年的努力，虽然最终成功摘帽，但企业的生产经营和产品的市场口碑都受到严重影响，直到最近几年才得以缓慢恢复。

点评：

（1）该公司内部控制制度的不完善，造成在高新技术企业资质认定方面出现了偏差，虽然当时侥幸通过，但问题最终还是爆发了。

(2) 按照《高新技术企业认定管理办法》及相关配套政策的规定，有关部门要加强对高新技术企业的日常管理。日常管理意味着复核可以发生在任意时间点，既包括在高新技术企业资格有效期内，也有可能在高新技术企业资格期期满之后，甚至有可能在重新认定高新技术企业资格之后。而有关部门不仅仅指税务部门，还包括科技部门、环保部门、质监部门、财政部门、审计部门等。实践中，经常有高新技术企业被审计署特派办提出复核。所以在案例中，先后出现了审计署、科技部门、税务部门和财政部门。

(3) 税务风险的控制只是企业整体内部控制体系的一个组成部分，但税务问题往往会招致一系列的检查或稽查，因此企业应采取有效手段，加强税务风险管控，防止因为税务问题而引发更大的问题。

五　研发费用加计扣除的税务风险管理

根据《财政部　国家税务总局　科技部关于完善研究开发费用税前加计扣除政策的通知》（财税〔2015〕119号）、《财政部　税务总局关于进一步完善研发费用税前加计扣除政策的公告》（财政部　税务总局2023年第7号）和《研发费用税前加计扣除新政指引》，除烟草制造业、住宿和餐饮业、批发和零售业、房地产业、租赁和商务服务业、娱乐业等以外，其他行业企业均可适用研发费用加计扣除政策：企业开展研发活动中实际发生的研发费用，未形成无形资产计入当期损益的，在按规定据实扣除的基础上，自2023年1月1日起，再按照实际发生额的100%在税前加计扣除；形成无形资产的，自2023年1月1日起，按照无形资产成本的200%在税前摊销。

（一）研发费用的三个口径

(1) 会计口径的研发费用。这是企业基于财务会计制度进行研发费用核算时采用的口径，仅用于反映相关科技研究的支出，服务于企业的经营战略目标，因此它的范围由企业按照会计制度规定来确认。

(2) 高新技术企业的研发费用。当企业申请高新技术企业资格以及按照高新技术企业实施日常管理时采用这一口径，研发费用的范围按照《高新技术企业认定管理工作指引》的规定来进行核算和归集，通常情况下其范围小于会计计算范围。

(3) 可加计扣除的研发费用。这一口径的目的是扩大企业所得税税前扣除项目，是企业可以享受的税收优惠，所以其范围和条件要更加严格，依据是国家税务总局2023年颁布的《研发费用税前加计扣除新政指引》。

从税收实务角度，高新技术企业的研发费用和可加计扣除研发费用都是税务机关高度关注的内容，也是企业经常出现问题的方面，因此企业需要相关部门配合财务人员重点掌握针对研发费用的税收政策，避免企业出现研发费用计算不正确等因素导致的税务风险，影响企业的正常经营与经济利益。

(二) 高新技术企业的研发费用和可加计扣除研发费用差异的税务风险

对于研发费用的归集范围，《高新技术企业认定管理工作指引》与《研发费用税前加计扣除新政指引》的规定并不完全一致：

（1）直接投入费用的差异：两者相比较，前者包括通过经营租赁方式租入的用于研发活动的固定资产租赁费，而后者则不包含这项内容。

（2）折旧费用的差异：两者相比较，前者包含在用建筑物的折旧费及研发设施的改建、改装、装修和修理过程中发生的长期待摊费用，而后者则不包含这两项费用。

（3）无形资产摊销费用的差异：前者包含知识产权，后者则仅包含专利权，而知识产权的范围远远超过专利权。

（4）设计费的差异：前者包括为获得创新性、创意性、突破性产品而进行的创意设计活动发生的相关费用；后者限定于新产品设计费、新工艺规程制定费、新药研制临床试验费、勘探开发技术现场试验费。

（5）其他费用的范围和限额：后者还包括职工福利费、补充养老保险费、补充医疗保险费等项目，而前者则不包括这些费用。在限额方面，前者规定其他费用比例不得超过研究开发总费用的20%，而后者规定其他费用总额不得超过可加计扣除研发费用总额的10%。

在涉及研发费用加计扣除问题时，税务机关会以《研发费用税前加计扣除新政指引》为标准来审核可加计扣除的研发费用，因此企业需要特别注意这些差异，一方面避免完全采用《高新技术企业认定管理工作指引》而多计了可加计扣除的研发费用，另一方面要避免根据《研发费用税前加计扣除新政指引》的口径而少计了可用于高新技术企业资格认定、复核和重新认定的研发费用。

基于可加计扣除的优惠政策，企业应该按照《研发费用税前加计扣除新政指引》的规定，严格按照国家财务会计制度的要求对研发支出进行会计核算；同时，对可加计扣除的研发费用按研发项目设置辅助账，准确归集、核算当年可加计扣除的各项研发费用实际发生额。企业在一个纳税年度内进行多项研发活动的，应按照不同研发项目分别归集可加计扣除的研发费用。

同时，《研发费用税前加计扣除新政指引》要求企业应对研发费用和生产经营费用分别核算，准确、合理归集各项费用支出，对划分不清的，不得实行加计扣除。

企业应充分利用智慧化信息管理系统，在系统中专门设置研发支出辅助账，正确记录、归集研发活动的费用支出，将研发费用按照税法的要求分类进行归集，保证相关明细账被如实、准确地记录并保存，以免造成税务风险。

（三）可加计扣除研发费用核算和归集的税务风险

从税务实践看，研发费用归集是引发税务风险的最主要原因。在三种口径的研发费用中，会计核算口径是最常见的，如果企业的管理信息化程度不够，并且没有按照规定设置研发费用辅助账，则会经常出现三种口径的研发费用混淆，将不属于研发活动的其他费用归集至研发费用，导致归集不正确而引发风险，比如将非研发人员的工资计入研发人员人工费用导致多计研发人员人工费用；下脚料、残次品以及中间试制品取得特殊收入时未从直接投入费用中去除导致多计直接投入费用等。

企业应结合自身实际情况，梳理三种不同口径下研发费用的具体情况，并据此建立研发费用辅助账。在对不同口径的研发费用进行核算时，应注意调整会计与税务的差异，避免因核算错误而导致超范围或超限额列支研发费用。同时，在核算研发费用时，应注意区分研发费用的资本化和费用化差异。

企业应升级信息化管理系统，建立有效的内部控制体系，用智慧化的信息管理系统、系统化的规范流程构建一套权责清晰、职责完善的研发费用归集管理制度，规范企业涉税行为，避免涉税风险。同时，应建立部门间的协作机制，加强研发部门与财务部门之间的沟通交流，让两个部门协同做好人员和设备的工时记录，以便准确地归集研发费用；加强财务部门与人事部门的协作，对研发部门人员的工资、社保等进行准确记录。

（四）留存资料不完整引致的税务风险

依据《企业所得税优惠政策事项办理办法》，企业享受优惠事项采取

"自行判别、申报享受、相关资料留存备查"的办理方式。在这一规定下，留存资料的重要性不言而喻。就研发费用加计扣除事项来说，留存备查资料包括公司研发项目的立项决议、辅助账资料以及研发人员的工资材料等，涉及公司的研发部门、财务部门以及人事部门，需要各部门紧密配合，共同收集并规范管理。现实中很多企业的资料或不规范或项目缺失，直接导致无法享受研发费加计扣除的优惠政策。因此，企业加强资料管理，设置专门的资质管理部门，对研发资料进行定期的整理和归档，按照税法的要求对相关资料进行归档和保存，并逐项进行核对，避免因留存资料不完整导致的税务风险。

此外，为缩短产品的研发周期、节约交易成本、借助外部优势资源，企业可能会采用合作研发和委托研发的方式。现行政策规定，对于企业合作开发的项目，符合条件的研发支出应由合作各方根据各自承担的研发费用，分别按照规定计算加计扣除；企业委托给外单位进行开发的研发费用，符合条件的研发费用应由委托方按照规定计算加计扣除，受托方不得再进行加计扣除。由于政策未限定合作研发与委托研发项目各方之间的关系，税务机关在合作或委托关系下，会特别关注独立纳税人之间以及关联纳税人之间提供的研发费用归集表中核算内容的真实性，尤其是涉及境外受托方时，更会进行重点核查。企业应针对这种情况，保留充足的资料来证明研发费用的合理性和真实性，避免不必要的税务风险。

【案例5-9】H市税务机关稽查局税务行政处罚事项告知书

对你公司的税收违法行为作出行政处罚决定，根据《中华人民共和国税收征收管理法》第八条，《中华人民共和国行政处罚法》第四十四条、第六十三条、第六十四条规定，现将有关事项告知如下：

1. 税务行政处罚的事实、理由、依据。经查，你公司未按规定申报缴纳企业所得税：

（1）你公司2018—2020年度在账簿上多列管理费用分别为18,163,332.75元、130,495.83元，共计18,293,828.58元；税前多列研发费用分别为27,762,551.18元、20,421,068.45元、16,790,440.79元，合计64,974,060.42元（其中，你公司在不使用黄金的研发项目列支黄金，涉及的金额分别为13,968,449.90元、13,884,916.19元、7,219,889.55元），违反了《中华人民共和国企业所得税法》第八条的规定。

（2）你公司2018—2020年度多申报研发费用加计扣除金额分别为24,105,531.21元、17,295,534.44元、13,982,747.90元，合计55,383,813.55元（其中，你公司对不使用黄金的研发项目填报黄金研发费用加计扣除涉及的金额分别为10,476,337.43元、10,413,612.14元、5,414,917.16元），违反了《中华人民共和国企业所得税法》第三十条、《中华人民共和国企业所得税法实施条例》第九十五条的规定。

你公司2018—2020年度通过在账簿上多列支出（多列管理费用、在不使用黄金的研发项目列支黄金原材料等）、对不使用黄金的研发项目填报黄金研发费用加计扣除等造成少缴企业所得税，是偷税，涉及税款分别为10,652,030.02元、3,664,338.62元、1,895,221.01元，合计16,211,589.65元。上述违法事实，主要有以下证据证实：你公司2018—2020年度加计扣除备案资料、银行流水、纳税申报资料、询问笔录、发函协查资料等。

2. 处罚决定。根据《中华人民共和国税收征收管理法》第六十三条第一款的规定，对你公司2018—2020年度通过在账簿上多列支出少缴的企业所得税16,211,589.65元处以少缴税款50%的罚款，合计8,105,794.83元。

点评：

（1）材料费一般在整个研发费中的占比是比较高的，因此，材料费的合理归集和列支，是加计扣除中至关重要的事项，也是加计扣除中问题最多、风险最大的项目。虚列研发费用并加计扣除，是一种较为常见的以虚假申报进行偷逃税的手段。企业一定要引起足够的重视，在真实、合法的基础上，按照税法的要求进行可税前扣除的研发费用的核算和归集。

（2）对于可加计扣除的研发费用，留存备查资料是重要的一环，除按照规定收集、保管相关的证明材料以外，研发材料的真实性是前提和基础，因此，企业应通过完善内部控制体系和流程，实现研发活动的全流程、全环节可追溯，保证每一环节都有充足的证据证明研发费用核算和归集的合法性和合理性。

由于企业所得税的复杂性，单纯的手工做账和管理已经难以满足税务机关的征管需求，因此企业应适应税收征管的智慧化、数字化转型，在企业管理层面也逐渐往智慧化、数字化方向发展。企业所得税风险管理也应当由"票税"向"数税"转变,由"票税合一"向"业财税合一"转变,实现智慧税务数字化管理。因此,企业可以逐渐完善财税管理工具以进行数字化管理,这样不但可以降低税务检查和稽查风险,也能帮助企业完成业财税一体化转型,实现业财税的智慧化和数字化管理,保证数据传递的及时性和准确性,提高业务流转、发票采集开具、财务做账、产销存管理等多个环节的效率,为企业的发展提供有力支撑。

【思考题】

1. 纳税人身份选择过程中,主要面临哪些税务风险?如何有效管理?
2. 如何针对不同收入项目展开税务风险管理?
3. 如何加强所得税税前扣除凭证的管理?
4. 如何针对不同支出项目展开税务风险管理?
5. 小型微利企业应如何加强税收优惠的税务风险管理?
6. 高新技术企业应如何加强税收优惠的税务风险管理?
7. 如何加强可加计扣除项目的税务风险管理?
8. 从税务机关角度,应如何防止企业所得税优惠政策的滥用?
9. 你认为,企业应如何将数字化手段应用到企业所得税的风险管理中?

第六章 个人所得税的税务风险管理

【学习目标】

- 熟悉个人所得税法的基本规定
- 熟悉外籍个人的税务风险管理
- 掌握应纳税所得额计算的税务风险管理
- 掌握综合所得扣除项目的税务风险管理
- 掌握纳税申报的税务风险管理
- 熟悉扣缴义务人的税务风险管理

第一节 个人所得税的基本规定

一 个人所得税的纳税人

个人所得税的纳税人,包括中国公民、个体工商户、个人独资企业和合伙企业的投资者、在中国有所得的外籍人员(包括无国籍人员)和香港、澳门、台湾同胞。根据住所标准和居住时间标准,一般将纳税人区分为居民个人和非居民个人。

(一)居民个人

居民个人是指在中国境内有住所,或者无住所而一个纳税年度在中国境内居住累计满183天的个人。居民个人承担无限纳税义务,要就其来源于中国境内、境外的全部所得向中国缴纳个人所得税。

一个纳税年度在境内居住累计满183天,是指在一个纳税年度(公历1月1日起至12月31日止)内,在中国境内居住累计满183天。

个人所得税的居民个人包括以下两类:

(1)在中国境内定居的中国公民和外国侨民;

(2) 从公历 1 月 1 日起至 12 月 31 日止，在中国境内累计居住满 183 天的外国人、海外侨胞和香港、澳门、台湾同胞。

（二）非居民个人

非居民个人是在中国境内无住所又不居住，或者无住所而一个纳税年度内在境内居住累计不满 183 天的个人。非居民个人承担有限纳税义务，仅就其来源于中国境内的所得向中国缴纳个人所得税。

无住所个人一个纳税年度内在中国境内累计居住天数，按照个人在中国境内累计停留的天数计算。在中国境内停留的当天满 24 小时的方计入中国境内居住天数。

二 个人所得税的应税所得项目

居民个人取得下列前四项所得称为综合所得，按纳税年度合并计算个人所得税；非居民个人取得下列前四项所得，按月或者按次分项计算个人所得税。纳税人（包括居民个人和非居民个人）取得下列后五项所得，分别计算个人所得税。

（一）工资、薪金所得

工资、薪金所得，是指个人因任职或者受雇而取得的工资、薪金、奖金、年终加薪、劳动分红、津贴、补贴以及与任职或者受雇有关的其他所得。

(1) 对于个人取得的独生子女补贴，执行公务员工资制度未纳入基本工资总额的补贴、津贴差额和家属成员的副食品补贴，托儿补助费，差旅费津贴，误餐补助，不征收个人所得税。

(2) 外国来华留学生领取的生活津贴费、奖学金，不属于工资、薪金范畴，不征收个人所得税。

(3) 个人因公务用车制度改革而取得的公务用车补贴收入，以及因通信制度改革而取得的通信补贴收入，扣除一定标准的公务费用后，按照"工资、薪金所得"项目计征个人所得税。公务费用扣除标准，由省税务机关测算，报经省级人民政府批准后确定，并报国家税务总局备案。

(4) 出租汽车经营单位对出租车司机采取单车承包或承租方式运营的，出租车司机从事客货运营取得的收入，按工资、薪金所得计算缴纳个人所得税。

（二）劳务报酬所得

劳务报酬所得，是指个人独立从事各种非雇佣的劳务所取得的所得。

对于个人仅担任公司董事、监事,且不在公司任职、受雇取得的所得按劳务报酬项目征收个人所得税;对于既在公司(包括关联公司)任职、受雇,又兼任董事、监事的,应将董事费、监事费与个人工资收入合并,统一按"工资、薪金所得"项目缴纳个人所得税。

(三)稿酬所得

稿酬所得,是指个人因其作品以图书、报刊形式出版、发表而取得的所得。

(四)特许权使用费所得

特许权使用费所得,是指个人提供专利权、商标权、著作权、非专利技术以及其他特许权的使用权取得的所得,不包括稿酬所得。

(五)经营所得

经营所得包括:

(1)个体工商户从事生产、经营活动取得的所得,个人独资企业投资人、合伙企业的个人合伙人来源于境内注册的个人独资企业、合伙企业生产、经营的所得。

(2)个人依法从事办学、医疗、咨询以及其他有偿服务活动取得的所得。

(3)个人对企业、事业单位承包经营、承租经营以及转包、转租取得的所得。

(4)个人从事其他生产、经营活动取得的所得。从事个体出租车运营的出租车驾驶员取得的收入,应按照"经营所得"项目计征个人所得税。出租车属个人所有,但挂靠出租汽车经营单位或企事业单位,出租车司机向挂靠单位缴纳管理费的,或出租汽车经营单位将出租车所有权转移给出租车司机的,出租车司机从事客货运输取得的收入,比照个体工商户的生产、经营所得计算缴纳个人所得税。

(5)个体工商户和从事生产、经营的个人,取得与生产、经营活动无关的其他各项应税所得,应分别按照其他应税项目的有关规定,计算征收个人所得税。

(六)利息、股息、红利所得

利息、股息、红利所得,是指个人拥有债权、股权而取得的利息、股息、红利所得。

(七)财产租赁所得

财产租赁所得,是指个人出租不动产、机器设备、车船以及其他财产取得的所得。

个人取得的财产转租收入,属于"财产租赁所得"的征税范围,由财产转租人缴纳个人所得税。

(八)财产转让所得

财产转让所得,是指个人转让有价证券、股权、合伙企业中的财产份额、不动产、机器设备、车船以及其他财产取得的所得。

对个人转让上市公司股票取得的所得暂免征收个人所得税。

(九)偶然所得

偶然所得,是指个人得奖、中奖、中彩以及其他偶然性质的所得。

三 个人所得税应纳税所得额的确定

不同的应税项目,其应纳税所得额的计算标准和方法各不相同,其所适用的税率也有所差异。在确定个人所得税应纳税所得额时,需按上述不同应税项目分项进行,以某项应税项目的收入额减去税法规定的可扣除费用的余额为应纳税所得额。两个以上的个人共同取得同一项收入的,应当对每个人取得的收入分别按照《个人所得税法》的规定计算纳税。

目前的个人所得税法规定的计征方法有三种:

一是按年计征,主要适用于居民个人取得的综合所得、经营所得;

二是按月计征,主要适用于非居民个人取得的工资、薪金所得;

三是按次计征,如利息、股息、红利所得,财产租赁所得,偶然所得,非居民个人取得的劳务报酬所得、稿酬所得、特许权使用费所得。

(一)每次收入的确定

对于按次计征的所得项目,税法规定了每次收入的确定方法。

个人所得税法规定:对纳税人取得的劳务报酬所得,稿酬所得,特许权使用费所得,利息、股息、红利所得,财产租赁所得,偶然所得和其他所得七项所得,按次计算征税。每次所得的具体确定规则如下:

1. 劳务报酬所得

根据不同劳务项目的特点,分别规定为:

(1)只有一次性收入的,以取得该项收入为一次。

(2)属于同一事项连续取得收入的,以一个月内取得的收入为一次。

2. 稿酬所得

以每次出版、发表取得的收入为一次。

3. 特许权使用费所得

以每一项使用权的每一次提供或转让所取得的收入为一次；如果收入是分期支付的，则应将各期收入相加为一次的收入，计征个人所得税。

4. 财产租赁所得

以一个月取得的收入为一次。

5. 利息、股息、红利所得

以支付利息、股息、红利时取得的收入为一次。

6. 偶然所得

以每次收入为一次。

（二）应纳税所得额的确定

（1）居民个人取得综合所得，以每年收入额减除费用60,000元以及专项扣除、专项附加扣除和依法确定的其他扣除后的余额，为应纳税所得额。

①专项扣除，包括居民个人按照国家规定的范围和标准缴纳的基本养老保险、基本医疗保险、失业保险等社会保险费和住房公积金等。

②专项附加扣除，包括子女教育、继续教育、大病医疗、住房贷款利息或者住房租金、赡养老人、3岁以下婴幼儿照护等支出，专项附加扣除的具体范围、标准和实施步骤由国务院确定，并报全国人大常委会备案。

③依法确定的其他扣除，包括个人缴付符合国家规定的企业年金、职业年金，个人购买的符合国家规定的商业健康保险、税收递延型商业养老保险的支出，以及国务院规定可以扣除的其他项目。

（2）非居民个人的工资、薪金所得，以每月收入额减除费用5,000元后的余额为应纳税所得额。

（3）劳务报酬所得、稿酬所得、特许权使用费所得，以每次收入额为应纳税所得额。劳务报酬所得、稿酬所得、特许权使用费所得以收入减除20%的费用后的余额为收入额。稿酬所得的收入额减按70%计算。个人兼有不同的劳务报酬所得，应当分别减除费用，计算缴纳个人所得税。

（4）经营所得，以每一纳税年度的收入总额减除成本、费用及损失后的余额，为应纳税所得额。

取得经营所得的个人，没有综合所得的，在计算其每一纳税年度的应纳税所得额时，应当减除费用60,000元、专项扣除、专项附加扣除以及依法确定的其他扣除。专项附加扣除在办理汇算清缴时减除。

纳税人从事生产、经营活动，未提供完整、准确的纳税资料，不能正确计算应纳税所得额的，由主管税务机关核定其应纳税所得额或者应纳税额。

①个人独资企业的投资者以全部生产经营所得为应纳税所得额；合伙企业的投资者按照合伙企业的全部生产经营所得和合伙协议约定的分配比例，确定应纳税所得额；合伙协议没有约定分配比例的，以全部生产经营所得和合伙人数量为标准平均计算每个投资者的应纳税所得额。

对个体工商户业主、个人独资企业和合伙企业自然人投资者的生产经营所得依法计征个人所得税时，个体工商户业主、个人独资企业和合伙企业自然人投资者本人的费用扣除标准统一确定为60,000元/年（5,000元/月）。

②对企业事业单位的承包经营、承租经营所得，以每一纳税年度的收入总额，减除必要费用（按年减除60,000元）后的余额，为应纳税所得额。这里的每一纳税年度的收入总额，是指纳税义务人按照承包经营、承租经营合同规定分得的经营利润和工资、薪金性质的所得。

（5）财产租赁所得，每次收入不超过4,000元的，减除费用800元；4,000元以上的，减除20%的费用，以其余额为应纳税所得额。

纳税人在出租财产过程中缴纳的税金和教育费附加，可持完税（缴款）凭证，从其财产租赁收入中扣除；对于能够提供有效、准确凭证，证明由纳税人负担的该出租财产实际开支的修缮费用，以每次800元为限扣除，直到扣完为止。

（6）财产转让所得，以转让财产的收入额减除财产原值和合理费用后的余额，为应纳税所得额。财产原值需按税法的规定来计算。

（7）利息、股息、红利所得和偶然所得，以每次收入额为应纳税所得额。

（三）应纳税所得额的其他规定

（1）个人将其所得对教育、扶贫、济困等公益慈善事业进行捐赠，捐赠额未超过纳税人申报的应纳税所得额30%的部分，可以从其应纳税所得额中扣除；国务院规定对公益慈善事业捐赠实行全额税前扣除的，从其规定。

（2）个人所得的形式，包括现金、实物、有价证券和其他形式的经济利益。

（3）居民个人从中国境外取得的所得，可以从其应纳税额中抵免已在境外缴纳的个人所得税税额，但抵免额不得超过该纳税人境外所得依照税法规定计算的应纳税额。

（4）对个人从事技术转让、提供劳务等过程中所支付的中介费，如能提供有效、合法凭证的，允许从其所得中扣除。

四 个人所得税的税率

（一）综合所得适用税率

综合所得适用3%—45%的七级超额累进税率。具体见表6-1。

表6-1　　　　　　　　综合所得税率（全年）

级数	全年应纳税所得额（元）	税率（％）
1	X≤36,000	3
2	36,000<X≤144,000	10
3	144,000<X≤300,000	20
4	300,000<X≤420,000	25
5	420,000<X≤660,000	30
6	660,000<X≤960,000	35
7	X>960,000	45

非居民个人取得工资、薪金所得，劳务报酬所得，稿酬所得和特许权使用费所得，依照综合所得年税率表按月换算后计算应纳税额。具体见表6-2。

表6-2　　　　　　　　综合所得税率（按月）

级数	月度应纳税所得额（元）	税率（％）
1	X≤3,000	3
2	3,000<X≤12,000	10

续表

级数	月度应纳税所得额（元）	税率（%）
3	12,000<X≤25,000	20
4	25,000<X≤35,000	25
5	35,000<X≤55,000	30
6	55,000<X≤80,000	35
7	X>80,000	45

（二）经营所得适用税率

经营所得适用5%—35%的五级超额累进税率。具体见表6-3。

表6-3　　　　　　　　　　经营所得税率

级数	全年应纳税所得额（元）	税率（%）
1	X≤30,000	5
2	30,000<X≤90,000	10
3	90,000<X≤300,000	20
4	300,000<X≤500,000	30
5	X>500,000	35

（三）其他所得适用税率

利息、股息、红利所得，财产租赁所得，财产转让所得和偶然所得适用比例税率，税率为20%。

五　境外所得已纳个人所得税的抵免

纳税人从中国境外取得的所得，准予其在应纳税额中扣除已在境外缴纳的个人所得税税额。但扣除额不得超过该纳税人境外所得依照中国个人所得税法规定计算的应纳税额。

所谓已在境外缴纳的个人所得税税额，是指纳税人从中国境外取得的所得，依照该所得来源国家或者地区的法律应当缴纳并且已经实际缴纳的税额。所谓依照中国个人所得税法规定计算的应纳税额，是指纳税人从中国境外取得的所得，区别不同国家或者地区和不同应税项目，依照中国个人所得税法规定的费用减除标准和适用税率计算的应纳税额；

同一国家或者地区不同应税项目,依照中国个人所得税法计算的应纳税额之和,为该国家或者地区的抵免限额。总之,中国实行的是分国不分项的抵免限额计算办法。

纳税人在中国境外一个国家或者地区实际已经缴纳的个人所得税税额,低于依照上述规定计算出的该国家或者地区抵免限额的,应当在中国缴纳差额部分的税款;超过该国家或者地区抵免限额的,其超过部分不得在本纳税年度的应纳税额中扣除,但是可以在以后纳税年度的该国家或者地区抵免限额的余额中补扣,补扣期限最长不得超过5年。

六 个人所得税税收优惠

(一)免征个人所得税的优惠

(1)省级人民政府、国务院部委和中国人民解放军军以上单位,以及外国组织颁发(颁布)的科学、教育、技术、文化、卫生、体育、环境保护等方面的奖金(奖学金)。

(2)国债和国家发行的金融债券利息。

(3)按照国务院规定发给的政府特殊津贴、院士津贴,以及国务院规定免予缴纳个人所得税的其他补贴、津贴。

(4)符合条件的福利费、抚恤金、救济金。

(5)保险赔款。

(6)军人的转业费、复员费。对退役士兵按照《退役士兵安置条例》规定,取得的一次性退役金以及地方政府发放的一次性经济补助,免征个人所得税。

(7)按照国家统一规定发给干部、职工的安家费、退职费、基本养老金或者退休费、离休费、离休生活补助费。

(8)依照中国有关法律规定应予免税的各国驻华使馆、领事馆的外交代表、领事官员和其他人员的所得。

(9)中国政府参加的国际公约以及签订的协议中规定免税的所得。

(10)符合条件的基金或者类似性质组织,奖励见义勇为者的奖金或奖品,经主管税务机关核准,免征个人所得税。

(11)企业和个人按照省级以上人民政府规定的比例缴付的住房公积金、医疗保险金、基本养老保险金、失业保险金,允许在个人应纳税所得额中扣除,免予征收个人所得税。超过规定的比例缴付的部分应并入个人当期的工资、薪金收入,计征个人所得税。

个人领取原提存的住房公积金、医疗保险金、基本养老保险金时，免予征收个人所得税。

对按照国家或省级地方政府规定的比例缴付的住房公积金、医疗保险金、基本养老保险金和失业保险金存入银行个人账户所取得的利息收入，免征个人所得税。

（12）储蓄机构内从事代扣代缴工作的办税人员取得的扣缴利息税手续费所得，免征个人所得税。

（13）生育妇女按照县级以上人民政府根据国家有关规定制定的生育保险办法，取得的生育津贴、生育医疗费或其他属于生育保险性质的津贴、补贴，免征个人所得税。

（14）对工伤职工及其近亲属按照《工伤保险条例》规定取得的工伤保险待遇，免征个人所得税。

（15）对个体工商户或个人，以及个人独资企业和合伙企业的投资者从事种植业、养殖业、饲养业和捕捞业取得的所得暂不征收个人所得税。

（16）个人举报、协查各种违法、犯罪行为而获得的奖金。

（17）个人办理代扣代缴税款手续，按规定取得的扣缴手续费。

（18）个人转让自用达5年以上，并且是唯一的家庭生活用房取得的所得。

（19）确因工作需要，适当延长离休、退休年龄的高级专家，其在延长离休、退休期间的工资、薪金所得，视同退休工资、离休工资，免征个人所得税。

（20）外籍个人从外商投资企业取得的股息、红利所得。

（21）符合条件的外籍专家取得的工资、薪金所得可免征个人所得税。

（22）符合条件的拆迁补偿款（含因棚户区改造而取得的拆迁补偿款），免征个人所得税。

（23）对个人转让上市公司股票取得的所得暂免征收个人所得税。自2008年10月9日起，对证券市场个人投资者取得的证券交易结算资金利息所得，暂免征收个人所得税。

（24）个人从公开发行和转让市场取得的上市公司股票，持股期限在1个月以内（含1个月）的，其股息、红利所得全额计入应纳税所得额；持股期限在1个月以上至1年（含1年）的，股息、红利所得暂减按

50%计入应纳税所得额；持股期限超 1 年的，股息、红利所得暂免征收个人所得税；上述所得统一适用 20%的税率计征个人所得税。

（25）个人取得的下列中奖所得：

①单张有奖发票奖金所得不超过 800 元（含 800 元）的，暂免征收个人所得税；个人取得单张有奖发票奖金所得超过 800 元的，应全额按"偶然所得"项目征收个人所得税。

②购买社会福利有奖募捐奖券、体育彩票一次中奖收入不超过 10,000 元的暂免征收个人所得税；对一次中奖收入超过 10,000 元的，应全额征税。

（26）乡镇企业的职工和农民取得的青苗补偿费，暂不征收个人所得税。

（27）经国务院财政部门批准免税的所得。

（二）减征个人所得税的优惠

（1）个人投资者持有 2019—2023 年发行的铁路债券取得的利息收入，减按 50%计入应纳税所得额计算征收个人所得税。税款由兑付机构在向个人投资者兑付利息时代扣代缴。

（2）自 2019 年 1 月 1 日起至 2027 年 12 月 31 日止，一个纳税年度内在船航行时间累计满 183 天的远洋船员，其取得的工资、薪金收入减按 50%计入应纳税所得额，依法缴纳个人所得税。

（3）对个体工商户年应纳税所得额不超过 200 万元的部分，减半征收个人所得税。个体工商户在享受现行其他个人所得税优惠政策的基础上，可叠加享受该优惠政策。个体工商户不区分征收方式，均可享受。

（4）有下列情形之一的，可以减征个人所得税，具体幅度和期限，由省、自治区、直辖市人民政府规定，并报同级人民代表大会常务委员会备案。

①残疾、孤老人员和烈属的所得。

②因自然灾害遭受重大损失的。

③国务院可以规定其他减税情形，报全国人民代表大会常务委员会备案。

第二节　个人所得税应纳税额的计算与征收管理

按税法的规定，不同的应税项目，按照各自的税率来计算，具体的计算方法如下。

一　居民个人综合所得应纳税额的计算

（一）应纳税额计算的一般规定

应纳税额＝全年应纳税所得额×适用税率－速算扣除数

　　　　＝（全年收入额－60,000元－专项扣除－专项附加扣除－其他扣除）×适用税率－速算扣除数

（二）全年一次性奖金相关征税问题的规定

（1）全年一次性奖金是指行政机关、企事业单位等扣缴义务人根据其全年经济效益和对雇员全年工作业绩的综合考核情况，向雇员发放的一次性奖金。一次性奖金也包括年终加薪、实行年薪制和绩效工资办法的单位根据考核情况兑现的年薪和绩效工资。

（2）全年一次性奖金的计税。居民个人取得全年一次性奖金，在2027年12月31日前，可选择不并入当年综合所得，按以下计税办法，由扣缴义务人发放时代扣代缴：将居民个人取得的全年一次性奖金，除以12个月，按其商数依照按月换算后的综合所得税率表确定适用税率和速算扣除数。

居民个人取得全年一次性奖金，也可以选择并入当年综合所得计算纳税。

居民个人取得除全年一次性奖金以外的其他各种名目奖金，如半年奖、季度奖、加班奖、先进奖、考勤奖等，一律与当月工资、薪金收入合并，按税法规定缴纳个人所得税。

在一个纳税年度内，对每一个纳税人，该计税办法只允许采用一次。

实行年薪制和绩效工资的单位，居民个人取得年终兑现的年薪和绩效工资按上述方法执行。

二　经营所得应纳税额的计算

经营所得应纳税额的计算公式为：

应纳税额＝全年应纳税所得额×适用税率－速算扣除数

或：应纳税额=（全年收入总额-成本、费用以及损失）×适用税率-速算扣除数

（一）个体工商户应纳税额的计算

个体工商户应纳税所得额的计算，以权责发生制为原则，属于当期的收入和费用，无论款项是否收付，均作为当期的收入和费用；不属于当期的收入和费用，即使款项已经在当期收付，均不作为当期的收入和费用。

个体工商户的生产、经营所得，以每一纳税年度的收入总额，减除成本、费用、税金、损失、其他支出以及允许弥补的以前年度亏损后的余额，为应纳税所得额。

具体的扣除项目及标准按以下规定执行：

（1）个体工商户实际支付给从业人员的、合理的工资、薪金支出，准予扣除。个体工商户业主的费用扣除标准，确定为60,000元/年。个体工商户业主的工资、薪金支出不得税前扣除。

（2）个体工商户按规定的范围和标准为其业主和从业人员缴纳的基本养老保险费、基本医疗保险费、失业保险费、生育保险费、工伤保险费和住房公积金，准予扣除。

个体工商户为从业人员缴纳的补充养老保险费、补充医疗保险费，分别在不超过从业人员工资总额5%标准内的部分据实扣除；超过部分，不得扣除。

个体工商户业主本人缴纳的补充养老保险费、补充医疗保险费，以当地（地级市）上年度社会平均工资的3倍为计算基数，分别在不超过该计算基数5%标准内的部分据实扣除；超过部分，不得扣除。

个体工商户按规定为特殊工种从业人员支付的人身安全保险费可以扣除，个体工商户业主为本人或者为从业人员支付的不符合规定的商业保险费，不得扣除。

（3）符合条件的利息支出，准予扣除。

（4）个体工商户向当地工会组织拨缴的工会经费、实际发生的职工福利费支出、职工教育经费支出分别在工资、薪金总额的2%、14%、2.5%的标准内据实扣除。超过规定标准的职工教育经费，准予在以后纳税年度结转扣除。

（5）每一纳税年度发生的与其生产经营业务直接相关的业务招待费

支出，按照发生额的60%扣除，但最高不得超过当年销售（营业）收入的5‰。

（6）个体工商户每一纳税年度发生的与其生产经营活动直接相关的广告费和业务宣传费不超过当年销售（营业）收入15%的部分，可以据实扣除；超过部分，准予在以后纳税年度结转扣除。

（7）个体工商户根据生产经营活动的需要租入固定资产支付的租赁费，可以按照规定的方法扣除。

（8）个体工商户参加财产保险，按照规定缴纳的保险费，准予扣除。

（9）个体工商户发生的合理的劳动保护支出，准予扣除。

（10）个体工商户通过公益性社会团体或者县级以上人民政府及其部门，用于《中华人民共和国公益事业捐赠法》规定的公益事业的捐赠，捐赠额不超过其应纳税所得额30%的部分可以据实扣除；但直接对受益人的捐赠和赞助支出不得扣除。

（11）个体工商户研究开发新产品、新技术、新工艺所发生的开发费用，以及研究开发新产品、新技术而购置单台价值在10万元以下的测试仪器和试验性装置的购置费准予直接扣除；单台价值在10万元以上（含10万元）的测试仪器和试验性装置，按固定资产管理，不得在当期直接扣除。

（二）个人独资企业和合伙企业应纳税额的计算

对个人独资企业和合伙企业生产经营所得，其个人所得税应纳税额的计算有以下两种方法：

1. 查账征税

自2019年1月1日起，个人独资企业和合伙企业投资者的生产经营所得依法计征个人所得税时，个人独资企业和合伙企业投资者本人的费用扣除标准统一确定为60,000元/年，即5,000元/月，但投资者的工资不得在税前扣除。

自2022年1月1日起，持有股权、股票、合伙企业财产份额等权益性投资的个人独资企业、合伙企业，一律适用查账征收方式计征个人所得税。

投资者及其家庭发生的生活费用不允许在税前扣除。投资者及其家庭发生的生活费用与企业生产经营费用混合在一起，并且难以划分的，全部视为投资者个人及其家庭发生的生活费用，不允许在税前扣除。

企业生产经营和投资者及其家庭生活共用的固定资产，难以划分的，由主管税务机关根据企业的生产经营类型、规模等具体情况，核定准予在税前扣除的折旧费用的数额或比例。

其他成本、费用、税金、损失等的扣除方法，与个体工商户一致。

2. 核定征收

核定征收方式，包括定额征收、核定应税所得率征收以及其他合理的征收方式。

实行核定应税所得率征收方式的，应纳所得税额的计算公式为：

应纳所得税额＝应纳税所得额×适用税率

应纳税所得额＝收入总额×应税所得率

或：应纳税所得额＝成本费用支出额÷（1－应税所得率）×应税所得率

取得经营所得的个人，没有综合所得的，计算其每一纳税年度的应纳税所得额时，应当减除费用 60,000 元、专项扣除、专项附加扣除以及依法确定的其他扣除，专项附加扣除在办理汇算清缴时减除。

三　财产租赁所得应纳税额的计算

应纳税所得额的计算公式为：

（1）每次（月）收入不超过 4,000 元的：

应纳税所得额＝每次（月）收入额－准予扣除项目－修缮费用（800 元为限）－800 元

（2）每次（月）收入超过 4,000 元的：

应纳税所得额＝［每次（月）收入额－准予扣除项目－修缮费用（800 元为限）］×（1－20%）

应纳税额＝应纳税所得额×20%

对个人按市场价格出租的居民住房取得的所得，自 2001 年 1 月 1 日起暂减按 10% 的税率征收个人所得税。

四　财产转让所得应纳税额的计算

财产转让所得应纳税额的计算公式为：

应纳税额＝应纳税所得额×适用税率＝（收入总额－财产原值－合理费用）×20%

这里需要注意：

个人转让股权所得在计征个人所得税时，以股权转让方为纳税人，以受让方为扣缴义务人。扣缴义务人应于股权转让相关协议签订后5个工作日内,将股权转让的有关情况报告主管税务机关。对于纳税人转让价格偏低并且没有正当理由的,税务机关有权按照税法规定的方法核定股权转让收入。

五 利息、股息、红利所得和偶然所得应纳税额的计算

利息、股息、红利所得和偶然所得应纳税额的计算公式为:

应纳税额=应纳税所得额×适用税率=每次收入额×20%

六 个人所得税应纳税额计算中的特殊问题

(一)关于非居民个人和无住所居民个人有关个人所得税的政策

(1)非居民个人境内居住时间累计不超过90天,仅就归属于境内工作期间并由境内雇主支付或者负担的工资、薪金所得计算缴纳个人所得税。

(2)非居民个人境内居住时间累计超过90天不满183天,取得归属于境内工作期间的工资、薪金所得,均应当计算缴纳个人所得税;其取得归属于境外工作期间的工资、薪金所得,不征收个人所得税。

(3)非居民个人境内居住时间累计超过183天,则成为居民个人,负有无限纳税义务,需区分两种情况分别处理:

①居民个人在境内居住累计满183天的年度连续不满六年,其取得的全部工资、薪金所得除归属于境外工作期间且由境外单位或者个人支付的工资、薪金所得部分外,均应计算缴纳个人所得税。

②居民个人在境内居住累计满183天的年度连续满六年,其从境内、境外取得的全部工资、薪金所得均应计算缴纳个人所得税。

(4)非居民个人为高管人员

高管包括企业正、副(总)经理,各职能总师,总监及其他类似公司管理层的职务。

①高管人员在境内居住时间累计不超过90天,其取得由境内雇主支付或者负担的工资、薪金所得应当计算缴纳个人所得税,不是由境内雇主支付或者负担的工资、薪金所得,不缴纳个人所得税。

②高管人员在境内居住时间累计超过90天不满183天,其取得的工资、薪金所得,除归属于境外工作期间且不是由境内雇主支付或者负担的部分外,应当计算缴纳个人所得税。

(5)无住所个人在境内任职、受雇取得来源于境内的工资、薪金所得,凡境内雇主与境外单位或者个人存在关联关系,将本应由境内雇主支付的工资、薪金所得,部分或者全部由境外关联方支付的,无住所个人可以自行申报缴纳税款,也可以委托境内雇主代为缴纳税款。无住所个人未委托境内雇主代为缴纳税款的,境内雇主应当在相关所得支付当月终了后15天内向主管税务机关报告相关信息,包括境内雇主与境外关联方对无住所个人的工作安排、境外支付情况以及无住所个人的联系方式等信息。

(二)对个人因解除劳动合同取得经济补偿金、办理企业年金和职业年金、个人养老金等征税问题的规定

1. 对个人因解除劳动合同取得经济补偿金的征税方法

(1)企业依照国家有关法律规定宣告破产,企业职工从该破产企业取得的一次性安置费收入,免征个人所得税。

(2)个人因与用人单位解除劳动关系而取得的一次性补偿收入(包括用人单位发放的经济补偿金、生活补助费和其他补助费用),其收入在当地上年职工平均工资3倍数额以内的部分,免征个人所得税;超过3倍数额的部分,不并入当年综合所得,单独适用综合所得税率表计算纳税。个人在解除劳动合同后再次任职、受雇的,已纳税的一次性补偿收入不再与再次任职、受雇的工资、薪金所得合并计算补缴个人所得税。

(3)个人领取一次性补偿收入时按照国家和地方政府规定的比例实际缴纳的住房公积金、医疗保险费、基本养老保险费、失业保险费,可以在计征其一次性补偿收入的个人所得税时予以扣除。

2. 个人提前退休取得补贴收入征收个人所得税的规定

自2019年1月1日起,个人办理提前退休手续而取得的一次性补贴收入,应按照办理提前退休手续至法定离退休年龄之间实际年度数平均分摊,确定适用税率和速算扣除数,单独适用综合所得税率表计算纳税。

3. 企业年金、职业年金个人所得税的规定

(1)企业和事业单位根据国家有关政策规定的办法和标准,为在本单位任职或者受雇的全体职工缴付的企业年金或职业年金的单位缴费部分,在计入个人账户时,个人暂不缴纳个人所得税。

(2)个人根据国家有关政策规定缴付的年金个人缴费部分,在不超过本人缴费工资计税基数的4%标准内的部分,暂从个人当期的应纳税所得额中扣除。

（3）超过规定的标准缴付的年金单位缴费和个人缴费部分，应并入个人当期的工资、薪金所得，依法计征个人所得税。税款由建立年金的单位代扣代缴，并向主管税务机关申报解缴。

（4）年金基金投资运营收益分配计入个人账户时，个人暂不缴纳个人所得税。

（5）领取年金的个人所得税处理：

①个人达到国家规定的退休年龄，领取的企业年金、职业年金，符合规定的，不并入综合所得，全额单独计算应纳税款。其中按月领取的，适用月度税率表计算纳税；按季领取的，平均分摊计入各月，按每月领取额适用月度税率表计算纳税；按年领取的，适用综合所得税率表计算纳税。

②个人因出境定居而一次性领取的年金个人账户资金，或个人死亡后，其指定的受益人或法定继承人一次性领取的年金个人账户余额，适用综合所得税率表计算纳税。对个人除上述特殊原因外一次性领取年金个人账户资金或余额的，适用月度税率表计算纳税。

（6）个人领取年金时，其应纳税款由受托人代表委托人委托托管人代扣代缴。年金账户管理人应及时向托管人提供个人年金缴费及对应的个人所得税纳税明细。托管人根据受托人指令及账户管理人提供的资料，按照规定计算扣缴个人当期领取年金待遇的应纳税款，并向托管人所在地主管税务机关申报解缴。

（7）建立年金计划的单位、年金托管人，应按照《中华人民共和国个人所得税法》和《中华人民共和国税收征收管理法》的有关规定，实行全员全额扣缴明细申报。受托人有责任协调相关管理人依法向税务机关办理扣缴申报、提供相关资料。

建立年金计划的单位应于建立年金计划的次月15日内，向其所在地主管税务机关报送年金方案、人力资源和社会保障部门出具的方案备案函、计划确认函以及主管税务机关要求报送的其他相关资料。年金方案、受托人、托管人发生变化的，应于发生变化的次月15日内重新向其主管税务机关报送上述资料。

4. 关于商业健康保险的个人所得税规定

（1）自2017年7月1日起，对个人购买符合规定的商业健康保险产品的支出，允许在当年（月）计算应纳税所得额时予以税前扣除，扣除限额为2,400元/年（200元/月）。单位统一为员工购买符合规定的商业健康保险产品的支出，应分别计入员工个人工资、薪金，视同个人购买，按上述限额予以扣除。

（2）单位统一组织为员工购买或者单位和个人共同负担购买符合规定的商业健康保险产品，单位负担部分应当实名计入个人工资、薪金明细清单，视同个人购买，并自购买产品次月起，在不超过200元/月的标准内按月扣除。一年内保费金额超过2,400元的部分，不得税前扣除。以后年度续保时，按上述规定执行。个人自行退保时，应及时告知扣缴单位。个人相关退保信息保险公司应及时传递给税务机关。

（3）个体工商户业主、企事业单位承包承租经营者、个人独资和合伙企业投资者自行购买符合条件的商业健康保险产品的，在不超过2,400元/年的标准内据实扣除。一年内保费金额超过2,400元的部分，不得税前扣除。以后年度续保时，按上述规定执行。

5. 个人兼职和退休人员再任职取得收入个人所得税的征税方法

个人兼职取得的收入应按照"劳务报酬所得"应税项目缴纳个人所得税；退休人员再任职取得的收入，在减除按个人所得税法规定的费用扣除标准后，按"工资、薪金所得"应税项目缴纳个人所得税。

6. 个人养老金有关个人所得税政策

自2022年1月1日起，对个人养老金实施递延纳税优惠政策。在缴费环节，个人向个人养老金资金账户的缴费，按照12,000元/年的限额标准，在综合所得或经营所得中据实扣除；在投资环节，计入个人养老金资金账户的投资收益暂不征收个人所得税；在领取环节，个人领取的个人养老金，不并入综合所得，单独按照3%的税率计算缴纳个人所得税，其缴纳的税款计入"工资、薪金所得"项目。

（三）对个人取得不竞争款项、获得企业促销礼品、获得企业购买房产等征税问题的规定

1. 企业向个人支付不竞争款项征收个人所得税的规定

资产购买方企业向个人支付的不竞争款项，属于个人因偶然因素取得的一次性所得，为此，资产出售方企业自然人股东取得的所得，应按照"偶然所得"项目计算缴纳个人所得税，税款由资产购买方企业在向资产出售方企业自然人股东支付不竞争款项时代扣代缴。

2. 企业促销展业赠送礼品个人所得税的规定

（1）企业在销售商品（产品）和提供服务过程中向个人赠送礼品，

属于下列情形之一的，不征收个人所得税：

①企业通过价格折扣、折让方式向个人销售商品（产品）和提供服务；

②企业在向个人销售商品（产品）和提供服务的同时给予赠品，如通信企业对个人购买手机赠话费、入网费，或者购话费赠手机等；

③企业对累计消费达到一定额度的个人按消费积分反馈礼品。

（2）企业向个人赠送礼品，属于下列情形之一的，取得该项所得的个人应依法缴纳个人所得税，税款由赠送礼品的企业代扣代缴：

①企业在业务宣传、广告等活动中，随机向本单位以外的个人赠送礼品（包括网络红包），以及企业在年会、座谈会、庆典以及其他活动中向本单位以外的个人赠送礼品，对个人取得的礼品所得，按照"偶然所得"项目，全额适用20%的税率缴纳个人所得税。但企业赠送的具有价格折扣或折让性质的消费券、代金券、抵用券、优惠券等礼品除外。

②企业对累计消费达到一定额度的顾客，给予额外抽奖机会，个人的获奖所得，按照"偶然所得"项目，全额适用20%的税率缴纳个人所得税。

（3）企业赠送的礼品是自产产品（服务）的，按该产品（服务）的市场销售价格确定个人的应税所得；该礼品是外购商品（服务）的，按该商品（服务）的实际购置价格确定个人的应税所得。

3. 企业资金为个人购房的个人所得税征税方法

个人取得以下情形的房屋或其他财产，无论所有权人是否将财产无偿或有偿交付企业使用，其实质均为企业对个人进行了实物性质的分配，应依法计征个人所得税。

（1）企业出资购买房屋及其他财产，将所有权登记为投资者个人、投资者家庭成员或企业其他人员的。

（2）企业投资者个人、投资者家庭成员或企业其他人员向企业借款用于购买房屋及其他财产，将所有权登记为投资者、投资者家庭成员或企业其他人员，且借款年度终了后未归还借款的。

（3）对个人独资企业、合伙企业的个人投资者或其家庭成员取得的上述所得，视为企业对个人投资者的利润分配，按照"个体工商户的生产、经营所得"项目计征个人所得税；对除个人独资企业、合伙企业以外其他企业的个人投资者或其家庭成员取得的上述所得，视为企业对个人投资者的红利分配，按照"利息、股息、红利所得"项目计征个人所得税；对企业其他人员取得的上述所得，按照"工资、薪金所得"项目计征个人所得税。

（四）个人对外投资的相关征税规定

1. 个人转让非货币性资产所得征收个人所得税的规定

个人以非货币性资产投资，属于个人转让非货币性资产和投资同时发生。对个人转让非货币性资产的所得，应按照"财产转让所得"项目，依法计算缴纳个人所得税。

（1）个人以非货币性资产投资，应按评估后的公允价值确认非货币性资产转让收入，以非货币性资产转让收入减除该资产原值及合理税费后的余额为应纳税所得额。

（2）个人以非货币性资产投资，应于非货币性资产转让、取得被投资企业股权时，确认非货币性资产转让收入的实现。个人应在发生上述应税行为的次月15日内向主管税务机关申报纳税。纳税人一次性缴税有困难的，可合理确定分期缴纳计划并报主管税务机关备案后，自发生上述应税行为之日起不超过5个公历年度内（含）分期缴纳个人所得税。

（3）个人以非货币性资产投资交易过程中取得现金补价的，现金部分应优先用于缴税；现金不足以缴纳的部分，可分期缴纳。个人在分期缴税期间转让其持有的上述全部或部分股权，并取得现金收入的，该现金收入应优先用于缴纳尚未缴清的税款。

（4）非货币性资产投资个人所得税由纳税人向主管税务机关自行申报缴纳。纳税人以不动产投资的，以不动产所在地税务机关为主管税务机关；纳税人以其持有的企业股权对外投资的，以该企业所在地税务机关为主管税务机关；纳税人以其他非货币资产投资的，以被投资企业所在地税务机关为主管税务机关。

2. 个人终止投资经营收回款项征收个人所得税的规定

个人因各种原因终止投资、联营、经营合作等行为，从被投资企业或合作项目、被投资企业的其他投资者以及合作项目的经营合作人取得股权转让收入、违约金、补偿金、赔偿金及以其他名目收回的款项等，均属于个人所得税应税收入，应按照"财产转让所得"项目适用的规定计算缴纳个人所得税。

3. 关于创业投资企业个人合伙人和天使投资个人有关个人所得税的规定

（1）符合条件的合伙创投企业采取股权投资方式直接投资于符合条件的初创科技型企业满2年（24个月）的，合伙创投企业的个人合伙人可以按照对初创科技型企业投资额的70%抵扣个人合伙人从合伙创投企业分得的经营所得；当年不足抵扣的，可以在以后纳税年度结转抵扣。

（2）符合条件的天使投资个人采取股权投资方式直接投资于符合条件的初创科技型企业满2年的，可以按照投资额的70%抵扣转让该初创科技型企业股权取得的应纳税所得额；当期不足抵扣的，可以在以后取得转让该初创科技型企业股权的应纳税所得额时结转抵扣。

天使投资个人投资多个初创科技型企业的，对其中办理注销清算的初创科技型企业，天使投资个人对其投资额的70%尚未抵扣完的，可自注销清算之日起36个月内抵扣天使投资个人转让其他初创科技型企业股权取得的应纳税所得额。

（五）个人取得股权期权等股权激励和现金奖励等征税问题的规定

（1）个人股票期权所得个人所得税的征税方法，具体如下。

①员工接受实施股票期权计划企业授予的股票期权时，除另有规定外，一般不作为应税所得征税。

②员工行权时，其从企业取得股票的实际购买价（施权价）低于购买日公平市场价（指该股票当日的收盘价）的差额，是员工与任职、受雇有关的所得，应按"工资、薪金所得"项目适用的规定计算缴纳个人所得税。

对因特殊情况，员工在行权日之前将股票期权转让的，以税法规定的方法计算的转让净收入，作为工资、薪金所得征收个人所得税。

③员工将行权后的股票再转让时获得的高于购买日公平市场价的差额，是因个人在证券二级市场上转让股票等有价证券而获得的所得，应按照"财产转让所得"项目适用的征免规定计算缴纳个人所得税。

④员工因拥有股权而参与企业税后利润分配取得的所得，应按照"利息、股息、红利所得"项目适用的规定计算缴纳个人所得税。

⑤凡取得股票期权的员工在行权日不实际买卖股票，而按行权日股票期权所指定股票的市场价与施权价之间的差额，直接从授权企业取得价差收益的，该项收益应作为员工取得的股票期权形式的工资、薪金所

得，按照上述有关规定计算缴纳个人所得税。

（2）股票增值权所得和限制性股票所得的个人所得税规定具体如下。

对于个人从上市公司（含境内、境外上市公司）取得的股票增值权所得和限制性股票所得，比照"个人股票期权所得个人所得税的征税方法"的有关规定，由上市公司或其境内机构按照"工资、薪金所得"项目和股票期权所得个人所得税计税方法，计算征收个人所得税。

股票增值权个人所得税纳税义务发生时间为上市公司向被授权人兑现股票增值权所得的日期。

（3）非上市公司授予本公司员工的股票期权、股权期权、限制性股票和股权奖励，符合规定条件的，经向主管税务机关备案，可实行递延纳税政策，即员工在取得股权激励时可暂不纳税，递延至转让该股权时纳税；股权转让时，按照股权转让收入减除股权取得成本以及合理税费后的差额，适用"财产转让所得"项目，按照20%的税率计算缴纳个人所得税。

（4）个人以技术成果投资入股境内居民企业，被投资企业支付的对价全部为股票（权）的，可选择继续按现行有关税收政策执行，也可选择适用递延纳税优惠政策：经向主管税务机关备案，投资入股当期可暂不纳税，允许递延至转让股权时，按股权转让收入减去技术成果原值和合理税费后的差额计算缴纳所得税。

个人选择适用上述任一项政策，均允许被投资企业按技术成果投资入股时的评估值入账，并在企业所得税税前摊销扣除。

（5）配套管理措施具体如下。

①对股权激励或技术成果投资入股选择适用递延纳税政策的，企业应在规定期限内到主管税务机关办理备案手续。未办理备案手续的，不得享受本规定的递延纳税优惠政策。

②企业实施股权激励或个人以技术成果投资入股，以实施股权激励或取得技术成果的企业为个人所得税扣缴义务人。递延纳税期间，扣缴义务人应在每个纳税年度终了后向主管税务机关报告递延纳税有关情况。

③工商部门应将企业股权变更信息及时与税务部门共享，暂不具备联网实时共享信息条件的，工商部门应在股权变更登记3个工作日内将信息与税务部门共享。

（六）促进科技成果转化取得股权奖励有关个人所得税的规定

（1）科研机构、高等学校转化职务科技成果以股份或出资比例等股权形式给予科技人员个人奖励，经主管税务机关审核后，暂不征收个人所得税。

（2）在获奖人按股份、出资比例获得分红时，对其所得按"利息、股息、红利所得"应税项目征收个人所得税。

（3）获奖人转让股权、出资比例，对其所得按"财产转让所得"应税项目征收个人所得税，财产原值为零。

（4）享受上述优惠政策的科技人员必须是科研机构和高等学校的在编正式职工。

（5）自 2016 年 1 月 1 日起，全国范围内的高新技术企业转化科技成果，给予本企业相关技术人员的股权奖励，个人一次缴纳税款有困难的，可根据实际情况自行制订分期缴税计划，在不超过 5 个公历年度内（含）分期缴纳，并将有关资料报主管税务机关备案。

（七）科技人员取得职务科技成果转化现金奖励有关个人所得税政策

依法批准设立的非营利性研究开发机构和高等学校根据《中华人民共和国促进科技成果转化法》规定，从职务科技成果转化收入中给予科技人员的现金奖励，可减按 50% 计入科技人员当月"工资、薪金所得"，依法缴纳个人所得税。

（八）律师、保险营销员、证券经纪人取得收入的征税规定

1. 律师事务所从业人员取得收入征收个人所得税的有关规定

（1）律师个人出资兴办的独资和合伙性质的律师事务所的年度经营所得，作为出资律师的个人经营所得，按照有关规定，比照"经营所得"应税项目征收个人所得税。在计算其经营所得时，出资律师本人的工资、薪金不得扣除。

（2）合伙制律师事务所应将年度经营所得全额作为基数，按出资比例或者事先约定的比例计算各合伙人应分配的所得，据以征收个人所得税。

（3）律师个人出资兴办的律师事务所，在无法查账征收或者不按规定进行纳税申报的，主管税务机关有权核定出资律师个人的应纳税额。

（4）兼职律师从律师事务所取得工资、薪金性质的所得，律师事务所在代扣代缴其个人所得税时，不再减除《中华人民共和国个人所得税法》规定的费用扣除标准，以收入全额直接确定适用税率，计算扣缴个

人所得税。

兼职律师应于次月 7 日内自行向主管税务机关申报两处或两处以上取得的工资、薪金所得，合并计算缴纳个人所得税。

（5）律师以个人名义再聘请其他人员为其工作而支付的报酬，应由该律师按"劳务报酬所得"应税项目负责代扣代缴个人所得税。

（6）律师从接受法律事务服务的当事人处取得法律顾问费或其他酬金等收入，应并入其从律师事务所取得的其他收入，按照规定计算缴纳个人所得税。

2. 保险营销员、证券经纪人佣金收入的政策

保险营销员、证券经纪人取得的佣金收入，属于劳务报酬所得，自 2019 年 1 月 1 日起，以不含增值税的收入减除 20%的费用后的余额为收入额；收入额减去展业成本以及附加税费后，并入当年综合所得，计算缴纳个人所得税。保险营销员、证券经纪人的展业成本按照收入额的 25%计算。

扣缴义务人向保险营销员、证券经纪人支付佣金收入时，应按照《个人所得税扣缴申报管理办法（试行）》规定的累计预扣法计算预扣税款。

七 个人所得税的征收管理与纳税申报

（一）全员全额扣缴申报纳税

税法规定，扣缴义务人向个人支付应税款项时，应当依照《中华人民共和国个人所得税法》规定预扣或者代扣税款，按时缴库，并专项记载备查。

全员全额扣缴申报，是指扣缴义务人应当在代扣税款的次月 15 日内，向主管税务机关报送其支付所得的所有个人的有关信息、支付所得数额、扣除事项和数额、扣缴税款的具体数额和总额以及其他相关涉税信息资料。

（1）扣缴义务人。扣缴义务人，是指向个人支付所得的单位或者个人。所称支付，包括现金支付、汇拨支付、转账支付和以有价证券、实物以及其他形式的支付。

（2）代扣预扣税款的范围。现行个人所得税规定的应税项目，都应实施全员全额扣缴申报。

（3）扣缴义务人向居民个人支付工资、薪金所得时，应当按照累计预扣法计算预扣税款，并按月办理扣缴申报。居民个人取得全年一次性

奖金、半年奖、季度奖、加班奖、先进奖、考勤奖等各种名目奖金时，也须与当月工资、薪金收入合并，按税法规定缴纳（扣缴）个人所得税。

居民个人向扣缴义务人提供有关信息并依法要求办理专项附加扣除的，扣缴义务人应当按照规定在工资、薪金所得按月预扣预缴税款时予以扣除，不得拒绝。

年度预扣预缴税额与年度应纳税额不一致的，由居民个人于次年3月1日至6月30日向主管税务机关办理综合所得年度汇算清缴，税款多退少补。

自2020年7月1日起，对一个纳税年度内首次取得工资、薪金所得的居民个人，扣缴义务人在预扣预缴个人所得税时，可按照5,000元/月乘以纳税人当年截至本月月份数计算累计减除费用。

自2021年1月1日起，对符合条件的居民个人，扣缴义务人在预扣预缴本年度工资、薪金所得个人所得税时，累计减除费用自1月起直接按照全年60,000元计算扣除。在纳税人累计收入不超过60,000元的月份，暂不预扣预缴个人所得税；在其累计收入超过60,000元的当月及年内后续月份，再预扣预缴个人所得税。

扣缴义务人应当按规定办理全员全额扣缴申报，并在《个人所得税扣缴申报表》相应纳税人的备注栏注明"上年各月均有申报且全年收入不超过60,000元"字样。

（4）扣缴义务人向居民个人支付劳务报酬所得、稿酬所得、特许权使用费所得时，应当按照规定的方法按次或者按月预扣预缴税款。

居民个人办理年度综合所得汇算清缴时，应当依法计算劳务报酬所得、稿酬所得、特许权使用费所得的收入额，并入年度综合所得计算应纳税款，税款多退少补。

（5）扣缴义务人向非居民个人支付工资、薪金所得，劳务报酬所得，稿酬所得和特许权使用费所得时，应当按照规定的方法按月或者按次代扣代缴税款。

非居民个人在一个纳税年度内税款扣缴方法保持不变，达到居民个人条件时，应当告知扣缴义务人基础信息变化情况，年度终了后按照居民个人有关规定办理汇算清缴。

（6）扣缴义务人支付利息、股息、红利所得，财产租赁所得，财产转让所得或者偶然所得时，应当依法按次或者按月代扣代缴税款。

(7) 扣缴义务人未将扣缴的税款解缴入库的，不影响纳税人按照规定申请退税，税务机关应当凭纳税人提供的有关资料办理退税。

(8) 扣缴义务人责任与义务

①支付工资、薪金所得的扣缴义务人应当于年度终了后 2 个月内，向纳税人提供其个人所得和已扣缴税款等信息。纳税人年度中间需要提供上述信息的，扣缴义务人应当提供。

纳税人取得除工资、薪金所得以外的其他所得，扣缴义务人应当在扣缴税款后，及时向纳税人提供其个人所得和已扣缴税款等信息。

②扣缴义务人应当按照纳税人提供的信息计算税款、办理扣缴申报，不得擅自更改纳税人提供的信息。

扣缴义务人发现纳税人提供的信息与实际情况不符的，可以要求纳税人修改。纳税人拒绝修改的，扣缴义务人应当报告税务机关，税务机关应当及时处理。

纳税人发现扣缴义务人提供或者扣缴申报的个人信息、支付所得、扣缴税款等信息与实际情况不符的，有权要求扣缴义务人修改。扣缴义务人拒绝修改的，纳税人应当报告税务机关，税务机关应当及时处理。

③扣缴义务人对纳税人提供的《个人所得税专项附加扣除信息表》，应当按照规定妥善保存备查。

④扣缴义务人应当依法对纳税人报送的专项附加扣除等相关涉税信息和资料保密。

⑤对扣缴义务人按照规定扣缴的税款，按年付给2%的手续费，不包括税务机关、司法机关等查补或者责令补扣的税款。扣缴义务人领取的扣缴手续费可用于提升办税能力、奖励办税人员。

⑥扣缴义务人依法履行代扣代缴义务，纳税人不得拒绝。纳税人拒绝的，扣缴义务人应当及时报告税务机关。

⑦扣缴义务人有未按照规定向税务机关报送资料和信息、未按照纳税人提供信息虚报虚扣专项附加扣除、应扣未扣税款、不缴或少缴已扣税款、借用或冒用他人身份等行为的，依照《中华人民共和国税收征收管理法》等相关法律、行政法规处理。

(9) 代扣代缴期限。扣缴义务人每月或者每次预扣、代扣的税款，应当在次月 15 日内缴入国库，并向税务机关报送《个人所得税扣缴申报表》。

扣缴义务人首次向纳税人支付所得时，应当按照纳税人提供的纳税人识别号等基础信息，填写《个人所得税基础信息表（A表）》，并于次月扣缴申报时向税务机关报送。

扣缴义务人对纳税人向其报告的相关基础信息变化情况，应当于次月扣缴申报时向税务机关报送。

（二）自行申报纳税

自行申报纳税，是由纳税人自行在税法规定的纳税期限内，向税务机关申报取得的应税所得项目和数额，如实填写个人所得税纳税申报表，并按照税法规定计算应纳税额，据此缴纳个人所得税的一种方法。

1. 需要办理纳税申报的情形

有下列情形之一的，纳税人应当依法办理纳税申报：

（1）取得综合所得需要办理汇算清缴；

（2）取得应税所得没有扣缴义务人；

（3）取得应税所得，扣缴义务人未扣缴税款；

（4）取得境外所得；

（5）因移居境外注销中国户籍；

（6）非居民个人在中国境内从两处以上取得工资、薪金所得；

（7）国务院规定的其他情形。

2. 取得综合所得需要办理汇算清缴的纳税申报

取得综合所得且符合下列情形之一的纳税人，应当依法办理汇算清缴的纳税申报：

（1）两处以上取得综合所得，且综合所得年收入额减除专项扣除后的余额超过60,000元；

（2）取得劳务报酬所得、稿酬所得、特许权使用费所得中一项或者多项所得，且综合所得年收入额减除专项扣除的余额超过60,000元；

（3）纳税年度内预缴税额低于应纳税额；

（4）纳税人申请退税。

需要办理汇算清缴的纳税人，应当在取得所得的次年3月1日至6月30日内，向任职、受雇单位所在地主管税务机关办理纳税申报，并报送《个人所得税年度自行纳税申报表》。纳税人有两处以上任职、受雇单位的，选择向其中一处任职、受雇单位所在地主管税务机关办理纳税申报；纳税人没有任职、受雇单位的，向户籍所在地或经常居住地主管税务机关办理纳税申报。

纳税人办理综合所得汇算清缴,应当准备与收入、专项扣除、专项附加扣除、依法确定的其他扣除、捐赠、享受税收优惠等相关的资料,并按规定留存备查或报送。

纳税人办理汇算清缴退税或者扣缴义务人为纳税人办理汇算清缴退税的,税务机关审核后,按照国库管理的有关规定办理退税。纳税人申请退税时提供的汇算清缴信息有错误的,税务机关应当告知其更正;纳税人更正的,税务机关应当及时办理退税。

纳税人申请退税,应当提供其在中国境内开设的银行账户,并在汇算清缴地就地办理税款退库。

3. 取得经营所得的纳税申报

纳税人取得经营所得,按年计算个人所得税,由纳税人在月度或季度终了后 15 日内,向经营管理所在地主管税务机关办理预缴纳税申报,并报送《个人所得税经营所得纳税申报表(A 表)》。在取得所得的次年 3 月 31 日前,向经营管理所在地主管税务机关办理汇算清缴,并报送《个人所得税经营所得纳税申报表(B 表)》;从两处以上取得经营所得的,选择向其中一处经营管理所在地主管税务机关办理年度汇总申报,并报送《个人所得税经营所得纳税申报表(C 表)》。

4. 取得应税所得,扣缴义务人未扣缴税款的纳税申报

纳税人取得应税所得,扣缴义务人未扣缴税款的,应当区别以下情形办理纳税申报:

(1)居民个人取得综合所得的,符合条件的,应当依法办理汇算清缴。

(2)非居民个人取得工资、薪金所得,劳务报酬所得,稿酬所得,特许权使用费所得的,应当在取得所得的次年 6 月 30 日前,向扣缴义务人所在地主管税务机关办理纳税申报,并报送《个人所得税自行纳税申报表(A 表)》。有两个以上扣缴义务人均未扣缴税款的,选择向其中一处扣缴义务人所在地主管税务机关办理纳税申报。

非居民个人在次年 6 月 30 日前离境(临时离境除外)的,应当在离境前办理纳税申报。

(3)纳税人取得利息、股息、红利所得,财产租赁所得,财产转让所得和偶然所得的,应当在取得所得的次年 6 月 30 日前,按相关规定向

主管税务机关办理纳税申报,并报送《个人所得税自行纳税申报表(A表)》。

税务机关通知限期缴纳的,纳税人应当按照期限缴纳税款。

纳税人取得应税所得没有扣缴义务人的,应当在取得所得的次月15日内向税务机关报送纳税申报表,并缴纳税款。

5. 取得境外所得的纳税申报

居民个人从中国境外取得所得的,应当在取得所得的次年3月1日至6月30日内,向中国境内任职、受雇单位所在地主管税务机关办理纳税申报;在中国境内没有任职、受雇单位的,向户籍所在地或中国境内经常居住地主管税务机关办理纳税申报;户籍所在地与中国境内经常居住地不一致的,选择其中一地主管税务机关办理纳税申报;在中国境内没有户籍的,向中国境内经常居住地主管税务机关办理纳税申报。

6. 非居民个人在中国境内从两处以上取得工资、薪金所得的纳税申报

非居民个人在中国境内从两处以上取得工资、薪金所得的,应当在取得所得的次月15日内,向其中一处任职、受雇单位所在地主管税务机关办理纳税申报,并报送《个人所得税自行纳税申报表(A表)》。

(三)纳税申报方式

纳税人可以采用远程办税端、邮寄等方式申报,也可以直接到主管税务机关申报。

第三节 个人所得税纳税人的税务风险分析与管理

在中国现行的个人所得税法下,基于税收征管效率的考虑,大部分的应税所得项目都由扣缴义务人履行代扣代缴义务,但是也有一部分项目是由纳税人自行申报的,本节内容主要围绕着由纳税人自行申报纳税项目面临的税务风险展开分析,并提出相应的税务风险管理措施。

一 外籍个人的税务风险管理

(一)非居民纳税人的税务风险

《财政部 税务总局关于非居民个人和无住所居民个人有关个人所得

税政策的公告》（财政部　税务总局公告 2019 年第 35 号）规定：无住所个人预先判定为居民个人，因缩短居住天数不能达到居民个人条件的，在不能达到居民个人条件之日起至年度终了 15 天内，应当向主管税务机关报告，按照非居民个人重新计算应纳税额，申报补缴税款，不加收税收滞纳金。需要退税的，按照规定办理。

非居民个人与居民个人在个人所得税的计税方式、税率适用以及特殊计税项目（比如一个月内取得数月奖金）等方面都存在差异，因此非居民个人一旦达成了居民个人的条件，就应按照税法的要求，及时向主管税务机关报告，并按照居民个人的相关规定计算缴纳个人所得税。如果非居民个人有享受税收协定待遇，也应及时填报《非居民纳税人享受税收协定待遇情况报告表（个人所得税 B 表）》，以便充分享受税收协定待遇，并按规定归集和留存相关资料备查，避免多缴税的风险。

此外，非居民个人需要准确判断其所得来源地，特别是在境内有不同渠道、不同性质的多种收入来源时，要严格按照税法的规定判断来源于中国境内的所得，按照中国的税法就来自中国境内的所得计算缴纳个人所得税，以免被税务机关认定为逃税行为而面临补税、罚款和加收滞纳金的处罚，进而影响其纳税信用，造成不必要的税务风险。

（二）居民纳税人的税务风险

实务中，很多外籍个人可能属于无住所个人，但是如果一个纳税年度内，在中国境内居住满 183 天，将会被认定为个人所得税的居民纳税人。但是对于无住所外籍人士，被认定为居民纳税人并不意味着一定需要就来源于境外的所得在中国缴税，《中华人民共和国个人所得税法实施条例》第四条规定：在中国境内无住所的个人，在中国境内居住累计满 183 天的年度连续不满六年的，经向主管税务机关备案，其来源于中国境外且由境外单位或者个人支付的所得，免予缴纳个人所得税；在中国境内居住累计满 183 天的任一年度中有一次离境超过 30 天的，其在中国境内居住累计满 183 天的年度的连续年限重新起算。《财政部　税务总局关于在中国境内无住所的个人居住时间判定标准的公告》（财政部　税务总局公告 2019 年第 34 号）进一步明确：无住所个人一个纳税年度在中国境内累计居住满 183 天的，如果此前六年在中国境内每年累计居住天数都满 183 天而且没有任何一年单次离境超过 30 天，该纳税年度来源于中国境内、境外所得应当缴纳个人所得税；如果此前六年的任一年在中国境内累计居住天数不满 183 天或者单次离境超过 30 天，该纳税年度来源于中国境外且由境外单位或者个人支付的所得，免予缴纳个人所得税。所称此前六年，是指该纳税年度的前一年至前六年的连续六个年度。

根据这些政策，对于无住所的外籍个人，如果满足了上述"六年"规则，就需要将来源于中国境内、境外的收入在中国缴纳个人所得税。如果满足了条件而又不将其境内、境外取得的全部工资、薪金所得一起计算缴纳个人所得税，就会产生漏缴个人所得税的风险。因此，外籍的居民纳税人要么按税法的规定全额申报、缴纳个人所得税，要么中断"六年"规则，具体做法就是自 2019 年开始计算，避免在连续的六年中，每年都是中国税收居民，或在六年中任意一年，一次性离境超过 30 天，这样就可以避免外籍个人就境外所得在中国负有的纳税义务。

二　应纳税所得额计算的税务风险管理

个人所得税的征税项目不同，在计算应纳税所得额时面临的税务风险也各不相同。接下来，将基于不同的征税项目，分别对其面临的税务风险展开分析，并提出管控措施。对于采用查账征收方式征税的经营所得，其应纳税所得的计算过程与企业所得税基本一样，在本章就不再赘述。

（一）工资、薪金所得的税务风险

1. 工资、薪金所得的税务风险

工资、薪金所得是企业支付给在本企业任职或者受雇的员工的劳动报酬。按照现行税法的规定，工资、薪金所得虽然由企业在支付时履行代扣代缴义务，但纳税人仍然需要在下一年度的 3 月 1 日到 6 月 30 日之前进行汇算清缴，如果不及时进行汇算，会给纳税人带来税务风险，并且会影响到纳税人的纳税信用。

在汇算清缴过程中，纳税人要特别注意是否就全部工资、薪金所得进行了申报；在从两处或者两处以上取得工资、薪金所得时，要自行审核是否都进行了申报，特别是有来源于境外的工资、薪金所得时，更需要引起纳税人的特别关注，防止因漏报而产生税务风险。随着中国对外投资的发展，员工外派越来越成为一种常态，在这种情况下，外派员工可能会从境内公司和境外公司同时领取工资、薪金性质的所得，在这种情况下纳税人就需要及时进行纳税申报，防止税务风险。

此外，纳税人还应确认来源于境外并在境外已纳税的所得，是否按税法规定的抵扣或扣缴方法，正确计算扣缴个人所得税。如果申请扣除已在境外缴纳的个人所得税税额，则应当提供境外税务机关填发的完税凭证原件。

2. 特殊收入形式未缴税的税务风险

按照个人所得税法的规定，除了常见的收入形式，还有一些特殊的收入形式或者工作形式也需要按照工资、薪金所得计算缴纳个人所得税。这里面比较常见的主要有以下三种。

（1）员工个人向企业借款的税务风险

根据《财政部 国家税务总局关于企业为个人购买房屋或其他财产征收个人所得税问题的批复》（财税〔2008〕83号）：用企业的资产为员工个人购买房屋或其他财产，或者当年既没有归还也没有用于企业生产经营活动的借款，按照"工资、薪金所得"项目计征个人所得税。如果存在这种情况，特别是员工借款的情况，企业通常会在账面上挂"其他应收账款"科目，若员工没有及时归还，按照税法规定，应视同员工个人收入，按照"工资、薪金所得"项目计征个税，但企业如果未代扣代缴个人所得税，而员工也未将这种收入进行申报从而少缴了个人所得税，企业和员工都面临着税务风险。因此，企业每年年末应核查有无员工个人借款尚未归还的情况，如果存在，应确保借款是用于企业的生产经营活动并保留相关的证明材料；如果存在应确认为员工个人收入的情形，应按照"工资、薪金所得"代扣代缴个人所得税，并及时通知员工进行纳税申报。

（2）对企业员工的业绩奖励的税务风险

现行个人所得税法规定：对商品营销活动中，企业和单位对营销业绩突出人员以培训班、研讨会、工作考察等名义组织旅游活动，通过免收差旅费、旅游费对个人实行的营销业绩奖励（包括实物、有价证券等），应根据所发生费用全额计入营销人员应税所得，依法征收个人所得税，并由提供上述费用的企业和单位代扣代缴。其中，对企业雇员享受的此类奖励，应与当期的工资、薪金合并，按照"工资、薪金所得"项目征收个人所得税；对其他人员享受的此类奖励，应作为当期的劳务收入，按照"劳务报酬所得"项目征收个人所得税。

如果企业对本企业雇员的营销业绩的奖励，未根据所发生费用全额计入企业雇员应税所得并与当期的工资、薪金合并，按照"工资、薪金所得"项目扣缴个人所得税，则企业将面临税务风险；由于企业未按照规定履行代扣代缴义务，则员工个人极大可能会漏报这种类型的收入，从而造成少缴税的税务风险。因此，如果存在这种行为，应严格按税法的规定履行代扣代缴义务，同时将相关涉税事项及时通知员工进行纳税申报。

(3) 退休返聘人员工资、薪金的税务风险

根据《国家税务总局关于个人兼职和退休人员再任职取得收入如何计算征收个人所得税问题的批复》（国税函〔2005〕382号）的规定：退休人员再任职取得的收入，在减除按个人所得税法规定的费用扣除标准后，按"工资、薪金所得"应税项目缴纳个人所得税。但实务中，企业聘任的退休返聘人员，由于无须缴纳社会保险，因此，在进行会计核算时，通常直接按照工资、薪金全额进行发放，企业未按"工资、薪金所得"项目扣缴个人所得税；而员工收到款项后，经常将其与退休工资混同而不进行纳税申报，造成少缴税的风险。因此，如果企业聘任已退休人员，应按"工资、薪金所得"项目代扣代缴个人所得税，同时将相关涉税事项及时通知员工进行纳税申报。

3. 工资、薪金结构不合理多缴税的风险

在现行个人所得税制下，符合标准的差旅费津贴和误餐补助不征收个人所得税，省级人民政府批准的标准内的公务用车和通信补贴收入也不征收个人所得税，因此企业在计算和发放工资时，应该将这些项目单独进行会计核算，在代扣代缴个人所得税时，将这些项目从应纳税所得额中剔除，并保留相关资料备查。

税法规定，个人按照国家或省级人民政府规定的缴费比例或办法实际缴付的基本养老保险费、基本医疗保险费、失业保险费以及住房公积金，允许在其个人应纳税所得额中扣除。目前，单位或个人可以在不超过职工本人上一年度月平均工资12%的幅度内将其实际缴存的住房公积金在个人应纳税所得额中扣除。有的企业不愿意按照最高的12%的比例为个人缴纳住房公积金，其实这种做法是不恰当的。正确的做法是在保持工资、薪金总额不变的情况下，按照公积金的12%来为员工缴纳公积金。从企业角度看，公积金不计入企业所得税的工资、薪金总额，由此可以相应降低社会保险费的缴费基数；从个人角度看，公积金属于可以税前扣除的项目，而且个人在提取公积金的时候，也不需要缴纳个人所得税。如果企业基于自身的实际情况无法按规定的比例来缴纳，则员工

可以与企业协商不足部分由个人承担,同时减少个人应发的工资、薪金,这样可以将一部分应税收入转化为不缴税的住房公积金存款。

现实中还有一种常见的避税手段:为了少缴个人所得税,将本来应该以工资、奖金等形式发放的薪酬,采取让员工找发票来报销的方式。这种做法会给企业带来极大的税务风险:一方面,员工用来报销的发票,可能与公司的生产经营活动并没有直接的关系,或者虽然有直接的关系,但属于限额扣除的项目,由此导致在计算缴纳企业所得税时,无法或无法全额在税前扣除;另一方面,如果员工取得的发票属于虚开并用于报销,则企业将面临接受虚开发票的税务风险,在智慧税务和以数治税的征管模式下,与发票相关的所有信息基本处于税务机关的监控之下,税务风险极大,因此企业应尽力避免这方面的税务风险。

实务中,也经常会出现企业以现金的方式给员工发放工资,这种方法一方面可能会造成现金管理方面的违法,另一方面如果用现金发放工资是为了规避个人所得税、隐匿收入,或是偷逃税款等,在金税四期的背景下,这种行为可能会引起税务机关的重点关注,增加企业的涉税风险。

4. 工资、薪金福利化

对大多数人来说,其所取得的工资、薪金中,有相当一部分是用于与工作相关的支出,如交通费、午餐费、房屋租金等。如果由个人来承担,则需要用个人的税后收入来支付;但如果由企业来承担,并相应地调整工资、薪金总额,则相当于个人用税前收入支付了这些费用。因此,企业可以考虑为员工提供班车、购置专用的办公设备、免费的工作餐、提供免费的宿舍等。一方面这些隐形的福利解决了员工的实际需求,另一方面又可以在降低企业的社会保险缴费基数的同时,降低员工的个人所得税负担。并且,这种行为只要是真实、合理的,就不会造成税务风险,原因在于:按照现行税法,对于集体享受的、不可分割的、未向个人量化的非现金方式的福利,原则上不征收个税。

在工资、薪金福利化过程中,应深刻理解税法的要求,并严格按照税法的要求来处理,以免产生税务风险。

(二) 劳务报酬所得的税务风险

从实践看,劳务报酬所得的税务风险主要表现在以下两个方面:

1. 劳务报酬所得与稿酬所得混同的税务风险

由于劳务报酬和稿酬所得在计算收入额时的方法不一样,使得稿酬所得的税负低于劳务报酬，而两者之间又存在千丝万缕的联系，因此实践中经常会出现将两者混同的情况，造成税务风险。

《中华人民共和国个人所得税法实施条例》第六条第（三）项规定：稿酬所得，是指个人因其作品以图书、报刊等形式出版、发表而取得的所得。如果严格按照税法，则必须是在公开发行的图书、报纸、杂志上发表文章而取得的所得才能归为稿酬所得，其他形式的属于劳务报酬。但随着信息技术的发展，广播、电视、网站、公众号、数字图书、数字杂志等形式的出版物越来越普遍，在这种情况下，稿酬所得的范围也应相应地扩大，但到目前为止，还没有权威的有权机构对这个问题作出进一步的解释，这是法律层面的不明确导致的税务风险。

此外，对于劳务报酬所得和稿酬所得容易混淆的第二个差异是作者身份引致的。根据《国家税务总局关于个人所得税若干业务问题的批复》（国税函〔2002〕146号）第三条规定：任职、受雇于报纸、杂志等单位的记者与编辑等专业人员，因在本单位报纸和杂志上发表作品取得的所得，属于因任职、受雇而取得的所得，应与其当月工资收入合并，按"工资、薪金所得"项目征收个人所得税。除上述专业人员以外，其他人员在本单位的报纸、杂志上发表作品取得的所得，应按"稿酬所得"项目征收个人所得税。

这两方面的问题结合起来，就带来一个问题：比如为企业的微信公众号写文章取得的所得如何缴纳个人所得税？江苏税务机关曾以漫画图文的方式，就此问题答复过：非传媒企业员工为本企业微信公众号撰写文章取得的所得，应当按照"工资、薪金所得"项目缴纳个人所得税；为其他企业微信公众号撰写文章取得的所得，暂按"稿酬所得"项目缴纳个人所得税。

在实务中，由于稿酬所得，工资、薪金所得和劳务报酬所得经常难以准确界定，因此为了避免税务风险，企业应加强与税务机关的沟通，争取能够以主管税务机关认可的项目类型计算缴纳个人所得税，特别对于头条、微信等兼具社交和媒体功能的平台，因为其在支付所得时负有代扣代缴义务，到底按哪个项目代扣代缴个人所得税也是其需要面对的现实问题。

2. 劳务报酬所得与经营所得混同的税务风险

劳务报酬所得归属于综合所得，其适用的最高一级税率为45%，而且其费用按限额扣除；而经营所得，是用收入扣除成本、费用、税金、损失等项目后计算应纳税所得，其适用的最高一级税率为35%。并且，经营所得有两种计税方式：一种是查账征税，另一种是核定征税。如果成本费用比较少，或者无法取得成本、费用等的合法、有效的扣除凭证时，采用核定征税的方法将大幅度降低个人所得税负担水平。而且，对于个人独资企业和个体工商户而言，个人行为与企业行为并没有本质的差别，由此会导致在对所得的认定方面出现差异，进而导致税务风险的发生。

【案例6-1】2021年H市税务部门利用税收大数据分析发现网络主播黄某涉嫌偷逃税款，经税务机关多次提醒督促仍整改不彻底，遂依法依规对其进行立案并开展了全面深入的税务检查。经查，黄某在2019—2020年，通过隐匿个人收入、虚构业务转换收入性质、虚假申报等方式偷逃税款6.43亿元，其他少缴税款0.6亿元。

在税务调查过程中，黄某能够配合并主动补缴税款5亿元，同时主动报告税务机关尚未掌握的涉税违法行为。综合考虑上述情况，国家税务总局H市税务机关稽查局依据《中华人民共和国个人所得税法》《中华人民共和国税收征收管理法》《中华人民共和国行政处罚法》等相关法律法规规定，按照《Z省税务行政处罚裁量基准》，对黄某追缴税款、加收滞纳金并处罚款，共计13.41亿元。其中，对隐匿收入偷税但主动补缴的5亿元和主动报告的少缴税款0.31亿元，处0.6倍罚款计3.19亿元；对隐匿收入偷税但未主动补缴的0.27亿元，处4倍罚款计1.09亿元；对虚构业务转换收入性质偷税少缴的1.16亿元，处1倍罚款计1.16亿元。

点评：

（1）对于个人所得税的经营所得，其与劳务报酬之间，并无明确的分界，因此纳税人应在准确理解税法的基础上，合理地归属所得项目，以免引致税务风险。如果利用个人独资企业、合伙企业虚构业务，将个人从事劳务项目取得的劳务报酬所得转换为企业经营所得进行虚假申报以偷逃税款，必然会被税务机关认定为逃税行为而进行处罚。

（2）在金税四期下，借助大数据分析和各部门的信息共享，税务机关将会全面了解纳税人的收入、支出情况，因此诚实纳税是降低税务风险的最好措施。如果税务机关对纳税人进行了风险提示，纳税人应认真展开自查，按照税务机关的要求进行整改，这样可能会避免税务机关对纳税人展开全面深入的税务检查。在"以数治税"的监管大环境下，企业和个人的税务违法行为被发现的概率大大提升，税务合规的要求不断增强。与其被税务机关发现并予以处罚，不如积极自查、整改，一方面提前化解了自身的税务风险，另一方面在面临处罚时也可以争取从轻、减轻处罚。

（3）一旦被税务机关发现问题，就应积极配合税务机关的检查和稽查，争取"首违不罚"和能够适用刑法修正案（七）在第二百零一条中增设的第四款：经税务机关依法下达追缴通知后，补缴应纳税款和滞纳金，并且接受行政处罚的，可不追究刑事责任；但是，五年内因逃避缴纳税款受过刑事处罚或者被税务机关给予二次以上行政处罚的除外。因此，纳税人在因为逃税问题被税务机关处罚后，一定要合法、合规纳税，以避免五年内再次发生逃税行为。

（4）应当把握好税务筹划与逃税的区别。根据黄某丈夫的陈述，黄某曾经聘请专业团队进行"税务筹划"，但从结果看，黄某采用的税务筹划方案显然是不合法的。税务筹划的前提是合法且合理，与逃税有着明显的区别，因此在实务中，纳税人一定要把握好税务筹划与逃税之间的度。

（三）利息、股息、红利所得的税务风险

利息、股息、红利所得中，股息、红利涉及股东分红的个人所得税问题，是税收风险的高发地。该项所得面临的主要涉税务风险是是否缴纳以及是否按时缴纳了个人所得税。根据税法的规定，下列情形都需要按照利息、股息、红利所得项目计算缴纳个人所得税。

（1）企业（除个人独资企业、合伙企业）出资购买房屋及其他财产，将所有权登记为投资者个人、投资者家庭成员；

（2）企业投资者（除个人独资企业、合伙企业）个人、投资者家庭成员向企业借款用于购买房屋及其他财产，将所有权登记为投资者、投资者家庭成员，且借款年度终了后未归还借款的；

（3）银行及金融机构、其他企业，在向持有债券的个人兑付利息时，除国债和国家发行的金融债券外的利息；

（4）企业对职工个人以股份形式取得的企业量化资产参与利润分配而获得的股息、红利；

(5) 企业员工因拥有股权而参与企业税后利润分配取得的所得；

(6) 企业向个人投资者派发股息、红利。

实践中常见的问题是在向自然人股东进行利润分配时，未按规定扣缴个人所得税；股东个人及其家庭成员在企业列支与企业生产经营活动无关的支出而未按利息、股息、红利所得项目扣缴个人所得税；纳税年度内个人投资者（个人独资企业、合伙企业除外）从其投资企业借款，在该纳税年度终了后既不归还，又未用于企业生产经营，未按照股息、利息、红利所得项目扣缴个人所得税。而且，与这三种行为相关的税务案件也非常多，不乏因此而与税务机关对簿公堂。

【案例6-2】甲传媒有限公司、国家税务总局F市税务机关稽查局税务行政管理（税务）二审行政判决书（室号〔2020〕闽01行终351号），在判决书中，F市中级人民法院作出如下判决：

……上诉人存在以企业资金为股东卞某、程某支付购房款的事实能够成立……对于上诉人以企业资金为股东支付购房款共人民币20,392,897元的事实，依法应视为企业对个人投资者的红利分配，应依照"利息、股息、红利所得"项目计征个人所得税……认定上诉人应扣未扣"利息、股息、红利所得"个人所得税款4,078,579.4（20392897×20%）元，应补扣缴人民币4,078,579.4元，事实清楚、依据充分。

……原F市地方税务机关稽查局认定上诉人两股东卞某、程某借款共人民币6,203,000元未用于企业生产经营，且在纳税年度内未归还，……对于两股东向上诉人借款人民币6,203,000元，视为企业对个人投资者的红利分配，依照"利息、股息、红利所得"项目计征个人所得税，事实清楚。……上诉人应扣未扣"利息、股息、红利所得"个人所得税款人民币1,240,600元，应补扣缴人民币1,240,600元。

综上，上诉人应补扣缴上述两项个人所得税款共计人民币5,319,179.4元。原F市地方税务机关稽查局在作出本案被诉行政处罚决定前，已于2015年11月12日向上诉人作出《税务处理事项告知书》，已告知了上诉人应补缴的税款以及在税务行政处罚决定之前主动补缴的，则处以未代扣代缴个人所得税款5,319,179.4元0.5倍的罚款，但上诉人在原F市地方税务机关稽查局2016年5月16日作出被诉处罚决定前未能主动补缴税款。据此，原F市地方税务机关稽查局根据《中华人民共和国税收征收管理法》第六十九条的规定，对上诉人应扣未扣个人所得税款的行为，处以应扣未扣税款1.5倍罚款计人民币7,978,769.1元，事实清楚、适用法律正确、量罚适当。上诉人关于对于其首次违法行为，原F市地方税务机关稽查局对其处以应扣未扣、应收未收税款1.5倍罚款有误的主张，不能成立。

虽然利息、股息、红利所得一般情况下由支付方在支付时代扣代缴税款，但由于支付方可能并未意识到这种行为需要缴纳个人所得税，因而并未履行扣缴义务，由此造成纳税人未及时进行纳税申报，造成少缴税款的税务风险。因此，作为支付方，特别是企业，应利用智慧化信息管理系统，自动核查有无将利润分配给自然人股东而未按规定扣缴个人所得税的情况；核查相关费用科目，确认是否存在投资者本人及其家庭成员列支费用情形；重点核查"其他应收款"账户，确认是否存在投资者个人向企业借款而在年度终了后未归还的情况。如果存在按照税法规定应确认为利息、股息、红利所得的情形，就应按规定代扣代缴个人所得税，并及时告知纳税人进行个人所得税纳税申报。

实务中，经常有企业将资本公积、留存收益转增股本，特别是企业在IPO过程中，一般都会涉及转增股本，从而必然涉及个人所得税问题，也因此这个问题经常会成为证券交易所和监管机构最经常问询的问题，民营企业更会因为这个问题而引起监管部门的关注，原因在于民营企业在增资与转增股本过程的税务风险控制意识比较薄弱，也缺少其他外部监管机构对其转增股本的程序进行监管。

【案例6-3】甲公司是一家航空制造业上市公司，主要从事飞机部件及系统的研发、制造等。2019年1月22日，经甲公司股东会审议通过，公司拟进行股份制改造，同时全体股东同意使用资本公积—资本溢价15,218.2万元转增实收资本，其中涉及个人股东5名，共增资8,234.5万元；法人股东5名，共增资6,983.7万元。个人股东分别是张某、浦某、楼某、王某、徐某，依次增资7,160万元、357.5万元、357.5万元、179.75万元、179.75万元。甲公司于2020年提交了《招股说明书》。

2021年3月10日，S市税务局稽查局作出税务处理决定书，认定在上述资本溢价转增股本过程中，甲公司未代扣代缴"利息、股息、红利所得"个人所得税1,646.9万元（其中，张某1,432万元、浦某71.5万元、楼某71.5万元、王某35.95万元、徐某35.95万元），责令乙公司补扣补缴"利息、股息、红利所得"个人所得税1,646.9万元。

2021年9月15日，深交所向甲公司下发《审核问询函》，要求甲公司对上述未代扣代缴个人所得税行为的影响作出说明。甲公司经核查后说明：2020年股份制改造过程中未代扣代缴个人所得税系因对税务法规理解偏差所致，非主观故意，根据税务机关出具的情况说明，税务机关仅要求发行人进行补税处理，未予行政处罚，因此不属于重大违法行为。

点评：

（1）根据《国家税务总局关于股份制企业转增股本和派发红股征免个人所得税的通知》（国税发〔1997〕198号）第一条规定：股份制企业用资本公积金转增股本不属于股息、红利性质的分配，对个人取得的转增股本数额，不作为个人所得，不征收个人所得税。

根据《国家税务总局关于原城市信用社在转制为城市合作银行过程中个人股增值所得应纳个人所得税的批复》（国税函〔1998〕289号）第二条规定：《国家税务总局关于股份制企业转增股本和派发红股征免个人所得税的通知》（国税发〔1997〕198号）中所表述的"资本公积金"是指股份制企业股票溢价发行收入所形成的资本公积金。将此种类型的资本公积金转增股本而由个人取得的数额，不作为应税所得征收个人所得税。而与此不相符合的其他资本公积金分配个人所得部分，应当依法征收个人所得税。

根据《国家税务总局关于股权奖励和转增股本个人所得税征管问题的公告》（国家税务总局公告2015年第80号）等规定，上市公司股本溢价转增股本不需要代扣个税，非上市公司资本溢价转增实收资本，应当视同股息、红利分配扣缴个人所得税。

基于上述文件，实务界对于资本溢价转增资本应否代扣代缴个人所得税是存在争议的，而且各地税务机关的做法也不完全一致。但从税法立法的角度，普遍认为公开上市前产生的资本公积转增资本，应当视同股息、红利分配扣缴个人所得税。

（2）企业在转增股本之前应与税务机关进行充分的沟通，在得到税务机关的确认后，再实施转增方案并进行相应的税务处理，以避免和控制相关的税务风险。

（四）非货币性资产投资的税务风险

非货币性资产，是指现金、银行存款等货币性资产以外的资产，包括股权、不动产、技术发明成果以及其他形式的非货币性资产。个人以非货币性资产对外投资，属于个人对外转让非货币性资产和用转让所得再进行投资同时发生。因此，个人发生非货币性资产对外投资时，包含税法上所确认的财产转让行为，如果取得的被投资企业的股权价值高于该资产原值的部分，属于个人财产转让所得，应按"财产转让所得"计算缴纳个人所得税。根据现行税法，结合税收实践，在非货币性资产对外投资过程中，纳税人面临的主要税务风险包括以下几个方面。

1. 应纳税所得额计算的税务风险

依据现行税法，个人以非货币性资产投资，应按评估后的公允价值确认非货币性资产转让收入。非货币性资产转让收入减除该资产原值及合理税费后的余额为应纳税所得额。

公允价值是确认非货币性资产投资收入的基础，纳税人应选择有资质的评估机构对拟用于对外投资的非货币性资产作出合理的评估，保留充分的证据材料备查。

按照税法的要求，资产原值和合理税费是可以扣除的项目，纳税人应收集相应的证据以证明财产原值的真实性和合理性，在纳税人无法提供完整、准确的非货币性资产原值凭证、不能正确计算非货币性资产原值的，主管税务机关可依法核定其非货币性资产原值。在税务机关核定财产原值的过程中，企业应加强与税务机关的沟通，尽量让税务机关核定的财产原值更贴近非货币性资产的真实原值，避免税务机关核定的财产原值低于实际价值而造成多缴税的风险。

2. 收入确认时间的税务风险

税法规定，对于个人以非货币性资产投资，应于非货币性资产转让、取得被投资企业股权时，确认非货币性资产转让收入的实现。因此，纳税人在签订合同时，一方面要避免收入确认的时间点过早导致提前纳税的风险；另一方面要考虑未来的现金流量情况，因为税款的缴纳都是以现金形式。因此，纳税人应基于"非货币性资产转让、取得被投资企业股权"两个条件来确认收入实现的时间。

在这个过程中还需要注意：如果是以股权对外投资，股权转让协议已签订生效的，就需要确认收入，即便未取得收入，纳税人也应当依法在次月15日内向主管税务机关申报纳税。

此外，根据《国家税务总局关于纳税人收回转让的股权征收个人所得税问题的批复》（国税函〔2005〕130号）第一条的规定：股权转让合同履行完毕、股权已作变更登记，且所得已经实现的，转让人取得的股权转让收入应当依法缴纳个人所得税。转让行为结束后，当事人双方签订并执行解除原股权转让合同、退回股权的协议，属于另一次股权转让行为，对执行原股权转让合同的转让行为征收的个人所得税款不予退还。因此，对于纳税人以股权对外投资，一定要慎重考虑，以免造成额外的税收负担。

3. 未能享受递延纳税的税务风险

《财政部 国家税务总局关于个人非货币性资产投资有关个人所得税政策的通知》（财税〔2015〕41号）第三条规定：个人应在发生上述应税行为的次月15日内向主管税务机关申报纳税。纳税人一次性缴税有困难的，可合理确定分期缴纳计划并报主管税务机关备案后，自发生上述应税行为之日起不超过5个公历年度内（含）分期缴纳个人所得税。

第四条规定：个人以非货币性资产投资交易过程中取得现金补价的，现金部分应优先用于缴税；现金不足以缴纳的部分，可分期缴纳。个人在分期缴税期间转让其持有的上述全部或部分股权，并取得现金收入的，该现金收入应优先用于缴纳尚未缴清的税款。

从上述规定可以看出：分期缴纳的前提是"纳税人一次性缴税有困难的"；如果进行非货币性资产投资时，在取得被投资企业股权的同时还取得了现金收入，则应将现金收入优先缴税。因此纳税人在进行非货币性资产投资时，应综合考虑纳税人的现金流量和被投资方的现金支付能力和发展潜力，合理确定交易对价的支付方式。

此外，还需要注意："5个公历年度内（含）"的时间约定，这里的公历年度指的是发生的当年即作为第一个公历年度，因此纳税人应合理确定交易的时间，尽量避免在年末即被确认收入，以充分利用5年分期缴纳的税收政策，实现递延纳税的目标。

根据《国家税务总局关于个人非货币性资产投资有关个人所得税征管问题的公告》（国家税务总局公告2015年第20号）第八条规定：纳税人非货币性资产投资需要分期缴纳个人所得税的，应于取得被投资企业股权之日的次月15日内，自行制订缴税计划并向主管税务机关报送《非货币性资产投资分期缴纳个人所得税备案表》、纳税人身份证明、投资协议、非货币性资产评估价格证明材料、能够证明非货币性资产原值及合理税费的相关资料。

第九条规定：纳税人分期缴税期间提出变更原分期缴税计划的，应重新制订分期缴税计划并向主管税务机关重新报送《非货币性资产投资分期缴纳个人所得税备案表》。

根据上述规定，如果纳税人变更分期缴税计划的，应及时到税务机关重新进行备案。

4. 被投资企业的报告义务导致的税务风险

《国家税务总局关于个人非货币性资产投资有关个人所得税征管问题的公告》（国家税务总局公告2015年第20号）明确规定非货币性资产投资个人所得税由纳税人自行向税务机关申报，被投资企业不是扣缴义务人，无须履行代扣代缴义务。但是税法也规定：被投资企业应将纳税人以非货币性资产投入本企业取得股权和分期缴税期间纳税人股权变动情况，分别于相关事项发生后15日内向主管税务机关报告，并协助税务机关执行公务。

5. 纳税地点选择的税务风险

《国家税务总局关于个人非货币性资产投资有关个人所得税征管问题的公告》（国家税务总局公告2015年第20号）第三条规定：非货币性资产投资产生的个人所得税分三种情况确定纳税地点：

（1）纳税人以不动产投资的，以不动产所在地税务机关为主管税务机关；

（2）纳税人以其持有的企业股权对外投资的，以该企业所在地税务机关为主管税务机关；

（3）纳税人以其他非货币资产投资的，以被投资企业所在地税务机关为主管税务机关。

纳税人应根据非货币资产投资业务的实际情况，选择合适的纳税地点，并向当地的税务机关申报缴纳税款。

（五）个人股权转让的税务风险

随着市场经济的发展，个人进行股权转让的行为越来越普遍，由此导致的税务风险也越来越大。个人股权转让的税务风险主要表现为以下几个方面。

1. 股权转让收入不申报的税务风险

根据《中华人民共和国个人所得税法》的规定，个人股权转让行为应就其股权转让所得，按"财产转让所得"在规定期限内进行个人所得税纳税申报，并足额缴纳个人所得税。如果在股权转让时，转让者不进行纳税申报，一旦被税务机关发现，将会被追缴税款；如果采取的是非法的手段，将会被税务机关认定为逃税，除了补缴税款，还会罚款并加收滞纳金，情节严重者会被追究刑事责任。随着金税四期的推进，税务机关与工商管理部门、银行之间的合作越来越便捷和紧密，有的地方要求先办理股权转让纳税申报后才能办理工商变更，金税四期也在逐步完善个人股权转让"数智化"分级分类管理模块。对于跨国的个人股权转让，中国已经加入了金融账户涉税信息自动交换标准（CRS），并于2018年9月正式启用CRS制度；2013年8月27日，中国签署《多边税收征管互助公约》，配合智慧税务和以数治税征管模式的推进和自然人"一人式"税费信息智能归集的功能完善，国内、国际的股权转让行为的相关信息都会被税务机关及时掌握，如果不能按照规定及时进行申报，必然会面临着税务风险，因此纳税人应高度关注股权转让的税务合规性，以避免相关的税务风险。如果因为各种客观原因造成没有及时申报纳税而被税务机关发现，则应积极与税务机关保持沟通，尽量避免被认定为逃税行为，以降低税务风险和损失。

2. 非法手段隐匿股权转让收入的税务风险

在个人股权转让的过程中，有部分纳税人采用非法的手段来隐匿收入，或者经税务机关通知申报而拒不申报，以达成不缴或者少缴应纳税款的目的，其中最常见的就是利用"阴阳合同"来掩盖真实的交易金额，将部分收入隐藏，从而逃避缴纳税款。这种行为会被税务机关定性为偷逃税，不但要补缴税款，还要面临罚款和加收滞纳金的处罚。而且在金税四期下，税务机关已经实现了与银行和工商部门的信息共享，税务机关可以轻易掌握企业和个人的银行账户流水信息、工商部门的变更登记信息，从而可以很容易发现股权转让中的隐匿收入行为，因此个人在股权转让过程中应诚实申报，避免税务风险。

【案例6-4】安徽省H市税务稽查部门根据举报线索，查实安徽某药业公司股东鲍某与殷某签订《股权转让协议》，将其实际持有的该药业公司51.09%的股权转让给殷某，实际转让价格为7,000万元。后鲍某为偷逃相关税款另行伪造《股权转让协议》进行纳税申报，虚假的《股权转让协议》中该笔股权转让仅作价326.05万元。H市税务局稽查局依法作出对鲍某追缴税款、加收滞纳金并处罚款的处理处罚决定后，鲍某未按期补缴税款、滞纳金和罚款。税务部门随即依法将该案移送公安机关立案侦查，后鲍某被检察院提起公诉。2021年3月，安徽省某区人民法院判决认定，鲍某将其持有的某公司股权转让他人后采取欺骗、隐瞒手段进行虚假纳税申报，且涉及金额巨大，其行为已构成逃税罪，依法判处鲍某有期徒刑四年，并处罚金人民币50万元。

点评：

（1）鲍某利用"阴阳合同"掩盖股权交易实质以达到少缴税款的目的。对阴阳合同的打击一直是税务机关监管的重点，2021年4月中共中央办公厅、国务院办公厅印发的《关于进一步深化税收征管改革的意见》明确规定：对隐瞒收入、虚列成本、转移利润以及利用"税收洼地""阴阳合同"和关联交易等逃避税行为，加强预防性制度建设，加大依法防控和监督检查力度。

（2）在"阴阳合同"的涉税案件中，税务机关可能会依据阳合同并非基于纳税人真实的意思表示而是为了不正当的目的签订，阴合同则是当事人真实的意思表示，而最终作出阳合同无效、阴合同有效的判定，进而要求股权转让方补缴税款，并处罚款、加收滞纳金，此时纳税人应按照税务机关的要求及时缴纳税款、罚款和滞纳金；若对税务机关的处理决定不服，也需要先缴纳税款、罚款和滞纳金后方可提出行政复议或行政诉讼。

（3）"阴阳合同"的逃税方式，不但会给纳税人带来税务风险，而且会给纳税人带来其他的风险。由于就同一标的物、同一合同，合同双方签订了两份对价不一的合同，这会给合同的履行带来不确定性，既有可能会面临合同被宣告无效的风险，也有可能会产生无法全额收回转让款的风险。

3. 低价、平价转让股权、退股的税务风险

转让价格是计算股权转让所得的基础，现行的个人所得税法对股权转让价格的合理性有着明确的要求，如果税务机关认为转让价格明显偏低并且没有正当理由，税务机关就会按照税法的规定，对纳税人申报的计税依据进行核定，并按核定的计税依据计算缴纳股权转让所得的个人所得税。因此在股权转让过程中，纳税人应合理确定股权的转让价格，以避免相关的税务风险。

现实中经常发生自然人股东原价转让股权或退股的情况，一般表现

为将其股权原价或低价转让给其他股东，或直接原价退股等形式。此时就需要有正当理由，并就这些理由收集、准备充足的材料，与税务机关进行充分的沟通，以得到税务机关认可，从而避免税务风险。

【案例6-5】2022年5月，海通证券出具的《关于辽宁鼎际得石化股份有限公司首次公开发行股票并上市之发行保荐书》披露，2018年5月30日，张某将其持有公司的5,805.8万元注册资本转让给鼎际得实业，辛某将其持有公司的1,701.7万元注册资本转让给盛金实业，转让价格均为1元/注册资本。因新增股东鼎际得实业为公司股东张某设立的一人有限公司、盛金实业为公司股东辛某设立的一人有限公司，为调整股权结构予以转让。营口市老边区地方税务机关于2018年5月31日出具《关于自然人股东股权转到其设立的一人有限公司是否缴纳个人所得税请示的回复》，认为上述股权转让具备正当理由，不需作纳税调整。

点评：

该案例属于平价转让股权被认定为具备正当理由。案例中，自然人股东进行股权转让的目的是调整公司的股权架构，故而将其持有的公司股权平价转让给另一家公司，而受让公司为转让人及其配偶100%控股的公司。在这种情况下，平价转让就具备了正当理由，税务机关不会认定这种转让行为有避税的嫌疑，因此不需作纳税调整。

实务中还需要注意三种常见的低价转让股权行为的税务风险：

第一种情况是认缴制下注册成立公司，截至股权转让时，公司的实缴资本的账面值为0，因此以0元价格转让股权。由于此时的转让价格属于明显偏低，如果公司的净资产并不为0，就会被税务机关按照税法进行调整。因此从税务风险控制角度，股权的转让价格不低于净资产是基本要求，一般情况下，如果按照股权对应的净资产份额来确认收入，税务机关一般不会进行调整，从而可以避免相应的税务风险。

第二种情况是如果所转让的股权所对应的公司，其知识产权、土地使用权、房屋、探矿权、采矿权、股权等合计占资产总额的50%以上，则净资产额须经中介机构评估核实。原因在于知识产权、土地使用权、房屋、探矿权、采矿权、股权往往会出现增值，而基于会计准则计算的净资产，通常是按照历史成本进行计算的，无法真正体现其所对应的股权的实际价值，因此就需要有资质的中介机构对其净资产进行评估核实。

第三种情况是低价转让亏损企业的股权。按照税法规定，所投资企业连续三年以上（含三年）亏损可以视为低价转让股权的正当理由，税务机关可以不对价格进行核定。这里的风险在于：如何认定亏损。通常情况下，亏损包含会计意义上的亏损和税法意义上的亏损，到底应该选择哪种意义上的亏损，税法并未作出明确的规定。但考虑到相关政策是由税务机关来执行的，因此税务机关极有可能采用税法意义上的亏损口径来判断被投资企业是否连续三年亏损及亏损的真实性，因此针对这种情况，纳税人应从税法的角度，来审核被投资企业近3年的企业所得税年度申报表，以判断低价转让的正当性和合理性。

一般情况下，只要不采用违法的手段来故意隐瞒收入或者压低股权交易价格，那么即便出现了低价转让情况，通常也不会被税务机关认定为逃税行为，只要补缴税款和加收滞纳金即可，从而其税务风险相对可控。

【案例6-6】2022年1月24日，A市税务机关第一稽查局向倪某送达税务处理、处罚决定。认定：2013年8月，倪某签订股权转让协议，转让甲公司10%的股权，转让价格249万元，该股权取得成本为178万元，倪某未就股权转让申报缴纳个人所得税。2021年4月，倪某所在地的G区税务机关向倪某下达《责令限期改正通知书》，通知倪某就上述股权转让行为限期申报个人所得税14.2万元，经税务机关通知申报后倪某仍未申报。

A市税务机关第一稽查局认为，倪某的行为属于"纳税人不进行纳税申报，不缴或者少缴应纳税款"，不构成偷税。因倪某少缴税款已经超过5年追征期，决定不予追缴税款。因倪某少缴税款的违法行为已经超过5年追罚时效，决定不予行政处罚。

点评：

（1）根据《中华人民共和国税收征管法》第六十三条第一款的规定："纳税人伪造、变造、隐匿、擅自销毁账簿、记账凭证，或者在账簿上多列支出或者不列、少列收入，或者经税务机关通知申报而拒不申报或者进行虚假的纳税申报，不缴或者少缴应纳税款的，是偷税。"本案例中，倪某并未采取非法的手段来隐瞒收入；倪某所在地的G区税务机关向倪某下达《责令限期改正通知书》的时间是2021年，实际上已经超过了税款的追征期，因此不能认定其行为属于"经税务机关通知申报而拒不申报或者进行虚假的纳税申报"。基于上述两点，倪某的行为不构成偷逃税。

(2) 根据《中华人民共和国税收征管法》第五十二条的规定："因纳税人、扣缴义务人计算错误等失误，未缴或者少缴税款的，税务机关在三年内可以追征税款、滞纳金；有特殊情况的，追征期可以延长到五年。对偷税、抗税、骗税的，税务机关追征其未缴或者少缴的税款、滞纳金或者所骗取的税款，不受前款规定期限的限制。"由于倪某的行为不构成偷逃税，同时转让股权的行为发生在2013年，截至G区税务机关通知其申报的日期，已有近8年，已超过法定税款追征期。因此，第一稽查局的做法完全符合税法的精神和规定。

4. 特殊股权转让行为的税务风险

对于某些特殊的股权转让行为，税法的规定与人们的认知并不一致，由此会造成未申报缴纳个人所得税，从而会给个人造成税务风险。

(1) 股权转让协议生效因未收到转让款未交个人所得税。《国家税务总局关于发布〈股权转让所得个人所得税管理办法（试行）〉公告》（国家税务总局公告2014年第67号）的第二十条规定：股权转让协议已签订生效的，扣缴义务人、纳税人应当依法在次月15日内向主管税务机关申报纳税。因此，如果股权转让合同已经生效，并已完成工商变更，那么无论是否收到股权转让款，纳税义务都已经发生，扣缴义务人、纳税人应当依法在次月15日内向主管税务机关申报纳税，而不能以未收到相关款项为由不申报，以免造成税务风险。

(2) 纳税人收回转让的股权，或者股权转让合同履行完毕后又解除原合同、退回股权的，视为另一次股权转让行为，这种情况下不退回前次转让征收的个人所得税税款；股权转让合同未履行完毕的，解除、终止原转让合同，并原价收回已转让股权的，不缴纳个人所得税。很多纳税人会因为合同解除就认为股权交易未实际发生，因此扣缴义务人、纳税人未依法在次月15日内向主管税务机关申报纳税，由此造成了税务风险。

(3) 个人转让股权过程中收到的违约金，应征收个人所得税。《国家税务总局关于个人股权转让过程中取得违约金收入征收个人所得税问题的批复》（国税函〔2006〕866号）规定：股权成功转让后，转让方个人因受让方个人未按规定期限支付价款而取得的违约金收入，属于因财产转让而产生的收入。转让方个人取得的该违约金应并入财产转让收入，按照"财产转让所得"项目计算缴纳个人所得税，税款由取得所得的转让方个人向主管税务机关自行申报缴纳。根据这一规定，转让方个人取得的该违约金应并入财产转让收入，按照"财产转让所得"项目计算缴纳个人所得税，税款由取得所得的转让方个人向主管税务机关自行申报缴纳。

5. 股权原值确定的税务风险

现行税法规定：个人转让股权，以股权转让收入减除股权原值和合理费用后的余额为应纳税所得额，按"财产转让所得"缴纳个人所得税。由此就导致在确定股权原值的过程中面临着税务风险。

（1）投资成本确认的风险。自然人用非现金资产投资，根据个人所得税法相关规定，如果个人资产评估增值后进行投资，应在投资时即征收个人所得税。如果在投资环节未缴纳个人所得税，税务机关将按照规定追缴税款。同时，其所取得的股权的计税成本为评估增值纳税后的资产价值。因此自然人股东转让股权时，要注意在当初用非现金资产投资时，是否在投资环节缴纳了个人所得税，这是确认所转让的股权成本的基础和依据。

（2）扣除追加投资成本时被追查是否涉税的风险。很多情况下，自然人的股权不是一次投资，而是累计多次投资形成的。此时会有多种增资形式涉及个人所得税，例如被投资企业用评估增值的资产增资、盈余积累转增资本等，如果在增资环节未纳税，在转让环节会发生被税务机关追查并要求补缴税款的风险。

综上所述，在个人股权转让过程中，个人会面临着诸多的税务风险。因此，纳税人首先要有税务风险控制意识，在股权交易的过程中，有意识地收集并保存有关交易事实、交易流程、交易资料等的相关信息以备税务机关检查；在股权交易完成后，遵循依法、依规、诚信纳税的原则，及时足额地进行纳税申报，这样才能把涉税风险降到最低。如果因为各种原因没有及时足额纳税，则可以利用个人所得税汇算清缴的机会，及时进行订正申报，这样可以大大降低税务风险。在遇到税务机关稽查时，应积极配合，与税务机关保持充分的沟通和交流，必要时进行有理有据的陈诉和申辩，尽量使涉税案件控制在非诉阶段，避免升级到诉讼阶段。在税务机关做出行政处罚决定后，应在规定的期限内主动补缴税款，支付滞纳金以及罚款，以避免刑事风险的产生。

三　综合所得扣除项目的税务风险管理

综合所得允许扣除的项目包括专项扣除、专项附加扣除和其他扣除项目。其中，最容易发生税务风险的是专项附加扣除和其他扣除项目。

（一）专项附加扣除项目的税务风险

《国家税务总局关于发布〈个人所得税专项附加扣除操作办法（试行）〉的公告》（国家税务总局公告 2018 年第 60 号）规定：纳税人有下列情形之一的，主管税务机关应当责令其改正；情形严重的，应当纳入有关信用信息系统，并按照国家有关规定实施联合惩戒；涉及违反税收征管法等法律法规的，税务机关依法进行处理。

（1）报送虚假专项附加扣除信息；

（2）重复享受专项附加扣除；

（3）超范围或标准享受专项附加扣除；

（4）拒不提供留存备查资料；

（5）税务总局规定的其他情形。

这些规定，也是纳税人在进行专项附加扣除时需要重点关注的内容，一旦处理不当，极易产生税务风险。同时，专项附加扣除充分考虑不同家庭的情况，给予纳税人专项附加扣除的选择权，因此纳税人要充分享受这些权利，尽量选择应纳税所得额高、适用税率高的一方来依法扣除，以避免多缴税的风险。

1. 未填报当年专项附加扣除信息的税务风险

纳税人选择在扣缴义务人发放工资、薪金所得时享受专项附加扣除的，在首次享受时应当填写并向扣缴义务人报送《个人所得税专项附加扣除信息表》，也可以通过个人所得税 App 填写专项附加扣除信息进行申报享受，未填报的，将无法及时扣除。

如果纳税人在扣缴义务人预扣预缴税款环节未享受或未足额享受专项附加扣除的，可以在当年内向支付工资、薪金的扣缴义务人申请在剩余月份发放工资、薪金时补充扣除，也可以在次年 3 月 1 日至 6 月 30 日，向汇缴地主管税务机关办理汇算清缴时申报扣除。如果未及时填报，将面临无法享受扣除的风险。

2. 填报专项附加扣除信息存在明显错误的税务风险

居民个人填报专项附加扣除信息存在明显错误，经税务机关通知，居民个人拒不更正或者不说明情况的，税务机关可暂停纳税人享受专项附加扣除；情节严重的，纳入信用信息系统，按照国家有关规定实施联合惩戒。这会给纳税人的消费、购房和出境等多方面造成不良影响。如果报送虚假专项附加扣除信息，情形严重的，会被税务机关认定为逃税，将面临补缴税款和加收滞纳金的处罚，并可能被处以不缴或少缴税款50%以上5倍以下的罚款。

居民个人按规定更正相关信息或者说明情况后，经税务机关确认，居民个人可继续享受专项附加扣除，以前月份未享受扣除的，可按规定追补扣除。

为构建个人所得税管理闭环，税务部门与其他部门建立了信息核验机制，利用税收大数据对纳税人申报情况进行分析；对于发现的涉税风险，税务机关会及时通知纳税人，接到风险提示信息后，纳税人应及时更正错误，对拒不改正的，税务机关将依法依规进行处理。

3. 未按规定提供留存备查资料的税务风险

税务机关核查时，纳税人如果无法提供留存备查资料，或者留存备查资料不能支持相关情况的，税务机关可以要求纳税人提供其他佐证；不能提供其他佐证材料，或者佐证材料仍不足以支持的，不得享受相关专项附加扣除。

4. 未及时确认次年专项附加扣除内容的税务风险

纳税人次年需要由扣缴义务人继续办理专项附加扣除的，应当于每年12月对次年享受专项附加扣除的内容进行确认，并报送至扣缴义务人。

如果次年专项附加扣除信息发生变化，应当及时向扣缴义务人或者税务机关提供相关信息，以免对及时、准确享受专项附加扣除政策甚至个人纳税信用产生影响。

（二）专项附加扣除项目的风险分析

1. 子女教育扣除

（1）报送信息

纳税人享受子女教育专项附加扣除，应当填报配偶及子女的姓名、身份证件类型及号码、子女当前受教育阶段及起止时间、子女就读学校以及本人与配偶之间扣除分配比例等信息。

（2）备查资料

子女在境外接受教育的，应当留存境外学校录取通知书、留学签证等境外教育佐证资料。

（3）应注意的问题

①父母可以选择由其中一方按扣除标准的100%扣除，也可以选择由双方分别按扣除标准的50%扣除。因此，应注意同一子女，父母在填报子女教育专项附加扣除时，双方填报的扣除比例合计超过100%的税务风险。

②子女毕业后不再接受全日制学历教育，应及时录入子女教育终止时间，终止享受子女教育专项附加扣除。切记不可以用虚假的信息进行扣除，基于金税四期的大数据分析和信息比对，很容易就会发现问题，给纳税人造成不必要的税务风险。

③若夫妻已离婚，对双方所生子女，在未沟通好各自申报扣除比例的情况下，建议双方均申报扣除50%；离婚后重组家庭的，除已确认原配偶当年不申报双方所生子女的扣除外，一般不建议现配偶也申报扣除。

④子女受教育阶段发生变化的年度（高中毕业考上大学），对该子女当年的子女教育扣除申报，不能在申报的同一条记录上进行内容修改，建议当年分段填报两条记录：第一条记录填高中阶段教育，受教育结束时间为当年的8月；第二条记录填高等教育，受教育开始时间为当年的9月，以此实现该子女学历教育在一个纳税年度内的完整扣除。

2. 继续教育扣除

（1）报送信息

纳税人享受继续教育专项附加扣除，接受学历（学位）继续教育的，应当填报教育起止时间、教育阶段等信息；接受技能人员或者专业技术人员职业资格继续教育的，应当填报证书名称、证书编号、发证机关、发证（批准）时间等信息。

（2）备查资料

纳税人在中国境内接受的学历（学位）继续教育支出，应保留相关的录取通知书、学籍证明等资料备查；

纳税人接受技能人员职业资格继续教育、专业技术人员职业资格继续教育的，应当留存职业资格相关证书等资料。

（3）应注意的问题

①只有列入《国家职业资格目录》中的职业资格的继续教育才允许扣除，其他的诸如茶艺师证书之类的不在目录范围。因此，纳税人在填

报这项内容之前，应先查询《国家职业资格目录》，若相关资格不在扣除范围内，建议不要填写。

②子女工作后接受本科及以下学历（学位）继续教育，子女本人申报继续教育扣除和父母申报子女教育扣除只能二选一，不能子女和父母都申报扣除。

③子女工作后再接受硕士、博士学历（学位）继续教育，只能由子女本人申报继续教育扣除，父母不能继续申报该子女的子女教育扣除。

④纳税人工作期间，在岗或脱产参加规定学时的现场或网络学习、培训，取得的再教育证书、结业证书等非国家规定学历（学位）的各类证书，不属于学历（学位）继续教育，也不属于取得职业资格，不能申报继续教育扣除。

3. 大病医疗扣除

（1）报送信息

纳税人享受大病医疗专项附加扣除，应当填报患者姓名、身份证件类型及号码、与纳税人关系、与基本医保相关的医药费用总金额、医保目录范围内个人负担的自付金额等信息。

（2）备查资料

大病患者医药服务收费及医保报销相关票据原件或复印件，或者医疗保障部门出具的纳税年度医药费用清单等资料。

（3）应注意的问题

①在一个纳税年度内，纳税人发生的与基本医保相关的医药费用支出，扣除医保报销后个人负担（指医保目录范围内的自付部分）的金额累计超过 15,000 元的部分，可在 80,000 元限额内据实扣除。纳税人及其配偶、未成年子女发生的医药费用支出，按规定分别计算扣除额。

②夫妻双方中的一方，或是未成年子女发生的大病医疗支出，只能由夫妻双方的一方申报扣除，不能夫妻双方都申报扣除。

③夫妻双方和未成年子女中，未办理基本医保的家庭成员发生医药费用支出的，夫妻双方都不能申报大病医疗扣除。

4. 住房贷款利息扣除

（1）报送信息

纳税人享受住房贷款利息专项附加扣除，应当填报住房权属信息、住房坐落地址、贷款方式、贷款银行、贷款合同编号、贷款期限、首次还款日期等信息；纳税人有配偶的，填写配偶姓名、身份证件类型及号码。

(2) 备查资料

住房贷款合同、贷款还款支出凭证等资料。

(3) 应注意的问题

①夫妻一方或双方贷款购买住房的，无论是购买一套还是同时购买多套，均只能选择由任一方申报其中一套住房的100%扣除，另一方当年不能再申报住房贷款扣除。

②住房贷款利息专项附加扣除允许夫妻双方都申报扣除的情形，只有夫妻双方婚前分别购买住房发生住房贷款且婚后双方的住房贷款均未还清，夫妻双方对各自婚前购买的住房可以选择分别按扣除标准的50%扣除这一种（此情形也可以选择由其中一方申报100%扣除）。符合此情形且选择分别按50%扣除的，夫妻双方不能填报同一住房的贷款信息，而应分别填报原各自贷款购房信息。

③夫妻双方中的一方婚前贷款购买的住房，或是夫妻双方婚姻关系存续期间贷款购买的住房均只能选择由夫妻双方中的一方申报100%扣除，另一方当年不能再申报住房贷款扣除。

④同一住房，建议不要更换住房贷款利息扣除的申报扣除人。因为政策规定每人只能享受一次住房贷款利息扣除，也就是说，如果现有住房贷款今年由妻子申报扣除、明年由丈夫申报扣除，那夫妻双方属于都申报享受过住房贷款扣除，哪怕现有住房贷款还清后又贷款购买住房且仍享受了首套住房贷款利率，夫妻双方也都不能再继续申报住房贷款利息扣除。

5. 住房租金扣除

(1) 报送信息

纳税人享受住房租金专项附加扣除，应当填报主要工作城市、租赁住房坐落地址、出租人姓名及身份证件类型和号码或者出租方单位名称及纳税人识别号（统一社会信用代码）、租赁起止时间等信息；纳税人有配偶的，填写配偶姓名、身份证件类型及号码。

(2) 备查资料

住房租赁合同或协议等资料。

(3) 应注意的问题

①夫妻双方主要工作城市相同，即使在不同县（市、区）分别租房居住，也只能由其中一方申报100%扣除，另一方当年不能再填报住房租金扣除信息。

②夫妻双方在主要工作城市有自有住房的，双方均不能申报住房租金扣除。

③夫妻双方中一方申报了住房贷款利息扣除，本人及另一方当年不能再申报住房租金扣除（另一方主要工作城市和配偶申报贷款扣除的住房坐落地不在同一地级市行政区域范围情形除外）。

④当年已申报住房租金扣除，年度内又贷款新购住房，当年可选择全年均按住房租金扣除，也可选择作废住房租金扣除、改为申报住房贷款利息扣除（自开始发生贷款利息的月份起）。

6. 赡养老人扣除

（1）报送信息

纳税人享受赡养老人专项附加扣除，应当填报纳税人是否为独生子女、月扣除金额、被赡养人姓名及身份证件类型和号码、与纳税人关系；有共同赡养人的，需填报分摊方式、共同赡养人姓名及身份证件类型和号码等信息。

（2）备查资料

约定或指定分摊的书面分摊协议等资料。

（3）应注意的问题

①有兄弟姐妹的纳税人，申报时不能填报自己为独生子女（兄弟姐妹均已去世的除外）。

②全部兄弟姐妹填报的月扣除金额合计不能超过3,000元，且其中不能有任何一人填报的月扣除金额超过1,500元。

③女婿（包括入赘女婿）不能填报岳父母的扣除，儿媳不能填报公婆的扣除。

④父亲与其兄弟姐妹有任何一个仍在世，不能填报祖父母的扣除；母亲与其兄弟姐妹有任何一个仍在世，或是外祖父母有孙子女的，不能填报外祖父母的扣除。

7. 三岁以下婴幼儿照护扣除

（1）报送信息

纳税人享受三岁以下婴幼儿照护专项附加扣除，应当填报配偶及子女的姓名、身份证件类型（如居民身份证、子女出生医学证明等）及号码以及本人与配偶之间扣除分配比例等信息。

（2）备查资料

子女的出生医学证明等资料。

（3）应注意的问题

①同一婴幼儿，父母在填报三岁以下婴幼儿照护专项附加扣除时，双方填报的扣除比例合计不能超过100%。

②有多个婴幼儿的父母，可以对不同的婴幼儿选择不同的扣除比例。

③不是亲生子女，也可以享受三岁以下婴幼儿照护专项附加扣除政策，但其必须是担任三岁以下婴幼儿监护人的人员。

（三）其他扣除项目的税务风险

根据《中华人民共和国个人所得税法实施条例》第十三条的规定，个人所得税法第六条第一款第一项所称依法确定的其他扣除，包括个人缴付符合国家规定的企业年金、职业年金，个人购买符合国家规定的商业健康保险、税收递延型商业养老保险的支出，以及国务院规定可以扣除的其他项目。

（1）企业年金、职业年金

企业和事业单位根据国家有关政策规定的办法和标准，为在本单位任职或者受雇的全体职工缴付的企业年金或职业年金单位缴费部分，在计入个人账户时，个人暂不缴纳个人所得税。

个人根据国家有关政策规定缴付的年金个人缴费部分，在不超过本人缴费工资计税基数的4%标准内的部分，暂从个人当期的应纳税所得额中扣除。

因此，纳税人应向单位了解清楚本人的企业年金、职业年金的缴交情况，在进行个人所得税汇算时，将相应的数额进行扣除，以避免多缴税的风险。

（2）商业健康保险

对个人购买符合规定的商业健康保险产品的支出，允许在当年（月）计算应纳税所得额时予以税前扣除，扣除限额为2,400元/年（200元/月）。

单位统一为员工购买符合规定的商业健康保险产品的支出，应分别计入员工个人工资、薪金，视同个人购买，按上述限额予以扣除。

保险公司销售符合规定的商业健康保险产品，应及时为购买保险的个人开具发票和保单凭证，并在保单凭证上注明税优码，以便纳税人及时进行申报扣除。个人购买商业健康保险未获得税优识别码的，其支出金额不得税前扣除。

因此个人在购买商业健康保险时，应取得发票、保单凭证和税优识别码，在保险的相关要素没有差别的情况下，可以优先选择有税收优惠的保险产品。

四　纳税申报的税务风险管理

如果纳税人符合自行申报纳税的条件，但未按照规定的期限办理纳税申报和报送纳税资料，由税务机关责令限期改正，可以处二千元以下的罚款；情节严重的，可以处二千元以上一万元以下的罚款。情节严重涉及偷税行为的，税务机关追缴其不缴或者少缴的税款、滞纳金，并处不缴或者少缴的税款百分之五十以上五倍以下的罚款，构成犯罪的，依法追究刑事责任。如果纳税人未按照规定期限缴纳税款，税务机关除责令限期缴纳外，从滞纳税款之日起，按日加收滞纳税款万分之五的滞纳金。

国家发展改革委办公厅和国家税务总局办公厅出台的《关于加强个人所得税纳税信用建设的通知》（发改办财金规〔2019〕860号）规定，对于违反相关法规规定，违背诚实信用原则，存在偷税、骗税、骗抵等失信行为的当事人，税务机关将其列入重点关注对象，采取行政性约束和惩戒措施。对于情节严重、达到重大税收违法失信案件标准的，税务机关将其列为严重失信当事人，并向全国信用信息共享平台推送共享相关信息，实施联合惩戒。

从税务实践看，纳税人应关注以下风险点。

（一）注意纳税申报的期限

个人所得税的申报期限一般为每年的3月1日至4月30日，纳税人应在这段时间内向税务机关申报个人所得税。对存在应办理但未办理申报和汇算的纳税人，税务机关会进行提示提醒、督促整改，并通过电子、书面等方式向其发送税务文书，提醒督促纳税人整改，对于拒不整改或整改不彻底的纳税人，税务机关将依法进行立案检查，在补税的基础上，处以罚款和加收滞纳金，并纳入税收监管重点人员名单，对其以后3个纳税年度申报情况加强审核。

个人所得税汇算清缴应当补税的,需及时补缴税款。在汇算清缴期结束后之后仍未办理的,税务机关将依法每天按照应缴税款的万分之五加收滞纳金,并在个人所得纳税记录中进行标注,这会影响个人的纳税信用。因此,如果纳税人收到了税务机关的通知,应按照通知要求及时进行更正。

如果汇算清缴应当退税,应及时办理退税申请。如果当年没有申请退税,也可以根据《中华人民共和国税收征管法》的规定再次申请退税:纳税人自结算缴纳税款之日起三年内发现的,可以向税务机关要求退还多缴的税款。经汇算可退税的纳税人,应在对收入、相关扣除、已代扣代缴税额进行确认后,及时提交退税申请,并关注税务机关的退税审核情况,以免影响自己的合法权益。

(二) 确保申报信息准确无误

在申报个人所得税时,需要填写详细的信息。纳税人应认真核对填写的信息并确认其准确无误,以免因信息填写错误而影响申报结果。特别是对专项扣除、专项附加扣除,更应认真进行审核,并保留税法规定的相关资料备查。

税务机关在年度汇算退税审核时,对于纳税人填报不清楚、有缺失的项目,会联系纳税人补充填报或提交相关佐证资料。纳税人在收到税务机关提醒后应积极配合,尽快提交相关资料,以便及时完成补税或退税,避免税务风险。

无论是补税,还是退税,都需要银行卡信息,纳税人提交的银行卡账户信息不正确或无效是导致补税或退税失败的重要原因之一。因此,应确保银行卡信息准确无误,以免耽误补税或退税。

(三) 选择便捷的申报方式

个人所得税的申报方式有很多种,包括电子税务局、现场申报等多种方式,不同方式有其各自的优缺点。在申报之前应该多了解不同的申报方式并根据自身情况选择合适的方式。对大多数纳税人来说,个人所得税 App 是最便捷的一种方式,而且操作简单,是进行个人所得税申报的首选方式。

第四节　个人所得税扣缴义务人的税务风险分析与管理

根据现行个人所得税法的相关规定，向个人支付所得的单位或者个人为扣缴义务人。扣缴义务人应当依法办理全员全额扣缴申报，并应当在代扣税款的次月 15 日内，向主管税务机关报送其支付所得的所有个人的有关信息、支付所得数额、扣除事项和数额、扣缴税款的具体数额和总额以及其他相关涉税信息资料。这些法律法规明确了向个人支付所得的单位或者个人的扣缴义务。如果扣缴义务人有未按照规定向税务机关报送资料和信息、未按照纳税人提供信息虚报虚扣专项附加扣除、应扣未扣税款、不缴或少缴已扣税款、借用或冒用他人身份等行为，依照《中华人民共和国税收征收管理法》等相关法律、行政法规处理。扣缴义务人应扣未扣、应收未收税款的，由税务机关向纳税人追缴税款，对扣缴义务人处应扣未扣、应收未收税款 50% 以上 3 倍以下的罚款；如果扣了个人所得税但未按时缴纳，税务机关会责令限期缴纳，到期不缴纳的，会被处税款的 50% 以上 5 倍以下的罚款并加收滞纳金。

从税收实务看，扣缴义务人在所得税代扣代缴方面最经常发生的风险就是未全员代扣代缴、未足额代扣代缴和未及时将代扣代缴款缴纳入库。

一　全员代扣代缴的税务风险管理

从税务实践看，这方面的风险主要表现在以下几个方面。

（一）支付给实习生的报酬未履行代扣代缴义务

按照税法规定，对中等职业学校和高等院校实习生取得的符合中国个人所得税法规定的报酬，企业应代扣代缴其相应的个人所得税款。所称中等职业学校包括普通中等专业学校、成人中等专业学校、职业高中（职教中心）和技工学校；高等院校包括高等职业院校、普通高等院校和全日制成人高等院校。

此外，正在接受全日制学历教育的学生因实习取得劳务报酬所得的，扣缴义务人预扣预缴个人所得税时，可按照《国家税务总局关于发布〈个人所得税扣缴申报管理办法（试行）〉的公告》（国家税务总局 2018

年第 61 号）规定的累计预扣法计算并预扣预缴税款。

因此，扣缴义务人在接收实习生时，一定要了解清楚其学校背景，并按照税法的规定履行代扣代缴义务，以免发生税务风险。

（二）未履行对劳务派遣人员的代扣代缴义务

正常情况下，劳务派遣人员的工资、薪金是由劳务派遣单位支付的，此时劳务派遣公司为个人所得税扣缴义务人。但如果由劳务派遣单位和用工单位分别支付工资收入、奖金补贴等其他收入，劳务派遣单位和用工单位均为个人所得税扣缴义务人。因此，扣缴义务人应清楚了解本单位或个人是否支付报酬给劳务派遣人员，如果有，则应履行代扣代缴义务。

（三）未履行对退休返聘人员的代扣代缴义务

根据《国家税务总局关于个人兼职和退休人员再任职取得收入如何计算征收个人所得税问题的批复》（国税函〔2005〕382号）的规定，退休人员再任职取得的收入，在减除按个人所得税法规定的费用扣除标准后，按"工资、薪金所得"应税项目缴纳个人所得税。因此，支付方应履行这部分人员的代扣代缴义务，特别是这部分人员由于不需要缴纳社会保险费，支付方也因此容易忽视其纳税义务，由此给支付方造成税务风险。

（四）未履行对外籍人员的代扣代缴义务

对于无住所非居民个人，来源于境内的所得应缴个人所得税，如果企业未履行扣缴义务，则面临被罚款的税务风险。

无住所居民个人，在境内居住累计满183天的年度连续满六年后，其从境内、境外取得的全部工资、薪金所得均应计算缴纳个人所得税。此时，此人来源于境外的所得不能再享受免税政策，企业应将境外所得并入境内工资、薪金所得一起代扣代缴个人所得税，或者通知其就境外所得自行申报缴纳个人所得税，以免产生税务风险。

此外，对于外籍的雇员，应与税务机关充分沟通，按照主管税务机关的要求，报送外籍雇员的相关任职信息，比如任职、离职时间、收入等，以免造成税务风险。

二　履行代扣代缴义务的税务风险管理

随着税收征管水平的提高和纳税人纳税意识的觉醒，大部分单位在支付给个人报酬时，都能够履行代扣代缴义务。但是，现实中有一些单位或个人，其支付的报酬形式多样，种类繁多，财务人员可能会区分不清楚某些支付是否应履行代扣代缴义务，因而未代扣代缴税款。其实，按照税法的规定，除经营所得外，其他项目均需履行个人所得税全员全额扣缴申报的义务。因此，扣缴义务人应认真分析向自然人支付的每一笔款项，判断其是否属于应税所得，如果无法确认，建议先按照应税所得来代扣代缴税款，并将相应的扣缴凭证提交给收款人，以控制自身的税务风险。此外还需要注意，如果支付给个人的劳务报酬、稿酬、特许权使用费、财产租赁等所得金额小于 800 元，按次确认的应纳税额为 0 元，此时扣缴义务人也需要履行申报义务，如实申报其收入情况。

三 充分履行代扣代缴义务的税务风险管理

对于工资、薪金所得，现行税法采用累计预扣预缴法来计算应预扣预缴的个人所得税款，对于工资、薪金构成比较复杂，员工人数比较多的单位来说，如果靠手工来完成这些工作，不但会造成错误和遗漏，而且工作效率会很低，因此建议纳税人和扣缴义务人采用智慧化信息管理系统来完成该项工作，这样不但可以提高效率，而且可以大大降低涉税风险。在进行智慧化的税务风险管理系统设计过程中，应关注以下风险点。

（一）福利性补贴代扣代缴的税务风险

（1）企业向员工发放实物，应按职工获得的非货币性福利的金额并入发放当月职工个人的"工资、薪金"收入中计算扣缴个人所得税。

（2）企业从福利费和工会经费中支付给单位职工的人人有份的、可以量化且可以分割的福利，应按税法规定并入工资、薪金所得扣缴个人所得税。但对于集体享受的、不可分割的、未向个人量化的非现金方式的福利不需缴纳个人所得税。

（3）从福利费和工会经费中支付给个人的福利、补助应按税法规定并入工资、薪金所得扣缴个人所得税。

企业应对上述性质的收入按规定履行代扣代缴义务，以避免税务风险。同时，由于福利费和工会费是基于企业的工资、薪金总额来计算的，因此要保证其与工资、薪金总额相匹配，而工资、薪金总额的配比又与代扣代缴的个人所得税所对应的工资、薪金相匹配。

（二）保障类收入代扣代缴的税务风险

对于缴纳企业年金、职业年金、购买商业健康保险以及税收递延型商业养老保险的企业和员工，保障类的代扣代缴风险相对较大，扣缴义务人应对此加以重视。

（1）按照税法规定，企业年金、职业年金、商业健康保险以及税收递延型商业养老保险都有扣除限额的规定，超过限额部分不得在计算应纳税所得额时扣除。因此，企业应准确核算这部分项目的扣除限额，对于超标准的部分，严格按照税法规定计入工资、薪金所得项目，并据以代扣代缴个人所得税。

（2）商业健康保险的扣除有两个必要条件：第一，要有税优识别码；第二，要在规定的限额内。有部分企业在扣缴员工个人所得税时，无论是否有税优识别码，也不论实际金额，直接全额在税前扣除，造成多扣费用，由此造成少代扣代缴税款的风险。

（3）按照现行政策规定，员工在达到法定退休年龄及其他规定情况下领取年金时，应依法缴纳个人所得税；年金托管人应按规定在个人领取时代扣代缴个税。因此，支付的年金应先按规定将年金计入个人账户，再按照工资、薪金所得计算扣缴个人所得税，以免产生税务风险。

企业应向主管税务机关报送年金方案、人社部出具的方案备案函、计划确认函等资料。托管人根据受托人指令及账户管理人提供的资料，按照规定计算扣缴个人当期领取年金待遇的应纳税款，并向托管人所在地主管税务机关申报解缴。在年金领取环节，由托管人在为个人支付年金待遇时，根据个人当月取得的年金所得、往期缴费及纳税情况计算扣缴个人所得税，并向托管人主管税务机关申报缴纳。年金托管人在第一次代扣代缴年金领取人的个人所得税时，应在《个人所得税基础信息表（A表）》"备注"中注明"年金领取"字样。其余项目仍按《个人所得税基础信息表（A表）》的填表说明填写。

（三）差旅费津贴和误餐补助代扣代缴的税务风险

标准内的差旅费津贴和误餐补助属于免费项目，而超标准的部分应计入工资、薪金所得扣缴个人所得税。实务中，有的企业以差旅费津贴和误餐补助名义给员工发放常规性的补助，或者利用该名目变相发放工资性补贴、津贴，但没有代扣代缴个人所得税。这些都会给企业带来代扣代缴方面的风险。因此，企业应采用据实报销的方式来确定差旅费津贴和误餐补助，利用智慧化信息管理系统，在员工报销差旅费的同时，根据出差的地区和期限，自动计算差旅费津贴和误餐补助，并保证两者不超过国家规定的标准，以避免相关的税务风险。

（四）支付劳务费代扣代缴的税务风险

企业发生临时雇用人员支付劳务费，比如支付零星运费、支付讲师培训费等，应履行代扣代缴义务。实践中，为避免这类税务风险，建议支付方在支付个人劳务费时要求个人提供劳务发票。由于金税四期的推进，个人代开发票越来越便捷，通过代开票的方式可以有效控制此类税务风险。在取得发票后，应严格核查票面信息有无记载代扣个税情况，对代开发票时未交个税的个人劳务或未提供发票的个人劳务在支付劳务费时严格按税法规定进行代扣代缴。

【思考题】

1. 企业应如何加强对外籍雇员的税务风险管理？
2. 如何针对不同应纳税所得项目展开税务风险管理？
3. 如何加强个人所得税扣除项目的税务风险管理？
4. 个人应如何避免纳税申报和汇算的税务风险管理？
5. 扣缴义务人应如何避免个人所得税的扣缴风险？

第七章　其他税种的税务风险管理

【学习目标】

- 熟悉资源税的基本规定，掌握资源税的税务风险管理
- 熟悉土地增值税的基本规定，掌握土地增值税的税务风险管理
- 熟悉房产税的基本规定，掌握房产税的税务风险管理
- 熟悉车船税的基本规定，掌握车船税的税务风险管理
- 熟悉印花税的基本规定，掌握印花税的税务风险管理
- 熟悉契税的基本规定，掌握契税的税务风险管理

本章主要分析资源税、土地增值税、房产税、车船税、印花税和契税的风险点。虽然这几个都是小税种，但其面临的税务风险并不小，需要引起纳税人足够的重视。

第一节　资源税的税务风险管理

资源税是对在中国领域及管辖的其他海域开发应税资源的单位和个人征收的一种税，属于对自然资源占用课税。

一　资源税的基本规定

（一）纳税人

资源税的纳税人是在中国领域及管辖的其他海域开发应税资源的单位和个人。资源税"进口不征，出口不退"。

（二）征税范围

资源税对已开发的矿产资源和盐征收，既不是全部的自然资源，也不是具有商品属性的所有自然资源，具体范围由《资源税税目税率表》

确定,统一列明了能源矿产、金属矿产、非金属矿产、水气矿产和盐5个一级税目、17个二级子目、164个三级细目,涵盖了目前所有已发现的173个矿种。

需要注意的是,纳税人开采或生产应税产品自用的,应当依法缴纳资源税;但是,自用于连续生产应税产品的,不缴纳资源税。

连续生产应税产品是指纳税人将应税产品作为直接材料生产最终产品,自用的应税产品构成最终应税产品的实体,比如将原煤加工成洗选煤、将铁矿石加工成铁精粉直接销售等。

用于其他方面应缴纳资源税的情形包括用于非货币性资产交换、捐赠、偿债、赞助、集资、投资、广告、样品、职工福利、利润分配等非生产项目或连续生产非应税产品等,比如将开采的煤炭作为本企业的锅炉燃料、将开采的铁矿石加工生产钢材等。

(三)主要税目税率

《资源税税目税率表》中规定实行幅度税率的,其具体适用税率由省(区、市)人民政府在规定的税率幅度内提出,报同级人民代表大会常务委员会决定,并报全国人民代表大会常务委员会和国务院备案。《资源税税目税率表》中规定征税对象为原矿或选矿的,应当分别确定具体适用税率。资源税税目税率具体见表7-1。

表7-1　　　　　　　　资源税税目税率

税目		征税对象	税率	注意事项
能源矿产	原油	原矿	6%	注意征税对象
	天然气、页岩气、天然气水合物	原矿	6%	
	煤	原矿或选矿	2%—10%	
	煤层气	原矿	1%—2%	
	铀、钍	原矿	4%	
	油页岩、油砂、天然沥青、石煤	原矿或选矿	1%—4%	
	地热	原矿	1%—20%或每吨(每立方米)1—30元	

续表

税目			征税对象	税率	注意事项
金属矿产	黑色金属	铁、锰、铬、钒、钛	原矿或选矿	1%—9%	注意征税对象
	有色金属	铜、铅、锌、锡	原矿或选矿	2%—10%	
		钨	选矿	6.5%	
		钼	选矿	8%	
		轻稀土	选矿	7%—12%	
		中重稀土	选矿	20%	
非金属矿产	石灰岩		原矿或选矿	1%—6%或每吨（每立方米）1—10元	注意税率
	其他黏土			1%—5%或每吨（每立方米）0.1—5元	
	砂石				
水气矿产	二氧化碳、硫化氢、氦、氡		原矿	2%—5%	
	矿泉水（含符合国标的矿物质元素的地下矿水）		原矿	1%—20%或每立方米1—30元	含符合国标的矿物质元素的地下矿水
盐	钠盐、钾盐、镁盐、锂盐		选矿	3%—15%	注意征税对象
	天然卤水		原矿	3%—15%或每吨（每立方米）1—10元	
	海盐（不包括食盐）			2%—5%	不包括食盐

原矿是指经过采矿过程采出后未进行选矿或者加工的矿石；选矿是指通过破碎、切割、洗选、筛分、磨矿、分级、提纯干燥等过程形成的产品，包括富集的精矿和研磨成粉、粒级成型、切割成型的原矿加工品。

除原油、天然气等少量税目征税对象仅为原矿，钨、钼、稀土等少量征税对象仅为选矿外，其他大部分税目征税对象均为原矿或选矿。海盐不属于矿产资源，不区分原矿、选矿。

纳税人自采原矿直接销售，或自用于应缴纳资源税情形的，按原矿计征资源税；纳税人自采原矿洗选加工为选矿产品销售，或将选矿产品自用于应缴纳资源税情形的，按选矿产品计征资源税，在原矿移送环节不缴纳资源税。

下列情形从高适用税率：

（1）纳税人开采或者生产同一税目下适用不同税率应税产品的，应当分别核算不同税率应税产品的销售额或者销售数量；未分别核算或者不能准确提供不同税率应税产品的销售额或者销售数量的，从高适用税率。

（2）纳税人开采或者生产不同税目应税产品的，应当分别核算不同税目应税产品的销售额或者销售数量；未分别核算或者不能准确提供不同税目应税产品的销售额或者销售数量的，从高适用税率。

（四）计税依据和应纳税额

1. 从价计征

资源税应税产品的销售额，按照纳税人销售应税产品向购买方收取的全部价款确定，不包括增值税税款。由于销售资源产品收取的"价外费用"已不属于资源本身的价值范畴，所以其计税依据与增值税不同，不包括各种"价外费用"。

计入销售额中的相关运杂费用，凡取得增值税发票或者其他合法有效凭据的，准予从销售额中扣除。相关运杂费用是指应税产品从坑口或者洗选加工地到车站、码头或者购买方指定地点的运输费用、建设基金以及随运销产生的装卸、仓储、港杂费用。

应纳税额＝销售额×适用的比例税率

2. 从量计征

资源税应税产品的销售数量，是指纳税人开采或生产应税产品的实际销售数量和自用于应缴纳资源税情形的应税产品数量。

应纳税额＝销售数量×适用的定额税率

3. 特殊规定

为避免重复征税，纳税人外购应税产品与自产应税产品混合销售或混合加工为应税产品销售的，在计算应税销售额或销售数量时，允许扣减外购应税产品的购进金额或购进数量；当期不足扣减的，可结转下期扣减。具体包括以下两种情形。

（1）纳税人以外购原矿与自采原矿混合为原矿销售，或以外购选矿与自产选矿混合为选矿产品销售的，直接扣减外购原矿或选矿产品的购进金额或购进数量。

（2）纳税人以外购原矿与自采原矿混合洗选加工为选矿产品销售的，由于在洗选加工过程中产生了增值或数量消耗，为确保税负公平，在计算销售额或销售量时，按以下方法扣减：

允许扣减的外购应税产品购进金额或数量＝外购原矿金额或数量×（本地区原矿适用税率÷本地区选矿适用税率）

另外，由于资源税进口不征，如果进口应税产品与自采应税产品混合销售，进口应税产品的销售额或销售数量也允许扣减。

（五）税收优惠

资源税的税收优惠有三类：税法统一规定的减免税政策、国务院指定的减免税政策以及授权地方确定的减免税政策。这里列举主要的优惠。

1. 免税

（1）开采原油以及在油田范围内运输原油过程中用于加热的原油、天然气。

（2）煤炭开采企业因安全生产需要抽采的煤层气。

（3）青藏铁路公司及其所属单位运营期间自采自用的砂、石等材料。

2. 减税

（1）从低丰度油气田开采的原油、天然气，减征20%资源税。

（2）高含硫天然气、三次采油和从深水油气田开采的原油、天然气，减征30%资源税；稠油、高凝油减征40%资源税。

（3）从衰竭期矿山开采的矿产品，减征30%资源税。

（4）自2019年1月1日至2027年12月31日，对增值税小规模纳税人在50%的税额幅度内减征资源税。

（六）征收管理

1. 纳税义务发生时间

销售应税产品的，为收讫销售款或取得索取销售款凭据的当日；自用应税产品的，为移送应税产品的当日。

2. 纳税期限

按月或按季申报的，应当自月度或季度终了之日起15日内；按次申报的，应当自纳税义务发生之日起15日内。

3. 纳税地点

纳税人应当在矿产品的开采地或海盐的生产地缴纳资源税。

4. 征管机构

纳税人应当在应税产品开采地或生产地的税务机关缴纳资源税，海上开采的原油或天然气资源税由海洋石油税务管理机构征收管理。由于资源税征管工作涉及一些专业性、技术性问题，《中华人民共和国资源税法》规定，在资源税征管过程中，税务机关与自然资源等相关部门应当建立工作配合机制。

二 资源税的税务风险管理

资源税在实务中面临的风险非常多，表现形式也多种多样，这里列举一些常见的风险点并展开分析。

（一）将非应税矿产品纳入征税对象的税务风险

税务机关对石材加工、建材（砂石等）经销等非应税矿产品开采企业认定了资源税税种信息，若纳税人未按规定进行申报，会增加企业的违法风险；或者，按税务机关要求进行申报并缴纳税款，相应增加了纳税人负担。

税务机关可以通过税收征管信息系统提取税（费）种认定中有资源税但经营范围中无应税矿产品的企业信息，与"税务登记信息查询""税（费）种认定信息表"中相关信息比对，能够发现是否存在上述情形。因此，企业一方面应在自己的智慧化信息管理系统中对相关信息进行自动勾稽，另一方面也需要加强与税务机关的沟通和交流。

（二）应税矿产品缴纳了增值税但未同步缴纳资源税的税务风险

纳税人销售开采的应税矿产品开具了发票并申报缴纳了增值税，但没有资源税申报记录，少缴资源税。

通过税收征管平台提取同一期内应税矿产品的增值税及资源税申报缴纳信息，与"申报明细查询""税（费）种认定信息表"比对，可以发现是否存在上述情形。

（三）视同销售行为未按规定申报缴纳资源税的税务风险

按规定，纳税人将应税矿产品用于非货币性资产交换、捐赠、偿债、赞助、集资、投资、广告、样品、职工福利、利润分配等非生产项目或连续生产非应税产品等用途，应视同销售缴纳资源税，但却未作视同销售处理，未确认收入申报缴纳资源税，或确认的收入明显偏低，导致未缴或少缴资源税。

企业可以利用智慧化信息管理系统定期自动核查"应付职工薪酬"

"长期股权投资""应付股利""短期借款""长期借款""生产成本""制造费用""管理费用"等科目、相关合同协议等资料，检查是否存在视同销售行为，是否将其确认收入缴纳资源税。同时，关注合同协议中应税矿产品约定的价格，并与市场价格比较，看其作价是否公允，是否明显偏低。

【案例7-1】运杂费用能否扣减，应看清发生环节。

A公司是一家金属采矿企业，主营铁矿石开采并加工成精矿后销售。工艺流程大概是原矿开采并破碎，让运输企业或者个人从坑口将破碎后的原矿运至选矿厂进行洗选，再委托运输企业将精矿运输至购买方要求的地点。经风险分析发现，A公司在进行2021—2023年度资源税申报时，其资源税计税依据明显低于当期铁矿石发票开具金额和增值税销项金额。实际上，这部分差异是由于该企业申报资源税时，将运输原矿和精矿的运输费用均在资源税计税依据中进行扣减而产生的。

点评：

根据国家税务总局公告2018年第13号第七条规定，同时符合以下条件的运杂费用，纳税人在计算应税产品计税销售额时，可予以扣减：①包含在应税产品销售收入中；②属于纳税人销售应税产品环节发生的运杂费用，具体是指运送应税产品从坑口或者洗选（加工）地到车站、码头或者购买方指定地点的运杂费用；③取得相关运杂费用发票或者其他合法有效凭据；④将运杂费用与计税销售额分别进行核算。

这里需要注意，"同时符合""包含在应税产品销售收入中""销售应税产品环节发生的""取得合法有效凭据""分别核算"，是可以扣减运杂费用的基本要求和条件。

对于A公司在销售环节发生的运费，有销售合同并在合同中约定了购买方支付的价款包含货物价格和运费，也取得了发票并进行了分别核算，因此可以从计税销售额中扣除运杂费用。但是，运输原矿发生的费用虽取得了发票，但并非发生在销售环节，而是属于加工生产环节，因此这部分费用不符合扣减规定，无法扣减。

【案例7-2】应税产品扣除，须取得合法有效凭证。

B公司经营范围和业务流程与上例中的A公司相同，风险分析同样按照资源税计税依据、发票开具金额和增值税申报销项金额比对口径，发现B公司申报2021—2023年资源税时，存在资源税计税依据小于同期应税矿产品开票金额和增值税申报销项金额情形，这部分差异是因扣减购进矿产品金额而产生的。

点评：

根据财政部、国家税务总局公告 2020 年第 34 号第五条第一款之规定，纳税人外购应税产品与自采应税产品混合销售或者混合加工为应税产品销售的，在计算应税产品销售额或者销售数量时，准予扣减外购应税产品的购进金额或者购进数量；当期不足扣减的，可结转下期扣减。纳税人应当准确核算外购应税产品的购进金额或者购进数量，未准确核算的，一并计算缴纳资源税。

第二款规定，纳税人核算并扣减当期外购应税产品购进金额、购进数量，应当依据外购应税产品的增值税发票、海关进口增值税专用缴款书或者其他合法有效凭据。

B 公司在当期销售环节中对购进应税矿产品进行了全额扣减，但实际情况是扣减的购进矿产品仅有部分取得了发票，剩余部分未取得增值税发票，也无其他凭据作为支撑，因此无法扣减。

第二节　土地增值税的税务风险管理

土地增值税是对有偿转让国有土地使用权、地上建筑物及其他附着物，并取得增值收益的单位和个人征收的一种税。

一　土地增值税的基本规定

（一）纳税人

土地增值税的纳税人是转让国有土地使用权、地上建筑物及其附着物产权，并取得收入的单位和个人。具体包括各类企业、事业单位、国家机关、社会团体和其他组织、个体工商户和其他个人。

（二）征税范围

土地增值税的征税范围是转让国有土地、地上建筑物及其他附着物取得的增值额。具体包括转让国有土地使用权、开发房地产销售商品房、转让旧房及建筑物。不包括国有土地使用权出让、继承、赠予、出租等。

实际工作中，界定土地增值税征税范围的标准主要有三个：一是转让使用权的土地是否属于国家所有；二是产权是否转让；三是是否取得收入。

（三）计税依据

土地增值税以纳税人转让房地产取得的增值额为计税依据。增值额为纳税人转让房地产取得的收入减除规定扣除项目金额以后的金额。

1. 收入

纳税人取得的收入包括转让房地产的全部价款和有关经济利益，形式上包括货币收入、实物收入和其他收入。

2. 扣除项目

在计算增值额时，法定允许扣除的项目包括以下几项。

（1）取得土地使用权所支付的金额

其是指纳税人为取得土地使用权所支付的地价款及缴纳的相关费用。房地产企业为取得土地使用权所支付的契税，也应计入取得土地使用权所支付的金额。

（2）房地产开发成本

开发土地和新建房及配套设施的成本包括土地征收及拆迁补偿费、前期工程费、建筑安装工程费、基础设施费、公共配套设施费、开发间接费用等。

（3）房地产开发费用

其是指与房地产开发项目有关的销售费用、管理费用和财务费用。在实际工作中，根据利息费用是否可以据实扣除，区分两种情况。

第一种情况：凡能按转让房地产项目计算分摊并能提供金融机构证明的，利息可以据实扣除，但不能超过按商业银行同期同类贷款利率计算的利息额。在此基础上，可以按取得土地使用权支付的金额与房地产开发成本之和的5%以内计算扣除：

房地产开发费用限额＝利息＋（取得土地使用权所支付的金额＋开发成本）×5%

第二种情况：凡不能按转让房地产项目计算分摊利息支出或不能提供金融机构证明的，则按取得土地使用权支付的金额与房地产开发成本之和的10%以内计算扣除：

房地产开发费用限额＝（取得土地使用权所支付的金额＋开发成本）×10%

（4）旧房及建筑物评估价格

按旧房及建筑物采用评估的重置成本和成新度来计算：

旧房及建筑物的评估价格=重置成本×成新度折扣率

重置成本是指对旧房及建筑物，按转让时的建筑价格及人工费用计算，建造同样的面积、层次、结构、建设标准的新房及建筑物所需花费的成本费用。成新度折扣率是指按旧房的新旧程度作一定比例的折扣，一般用几成新表示。

对于纳税人转让旧房及建筑物，凡不能取得评估价格，但能提供购房发票的，可按发票所载金额并从购买年度起至转让年度止，每年加计5%扣除。

转让旧房及建筑物不能取得评估价格，也不能提供购房发票的，实行核定征收。

（5）与转让房地产有关的税金

与转让房地产有关的税金是指在转让房地产时缴纳的城市维护建设税、教育费附加、印花税，不包括增值税。另外，房地产开发企业缴纳的印花税不单独扣除；房地产开发企业以外的纳税人在计算土地增值税时，允许扣除转让环节缴纳的印花税。

（6）财政部规定的其他扣除项目

对从事房地产开发的纳税人允许按取得土地使用权所支付的金额和房地产开发成本之和，加计20%扣除。对取得土地使用权后投入资金，将生地变为熟地转让的，计算其增值额时，允许按房地产开发成本的20%加计扣除。对取得土地使用权（包括在建未完工项目）后，未进行开发即转让的，不允许加计扣除。

另外，对于代收费用作为转让收入计税的，在计算扣除项目时，可以扣除，但不允许作为加计20%扣除的基数；对于代收费用未作为收入计税的，在计算增值额时不允许扣除。

前述（1）项—（4）项扣除项目，必须是实际发生的并能提供合法有效的凭证，不能提供合法有效凭证的，不予扣除。

（四）税率

土地增值税实行四级超率累进税率（见表7-2）。

表7-2　　　　　　　　　土地增值税税率

	增值额占扣除项目比例	税率	速算扣除系数
1	50%以下（含50%）	30%	0
2	50%—100%（含100%）	40%	5%

续表

	增值额占扣除项目比例	税率	速算扣除系数
3	100%—200%（含 200%）	50%	15%
4	200%以上	60%	35%

（五）应纳税额的计算

土地增值税的计算一般有四步：首先，以转让房地产所取得的收入减除扣除项目金额，求得增值额；其次，增值额除以扣除项目金额求出增值率；再次，根据增值率高低确定适用税率；最后，用增值额乘以适用税率求出应纳税额。公式如下：

应纳税额 = $\sum$（每级距的增值额 × 适用税率）

或者：

应纳税额=增值额×最高适用税率-扣除项目金额×速算扣除系数

（六）税收优惠

土地增值税的税收优惠主要有：

（1）纳税人建造普通标准住宅（不包括高级公寓、别墅、度假村等）出售，增值额未超过扣除项目金额 20% 的，免征土地增值税。

（2）因国家建设需要依法征用、收回的房地产，免征土地增值税。

（3）因城市实施规划、国家建设的需要而搬迁，由纳税人自行转让原房地产的，免征土地增值税。

（4）对个人之间互换自有居住用房地产的，经当地税务机关核实，可以免征土地增值税。自 2008 年 11 月 1 日起，对个人销售住房暂免征收土地增值税。

（5）在企业兼并中，被兼并企业将房地产转让给兼并企业的，暂免征收土地增值税。

（6）企事业单位、社会团体以及其他组织转让旧房作为公租房房源、作为棚户区改造安置住房、作为经济适用房房源，且增值额未超过扣除项目金额 20% 的，免征土地增值税。

（7）对于一方出土地、另一方出资金，双方合作建房，建成后按比例分房自用的，暂免征收土地增值税；建成后转让的，应征收土地增值税。

（七）征收管理

纳税人应当从房地产合同签订之日起 7 日内向房地产所在地主管税

务机关进行纳税申报，并按主管税务机关核定的税额及规定的期限缴纳税款。经常发生房地产转让行为的，可选择定期申报方式。

房地产转让如果是一次交割、付清价款的，在办理过户、登记手续前数日内一次性缴纳全部税款；如果是分期付款，按总价计算税款总额，收到价款后按比例缴纳税款；如果是项目全部竣工前转让，则按照预征率征收。

土地增值税的纳税地点为房地产所在地（坐落地）。房地产坐落在两个或两个以上地区的，应向房地产所在地主管税务机关分别申报纳税。

（八）房地产开发企业的预征加清算模式管理

房地产开发企业在开发项目全部竣工结算前，涉及成本费用确定或其他原因，而无法准确计算增值额，可以采取预征方式缴纳土地增值税，待该项目全部竣工、办理结算后再进行清算，多退少补税款。

1. 预征税款

一般对新房非整体转让以及采取预售方式的，按实际转让（或预售）部分的收入预征土地增值税，其计税依据为转让房地产所取得的收入（包括预收款，不含增值税）。除保障性住房外，东部地区省份的预征率不得低于2%，中部和东北地区省份不得低于1.5%，西部地区省份不得低于1%，各地要根据不同类型房地产确定适当的预征率。

2. 清算

土地增值税清算，是指纳税人在符合土地增值税清算条件后，依照规定计算房地产开发项目应缴纳的土地增值税税额，并填写清算申报表，向主管税务机关提供有关资料，办理土地增值税清算手续，结清该房地产项目应缴纳的土地增值税税款的行为。

二 土地增值税的税务风险管理

土地增值税在实务中面临的风险很多，表现形式也多种多样，这里列举一些常见的风险点并展开分析。

（一）取得现销收入或预收款未按规定足额预征土地增值税的税务风险

房地产企业收取售楼款（含预收款）未作收入（预收款），未开发票未缴纳（预缴）增值税，也未按规定预征土地增值税，或者预缴了增值税但未预征土地增值税，都会使其面临税务风险。

税务机关会通过税收征管平台提取同一时期内有预缴增值税（不动产）申报信息但无土地增值税预征信息的疑点数据，与"申报表分户查询""预缴查询""土地增值税预征查询"模块中相关信息比对，审核采取预收款销售模式销售房地产的增值税预缴数据与土地增值税预征数据之间的关系，判断是否存在土地增值税预征不足的情形。也可以查阅住建部门的网签备案合同以及售楼处资料、销售合同、销售发票、收款收据等纸质资料，以及销售合同统计数据、预售房款统计数据、售房发票等电子文档，统计已售户数及预售金额，与税收征管系统中土地增值税预征申报信息比对，审核是否存在土地增值税预征不足的情形。因此，纳税人应根据税务机关的管理手段和模式，相应地在自己的信息管理系统中，自动勾稽上述信息，自动分析和判定上述风险。

【案例7-3】本案是税务机关在破产程序中确认税款债权的诉讼。本案的基本案情是：2012年12月，被告取得涉案土地，用于开发房地产项目。2018年5月24日，法院受理了被告破产清算一案，进入破产程序。经查明，被告欠缴土地增值税（预征）、产权转移印花税、企业所得税、新增注册资金印花税。2018年5月24日，重庆市D区人民法院作出《民事裁定书》[（2018）渝0***破3-1号]，受理了丁某对被告提出的破产申请。根据《重庆市D区人民法院公告》[（2018）渝0***破3-1号]，原告依法向本案破产管理人（以下简称管理人）申报了破产债权，其中，税款债权2,599,672.12元，滞纳金债权1,155,396.30元。2020年12月8日，被告管理人向原告发出《债权审核通知书》[（2018）破管字Y第22-1号]，对原告前述申报的破产债权中的税款债权880,540.41元及滞纳金债权472,322.91元不予确认。2020年12月18日，原告以《国家税务总局重庆市D区税务机关关于对重庆Y置业有限公司破产债权审核结果提出异议的函》，对前述管理人不予确认的税收债权提出异议。

点评：

本案的争议在于，虽然被告一直没有预缴土地增值税，但其最终土地增值税清算的结果认定实际应缴纳土地增值税税额为0元，税务机关依然要求追征土地增值税（预征）的滞纳金，合计为169,783.75元。

法院认为，依照《中华人民共和国税收征收管理办法》第三十二条规定，纳税人未按照规定期限缴纳税款的，扣缴义务人未按照规定期限解缴税款的，税务机关除责令限期缴纳外，从滞纳税款之日起，按日加收滞纳税款万分之五的滞纳金。同时，法院比照企业所得税预缴的规定，认定纳税人在发生预缴义务之时应当按照预征率申报缴纳土地增值税，纳税人应缴纳税款而未缴纳,应当被加征滞纳金。虽然最终清算认定实际应缴纳土地增值税税额为0元,但并不能改变被告在清算前的2014年10月至2016年2月需正常纳税的事实,其应纳未纳的预征土地增值税滞纳金在当期已实际发生。

本案判决认定:纳税人逾期未预缴土地增值税而被加征的滞纳金,不随着清算行为对纳税义务的确定而发生改变,滞纳金针对的是纳税人未履行预缴义务这一行为做出的,因此,滞纳金应计入普通破产债权。

(二)房地产开发项目应清算未清算的税务风险

房地产开发项目达到清算条件而未按规定进行清算,会使纳税人面临税务风险。纳税人可以利用智慧化信息化管理系统,自动核查项目总可售面积与已售面积的相关数据,审核是否达到应该清算的条件但未进行土地增值税的清算,以避免相应的税务风险。

(三)清算后尾盘销售管理不到位导致少缴税款的税务风险

清算后尾盘销售的单位面积成本与清算时单位面积成本不一致,或者尾盘销售仍然按照预征率预征土地增值税,导致少缴土地增值税。

针对这一风险点,纳税人应根据尾盘销售土地增值税申报表的数据,与"尾盘销售申报明细"科目的相关信息进行比对,确保不存在少缴税款的情况。

(四)房地产开发企业注销税务登记前未进行清算的税务风险

房地产开发企业办理税务和工商的注销手续,按规定应进行土地增值税清算,否则可能会导致少缴或多缴土地增值税。因此,房地产开发企业在注销项目公司之前,应确保已严格按照税法的规定对拟办理工商注销的项目进行了土地增值税的清算,以避免和控制税务风险。

第三节 房产税的税务风险管理

房产税是以房屋为征税对象,按照房屋的计税余值或租金收入,向产权所有人征收的一种财产税。

一 房产税的基本规定

(一)纳税人

房产税的纳税义务人为房屋产权所有人,但也有例外。产权属于国家所有的，由经营管理单位纳税；产权出典的，由承典人纳税；产权所有人、承典人不在房屋所在地或产权未确定及租典纠纷未解决的，由房屋代管人或使用人纳税。

(二) 征税范围

房产税的征税对象是在城市、县城、建制镇和工矿区内的房产，不包括农村。

房产是以房屋形态表现的财产。房屋是指有屋面和围护结构（有墙或两边有柱），能够遮风避雨，可供人们在其中生产、工作、学习、娱乐、居住或储藏物资的场所。独立于房屋之外的建筑物，如围墙、烟囱、水塔、变电塔、油池油柜、酒窖菜窖、酒精池、糖蜜池、室外游泳池、玻璃暖房、砖瓦石灰窑以及各种油气罐等，不属于房产。

(三) 计税依据和税率

1. 从价计征

依据房产原值一次性扣除10%—30%后的余值计算缴纳，税率为1.2%。

对于独立建造的地下建筑，工业用途房产的自用地下建筑，以房屋原价的50%—60%作为应税房产原值；商业和其他用途房产的自用地下建筑，以房屋原价的70%—80%作为应税房产原值。对于与地上房屋相连的地下建筑，如房屋的地下室、地下停车场等，应将地下部分与地上房屋视为一个整体按照地上房屋建筑物的有关规定征收房产税。

房产原值应包括与房屋不可分割的各种附属设备或一般不单独计价的配套设施。主要有暖气、卫生、通风、照明、煤气设备等，还有各种管线如蒸汽、压缩空气、石油、给排水等管道及电力、电信、电缆导线、电梯、升降机、过道、晒台等。

对于更换房屋附属设备和配套设施的，在将其价值计入房产原值时，可扣减原来相应设备和设施的价值；对附属设备和配套设施中易损坏、需要经常更换的零配件，更新后不再计入房产原值。

2. 从租计征

依据房产的租金收入计算缴纳，税率为12%。

(四) 税收优惠

1. 法定优惠

(1) 国家机关、人民团体、军队自用的房产，免征。

(2) 由国家财政部门拨付事业经费的单位自用的房产，免征。

（3）宗教寺庙、公园、名胜古迹自用的房产，免征。

（4）个人所有非营业用的房产，免征。

2. 税率式优惠

（1）个人出租住房，按4%征收房产税。

（2）企事业单位、社会团体以及其他组织按市场价格向个人出租用于居住的住房，减按4%征收房产税。

3. 其他税收优惠

（1）对高校学生公寓免征房产税。

（2）企业办的各类学校、医院、托儿所、幼儿园自用的房产免税。

（3）老年服务机构自用的房产暂免征收房产税。

（4）经有关部门鉴定，对毁损不堪居住的房屋和危险房屋，在停止使用后，可免征房产税。

（5）纳税单位与免税单位共同使用的房屋，按各自使用的部分划分，分别征收或免征房产税。

（6）自2022年1月1日至2027年12月31日，由省、自治区、直辖市人民政府根据本地区实际情况和宏观调控需要确定，对增值税小规模纳税人、小型微利企业和个体工商户，可以在50%的税额幅度内减征房产税。

（五）征收管理

1. 纳税义务发生时间

（1）原有房产用于生产经营的，从生产经营之月起缴纳房产税。

（2）自建房屋用于生产经营，自建成之日的次月起缴纳房产税。

（3）委托施工企业建房的，从办理验收手续之日的次月起纳税，在办理验收手续前已使用或出租、出借的新建房屋，从使用或出租、出借的当月起计征房产税。

（4）购置新建商品房，自房屋交付使用次月起缴纳房产税。

（5）购置存量房地产，自房产证签发次月起缴纳房产税。

（6）出租、出借房产，自交付出租、出借房产之次月起缴纳房产税。

（7）房地产开发企业自用、出租、出借本企业建造的商品房，自房产使用或交付次月起缴纳房产税。

2. 纳税期限

房产税实行按年计算、分期缴纳的征收方法，具体纳税期限由省、自治区、直辖市人民政府确定。

3. 纳税地点

在房产所在地缴纳。房产不在同一地方的纳税人，应按房产的坐落地点分别向房产所在地的税务机关缴纳。

二　房产税的税务风险管理

在实务中，房产税导致的税务风险很多，表现形式也多种多样，这里列举一些常见的风险点并展开分析。

（一）未及时缴纳房产税的税务风险

企业所得税年度申报表《资产折旧、摊销及纳税调整明细表》（A105080）相关栏次填报了固定资产（房屋、建筑物）原值及折旧额，但未登记房屋税源信息，未申报缴纳房产税。因此，企业应利用资产负债表及明细表、《资产折旧、摊销及纳税调整明细表》、各相关会计科目之间的勾稽关系，智慧化审核房产税的相关风险点，确保应纳尽纳，以避免和控制税务风险。

（二）未及时登记房产税税源信息导致少缴房产税的税务风险

按有关规定，自建的房屋，自建成之次月起征收房产税；购置新房，自房屋交付使用之次月起计征房产税；购置存量房，自办理房屋权属转移、变更登记手续，房地产权属登记机关签发房屋权属证书之次月起计征房产税；出租、出借房产，自交付出租、出借房产之次月起计征房产税。纳税人受让房屋已经缴纳了契税，但未及时登记房产税税源信息或登记的房产税税源信息与契税申报信息不一致，导致未缴或少缴房产税。企业应根据实际情况，及时登记房产税税源信息以避免少缴房产税的税务风险。

（三）未将所缴契税计入房产原值导致少缴房产税的税务风险

根据相关规定，购房时缴纳的契税应该计入固定资产的入账价值，并作为缴纳房产税的房产原值。企业受让房屋已经缴纳了契税和房产税，但未将契税作为房产税的计税依据。因此，企业在入账之前，应审核、比对房产税的计税依据与契税的计税依据，确保将缴纳的契税计入房产原值作为房产税的计税依据，以避免少缴房产税的税务风险。

（四）土地价款未计入房产原值导致少缴房产税的税务风险

根据有关规定，从价计征的房产，无论会计上如何核算，房产原值均应包含地价，包括为取得土地使用权支付的价款、开发土地发生的成本费用等。对于宗地容积率小于0.5的，按房产建筑面积的两倍计算土地面积并据此确定计入房产原值的地价。纳税人登记房源信息时，有对应的土地税源登记信息，但没有将地价计入房产原值或计入错误，会导致少缴或多缴房产税。

企业应审核、确认房产原值是否包含地价，包括为取得土地使用权支付的价款、开发土地发生的成本费用等。宗地容积率低于0.5的，按房产建筑面积的两倍计算土地面积并据此确定计入房产原值的地价。按照房产原值计税的房产，如果地价未含在房产税计税基础里，企业应补缴房产税。

【案例7-4】江苏省W市稽查局在对某公司的检查中发现，该公司2022年度缴纳的房产税少于2020年度缴纳的房产税，而该公司房产都为自用，且没有因出售或拆除房屋等原因减少房产原值。经过深入检查该公司固定资产及无形资产账户，稽查人员发现，该公司在2022年年初收到一笔政府补偿款200万元，直接冲减了无形资产科目中的土地成本，该笔政府补偿款的摘要为"土地出让返还款"。公司收到返还款后作了冲减土地成本的账务处理，同时对从价计征房产税的计税依据作了调减。税务机关认为这种处理方法是错误的，要求企业补缴房产税。

点评：

《财政部　国家税务总局关于安置残疾人就业单位城镇土地使用税等政策的通知》（财税〔2010〕121号）第三条规定，对按照房产原值计税的房产，无论会计上如何核算，房产原值均应包含地价，包括为取得土地使用权支付的价款、开发土地发生的成本费用等。宗地容积率低于0.5的，按房产建筑面积的两倍计算土地面积并据此确定计入房产原值的地价。该公司于2022年年初收到政府的200万元"土地出让返还款"，银行转账凭证上的摘要为"财政补助"，该笔款项不能冲减房产原值。

（五）租赁合同中租赁价格的税务风险

很多企业在出租房产时，在租赁合同价格中，水电费用、物业费、机器设备租金没有与房屋的租赁价格进行分离，从而导致多缴纳房产税的税务风险。

根据《国家税务总局关于进一步明确房屋附属设备和配套设施计征房产税有关问题的通知》（国税发〔2005〕173号）的规定，房产是以房屋形态表现的财产。房屋是指有屋面和围护结构（有墙或两边有柱），能够遮风避雨，可供人们在其中生产、工作、学习、娱乐、居住或储藏物资的场所。独立于房屋之外的建筑物，如围墙、烟囱、水塔、变电塔、油池油柜、酒窖菜窖、酒精池、室外游泳池、玻璃暖房、砖瓦石灰窑以及各种油气罐等不属于房产。基于此规定，办公设备、厂区、停车位、厂区道路和绿化带等附属设施和管理服务费用不用交房产税。因此，企业在签订租赁合同时，应按照税法的规定，将租金与物业费、水电费等区分开来，以避免多缴房产税的税务风险。

（六）无租使用与免租使用的税务风险

【案例7-5】甲公司旗下有两处房产供其他企业使用，有一处房产是给合作企业丙公司使用，不收取租金；另一处房产是上年年初刚出租给丁公司使用，当初为招揽租户，公司采取了一段时间内免收租金的优惠，双方在合同中约定2022年1月1日至6月30日免收租金。

点评：

房产税一般由产权所有人缴纳。但甲公司的这两种情况较为特殊，处理方式有所不同。丙公司免费使用甲公司的房产，是典型的无租使用。无租使用一般视为无偿出借，而非租赁行为，其最明显的特征是使用人无须支付租金给产权所有人。

甲公司与丁公司的租赁合同约定有免租期，免租期是在租赁交易中租赁双方约定一定时期租金为零的行为，从形式上可以表现为出租方根据约定在一定期限内豁免承租方租金，承租方根据租赁约定在一定的期限内当然享受免予支付租金的权利。因此，无租使用与免租使用他人房产的表现形式是一样的，即使用人无须支付对价，但实质上是不同的，前者属于无偿使用，可视为无偿出借，后者是一项租赁交易。

根据《财政部　国家税务总局关于房产税城镇土地使用税有关问题的通知》（财税〔2009〕128号）第一条规定，无租使用其他单位房产的应税单位和个人，依照房产余值代为缴纳房产税。因此，丙公司应依照房产余值为甲公司代缴房产税。如果从价计征，按照房产原值减除30%的余值计算，税率为1.2%，无租使用的房产为300万元，即每年应代缴纳房产税 = 3,000,000×（1−30%）×1.2% = 25,200（元）。但在无租使用的情况下，房产税的纳税义务主体仍为产权所有人，只是由使用人代为缴纳房产税。

含有免租期的经营租赁方式，出租方提供"免租期"优惠的目的是按期获得租金。在房产租赁行为中，除特殊规定外，房产税纳税义务人为房产产权所有人，承租方无须缴纳和承担应用于生产经营房屋的房产税。根据《财政部　国家税务总局关于安置残疾人就业单位城镇土地使用税等政策的通知》（财税〔2010〕121号）第二条规定，对于出租房产，租赁双方签订的租赁合同约定有免收租金期限的，免收租金期间由房屋产权所有人按照房产原值缴纳房产税。所以，2022年1月1日至6月30日的房产税应由房屋产权所有人即甲公司，按照房产原值缴纳。

【案例7-6】临时性建筑的房产税问题。

甲公司是房地产开发公司，有400平方米用于售楼的售楼部等临时性建筑物，这些临时性建筑物是否要缴纳房产税？

点评：

《财政部 税务总局关于房产税若干具体问题的解释和暂行规定》（财税地〔1986〕8号）第二十一条明确规定："凡是在基建工地为基建工地服务的各种工棚、材料棚、休息棚和办公室、食堂、茶炉房、汽车房等临时性房屋，无论是施工企业自行建造还是由基建单位出资建造交施工企业使用的，在施工期间，一律免征房产税。但是，如果在基建工程结束以后，施工企业将这种临时性房屋交还或者估价转让给基建单位的，应当从基建单位接收的次月起，依照规定征收房产税。"该规定不予征税的临时性建筑物必须同时满足两个条件：其一必须为基建工地服务，其二必须处于施工期间。售楼部显然不是为基建工地服务，而是为售楼服务，因而不能满足不征房产税的两个条件。

另外，根据《财政部 税务总局关于房产税和车船使用税几个业务问题的解释与规定》（财税地〔1987〕3号）第一条对房产的规定：房产是以房屋形态表现的财产。房屋是指有屋面和维护结构（有墙或两边有柱），能够遮风避雨，可供人们在其中生产、工作、学习、娱乐、居住或者储藏物资的场所。因此，售楼处不论是永久性的还是临时性的，若符合上述房产定义，均应按规定缴纳房产税，但如果其符合财税地〔1986〕8号文件规定的免税条件，则可以免缴房产税。但是，临时性建筑不需要分摊土地成本，永久性建筑需要分摊土地成本。

第四节　车船税的税务风险管理

一　车船税的基本规定

车船税是对中国境内使用的车辆、船舶征收的一种税，根据车辆、船舶的种类，按照规定税额标准计算征收。

（一）纳税人

车船税的纳税人是中国境内依法登记的车辆、船舶的所有人或管理人。车船的所有人或管理人未缴纳车船税的，由使用人代为缴纳。从事机动车交通事故责任强制保险业务的保险机构为机动车车船税的扣缴义务人，依法代收代缴车船税。

（二）税率

车船税实行定额幅度税率（见表7-3）。对船舶的适用税额，授权国务院在规定的税额幅度内确定；对车辆的适用税额，授权省、自治区、直辖市人民政府在规定的税额幅度内，根据当地实际情况具体确定。

表7-3　　　　　　　　　　车船税税率

税目		计税单位	年基准税额		备注
			车船税法	实施条例	
乘用车（按排气量分档）	1.0升（含）以下	每辆	60—360元		核定载客人数9人（含）以下
	1.0—1.6升（含）		300—540元		
	1.6—2.0升（含）		360—660元		
	2.0—2.5升（含）		660—1,200元		
	2.5—3.0升（含）		1,200—2,400元		
	3.0—4.0升（含）		2,400—3,600元		
	4.0升以上		3,600—5,400元		
商用车	客车 中型客车	每辆	480—1,440元		9—20人
	客车 大型客车				20人（含）以上
	货车	整备质量每吨	16—120元		包括半挂牵引车、三轮汽车和低速载货汽车等
挂车		整备质量每吨	按货车税额的50%计算		
其他车辆	专用作业车 轮式专用机械车	整备质量每吨	16—120元		不包括拖拉机
摩托车		每辆	36—180元		

续表

税目			计税单位	年基准税额		备注
				车船税法	实施条例	
船舶	机动船舶	200吨（含）以下	净吨位每吨	3—6元	3元	拖船、非机动驳船分别按照机动船舶税额的50%计算
		200—2,000吨（含）			4元	
		2,000—10,000吨（含）			5元	
		10,000吨以上			6元	
	游艇	小于10米（含）	艇身长度每米	600—2,000元	600元	
		10—18米（含）			900元	
		18—30米（含）			1,300元	
		大于30米			2,000元	
		辅助动力帆艇			600元	

注：(1) 客车包括电车；(2) 客货两用车按货车的计税单位和年基准税额计征车船税。

（三）应纳税额的计算

车船税的应纳税额＝年应纳税额÷12×应纳税月份数

应纳税月份数＝12-纳税义务发生时间（取得月份）＋1

特殊情况下，车船税已纳税款的处理如下。

(1) 已纳车船税的车船在同一纳税年度内办理转让过户的，在原登记地不予退税，在新登记地凭完税凭证不再纳税。

(2) 在一个纳税年度内，已完税的车船被盗抢、报废、灭失的，纳税人可以凭有关管理机关出具的证明和完税凭证，向纳税所在地主管税务机关申请退还自被盗抢、报废、灭失月份起至该纳税年度终了期间的税款。

(3) 已纳车船税的车船，因质量原因，车船被退回生产企业或者经销商的，纳税人可以向纳税所在地主管税务机关申请退还自退货月份起至该纳税年度终了期间的税款。

（四）税收优惠

《中华人民共和国车船税法》规定，下列车船减免车船税：

(1) 捕捞、养殖渔船。

(2) 军队、武警部队专用的车船。

(3) 警用车船。

(4) 消防救援车船。

(5) 外国驻华领事馆、国际组织驻华代表机构及其有关人员的车船。

(6) 对节约能源、使用新能源的车船可以减征或者免征车船税；对受严重自然灾害影响纳税困难以及有其他特殊原因确需减税、免税的，可以减征或免征车船税。具体办法由国务院规定，并报全国人民代表大会常务委员会备案。

(7) 省、自治区、直辖市人民政府根据当地实际情况，可以对公共交通车船，农村居民拥有并主要在农村地区使用的摩托车、三轮汽车和低速载货汽车定期减征或者免征车船税。

(五) 征收管理

车船税的纳税义务发生时间为取得车船所有权或者管理权的当月。按年申报缴纳。纳税地点为车船的登记地或者车船税扣缴义务人所在地；依法不需要办理登记的车船，为车船的所有人或管理人所在地。

公安、交通运输、农业、渔业等车船登记管理部门，船舶检验机构，车船税扣缴义务人的行业主管部门，应当在提供车船有关信息等方面协助税务机关加强车船税管理。

二　车船税的税务风险管理

车船税在实务中面临的风险很多，表现形式也多种多样，这里列举一些常见的风险点并展开分析。

(一) 应纳未纳车船税的税务风险

企业年度所得税申报表中相关明细表填报了车船等运输工具原值及折旧额，但未申报缴纳车船税。因此，企业应关注"固定资产—飞机、轮船以外的运输工具"相关数据，与车船税申报记录比对，确保应纳尽纳，以避免税务风险。

(二) 购置车船未按规定缴纳车船税的税务风险

企业购置车船，尤其是不需要登记、在单位内部行驶作业的车船，没有按规定缴纳车船税，会导致税务风险。对于不需要登记、在单位内部行驶作业的车船，纳税人特别是有较多内部行驶作业车船的纳税人（如铁路场站、飞机场、港口码头、旅游景区、大型工矿企业等），应关注"固定资产—车辆、船舶"明细账，核实是否存在漏缴车船税的情形。

(三) 未按规定税额缴纳车船税的税务风险

保险公司代扣代缴车船税时，高排气量乘用车按低排气量适用税额征收车船税,高整备质量货车按低整备质量适用税额征收车船税,会导致少缴车船税。

因此,纳税人应注意同一辆车在不同信息系统的排气量或整备质量不一致的情况,核实同一辆车在不同税种申报中录入的排气量或整备质量是否存在差异,如有差异,则进一步判断是否存在未按规定足额缴纳车船税的情况,以避免少缴税的风险。

(四)违规享受车船税减免,导致少缴车船税的税务风险

因对车船税减免税政策理解不到位,导致错误应用了减免税政策,少缴了车船税。比如,为运输设备材料和配件购买的渔船,未缴纳车船税。企业应在全面了解和把握车船税减免税政策的基础上,核实是否符合车船税优惠的条件,以免面临滥用税收优惠的风险。

【案例7-7】张先生于2021年1月底在一家二手车行买了一辆本田7座的二手车,2022年没有提示他缴纳其他费用,但是在2022年被告知有漏缴,需要补缴一年的车船税。税务机关工作人员表示他们已经想办法和保险公司对接,查询原车主缴纳的车船税信息。

点评:

税务机关工作人员经查发现,张先生的车到他这儿已经是第三任车主了,他们从2018年第一任车主王某缴纳的车船税查起,发现2018年正常缴纳,同年,车辆过户给第二任车主李先生。由于车船税不能跨年度缴纳,李先生在2018年12月20日购买下一年度交强险时,并未扣除其2019年的车船税。2020年的车船税也是在2020年提前购买下年的交强险时扣除的。2021年1月底,车辆到了第三任车主张先生手里,他在2022年1月10日购买的交强险,代扣了2022年车船税。

前任车主李先生每年提前续保,购买下一年度的交强险,但车船税不能跨年度缴纳,所以每年年底购买的交强险都会扣除当年年度的车船税。张先生购买后,2021年的交强险已由李先生缴纳,但没有缴纳2021年的车船税。这导致2021年有一年的空档期,在2022年的保单上,张先生就要补缴一年的车船税。

根据《中华人民共和国车船税法实施条例》第二十三条规定,车船税按年申报,分月计算,一次性缴纳,纳税年度为公历1月1日至12月31日。因此,新购置车辆在投保时缴纳的是购置当月起至本年末的车船税,存续车辆续保缴纳的是当年全年的车船税。但在实际操作中,绝大多数的

交强险是跨年度缴纳的,保险期一般是从"当年的某一天到次年的某一天",不同于车船税按自然年度征收、不允许跨年度提前征收的方式。

第五节 印花税的税务风险管理

一 印花税的基本规定

印花税是对在中华人民共和国境内书立应税凭证、进行证券交易的单位和个人,以及在境外书立在境内使用应税凭证的单位和个人征收的一种税。

(一) 印花税征收范围和纳税人

1. 征税范围

中国的印花税采取正列举方法,列举了4个征税项目、17个子目,都是界限清楚,税源易于掌握,又便于征收管理的凭证列入了征税范围。这4个征税项目包括合同、产权转移书据、营业账簿和证券交易。

2. 纳税人

印花税的纳税义务人是指在中华人民共和国境内书立应税凭证、进行证券交易的单位和个人以及在境外书立在境内使用的应税凭证的单位和个人,包括立合同人、立账簿人、立据人、使用人和出让人五种。

纳税人为境外单位或者个人的,以其境内代理人为扣缴义务人。证券登记结算机构为证券交易印花税的扣缴义务人。

(二) 税率

印花税税率具体见表7-4。

表7-4　　　　　　　　　　印花税税率

税目		税率	备注
合同 (指书面合同)	借款合同	0.05‰	指银行、其他非银行金融机构与借款人的借款合同,不包括同业拆借
	融资租赁合同	0.05‰	
	买卖合同	0.3‰	指动产买卖合同(不包括个人书立的动产买卖合同)
	承揽合同	0.3‰	

续表

税目		税率	备注
合同 （指书面合同）	建筑工程合同	0.3‰	
	运输合同	0.3‰	指货运合同和多式联运合同（不包括管道运输合同）
	技术合同	0.3‰	不包括专利权、专有技术使用权转让书据
	租赁合同	1‰	
	保管合同	1‰	
	仓储合同	1‰	
	财产保险合同	1‰	不包括再保险合同
产权转移书据 （转让包括买卖、继承、赠予、互换、分割）	土地使用权出让书据	0.5‰	
	土地使用权、房屋等建筑物和构筑物所有权转让书据	0.5‰	不包括土地承包经营权和土地经营权转移
	股权转让书据	0.5‰	不包括应缴纳证券交易印花税的
	商标专用权、著作权、专利权、专有技术使用权转让书据	0.3‰	
营业账簿		0.25‰	
证券交易		1‰	

（三）计税依据和应纳税额的计算

1. 计税依据的一般规定

（1）应税合同，其计税依据是合同所列的金额，不包括列明的增值税税款。未列明金额的，计税依据按照实际结算的金额确定。没有实际结算的，按书立应税合同、产权转移书据时的市场价格确定，或者依法应当执行政府定价或者政府指导价的，按照国家有关规定确定。

（2）应税产权转移书据，其计税依据是产权转移书据所列的金额，不包括列明的增值税税款。

（3）应税营业账簿，其计税依据是账簿记载的实收资本（股本）、资本公积合计金额。已缴纳印花税的营业账簿，以后年度有增资的，按增加部分计算应纳税额。

（4）证券交易印花税，其计税依据是成交金额。证券交易无转让价格的，按办理过户登记手续时该证券前一个交易日收盘价计算确定计税依据；无收盘价的，按证券面值计算确定计税依据。

2. 计税依据的特殊规定

（1）全额计税，不扣除费用。

（2）同一凭证，载有两个或两个以上经济事项而适用不同税目税率的，应分别核算，分别计算后加计贴花，未分别记载金额的，从高计税。

（3）凭证按外币记载的，按凭证书立当日汇率折算。

（4）凭证所列金额与实际结算不一致的处理：未缴纳印花税的，不变更应税凭证所列金额的，以所列金额为计税依据；变更所列金额的，以变更后的所列金额为计税依据。已缴纳印花税的，变更后所列金额增加的，应就增加部分补缴印花税；变更后所列金额减少的，可以就减少部分的金额申请退（抵）税。

（5）未履行的应税合同、产权转移书据，已缴纳的印花税不予退还及抵缴税款。

（6）同一应税凭证由两方以上当事人书立的处理：按各自涉及的金额分别计算应纳税额；但未列明纳税人各自涉及金额的，以纳税人平均分摊的应税凭证所列金额（不包括列明的增值税税款）确定计税依据。

3. 应纳税额的计算

应纳税额＝应税凭证计税金额×适用税率

（四）税收优惠

印花税的税收优惠政策主要包括法定减免税项目、财税主管部门的减免税规定、企业改制重组的减免税政策等。

其中，法定免税的主要有：

（1）应税凭证的副本或者抄本。

（2）依照法律规定应当予以免税的外国驻华使馆、领事馆和国际组织驻华代表机构为获得馆舍书立的应税凭证。

（3）中国人民解放军、中国人民武装警察部队书立的应税凭证。

（4）农民、家庭农场、农民专业合作社、农村集体经济组织、村民委员会购买农业生产资料或者销售农产品书立的买卖合同和农业保险合同。

（5）无息或者贴息借款合同、国际金融组织向中国提供优惠贷款书立的借款合同。

（6）财产所有权人将财产赠予政府、学校、社会福利机构、慈善组织书立的产权转移书据。

（7）非营利性医疗卫生机构采购药品或者卫生材料书立的买卖合同；享受印花税免税优惠的非营利性医疗卫生机构，具体范围为经县级以上人民政府卫生健康行政部门批准或者备案设立的非营利性医疗卫生机构。

（8）个人与电子商务经营者订立的电子订单，具体范围为享受印花税免税优惠的电子商务经营者。

（五）征收管理

1. 纳税期限

（1）纳税义务发生时间：纳税人书立应税凭证或者完成证券交易的当日。

（2）纳税申报期限：印花税按季、按年或者按次计征。应税合同、产权转移书据印花税可以按季或者按次申报缴纳；应税营业账簿印花税可以按年或者按次申报缴纳；境外单位或者个人的应税凭证印花税可以按季、按年或者按次申报缴纳，具体纳税期限由各省、自治区、直辖市、计划单列市税务机关结合征管实际确定。

2. 纳税地点

纳税人为单位的，应当向其机构所在地的主管税务机关申报缴纳印花税；纳税人为个人的，应当向应税凭证书立地或者纳税人居住地的主管税务机关申报缴纳印花税。不动产产权发生转移的，纳税人应当向不动产所在地的主管税务机关申报缴纳印花税。

3. 缴纳方法

（1）自行缴纳：纳税人自行计算应纳税额，自行购买印花税票，自行贴花并画销。这种办法适用于应纳税额较小或者贴花次数较少的纳税人。

（2）汇贴：当一份凭证应纳税额超过500元时，应向税务机关申请填写缴款书或者完税凭证。

（3）汇缴：同一种类应税凭证需要频繁贴花的，汇总缴纳的期限为1个月。

二 印花税的税务风险管理

印花税是被很多人称为"小税种、多风险"的一个税种，虽然涉及的金额一般相对较小，但其行为税的特征导致日常经营中需要缴纳印花税的情况特别多，从而很容易产生税务风险。在很多企业涉税风险推送的清单中，从数量来看，多数以上的风险都是跟印花税相关的，这就需要引起纳税人的高度重视。

（一）常见风险点及应对

1. 并非所有的合同都需要缴印花税

印花税的税目是采用正向列举，即在列举范围里的，才要缴税，不在列举范围里的，就不用缴纳。比如，个人书立的动产买卖合同不属于印花税征税范围，但是税务机关对个人书立的动产买卖合同错误征收了印花税。

2. 企业增资未按规定补缴印花税

根据相关规定，营业账簿按照规定缴纳印花税后，发生增加注册资本情形的，需要按增加部分计算缴纳印花税。因此，企业应关注年末"实收资本（股本）"和"资本公积"科目余额，如果出现两者之和大于年初的情况，就应及时申报缴纳印花税，以避免少缴税的风险。金税四期已实现相关部门的数据联网，税务机关可通过信息交换与共享机制，定期从市场监督管理部门获取因增资而进行变更登记的信息，与税收征管系统中印花税申报信息比对，核实那些增资的企业是否已对注册资本增加的部分补缴了印花税。因此对于有企业增资行为的印花税缴纳，应引起足够的重视，以免产生税务风险。

3. 对未实际出资的认缴的注册资本征收了印花税

公司注册资本从实缴登记制改为认缴登记制后，股东的出资期限由公司章程自行约定，原则上不作限制，但最新的《中华人民共和国公司法》修订案对注册资本认缴登记制度作出了修改，规定有限责任公司股东认缴的出资额应当自公司成立之日起五年内缴足。注册资本实行认缴制后，认缴但未实际收到投入的资本，无须缴纳印花税，待实际收到投入资本时再缴纳印花税。这就会导致实行"五证合一"登记模式新设立的企业，首次到税务机关办理涉税事宜时，税务机关可能会按照纳税人营业执照所载的注册资本金额征收了印花税，而实际上股东并未实际出资或仅部分出资。因此，企业应关注是否对股东未出资部分提前缴纳了印花税的情形。

4. 不动产转让未征或少征产权转移书据印花税

转让土地或房屋（个人销售或购买住房暂免印花税）一方已申报缴纳产权转移书据印花税，但另一方未缴或少缴同一行为的印花税，会导致税务风险。金税四期已实现各部门之间的信息共享，包括房管局，税务机关很容易获取同一不动产交易双方缴纳产权转移书据印花税的相关信息，因此对于不动产交易行为，应关注是否足额缴纳了印花税，以免引致税务风险。

5. 不动产出租未征财产租赁合同印花税

企业（个人出租、承租住房签订的租赁合同，租赁双方都免征印花税）出租不动产并申报缴纳了从租计征的房产税、租赁不动产增值税，但未缴纳不动产租赁合同印花税，会导致税务风险。对于有不动产出租行为的，应重点关注这种类型的税务风险。

6. 股权转让合同未缴印花税

企业或个人发生股权转让行为，却未在签订股权转让合同时计算缴纳印花税，会导致税务风险。通过金税四期强大的信息交换和共享机制，税务机关会定期从市场监督管理部门获取发生股权变动企业的工商变更登记信息，与税收征管系统印花税申报、税务登记股权变更信息进行比对，检查是否存在股权转让行为未缴印花税的情形。因此，企业应关注股权转让行为的印花税风险。

（二）其他需要注意的风险点

（1）合伙企业合伙人的出资款、合伙人转让合伙企业份额，是否需要缴纳印花税？

合伙人对合伙企业的出资款，在工商登记时不作为注册资本，不通过"实收资本"和"资本公积"科目核算，因此合伙人出资款不需要缴纳印花税。同时，合伙人转让合伙企业份额，不属于股权转让，也不需要按"产权转移书据"缴纳印花税。

（2）购销业务中，未签订合同，但有小票、收据、发票等，是否属于印花税应税凭证？

小票、收据、发票等，不属于合同，不属于印花税法中的应税凭证。因为小票、收据、发票等只是证明交易达成、货物交付的一个单据，不具备买卖合同所拥有的确定买卖关系、明确买卖双方权利义务的作用。但订单、要货单等单据，虽然不叫合同，但是一样可以确定买卖关系、明确买卖双方权利义务，属于印花税法中的应税凭证。

（3）口头合同是否需要缴纳印花税？

印花税税目税率表中明确合同指书面合同，不包括口头合同。但要注意，根据民法典规定，书面形式是合同书、信件、电报、电传、传真等可以有形地表现所载内容的形式；以电子数据交换、电子邮件等方式能够有形地表现所载内容,并可以随时调取查用的数据电文,视为书面形式。

(4)应税合同涉及的卖方收取的违约金、滞纳金等价外费用是否需要缴纳印花税?

印花税是行为税,在合同签订日纳税义务已经发生,且除合同未列明金额以外,其计税依据在合同签订日都已经确定了;而合同实际履行后才会发生能确定金额的违约金、滞纳金等价外费用,显然不属于应税合同的计税依据。

但如果签订合同时,卖方基于付款周期、交付条件等原因而需较一般交易情况下多收取价款(如延期付款利息等),这部分价款在合同条款中已经明确金额,本身就属于交易价格的一部分,那就应计入计税依据缴纳印花税。

第六节　契税的税务风险管理

一　契税的基本规定

契税是指在中国境内土地、房屋权属转移时,向承受权属的单位和个人一次性征收的一种税。

(一)纳税人

契税的纳税人是在中国境内承受土地使用权和房屋所有权的单位和个人。土地、房屋权属互换的,如果是等价交换,双方均不缴纳契税;如果是不等价交换,由支付差额的一方缴纳契税。

(二)征税范围

契税的征税范围是土地、房屋权属的转移,具体包括:土地权属转移,是指国有土地使用权的出让、转让(包括出售、赠予、互换);房屋权属转移,是指房屋买卖、赠予、互换。另外,也包括用土地、房屋作价投资(入股)、偿还债务、划转、奖励等方式,因共有不动产份额变化或因共有人增加、减少而发生土地、房屋权属的转移。

(三)税率

契税采用幅度比例税率形式,按照土地、房屋成交价格的3%—5%征收。具体适用税额由各省、自治区、直辖市人民政府在规定的税率幅度内提出,由同级人大常委会决定。

（四）计税依据和应纳税额

契税的计税依据主要是成交价格。土地使用权出让的成交价格包括土地出让金、土地补偿费、安置补助费、地上附着物和青苗补偿费、征收补偿费、城市基础设施配套费、实物配建房屋等应交付的货币以及实物、其他经济利益对应的价款。土地使用权、房屋买卖的，如已装修，成交价格应包括装修费用在内。土地、房屋互换的，由补差价的一方以差额计税。土地使用权赠予、房屋赠予以及其他没有价格的转移行为，由税务机关依法核定价格。

应纳税额＝计税依据×适用税率

（五）税收优惠

契税的主要税收优惠如下。

1. 法定免税

（1）国家机关、事业单位、社会团体、军事单位承受土地、房屋权属用于办公、教学、医疗、科研、军事设施。

（2）非营利性的学校、医疗机构、社会福利机构承受土地、房屋权属用于办公、教学、医疗、科研、养老、救助。

（3）承受荒山、荒地、荒滩土地使用权用于农、林、牧、渔业生产。

（4）婚姻关系存续期间夫妻之间变更土地、房屋权属。

（5）法定继承人通过继承承受土地、房屋权属。

（6）依照法律规定应当予以免税的外国驻华使馆、领事馆和国际组织驻华代表机构承受土地、房屋权属。

2. 授权各省、自治区、直辖市免征、减征契税情形

（1）因土地、房屋被县级以上人民政府征收、征用，重新承受土地、房屋权属。

（2）因不可抗力灭失住房，重新承受住房权属。

3. 税率式优惠

契税的税率式优惠见表7-5。

表7-5　　　　　　　　契税优惠税率

情形	面积	适用税率	备注
个人购买家庭唯一住房	≤90平方米	1%	
	>90平方米	1.5%	

续表

情形	面积	适用税率	备注
个人购买家庭第二套改善性住房	≤90平方米	1%	北上广深不适用
	>90平方米	2%	

4. 其他税收优惠

（1）夫妻因离婚分割共同财产发生土地、房屋权属变更的，免征契税。

（2）已购公有住房经补缴土地出让金和其他出让费用成为完全产权住房的，免征土地权属转移的契税。

（3）公租房经管单位购买住房作为公租房的，免征契税。

（4）外国银行分行按照《中华人民共和国外资银行管理条例》等相关规定改制为外商独资银行（或其分行），改制后的外商独资银行（或其分行）承受原外国银行分行的房屋权属的，免征契税。

（六）征收管理

契税的纳税义务发生时间为纳税人签订土地、房屋权属转移合同的当天，或者纳税人取得其他具有土地、房屋权属转移合同性质凭证的当天。纳税人应当在依法办理土地、房屋权属登记手续前申报缴纳契税。一般在土地、房屋所在地缴纳。

二　契税的税务风险管理

契税在实务中面临的风险非常多，表现形式也多种多样，这里列举一些常见的风险点并展开分析。

1. 个人购买住房错误适用税率导致多缴或少缴契税的风险

个人购买家庭唯一住房，面积在90平方米以上的，未减按1.5%的税率征收契税。个人购买面积大于90平方米的第二套改善性住房，未减按2%的税率征收契税。

金税四期可以通过税收征管系统提取自然人购买家庭唯一住房且面积大于90平方米、契税适用税率小于1.5%和大于1.5%，以及自然人购买第二套改善性住房且面积大于90平方米、契税适用税率小于2%和大于2%的可疑数据，与税收征管系统纳税人房产申报信息、《纳税人家庭住房情况查询证明》或《家庭住房套数承诺书》、《商品房销售合同》或《二手房转让合同》以及其他附属资料核实，检查是否存在错误适用税率导致多征或少征税款的情形。

2. 城市基础设施配套费未计入取得土地的成交价格征收契税的风险

房地产企业取得土地使用权后，按规定缴纳相应的市政建设配套费，才能办理《建设施工许可证》，实现房地产项目开工建设。企业缴纳市政建设配套费（含减免）后，未按规定申报缴纳相应的契税，存在少缴契税的风险。

根据《关于贯彻实施契税法若干事项执行口径的公告》（财政部 税务总局公告 2021 年第 23 号）的规定，土地使用权出让的，计税依据包括土地出让金、土地补偿费、安置补助费、地上附着物和青苗补偿费、征收补偿费、城市基础设施配套费、实物配建房屋等应交付的货币以及实物、其他经济利益对应的价款。

金税四期已实现多部门联网，可以通过涉税信息交换和共享机制，定期从住建部门、财政部门获取城市基础设施配套费缴纳（含减免）信息，与税收征管系统中契税申报信息比对，进一步检查纳税人的"开发成本—前期工程费"，核实并发现纳税人是否存在缴纳的城市基础设施配套费（含减免）未计入取得土地的成交价格计算缴纳契税的情形。

3. 补缴土地出让金未征收契税的风险

纳税人取得土地使用权后改变土地用途，不再属于减征、免征范围，或者改变土地性质、容积率等土地使用条件补缴土地出让金未按规定缴纳契税。

4. 取得土地出让金减免未足额缴纳契税的风险

房地产企业取得土地使用权时，政府部门对其应缴纳的土地出让金给予部分或全额减免，企业按减免后实际缴纳的土地出让金计算缴纳契税，存在少缴契税的风险。

根据《国家税务总局关于免征土地出让金出让国有土地使用权征收契税的批复》（国税函〔2005〕436 号）的规定，对承受国有土地使用权所应支付的土地出让金，要计征契税，不得因减免土地出让金，而减免契税。可以通过了解当地政府是否存在土地出让金减免或者返还等优惠政策的情况，比对企业土地实际付款金额和土地出让合同，检查企业"开发成本""资本公积""其他应付款""长期应收款"等会计科目，审核企业土地实际付款金额是否与土地出让合同的金额一致，核实合同里的土地使用权金额与契税计税依据是否一致，是否存在契税未按规定缴纳的情形。

5. 土地补偿费、地上附着物和青苗补偿费等未按规定缴纳契税的风险

土地补偿费、地上附着物和青苗补偿费等未计入契税计税依据，导致少缴契税的风险。

根据《关于贯彻实施契税法若干事项执行口径的公告》（财政部　税务总局公告 2021 年第 23 号）的规定，土地使用权出让的，计税依据包括土地出让金、土地补偿费、安置补助费、地上附着物和青苗补偿费、征收补偿费、城市基础设施配套费、实物配建房屋等应交付的货币以及实物、其他经济利益对应的价款。可以检查企业"开发成本"科目下与土地补偿费、地上附着物和青苗补偿费相关的成本金额，与企业申报的契税计税依据比对，核实企业是否存在少缴契税的情况。

【思考题】

1. 资源税常见的税务风险点有哪些？应如何管理和控制？
2. 土地增值税常见的税务风险点有哪些？应如何管理和控制？
3. 房产税常见的税务风险点有哪些？应如何管理和控制？
4. 车船税常见的税务风险点有哪些？应如何管理和控制？
5. 印花税常见的税务风险点有哪些？应如何管理和控制？
6. 契税常见的税务风险点有哪些？应如何管理和控制？
7. 针对"小税种、大风险"，实践中应如何有效进行税务风险管理？

第八章 纳税评估与税务稽查的应对

【学习目标】

- 了解纳税评估的概念、内容
- 掌握纳税评估的基本流程、方法与模型
- 熟悉纳税评估通用分析指标及其功能
- 掌握税务自查的基本内容
- 熟悉税务稽查的基本工作流程
- 熟悉税务稽查的常用方法
- 掌握应对税务稽查的应对策略

第一节 纳税评估

一、纳税评估的概念

纳税评估，又称纳税风险评估，也叫税务审计，是国际上通行的一种税收管理方式，是税源监控的有效手段之一。不同国家或地区对纳税评估的称谓不尽相同：美国称为税收评定，新加坡则称为评税。目前，国内外关于"纳税评估"并未形成公认一致的定义。一般认为，纳税评估是税务机关采取现代化的技术手段，依据所获得的涉税信息对纳税申报合法性与真实性进行审核、估算与评定的程序，也是税务机关的主要工作职责和法定程序。

《纳税评估管理办法（试行）》将纳税评估界定为：税务机关运用数据信息对比分析的方法，对纳税人和扣缴义务人纳税申报（包括减、免、缓、抵、退税申请）情况的真实性和准确性做出定性和定量的判断，并采取进一步征管措施的管理行为。实践中，纳税评估一般是指税务机关根据纳税人和扣缴义务人报送的纳税申报材料以及所掌握的相关涉税信息，依据国家有关法律、法规和政策的规定，采取特定的程序和方法，对纳税人和扣缴义务人在一定期间内的纳税情况、代扣代缴情况的真实性、准确性进行分析，通过税务函告、税务约谈和实地调查等方法进行核实，从而做出定性、定量判断，及时发现、纠正和处理纳税行为中的错误问题，查找具有普遍性和规律性的异常现象，提出改善日常监控管理和征管措施的建议，实现对纳税人整体性和实时性的管控，提高税收征管质量和效率的管理行为。

纳税评估的目的是通过评价和估算纳税人的实际纳税能力，为其提供自我纠错的机会，以便提高纳税遵从度、强化税源管理、优化纳税服务、降低税收风险、减少税款流失、提高征管质量和效率。纳税评估可分为日常评估和专项评估。日常评估是对非特定纳税人及非特定事项开展的评估；专项评估是指对特定纳税人和特定事项开展的评估。

二　纳税评估的主要内容

根据《纳税评估管理办法（试行）》的规定，纳税评估的工作内容主要包括：根据宏观税收分析和行业税负监控结果以及相关数据设立评估指标及预警值；综合运用各类对比分析方法筛选评估对象；对所筛选出的异常情况进行深入分析并做出定性和定量的判断；对评估分析中发现的问题分别采取税务约谈、调查核实、处理处罚、提出管理建议、移交稽查部门查处等方法进行处理；维护更新税源管理数据，为税收宏观分析和行业税负监控提供基础信息等。

三　纳税评估与税务稽查的关系

税收征管包括税款的征收、纳税服务、税务管理、纳税评估、税务稽查、违法责任追究等多个环节。纳税评估是税收征管的有机组成部分，它是基于原有征管手段不能全面掌握纳税人、扣缴义务人纳税申报的真实性、准确性以及税收征管中"疏于管理、淡化责任"的问题较为突出的情况而出现的一种管理手段，是一种特殊的征管方式。它跟税收征管是"点"与"面"、"部分"与"整体"的关系。

纳税评估是税务机关进行深层次纳税服务的一种重要方式，是纳税服务的重要组成部分。在纳税评估过程中，税务机关可以对纳税人、扣缴义务人进行税收法律、法规宣传和辅导，帮助纳税人自查自纠纳税申报中的错误、降低税收违法风险。

税务稽查是税务机关依法对偷税、欠税、骗税、抗税案件的检查和处理。纳税评估和税务稽查的目的都是提高纳税人、扣缴义务人的纳税遵从度，但前者是通过预警方式来达到目的，而后者是通过监督打击方式来达到目的。

纳税评估和税务稽查都是税收管理的重要内容，纳税评估通过评估分析发现疑点，直接为税务稽查提供案源，有助于税务稽查提高效率，更加有的放矢。

纳税评估和税务稽查的区别在于：税务稽查属于法定程序，具有明显的打击性，而纳税评估目前并非法定程序，更多体现的是服务性；税务稽查具有严密的固定程序，而纳税评估的整个过程都没有法定文书，与税务稽查相比，它的程序相对简单灵活；税务稽查的违法行为一经核实，不仅需要补税、交滞纳金、罚款，必要时还要移送司法部门追究其刑事责任，纳税评估的直接处理结果较轻，评估中如果发现有非主观故意少缴税款的情形，一般是由纳税人自查补缴并加收相应的滞纳金，不涉及处罚。

四　纳税评估的基本流程、方法和模型

（一）纳税评估的基本流程

纳税评估在遵循分类实施、简便高效原则的基础上，在已确定评估对象的前提下，一般包括评析、核实、认定处理三个步骤。

1. 评析

根据纳税人或扣缴义务人报送的各种纳税资料和日常掌握的纳税人情况，对纳税人申报内容及扣缴义务人代扣代缴情况的真实性、合法性、准确性进行审核、分析、比较，运用相关技术手段和方法，初步确定纳税人申报或扣缴义务人代扣代缴税款中存在的问题或疑点。

2. 核实

在评析的基础上，对发现的问题或疑点要进行核实。

首先，进行案头审核。案头审核应注重将纳税人申报数据与财务报表数据进行比对，与同行业数据进行横向比较，与历史同期数据进行纵向比较；要注意不同税种之间的关联性和勾稽关系，参照预警值分析税种之间的关联关系及其异常变化；利用税管员日常工作中积累的经验和掌握的情况，将纳税人申报情况与其实际生产经营情况相对照，分析其合理性；分析纳税人生产经营结构，将主要产品能耗、物耗的当期数据、

历史数据、同行业数据、其他相关经济指标之间进行比较，推测纳税人申报的真实性，分析异常变化的原因。经分析能排除疑点的，则纳税评估终止；纳税人问题事实清楚、不具有偷逃骗抗等违法行为的，无须立案查处的，责令其及时改正；纳税人拒不改正的，则进入调查核实环节。疑点未排除的，也进入调查核实环节。

其次，在调查核实环节，税务机关可根据疑点大小及复杂程度，选择采用电话、信函、网络、约谈、实地核查等方式。本着注重实效、节约成本、避免增加纳税人负担的原则，税务机关会先选择电话、信函、网络、约谈的方式。通过这些方式，纳税人对税务机关提出的疑点无异议，且无违法行为的，应开展全面自查，办理补充申报，并补缴税款和滞纳金，税务机关对纳税人的补充申报无异议的，则纳税评估终止；如有异议，则进入实地核查环节。

最后，实地核查环节。实施实地核查须经所属税务机关批准并事先发出税务检查通知书，提前通知纳税人，实地核查要如实制作核实记录。实施约谈和实地核查的税务人员一般不少于两名。

3. 认定处理

根据核实情况，对评析过程中发现的问题或疑点进行评估认定，并按照税收法律法规进行分类处理。

（1）无问题。对经审核未发现疑点，或虽发现疑点但经过约谈、调查核实等方式排除疑点的，做无问题认定，结束纳税评估。

（2）一般问题。对于计算、填写错误、政策和程序理解偏差等一般性问题，经核实、纳税人自查，事实清楚，证据确凿的，不属于违法行为的，由评估人员制作纳税评估认定结论书，责令纳税人补缴税款和滞纳金，并督促纳税人按税法规定调整账目并报税务机关备案。对核实发现疑点问题且指标明显异常的，纳税人申报的计税依据明显偏低又无正当理由的，可由税务机关依法进行税额核定，由评估人员制作纳税评估认定结论书和核定征收税款通知书，责令纳税人限期补税和滞纳金。

（3）违法违规问题。对发现的违法违规问题，经核查、纳税人自查等程序认定事实清楚，证据确凿，且非偷逃骗税、虚开专用发票等重大问题，由评估人员制作纳税评估认定结论书，提交综合管理岗，按照违法违规有关程序处理，依据相关法律法规做出税务处理决定书、税务行政处罚告知书、税务处罚决定书等文书，责令其补缴税款、滞纳金、罚款。

如果存在偷逃骗税、虚开专用发票等重大问题或其他需要立案处理的违法行为，需要进一步核实的，应移交税务稽查部门处理。稽查部门不立案查处的，应及时退回承担纳税评估工作的部门，纳税评估部门经复核认为案情重大、确实需要立案的，经税务机关局长批准，稽查部门应立案查处。稽查部门立案查处后，应当及时将处理结果向税源管理部门反馈。

纳税人的纳税申报情况经评估后，如发现了新的线索，在纳税评估期限内可再次实施纳税评估，但对纳税人同一税种同一税款所属期限纳税申报情况的纳税评估不得超过两次。

（二）纳税评估的方法

纳税评估方法，是评估人员在评估工作中为达到评估工作的目的，对涉税信息进行计算机自动分析、人机结合分析以确定纳税人是否真实、准确申报所采用的一系列分析评估方法。下文主要介绍比较分析法和控制评估法。

1. 比较分析法

比较的标准主要包括经验标准、历史标准、行业标准和计划标准。应用比较分析法进行分析时，一般需要结合对应标准的预警值进行。预警值往往是一个合理区间，对于经计算不在预警值范围内的指标值，将其作为疑点筛选出来，然后进一步审核分析其存在的问题。

运用比较分析法进行纳税评估时，应注意纳税人的可比性，比较对象应在类型、规模、性质上具有可比性。

2. 控制评估法

控制评估法是指通过采集的有关纳税人生产经营的物流信息，采用以耗（原料、动力、燃料等）测产、以产定销等方法，测算纳税人销售收入、成本费用、利润或应纳税额，以分析纳税人是否真实申报的方法。它一般适用于评估产品单一、产品加工工艺较简单、单位产品主要原材料和电能消耗相对固定的企业。它包括投入产出法、能耗测算法、毛利率法、以进控销法、税收负担率对比分析法等。

（三）纳税评估的模型

纳税评估通过计算纳税人的税务指标、财务指标、分税种指标等，进行多方位的比较分析，主要包括以下三种评估形式。

（1）核对型评估，即有和无的评估，对两个或两个以上的信息表进行项目核对，如税种鉴定与税款申报等。

（2）比较型评估，即数据大小关系的比较，根据两个或多个数据间应有的大小关系或公式关系来判定是否存在问题，比如申报税款与征收数额是否一致，评估指数是否大于或小于预警值。

（3）分析型评估，即从数据分布中找异常，需要结合统计学的理论和方法研究数据的分布状况，严重偏离此分布的数据可能是存在问题的。

在纳税评估中，应根据不同的行业构建不同的数学模型。常用的数学模型主要有以下几种。

1. 投入产出模型

纳税评估的投入产出模型，是指根据企业评估期实际投入的货物特别是原材料等的数量确定产品的产量、销量，并根据产品的价格通过数学计算，分析纳税人实际产量、销量，进而评估出纳税人的销售收入，并与纳税人的实际申报信息进行比对、分析，发现纳税人在税收法律义务履行方面可能存在问题的一种模型。该模型主要适用于产品相对单一的工业企业。主要公式如下：

评估测算的产品数量＝当期投入原材料数量×投入产出比

评估测算的销售收入＝（期初库存产品数量＋评估期产品数量－期末库存产品数量）×评估期产品销售单价

问题值＝测算销售收入－企业实际确认的销售收入

在实际应用时，根据已确定的行业或产品的投入产出比及企业评估期原材料的耗用数量，测算出产品生产数量，与企业账面记载产品数量比对，同时结合产品库存数量及销售单价等信息进行关联测算，并与企业账面确认的销售收入或者实际申报的销售收入进行比对，查找企业可能存在的问题。

2. 能耗测算模型

能耗测算模型主要是根据纳税人评估期内所消耗的水、电、煤、气、油等动力能源的情况，利用单位产品能耗定额测算纳税人实际生产、销售数量，并与纳税人的账面或者报表信息比对、分析的一种模型。该模型的最大优势在于水、电等耗用数量数据可分别从供水、供电部门获得，相对比较客观，据以计算的产品产量与销售量相对较可信。该模型广泛应用于工业企业，对财务核算不健全、材料耗用情况难以估算但可从第三方取得客观能耗信息的小规模企业或个体工商户同样适用。主要公式如下：

评估测算的产品产量＝评估期内生产用能耗量÷评估期内单位产品能耗定额

评估测算的产品销售数量＝评估期期初库存产品数量＋评估期产品产量－评估期期末库存数量

评估测算的销售收入＝评估期产品销售数量×评估期产品销售单价

问题值＝评估测算的销售收入－企业实际确认的销售收入

3. 工时（工资）耗用模型

工时（工资）耗用模型是指在单位产品耗用生产时间基本确定的前提下，按照纳税人在一定时期耗用的工时总量，分析、测算该时间段内的产品产量，并据以计算纳税人产品产量以及销售量，进而测算其销售额，并与账面数据信息或者纳税申报信息进行比对分析的模型。工时一般反映在工资上，这部分工资仅指生产一线的工人工资，即生产成本中的直接人工成本，可以在会计核算健全的纳税人账簿、凭证中直接反映。这些数据在纳税人的纳税申报资料及财务报告资料中也可以找到。该模型主要应用于单位产品耗用工时（工资）基本稳定、工时（工资）记录完整、核算规范的工业企业。主要公式如下：

评估期产品产量＝评估期生产人员工时总量（工资总额）或某一主要生产环节工时总量（工资总额）÷单位产品耗用工时（或者工资）

测算应税销售收入＝（期初库存产品数量＋评估期产品产量－期末库存产品数量）×评估期产品销售单价

问题值＝（测算应税销售收入－企业实际申报应税销售收入）×适用税率（征收率）

工资存在一个稳定的增长系数问题，因此必须将该系数予以减除，否则，得到的产量、销量可能并不能作为评估的依据。同时，应充分考虑本地区同行业、同规模、同效益或者相近企业的生产工时（工资）标准，注意调整差异系数。

4. 设备生产能力模型

设备生产能力是指主要设备在原料、动力和人员等正常运转下产出的能力，包括设计生产能力和实际生产能力。该模型根据纳税人投入生产的单设备生产能力，测算、分析纳税人的实际生产量，进而核实销售收入，并与纳税人申报信息比对，分析是否存在涉税问题。该模型主要适用于造纸、水泥制造、发电等特定行业，与其他模型配合使用，效果更佳。主要公式如下：

评估测算的产品产量＝评估期若干设备的日产量或工时产量×评估期正常工作日或工时

评估测算的销量＝期初库存产品数量＋评估期产品产量－期末库存产品数量

评估测算的销售收入＝评估测算的销量×评估期产品平均销售单价

问题值＝评估测算的销售收入－企业实际确认的销售收入

该模型主要体现设备生产能力对纳税人产品产量的稳定影响。通过设备生产能力测算产品的生产量，进而测算其在某段时期实际的销售额和销售收入，再与账面数据信息或申报数据进行比对，以便发现其中的疑点和线索。

5. 以进控销模型

以进控销模型是根据企业测算期购进商品数量金额并结合库存信息，测算商品销售数量、金额的分析模型。它主要适用于商业企业，如珠宝首饰零售业、加油站、药品零售业、制材批发、废旧物资回收企业等，对经营商品单宗大额、便于盘库、财务核算相对健全的企业尤为适用。具体有三种，主要公式如下：

（1）采用售价核算

评估测算的销售收入＝期初库存商品金额＋评估期购进商品金额－期末库存商品金额

问题值＝测算的销售收入－企业实际确认的销售收入

（2）采用进价核算

评估测算的销售收入＝（期初库存商品金额＋评估期购进商品金额－期末库存商品金额）÷（1－毛利率）

问题值＝测算的销售收入－企业实际确认的销售收入

（3）采用数量测算

评估测算的销售收入＝（期初库存商品数量＋评估期购进商品数量－期末库存商品数量）×评估期商品销售单价

问题值＝测算的销售收入－企业实际确认的销售收入

对于测算异常的企业，还应当分析其是否存在销售货物未作收入处理或虽作处理但未申报、发生视同销售行为减少存货未确认收入、以货抵债未计销售收入、以物易物未计销售收入等情形。

6. 费用倒算模型

该模型又称保本经营法，它是按照纳税人生产经营成本这一基本要素，根据纳税人一定时间内的费用开支情况，倒算纳税人该时间段内的最低保本销售收入，并依此分析、核实纳税人的会计与税收数据信息是否真实、合理的模型。该模型主要适用于未建账或建简易账的个体工商户以及规模不大、财务核算不健全的小型企业。主要公式为：

最低保本销售收入＝评估期的费用支出总额

7. 资金监控模型

该模型是通过对纳税人一定时期内的银行存款、现金、应收账款、应收票据等资金核算科目的监控，分析其资金流转状况并据以判断纳税人会计信息与税收数据的真实性、合理性的一种评估测算模型。主要适用于会计核算比较规范、银行资料比较齐全的纳税人。主要公式如下：

企业应当确认的收入总额＝当期产品销售收入类贷方发生额＋其他业务收入类贷方发生额≥当期应收账款收入类借方发生额＋当期应收票据类借方发生额＋当期银行存款收入类借方发生额＋当期现金收入类借方发生额＋当期对外投资视同销售类借方发生额

如果上式不成立，说明纳税人在收入确认与纳税义务履行方面存在疑点问题。

五　纳税评估指标

纳税评估指标是税务机关筛选评估对象、进行重点分析时所选用的主要指标，分为通用分析指标和特定分析指标两大类。本节主要介绍通用分析指标。纳税评估分析时，要综合运用各类指标，并参照评估指标预警值进行配比分析。评估指标预警值是税务机关根据宏观税收分析、行业税负监控、纳税人生产经营和财务会计核算情况以及内外部相关信息，运用数学方法测算出的算术、加权平均值及其合理变动范围。测算预警值，应综合考虑地区、规模、类型、生产经营季节、税种等因素，考虑同行业、同规模、同类型纳税人各类相关指标的若干年度的平均水平，以使预警值更加真实、准确和具有可比性。纳税评估指标预警值由各地税务机关根据实际情况自行确定。

(一) 纳税评估通用分析指标及功能

1. 收入类评估分析指标

主营业务收入变动率＝（本期主营业务收入－基期主营业务收入）÷基期主营业务收入×100%

如主营业务收入变动率超出预警值范围，可能存在少计收入和多列成本等问题，应运用其他指标进一步分析。

2. 成本类评估分析指标

单位产成品原材料耗用率＝本期投入原材料÷本期产成品成本×100%

分析单位产品当期耗用原材料与当期产出的产成品成本比率，可以判断纳税人是否存在账外销售问题、是否错误使用存货计价方法、是否人为调整产成品成本或应纳所得额等问题。

主营业务成本变动率＝（本期主营业务成本－基期主营业务成本）÷基期主营业务成本×100%

其中：主营业务成本率＝主营业务成本÷主营业务收入

主营业务成本变动率超出预警值范围，可能存在销售未计收入、多列成本费用、扩大税前扣除范围等问题。

3. 费用类评估分析指标

主营业务费用变动率＝（本期主营业务费用－基期主营业务费用）÷基期主营业务费用×100%

其中：主营业务费用率＝（主营业务费用÷主营业务收入）×100%

与预警值相比，如相差较大，可能存在多列费用问题。

营业（管理、财务）费用变动率＝[本期营业（管理、财务）费用－基期营业（管理、财务）费用]÷基期营业（管理、财务）费用×100%

如果营业（管理、财务）费用变动率与前期相差较大，可能存在税前多列支营业（管理、财务）费用问题。

成本费用率＝（本期营业费用＋本期管理费用＋本期财务费用）÷本期主营业务成本×100%

分析纳税人期间费用与销售成本之间关系，与预警值相比较，如相差较大，企业可能存在多列期间费用问题。

成本费用利润率＝利润总额÷成本费用总额×100%

其中：成本费用总额＝主营业务成本总额＋费用总额

与预警值比较，如果企业本期成本费用利润率异常，可能存在多列成本、费用等问题。

税前列支费用评估分析指标为：工资扣除限额、"三项费用"（职工福利费、工会经费、职工教育经费）扣除限额、交际应酬费列支额（业务招待费扣除限额）、公益救济性捐赠扣除限额、开办费摊销额、技术开发费加计扣除额、广告费和业务宣传费扣除限额、财产损失扣除限额、呆（坏）账损失扣除限额、总机构管理费扣除限额、社会保险费扣除限额、无形资产摊销额、递延资产摊销额等。

如果申报扣除（摊销）额超过允许扣除（摊销）标准，可能存在未按规定进行纳税调整、擅自扩大扣除（摊销）基数等问题。

4. 利润类评估分析指标

主营业务利润变动率＝（本期主营业务利润－基期主营业务利润）÷基期主营业务利润×100%

其他业务利润变动率＝（本期其他业务利润－基期其他业务利润）÷基期其他业务利润×100%

上述指标若与预警值相比相差较大，可能存在多结转成本或不计、少计收入问题。

税前弥补亏损扣除限额。按税法规定审核分析允许弥补的亏损数额。如申报弥补亏损额大于税前弥补亏损扣除限额，可能存在未按规定申报税前弥补等问题。

营业外收支增减额。营业外收入增减额与基期相比减少较多，可能存在隐瞒营业外收入的问题。营业外支出增减额与基期相比支出增加较多，可能存在将不符合规定支出列入营业外支出的问题。

5. 资产类评估分析指标

净资产收益率＝净利润÷平均净资产×100%

分析纳税人资产综合利用情况。如指标与预警值相差较大，可能存在隐瞒收入或闲置未用资产计提折旧问题。

总资产周转率＝（利润总额+利息支出）÷平均总资产×100%

存货周转率＝主营业务成本÷［（期初存货成本+期末存货成本）÷2］×100%

分析总资产和存货周转情况，推测销售能力。如果总资产周转率或存货周转率加快，而应纳税额减少，可能存在隐瞒收入、虚增成本的问题。

应收（付）账款变动率＝［期末应收（付）账款－期初应收（付）账款］÷期初应收（付）账款×100%

分析纳税人应收（付）账款增减变动情况，判断其销售实现和可能发生坏账情况。如应收（付）账款增长率增高，而销售收入减少，可能存在隐瞒收入、虚增成本的问题。

固定资产综合折旧率＝基期固定资产折旧总额÷基期固定资产原值总额×100%

如固定资产综合折旧率高于基期标准值，可能存在税前多列支固定资产折旧额的问题。可要求企业提供各类固定资产的折旧计算情况，分析固定资产综合折旧率变化的原因。

资产负债率＝负债总额÷资产总额×100%，其中，负债总额＝流动负债＋长期负债，资产总额是扣除累计折旧后的净额。

分析纳税人经营活力，判断其偿债能力。如资产负债率与预警值相差较大，则企业偿债能力有问题，要考虑由此对税收收入产生的影响。

（二）指标的配比分析

1. 主营业务收入变动率与主营业务利润变动率配比分析

正常情况下，二者基本同步增长。当比值小于1且相差较大、二者都为负时，可能存在企业多列成本费用、扩大税前扣除范围问题；当比值大于1且相差较大、二者都为正时，可能存在企业多列成本费用、扩大税前扣除范围等问题；当比值为负数且前者为正、后者为负时，可能存在企业多列成本费用、扩大税前扣除范围等问题。

对产生疑点的纳税人可从以下三个方面进行分析：结合"主营业务利润率"指标进行分析，了解企业历年主营业务利润率的变动情况；对"主营业务利润率"指标也显示异常的企业，应通过年度申报表及附表分析企业收入构成情况，以判断是否存在少计收入问题；结合《资产负债表》中"应付账款""预收账款""其他应付款"等科目的期初、期末数额进行分析，如出现"应付账款"和"其他应付账款"红字与"预收账款"期末大幅度增长等情况，应判断存在少计收入问题。

2. 主营业务收入变动率与主营业务成本变动率配比分析

正常情况下二者基本同步增长，比值接近1。当比值小于1且相差较大、二者都为负时，可能存在企业多列成本费用、扩大税前扣除范围等问题；当比值大于1且相差较大、二者都为正时，可能存在企业多列成本费用、扩大税前扣除范围等问题；当比值为负数且前者为正、后者为负时，可能存在企业多列成本费用、扩大税前扣除范围等问题。

对产生本疑点的纳税人可以从以下三个方面进行分析：结合"主营业务收入变动率"指标，对企业主营业务收入情况进行分析，通过分析企业年度申报表及附表《企业收入明细表》，了解企业收入的构成情况，判断是否存在少计收入的情况；结合《资产负债表》中"应付账款""预收账款""其他应付账款"等科目的期初、期末数额进行分析，如存在"应付账款"和"其他应付账款"出现红字与"预收账款"期末大幅度增长的情况，应判断存在少计收入问题；结合主营业务成本率对年度申报表及附表进行分析，了解企业成本的结转情况，分析是否存在改变成本结转方法、少计存货（含产成品、在产品和材料）等问题。

3. 主营业务收入变动率与主营业务费用变动率配比分析

正常情况下，二者基本同步增长。当比值小于1且相差较大、二者都为负时，可能存在企业多列成本费用、扩大税前扣除范围等问题；当比值大于1且相差较大、二者都为正时，可能存在企业多列成本费用、扩大税前扣除范围等问题；当比值为负数且前者为正、后者为负时，可能存在企业多列成本费用、扩大税前扣除范围等问题。

对产生疑点的纳税人可从以下三个方面进行分析：结合《资产负债表》中"应付账款""预收账款"和"其他应付账款"等科目的期初、期末数额进行分析。如有"应付账款"和"其他应付账款"出现红字与"预收账款"期末大幅度增长等情况，应判断存在少计收入问题；结合主营业务成本，通过年度申报表及附表分析企业成本的结转情况，以判断是否存在改变成本结转方法、少计存货（含产成品、在产品和材料）等问题；结合"主营业务费用率""主营业务费用变动率"两项指标进行分析，与同行业的水平比较；基于《利润表》中营业费用、财务费用、管理费用的若干年度数据分析三项费用中增长较多的费用项目，对财务费用增长较多的，结合《资产负债表》中短期借款、长期借款的期初、期末数额进行分析，以判断财务费用增长是否合理，是否存在基建贷款利息列入当期财务费用等问题。

4. 主营业务成本变动率与主营业务利润变动率配比分析

当两者比值大于1且都为正时，可能存在多列成本的问题；当前者为正、后者为负时，视为异常，可能存在多列成本、扩大税前扣除范围等问题。

5. 资产利润率、总资产周转率、销售利润率配比分析

综合分析本期资产利润率与上年同期资产利润率、本期销售利润率与上年同期销售利润率、本期总资产周转率与上年同期总资产周转率。如本期总资产周转率−上年同期总资产周转率>0，本期销售利润率−上年同期销售利润率≤0，而本期资产利润率−上年同期资产利润率≤0，说明本期的资产使用效率提高，但收益不足以抵补销售利润率下降造成的损失，可能存在隐匿销售收入、多列成本费用等问题。如本期总资产周转率−上年同期总资产周转率≤0，本期销售利润率−上年同期销售利润率>0，而本期资产利润率−上年同期资产利润率≤0，说明资产使用效率降低，导致资产利润率降低，可能存在隐匿销售收入问题。

6. 存货变动率、资产利润率、总资产周转率配比分析

比较分析本期资产利润率与上年同期资产利润率、本期总资产周转率与上年同期总资产周转率。如本期存货增加不大，即存货变动率≤0，本期总资产周转率−上年同期总资产周转率≤0，可能存在隐匿销售收入问题。

六　纳税评估的应对

纳税评估本质上是税务机关的一种税源管理行为，是非正式调查行为，因而进行纳税评估时，税务机关不能进行查账；对于评估结果，需要与企业进行约谈。但是，企业如果应对不当，就容易被移送税务机关稽查局。企业可以从以下几个方面应对纳税评估。

（一）正确认识纳税评估

纳税评估是介于税款征收和税务稽查的中间环节，是税务机关税源管理的重要一环，基于"无风险不打扰"的监管要求，纳税评估越来越成为税务机关实施精准监管、精细服务的有效手段，或者从某种意义上说，税务机关推行的基于大数据的监管模式，就是纳税评估的进一步应用和深化。因此，企业应对纳税评估需要有一个正确的认识：纳税评估固然是税务机关对企业的税收征管的一种监管手段，但同时纳税评估行为对企业也会起到积极作用，可以对企业税收的不合规行为予以提醒并纠正，企业可以借助税务机关的纳税评估来促进自身税务风险管理和控制体系的优化，进而为企业的健康、持续发展提供支撑和保障。因此，企业遇到税务机关对其进行纳税评估时，应尽力配合，认真对待税务机

关对本企业提出的整改意见和建议，对税务机关在纳税评估过程中提出的问题应及时改正。

（二）积极应对税务机关的纳税评估

在纳税评估过程中，约谈和实地检查是税务机关所采用的经常性的方式。

1. 约谈

就是要求纳税人对税务机关通过初步评估认为的可疑之处进行核实并做出解释，如纳税人的核实结果与税务机关的纳税评估结论一致或基本一致，则税务机关不再进行实地检查。因此，纳税人要把握机会，能澄清的问题尽量澄清，能解决的问题尽量解决。

税务机关可能会要求纳税人提供解释或补充相关资料，目的是核实问题是否存在以及纳税人的申报数据是否真实、准确。纳税人应积极配合，及时进行解释并提供所需的资料，以便税务机关进行进一步核实。

对税务机关来说，约谈也是税务机关宣传税收政策、纠正纳税人的错误认识和理解偏差、解答纳税人的疑难问题的一种方式，其目的是通过纳税评估帮助纳税人准确理解、掌握、运用税收政策，减少并解决纳税人对税法理解偏差产生的涉税问题。因此，企业应借助这种机会，把遇到的疑难问题或者纳税评估过程中发现的初步问题，坦诚、深入地与税务机关沟通或者解释，对属于自身的错误，勇于承认并改正，对评估结果明显不符合企业实际情况的，有理有据地予以申辩；对疑难问题，可以直接听取税务机关的意见和建议。

2. 实地检查

如果经过约谈，仍然不能让税务机关满意，此时税务机关可能就会实施实地检查。一般情况下税务机关在实施实地检查前，会给企业税务自查的时间，企业此时应对自身的整体财务情况和经营情况进行全面分析，对企业账务处理、经营、内部控制各个环节中所涉及的税务风险进行评估，对企业的财务数据和申报数据根据评估相关指标进行测算，对纳税申报等方面存在的问题及时改正等。

同时，在实地检查时，企业应注意保护自身的权益不被侵犯，要了解纳税评估的有关规定，注意税务机关开展纳税评估的规范性和合法性，运用法律武器维护自身的合法权益。

（三）正确对待评估结果

在完成纳税评估后，税务机关会将评估结果以书面的方式反馈给纳税人，也会明确指出评估中发现的问题和风险点，并提供相关证据和依据。根据问题的性质和严重程度，税务机关会要求纳税人自行纠正或接受相应的处理。对于轻微的问题，例如计算错误或申报遗漏，税务机关通常会要求纳税人自行纠正，并进行相应的税款补缴和调整；而对于严重的问题，如偷税、逃税等行为，税务机关可能会启动税务稽查程序，进一步深入调查和处理。

因此，企业在接到反馈结果后，应结合企业的实际情况，逐项确认、落实、整改税务机关所提出的问题。在这个过程中，税务机关还会对纳税人进行后续的跟踪与监督，确保纳税人真正采取了有效的纠正措施，并评估这些措施的实际效果。税务机关可能会要求纳税人定期报送相关报表和资料，以便进行监督和评估。税务机关还会将纳税人的评估结果和处理情况纳入信用管理体系，这会对其未来的税收行为产生影响。因此，纳税人需要认真对待这些问题，并认真进行整改和纠正，同时做好必要的记录和整改、纠正资料的收集与保管。

（四）评估后的应对

从根本上说，税务机关的纳税评估是预防式的风险管理手段；对企业来说，税务风险管理和控制也是以预防为主。因此，企业可以借鉴纳税评估的常用方法，利用企业内外部相关数据，结合企业实际情况，借助风险识别、风险分析、风险评价等流程，找出企业生产、销售、核算等活动和流程中的税务风险，评价分析和阐述风险形成的可能性及相关因素，并基于这些结果来完善税务风险管理和控制制度。

随着信息化管理系统的应用，企业应把纳税评估模式融入自身管理体系。税务机关在对企业进行纳税评估时会应用到各种分析方法，用到各种分析指标，这些方法和指标体系都与企业的生产、经营活动密切相关，而且大部分数据都可以在财务核算系统中找到，因此企业可将这些方法和指标体系融入自身财务管理环节，借此对财务展开全面管理，提升财务管理水平，同时增强企业规避税务风险的能力。

第二节 税务自查

一 税务自查的概念

税务自查是纳税人、扣缴义务人根据税务机关通知，在税务机关的辅导下，按照国家税法的规定，对自己履行纳税义务、扣缴义务的情况进行自我审查并形成自查报告，在得到税务机关确认后，由纳税人、扣缴义务人根据自查结果对相应的涉税事项进行自行更正和纠正的一种税务检查方式。

税务自查的力度和深度都比税务检查弱，比税务稽查更弱。但从根本上说，税务自查是纳税人、扣缴义务人防范税务风险、控制不必要的税收处罚事件发生的一种有效管理工具。特别是在建设以服务纳税人/缴费人为中心、以发票电子化改革为突破口、以税收大数据为驱动力的智慧税务背景下，税务机关正逐步采取"动态信用+风险"监管机制，监管环节也由事后监管逐渐转向事前、事中监管，税务自查能够有效地契合税务机关的这种转变，对于提高纳税人、扣缴义务人的税法遵从度、增强税企互信合作、防范和化解税务风险都有重要的意义。

中国税务自查制度尚没有法律层面的规范依据。《中华人民共和国行政处罚法》第三十二条规定，主动消除或者减轻违法行为危害后果的，应当从轻或者减轻行政处罚。税法具有行政法的一般特征，因此这一规定也是纳税人、扣缴义务人实施税务自查的主要依据。

作为税务机关执法主要依据的《中华人民共和国税收征管法》未提及纳税人自查的相关内容。国务院法制办公室2015年1月5日公布的《中华人民共和国税收征收管理法修订草案（征求意见稿）》在第五章"申报纳税"第三十九条采用"修正申报"这一术语作为纳税人自查的表述：纳税人办理纳税申报后发现需要修正的，可以修正申报；在第九章"法律责任"第九十九条第二款提出修正申报的处罚标准："纳税人、扣缴义务人自法律、行政法规规定或者税务机关依照法律、行政法规的规定确定的申报缴纳税款期限届满之日起至税务检查前办理修正申报，并缴纳税款的，处补缴税款百分之二十以下的罚款。"

在税法的执行层面，尚未形成统一的有法律效力的、统一的自查制度。相关的规定散见于国家税务总局出台的规范性文件中。

《国家税务总局关于进一步加强税收征管工作的若干意见》（国税发〔2004〕108号）。该文规定："对纳税评估发现的一般性问题，如计算填写、政策理解等非主观性质差错，可由税务机关约谈纳税人。通过约谈进行必要的提示与辅导，引导纳税人自行纠正差错，在申报纳税期限内的，根据税法有关规定免予处罚；超过申报纳税期限的，加收滞纳金。"

《国家税务总局关于印发〈推进税务稽查随机抽查实施方案〉的通知》（税总发〔2015〕104号）规定：对随机抽查对象，税务稽查部门可以直接检查，也可以要求其先行自查，再实施重点检查，或自查与重点检查同时进行。对自查如实报告税收违法行为，主动配合税务稽查部门检查，主动补缴税款和缴纳滞纳金的，依法从轻、减轻或不予行政处罚。

《国家税务总局关于进一步规范影视行业税收秩序有关工作的通知》（税总发〔2018〕153号）规定：从2018年10月10日起，各地税务机关通知本地区的影视制作公司、经纪公司、演艺公司、明星工作室等企业及影视行业高收入从业人员，对2016年以来的申报纳税情况进行自查自纠。凡在2018年12月底前认真自查自纠、主动补缴税款的影视企业及从业人员，免予行政处罚，不予罚款。

二　税务自查的形式

按照税务自查的发生阶段，可以将税务自查划分为以下三种形式。

（一）日常税务自查

日常税务自查是指纳税人、扣缴义务人在没有税务机关介入的情况下，主动对自身纳税义务或扣缴义务履行情况进行自我检查和纠正的行为。日常自查不受时间、内容和形式的限制，纳税人可以向税务机关提交自查报告，也可以直接就发现的未缴、少缴税款进行订正申报，或者就发现的多缴税款要求税务机关退还。

纳税人、扣缴义务人在日常税务自查时，应自查税务登记，发票领购、使用、保存情况，纳税申报、税款缴纳等情况，财务会计资料及其他有关涉税情况。可自行依照税法的规定进行自查，也可委托注册税务师代为检查。对涉税疑难问题，应及时向税务机关咨询。

通过这种方式，可以避免被税务机关检查或稽查后发现涉税方面的违法、违规问题而被处罚。另外，在税务自查过程中企业可以进一步审核自身的合法权益是否得到了充分保障，是否存在多缴税、提前缴税的情况，是否充分利用了税收优惠政策，等等。这对于控制税务风险、提高企业的经营管理水平都有很好的促进作用。从税务机关角度，通过税务检查和稽查打击税收违法行为、强化纳税遵从外部约束的同时，适当运用查前自查引导纳税人参与自查合作，对于提高纳税人遵从度、降低税收征管成本、促进纳税信用系统的建设也有着很好的正向促进作用。

（二）查前税务自查

查前税务自查是指在税务机关实施检查或稽查之前，根据税收征管系统所提示的风险信息或涉税异常信息，要求纳税人、扣缴义务人按税务机关要求对纳税义务或扣缴义务的履行情况进行检查、提交自查报告，对风险事项作出解释或者说明，如果存在错误，就及时纠正并补缴税款的行为。虽然对于税务自查缺少法律方面的配套政策，但很多税务机关在实际执法的过程中，或多或少都在采用这种查前税务自查的方式，从实际效果看，这种自查方式得到了大多数纳税人、扣缴义务人的认可，也在无形中降低了税收征管成本，提高了税收征管效率，从某种意义上这也是税务机关为纳税人、扣缴义务人提供的一种精细化服务。

（三）查中税务自查

在税务机关日常的税务检查或者带有特定目的和要求的税务稽查过程中，纳税人、扣缴义务人在积极配合税务机关的检查或稽查的同时，也可以对自身的涉税问题进行自查并自我纠正。这实际上是日常税务自查的一部分，一方面通过检查或稽查，借助外部力量发现自身存在的税务问题，另一方面利用配合税务机关检查或稽查过程中获取的信息，对自身的税务风险控制体系重新进行审视，对自查、税务机关检查或稽查过程中发现的问题，及时进行纠正，从制度上填补漏洞，降低和减少潜在的税务风险。从税务机关角度，只要纳税人主动纠正税务的不合规行为，就意味着税法遵从度的提高和税收征管成本的降低，如果能够对纳税人、扣缴义务人提出总体的意见和建议，也会相应地提高纳税人、扣缴义务人的满意度。

三　税务自查的内容

税务自查是纳税人、扣缴义务人对自己履行纳税义务、扣缴义务的情况进行的自我审查，因此税务自查的内容应围绕着自身的涉税事项展开。实践中，税务机关总结、归纳了具有普遍性的自查提纲，企业在这些普遍性自查提纲的基础上，结合自身实际情况确定恰当的自查内容。

一般情况下，税务机关在要求纳税人、扣缴义务人进行税务自查时，会向对方提交一份自查提纲，企业应按照提纲列明的内容，逐项展开自查。

（一）增值税的自查提纲

1. 销项税额

（1）销售收入是否完整、及时入账；是否存在以货易货交易未计收入的情况；是否存在以货抵债未计收入的情况；是否存在销售产品或服务不开发票，取得的收入不按规定入账的情况；是否存在销售收入长期挂账不转收入的情况；是否存在将收取的销售款项，先支付费用（如购货方的回扣、委托代销商品的手续费等），再将余款入账作收入的情况。

（2）是否存在视同销售行为、未按规定计算销项税额的情况；将自产或委托加工的货物用于非应税项目、集体福利或个人消费，不计或少计应税收入；将自产、委托加工或购买的货物用于投资、利润分配和捐助等，不计或少计应税收入。

（3）是否存在开具不符合规定的红字发票冲减应税收入的情况：发生销货退回、销售折扣或折让，开具的红字发票和账务处理是否符合税法规定。

（4）是否存在购进的原材料、水、电、气等货物用于对外销售、投资、分配及无偿赠送，不计或少计应税收入的情况；收取外单位或个人水、电、气等费用，不计、少计收入或冲减费用；将外购的原材料改变用途，对外销售、投资、分配及无偿赠送等未按视同销售的规定计算销项税额。

（5）向购货方收取的各种价外费用是否按规定纳税。

（6）设有两个以上的机构并实行统一核算的纳税人，将货物从一个机构移送到另一机构（不在同一县市）用于销售，是否作销售处理。

（7）对逾期未退回的包装物押金是否按规定计算销项税额。

（8）混合销售行为是否依法纳税：从事货物的生产、批发或者零售的单位和个体工商户的混合销售行为，是否按照销售货物缴纳增值税；其他单位和个体工商户的混合销售行为，是否按照销售服务缴纳增值税。

（9）免税货物是否依法核算：增值税纳税人免征增值税的货物或应税劳务，是否符合税法的有关规定；有无擅自扩大免税范围的问题；兼营免税项目的增值税一般纳税人，其免税额、不予抵扣的进项税额计算是否准确；是否进行了分别核算。

（10）适用差额征收的纳税人，是否按规定适用差额征税的规定，是否取得合法的扣除凭证，是否正确填报差额征收的金额。

2. 进项税额

（1）用于抵扣进项税额的增值税专用发票是否真实合法：是否有开票单位与收款单位不一致或票面所记载货物与实际入库货物不一致的发票用于抵扣。

（2）用于抵扣进项的运费发票是否真实合法：是否有与购进和销售货物无关的运费申报抵扣进项税额；是否存在以开票方与承运方不一致的运输发票抵扣进项；是否存在以项目填写不齐全的运输发票抵扣进项税额等情况。

（3）用于抵扣进项税额的海关完税凭证是否真实合法。

（4）是否存在将货物用于集体福利、个人消费等项目等未按规定转出进项税额的情况。

（5）发生销货退回或折让是否按规定作进项税额转出。

（6）用于非应税项目和免税项目、非正常损失的货物是否按规定作进项税额转出。

（7）用于适用简易计税项目的货物是否按规定作进项税额转出。

（8）增值税一般纳税人兼营简易计税方法项目、免征增值税项目而无法划分不得抵扣的进项税额，是否按照规定的比例、公式计算不得抵扣的进项税额。

（9）是否存在将返利挂入其他应付款、其他应收款等往来账或冲减营业费用，而不作进项税额转出的情况。

3. 发票管理

（1）发票货物名称栏填写内容是否与实际应税内容一致，发票税率栏选择是否正确；商品和服务税收分类与编码是否准确，是否与实际业务一致。

（2）纳税人收取款项但未发生销售货物、应税劳务、服务、无形资产或不动产的情形的，是否按照规定填写发票内容、是否开具了增值税专用发票。

（3）增值税发票领购、开具、保管是否按照发票管理的相关规定进行。

（4）是否通过违规作废发票或开具负数增值税发票冲减销售收入。

（5）纳税人提供货物运输服务，开具增值税发票是否在发票"备注栏"注明起运地、到达地、车号、货物信息等内容；纳税人销售不动产开具增值税发票是否在发票"备注栏"注明不动产详细地址。

（二）消费税的自查提纲

消费税重点检查是否存在以下问题：

（1）按照规定应计入应税消费品销售额的包装物、押金，是否按规定计算消费税应纳税额。

（2）应税消费品是否按照规定的计征办法计算缴纳消费税。

（3）成品油等消费品生产企业是否按规定缴纳消费税，商业企业购进与销售的货物是否一致。

（三）企业所得税的自查提纲

企业所得税自查各项应税收入是否全部按税法规定确认，各项成本费用是否按照税法规定税前列支，各项关联交易是否遵循独立交易原则。具体自查项目应至少涵盖以下问题：

1. 收入项目

（1）是否存在接受捐赠的货币及非货币资产，未计入应纳税所得额。

（2）企业从境外取得的所得是否未并入当期应纳税所得额。

（3）持有上市公司的非流通股份（限售股），在解禁之后出售股份取得的收入是否未计入应纳税所得额。

（4）企业取得的各种收入是否存在未按权责发生制原则确认计税的情形。

（5）是否存在利用往来账户延迟实现应税收入或调整应纳税所得额。

（6）取得非货币性资产收入或权益是否计入应纳税所得额。

（7）是否存在视同销售行为未作纳税调整。

（8）是否存在各种减免流转税及各项补贴、收到政府奖励，未按规定计入应纳税所得额。

（9）是否存在企业所得税年销售收入小于当年开票总额或小于货物劳务税申报表销售额，销售收入的结转是否符合相关政策。

2. 成本费用项目

（1）是否存在利用虚开发票或虚列人工费等虚增成本。

（2）是否存在使用不符合税法规定的发票及凭证，列支成本费用。

（3）是否存在将资本性支出一次计入成本费用；是否在成本费用中一次性列支达到固定资产标准的物品未作纳税调整；达到无形资产标准的软件是否在营业费用中一次性列支，未进行纳税调整。

（4）是否存在职工福利费、工会经费和职工教育经费超过计税标准，未进行纳税调整。

（5）是否存在支付的基本养老保险、基本医疗保险、失业保险和住房公积金超过计税标准，未进行纳税调整；是否存在支付的补充养老保险、补充医疗保险、年金等超过计税标准，未进行纳税调整。

（6）是否存在擅自改变成本计价方法，调节利润。

（7）是否存在超标准计算固定资产折旧和无形资产摊销：固定资产折旧年限与税收规定有差异的，是否进行了纳税调整；无形资产摊销年限与税收规定有差异的部分，是否进行了纳税调整。

（8）是否存在超标准列支广告费和业务宣传费、业务招待费。

（9）是否存在擅自扩大研发支出的列支范围，享受税收优惠。

（10）是否以融资租赁方式租入固定资产，但视同经营租赁计算扣除租赁费，未作纳税调整。

（11）是否存在企业之间支付的管理费、企业内营业机构之间支付的租金和特许权使用费进行税前扣除。

（12）是否存在扩大计提范围、多计提不符合规定的准备金，未进行纳税调整。

（13）是否存在从非金融机构借款利息支出超过按照金融机构同期贷款利率计算的数额，未进行纳税调整。

（14）是否存在已作损失处理的资产，部分或全部收回的，未作纳税调整；是否存在自然灾害或意外事故损失有补偿的部分，未作纳税调整。

（15）是否存在开办费摊销期限与税法不一致的，未进行纳税调整。

（16）是否存在不符合条件或超过标准的公益性捐赠支出，未进行纳税调整。

3. 优惠政策

（1）是否存在滥用税收优惠政策；对于需要备案的优惠项目，是否进行了备案。

（2）企业享受税收优惠政策是否按规定留存备查资料。

（3）总机构是否汇总所属二级分支机构已备案优惠事项，并填写

《汇总纳税企业分支机构已备案优惠事项清单》，随同企业所得税年度纳税申报表一并报送总机构主管税务机关。

（4）企业减免税条件发生变化，仍然符合优惠事项规定，但备案内容需要变更的，是否向税务机关办理变更备案手续。

（5）企业减免税条件发生变化，不再符合税法有关规定的，是否主动停止享受优惠。

（6）享受高新技术企业优惠政策的是否符合相关资格条件。

（7）享受软件、集成电路企业有关优惠政策的是否符合相关资格条件。

（8）享受技术先进型服务企业优惠政策的是否符合相关资格条件。

（9）创业投资企业按投资额的70%比例抵扣应纳税所得额优惠的，是否符合税法规定的创业投资企业采取股权投资方式投资于未上市的中小高新技术企业2年（24个月）以上且符合国税发〔2009〕87号第二条规定的投资条件，如果不符合，是否进行了纳税调整。

（10）有限合伙制创业投资企业的法人合伙人按投资额的70%抵扣从合伙创投企业分得所得优惠的，是否符合税法规定的有限合伙制创业投资企业采取股权投资方式直接投资于初创科技型企业满2年且满足财税〔2017〕38号文第二条规定的条件。

4. 关联交易

是否存在与其关联企业之间的业务往来，不按照独立企业之间的业务往来收取或者支付价款、费用而减少应纳税所得额，未进行纳税调整。

5. 其他方面

（1）不征税收入用于支出所形成的费用，在计算应纳税所得额时扣除，未进行纳税调整；不征税收入用于支出所形成的资产，其计算的折旧、摊销在计算应纳税所得额时扣除，未进行纳税调整。

（2）企业申报的税前扣除的资产损失是否符合规定。

（3）企业发生政策性搬迁的，是否按税法规定向主管税务机关（包括迁出地和迁入地）报送政策性搬迁依据、搬迁规划等相关材料，并正确计算处理政策性搬迁所得或损失。

（4）企业发生债务重组、股权收购、资产收购、合并、分立等重组行为，选择特殊性税务处理的，是否符合各类特殊性重组规定的条件。

6. 非居民企业所得税

非居民企业所得税主要涉及对外支付扣缴企业所得税问题，重点自查企业对外支付过程中作为扣缴义务人是否依法扣缴企业所得税，重点自查项目如下：

（1）是否已按规定对对外支付款项进行扣缴申报，尤其关注对外支付金额低于 5 万美元的情况。

（2）是否按合同约定的实际应承担税款方，准确申报应纳税所得额。如合同约定的实际承担税款方为扣缴义务人的，是否已将非居民取得的不含税所得换算为含税所得计算并解缴应扣税款。

（3）非居民企业提供劳务的，是否已按合理准确的方法划分境内、境外劳务比例，以劳务发生地为原则划分其境内外收入，并就其在中国境内取得的劳务收入申报缴纳企业所得税。

（四）个人所得税的自查提纲

主要自查企业以各种形式向职工发放的工薪收入是否依法扣缴个人所得税，重点自查项目如下。

（1）为职工建立的年金。

（2）为职工购买的各种商业保险。

（3）超标准为职工支付的养老、失业和医疗保险。

（4）超标准为职工缴存的住房公积金。

（5）以报销发票形式向职工支付的各种个人收入。

（6）为职工所有的房产支付的暖气费、物业费。

（7）股票期权收入：实行员工股票期权计划的，员工在行权时获得的差价收益，是否按工薪所得代扣代缴个人所得税。

（8）以非货币形式发放的个人收入。

（9）股东变更未及时向税务机关报送股东变更情况信息。

（10）是否存在多次使用全年一次性奖金计税办法。

（11）是否存在资本公积、盈余公积和未分配利润转增股本未代扣代缴个人所得税。

（12）是否存在对同一员工扣缴申报工资薪金所得又扣缴劳务报酬所得，或对同一员工扣缴申报工资薪金所得又扣缴偶然所得。

（13）是否存在非劳动年龄段人员（70 周岁以上），工资薪金申报收入是否属实。

（14）是否存在代扣代缴其他所得个人所得税，适用品目是否正确。

（五）土地增值税的自查提纲

重点自查以下风险：

（1）符合土地增值税清算条件的房地产开发项目是否及时进行申报清算。

（2）符合土地增值税预缴条件的房地产开发项目是否进行了预缴税款。

（3）土地增值税扣除项目是否都取得合法、有效的扣除凭证，是否含有不得扣除内容。

（4）土地增值税清算中视同销售部分是否及时确认收入。

（六）房产税、城镇土地使用税的自查提纲

重点自查以下风险：

（1）企业名下有房产的，是否相应地缴纳了房产税及城镇土地使用税。

（2）是否存在企业名下房产缴纳了房产税，但未缴城镇土地使用税的情况。

（3）是否存在企业名下房产缴纳了城镇土地使用税，但未缴房产税的情况。

（4）企业已申报的房产税减免税优惠政策是否符合其实际情况。

（5）企业已申报的城镇土地使用税减免税优惠政策是否符合其实际情况。

（6）企业名下的房产发生变更后，房产税、城镇土地使用税是否及时变更。

（七）印花税的自查提纲

（1）自查是否按照印花税法的规定足额缴纳印花税。重点关注无合同有订单的情况下是否足额缴纳印花税。

（2）企业是否按照要求规范填写《印花税纳税申报表》。

（3）使用完税凭证方式完税的纳税人，是否相应制作了清单进行管理，《印花税纳税申报表》、清单、完税凭证是否能相互对应。

（4）企业申报的印花税品目是否符合《中华人民共和国印花税法》的规定。

（八）出口退税的自查提纲

出口退税重点自查以下内容：

（1）外贸企业用于出口退税的增值税专用发票是否既用于增值税抵扣又用于出口退税。

（2）出口退税企业应根据无纸化退税要求无须递交税务机关的纸质资料留存是否完备。

四　税务自查的流程

税务自查是纳税人、扣缴义务人控制和降低税务风险、避免额外损失的一种有效措施。因此，企业应按照相对合理的流程来实施税务自查，最好能够在企业正常的业财税一体化的流程中，增加税务自查这一环节，通过税务自查可以化解许多日常业务办理过程中产生的涉税隐患。税务自查大致包括以下流程：

（一）明确自查的目的和内容

税务自查的目的是发现和纠正涉税违法、违规行为，并控制和降低企业税务风险。自查内容主要包括税务登记、税务申报、账务处理、税务风险防范、税收优惠政策等方面。

（二）制订自查计划和目标

根据企业自身的实际情况，制订税务自查的计划和目标。自查计划包括自查时间、自查范围、自查流程等，目标是解决和预防涉税违法、违规问题，确保企业税务风险可控。

（三）收集相关文件和资料

收集企业相关的文件和资料，包括企业税务登记证、税务申报表、财务会计报表、税收减免政策文件等，这些文件和资料将用于自查的比对和审查。

（四）核查纳税义务履行情况

核查纳税义务履行情况是税务自查的核心环节。包括核查纳税申报的真实性、准确性、完整性，核查企业的账务处理是否规范，核查企业是否按时缴纳税款等。在这个过程中，需要结合纳税人、扣缴义务人的实际情况，结合现有的税收政策，审核税务处理是否恰当。

（五）发现问题并分析原因

在核查过程中，发现涉税违法、违规行为或存在的问题，需要对问题进行分析，并找出原因，这样可以为解决问题提供依据和参考。

（六）制定整改措施

根据问题分析的结果，制定相应的整改措施，并制订整改计划。整改措施应该具体、切实可行，包括完善企业的制度和流程、加强内部控制等。

（七）做好整改落实工作

制定整改措施后，需要明确责任人并跟踪整改落实的情况；同时，要对整改情况进行监督和检查，确保整改工作的顺利进行和达到预期效果。

（八）完善税务风险控制体系

在进行税务自查的过程中，应该总结经验和教训，基于规范企业整体财税管理水平的视角，将税务风险的控制由事后管理向事前、事中、事后综合管理转变，同时审核企业的风险控制体系是否存在漏洞，应通过完善业务、财务、税务的相关流程和制度来进一步完善税务风险控制体系，为企业持续、稳定、健康的发展提供良好的税务环境。

（九）撰写高质量的税务自查报告

税务自查报告是税务自查工作的总结，特别是查前自查和查后自查，此时的税务自查报告是需要提交给税务机关的，其质量的高低直接决定了税务机关的后续措施。因此，在税务自查结束后，企业必须要求相关人员就自查的结果，按照自查报告的标准格式和规范要求，撰写一份高质量的税务自查报告：一方面可以用于内部的税务管理，另一方面可以提交给税务机关，用以说明税务自查的结果和整改措施。

五　自查报告格式

按照税务机关要求进行的税务自查，其自查报告，通常包含以下内容。

（一）企业基本情况介绍

主要包括企业的成立日期、法人、经营地址、注册资金、经营范围、主营业务、何时被认定为增值税一般纳税人。

（二）涉税情况的说明和解释

针对税务机关提出的问题，逐项解释和说明。特别是对于税务机关提示的风险和预警项目，一定要做到真实、合理，不违背常理和常识。比如针对税负的预警，可以考虑从以下方面来进行解释：行业特点（应附相同或类似企业的税负情况对比）、企业的销售有明显的季节性、产品积压等。所有这些解释和说明，都需要有充分的证据来支撑。

（三）整改的措施和手段

比如对漏缴的税，进行订正申报；对税负率比较低的情况，会加大销售的力度等。这些整改措施，必须基于企业的实际情况来提出，并具有可操作性，也能够真正为企业控制和避免税务风险。

税务自查报告完成后，就可以按以下顺序，将相关资料装订成册后提交税务机关。

1.《自查报告》

应详细说明税收自查组织实施情况、税收方面存在的问题及成因、自查补缴税款的计税依据、计算过程及其他需要说明的事项。

2.《自查承诺书》

承诺向税务机关提交的资料真实完整；已对照相关税收政策、自查提纲开展税收自查；除已自查补报的税收违法行为外，不存在其他重大问题；对税务入户检查中由税务检查人员发现的相关年度内的重大税收问题，自查企业和单位负责人、财务负责人、经办人愿意承担相关责任；由单位负责人、财务负责人和经办人签署姓名，加盖单位公章并签注日期。

3. 其他资料（支撑材料）

企业营业执照复印件；年度财务报表、审计报告、税务鉴证等；对应属期各税种（费）申报表、完税凭证等；对应合同、协议、政府文件；发票、票据等；资金往来支付凭证等；台账、分配表、归集表、汇总表。

第三节　税务稽查

一　税务稽查的概念

税务稽查是税务机关稽查局依法对纳税人、扣缴义务人和其他涉税当事人履行纳税义务、扣缴义务情况及涉税事项进行的税务检查和处理工作的总称。

税务稽查的基本任务，是依法查处税收违法行为，保障税收收入，维护税收秩序，促进依法纳税。

二　税务稽查的分类

按照税务稽查对象来源性质的不同，税务稽查可以分为日常稽查、专项稽查和专案稽查三类。

（一）日常稽查

日常稽查是稽查局有计划地对税收管辖范围内的纳税人及扣缴义务人履行纳税义务和扣缴义务的情况进行检查和处理的执法行为。

日常稽查与征管部门负责的日常检查在目的、内容和程序等方面都不一致。

（二）专项稽查

专项稽查是稽查局按照上级税务机关的统一部署或下达的任务对管辖范围内的特定行业（或特定的纳税人、特定的税务事宜）所进行的专门稽查。

（三）专案稽查

专案稽查是指稽查局依照税收法律法规及有关规定，对纳税人、扣缴义务人履行纳税义务、扣缴义务的情况所进行的调查和处理的执法行为。专案稽查具有两个明显的特点：一是稽查对象特定：专案稽查的对象来源于确定的线索，具有明显的税收违法嫌疑。二是适用范围广：专案稽查适用于举报、上级交办、其他部门移交或转办，以及其他所有涉嫌税收违法案件的查处。

三 税务稽查的内容

税务稽查包含选案、检查、审理和执行四个部分。

（一）选案

税务稽查选案是稽查局根据日常稽查、专项稽查、专案稽查的要求，利用税务信息管理系统及其他信息资源确定选案指标、待稽查项目及待稽查纳税人（含扣缴义务人），建立和管理案源，向稽查实施环节下达稽查任务，并及时处理转办案件的过程。确定税务稽查对象是税务稽查的重要环节。目前，稽查选案分为人工选案、计算机选案、举报和其他四种。

人工选案是指选案部门根据不同时期的稽查中心工作和稽查计划项目，对所有候选对象进行整理和筛选。其基本方法可以分为随机抽样和非随机抽样两大类。

计算机选案是利用计算机综合选案系统，通过纵向的综合分析与横向的逻辑、勾稽关系审核，筛选出各类纳税申报指标异常的纳税人作为稽查对象的一种选案方法。

举报是税务机关发现外部案源最多的一种途径。

其他选案方法有转办、交办等。

(二) 检查

检查阶段是税务稽查的核心和关键环节。检查必须依照法律规定权限进行。检查前,稽查局应当告知被查对象检查时间、需要准备的资料等,但预先通知有碍检查的除外。

检查应当由两名以上具有执法资格的检查人员共同实施,并向被查对象出示税务检查证件、出示或者送达税务检查通知书,告知其权利和义务。

税务人员在实施检查时,可以依照法定权限和程序,采取实地检查、调取账簿资料、询问、查询存款账户或者储蓄存款、异地协查等方法。

检查应当依照法定权限和程序收集证据材料。收集的证据必须经查证属实,并与证明事项相关联。

检查结束前,检查人员可以将发现的税收违法事实和依据告知被查对象。被查对象对违法事实和依据有异议的,应当在限期内提供说明及证据材料。被查对象口头说明的,检查人员应当制作笔录,由当事人签章。

税务检查终结后,税务检查员应当认真整理检查资料,归集相关证据,分析检查结果,提出处理意见,并按照规定格式和程序,制作税务文书。

(三) 审理

税务稽查审理,是税务稽查机构对其检查出的各类税务违法案件在检查完毕的基础上,由专门组织或人员核准案件实施、审查鉴别证据、分析认定案件性质、形成稽查结论并制作相关税收文书的活动过程。

税务稽查审理着重审核以下内容:

(1) 执法主体是否正确;

(2) 被查对象是否准确;

(3) 税收违法事实是否清楚,证据是否充分,数据是否准确,资料是否齐全;

(4) 适用法律、行政法规、规章及其他规范性文件是否适当,定性是否正确;

(5) 是否符合法定程序;

(6) 是否超越或者滥用职权;

（7）税务处理、处罚建议是否适当；

（8）其他应当审核确认的事项或者问题。

审理终结的处理有以下几种：

（1）有税收违法行为，应当作出税务处理决定的，制作税务处理决定书；

（2）有税收违法行为，应当作出税务行政处罚决定的，制作税务行政处罚决定书；

（3）税收违法行为轻微，依法可以不予税务行政处罚的，制作不予税务行政处罚决定书；

（4）没有税收违法行为的，制作税务稽查结论。

（四）执行

稽查局应当依法及时向被查对象送达税务处理决定书、税务行政处罚决定书、不予税务行政处罚决定书、税务稽查结论等税务文书。

一般情况下，当事人应在税务稽查文书送达后，将税款及滞纳金缴纳入库，并按照规定进行相关账务调整。逾期未缴清的，将依照《中华人民共和国税收征收管理法》第四十条规定强制执行。当事人若在纳税上有争议，必须先依照规定的期限缴纳税款及滞纳金或者提供相应的担保，然后可自上述款项缴清或者提供相应担保被税务机关确认之日起六十日内依法申请税务行政复议。对复议结果有异议的，可以继续提起税务行政诉讼。如果纳税人对税务行政处罚决定书有异议的，可以直接提出复议或者诉讼。

税务处理决定书、税务行政处罚决定书等决定性文书送达后，决定性文书被人民法院判决撤销的、决定性文书被行政复议机关决定撤销的、税务机关认为需要变更或者撤销原决定性文书的、其他依法需要变更或者撤销原决定性文书的，稽查局可以依法重新作出。

税务机关对税务违法行为处理完毕后，应制作执行报告并交审理部门整理存档。属于公民举报的案件，还应依照有关规定做好奖励举报人的事宜。

四　税务稽查常用的方法

（一）账务检查方法

账务检查方法，即书面资料检查方法，是指对稽查对象的会计报表、会计账簿、会计凭证等有关资料进行系统审查，据以确认稽查对象缴纳税款的真实性和准确性的一种方法。账务检查既可以对纳税人进行实地检查，也可以进行调账检查。

账务检查方法按照查账的顺序分为顺查法和逆查法，按照查账的详细程度分为全查法和抽查法，按照查账的技术方法分为审阅法和核对法。

1. 顺查法

是指按照会计核算的顺序，从检查会计凭证开始，以凭证核对账簿，再以账簿核对会计报表，通过逐步审查核对，发现账证不符、账账不符、账实不符以及涂改、计算差错等问题。

2. 逆查法

是指按照会计处理程序的相反方向，从检查分析会计报表开始，对报表分析的疑点进行追踪检查至账簿、会计凭证的一种检查方法。

3. 全查法

又称精查法或详细审查法，是指对稽查对象在检查期内的所有涉及经济业务的信息资料，采取严密的审查程序进行审核检查的一种方法。

4. 抽查法

是指从被查总体中抽取一部分资料进行审查，再依据审查结果推断总体的一种方法。抽查法具体又分为两种：一是重点抽查法，即根据检查目的、要求或事先掌握的纳税人有关纳税情况，有目的地选择一部分会计资料或存货进重点检查；二是随机抽查法，即以随机方法，选择纳税人某一特定时期或某一特定范围的会计资料或存货进行检查。

5. 审阅法

是指对稽查对象有关书面资料的内容进行详细审查、研究，发现疑点线索，取得税务稽查证据的一种检查方法。

6. 核对法

是指对书面资料的相关记录或是书面资料的记录和实物进行相互核对，以验证其是否相符的一种检查方法。核对内容包括会计资料之间的相互核对、会计资料与其他资料之间的核对、账实核对。核对法作为一种检查方法，在检查过程中用于查实有关资料之间是否相符是有一定限度的，在采用核对法对稽查对象的会计资料或其他资料进行核对和验证时，必须结合其他检查方法，才能达到检查目标的要求。

（二）调查验证方法

调查验证方法，是指在税务稽查过程中，采用实地盘存、外部调查、观察、查询等方法，对稽查对象与税收有关的经营情况、营销策略、财务管理、库存等进行检查、核实的方法总称。具体分为以下几种方法。

1. 实地盘存法

是指税务检查人员到现场对被查对象的货币资产、实物资产进行盘点和清查，确定其形态、数量、价值、权属等内容并与账簿记录核对比较，从中发现账实不符，财物短缺、损失，隐瞒销售和虚增成本等问题的一种方法。

实地盘存法是账务检查方法的延续和补充。通过专项盘点，可以查出纳税人是否有账外经营的现象。例如，核对纳税人"银行对账单"和清点现金实物可以检查是否有白条抵库、坐支或挪用现金、私设小金库、隐瞒收入的情况。核对原材料、库存商品账户账面结存数量与库存实物账面记录（盘存表）的数字是否相符，单价是否正确，账面是否红字，可以检查原材料、库存商品是升溢还是多转成本。

2. 外调法

是指对有疑点的凭证、账项记录或者其他经济业务，派出稽查人员到稽查对象以外、与该项业务相联系的单位（或个人）进行实地调查，或者委托对方税务机关协查，以查实问题的一种检查方法。

3. 观察法

是指稽查人员通过深入检查现场，如车间、仓库（包括外部仓库）、场所以及基建工地等，对被查事项或需要核实的事项进行实地视察和了解，考察企业产、供、销、运各环节的内部管理状况，控制程序和各方面的实际情况，从中发现存在的问题、获取相关证据的一种方法。

4. 查询法

是指对审查过程中发现的疑点和问题，通过调查、询问的方式，查实某些问题，取得必要的资料，以帮助进一步检查的一种调查方法。

（三）对比分析方法

对比分析方法，是指运用不同的分析技术，对与企业会计资料有内在联系的财务信息以及税款缴纳情况进行系统分析，重点关注相关疑点，以确定涉税疑点和线索、追踪检查的一种方法。常用的对比分析方法包括比较分析法、控制计算法、因素分析法和相关分析法等。

1. 比较分析法

是指将企业会计资料中的有关项目、数据，在相关的时期之间、指标之间、企业之间及地区或行业之间，实施静态或动态对比分析，从中发现问题、获取检查线索的一种分析方法。

2. 控制计算法

是指运用可靠的或科学测定的数据，利用数学等式原理来推测、证实账面资料是否正确、发现问题的一种检查方法。

3. 因素分析法

是指将影响某一事项的各个因素分别进行分析，在此基础上分析各个因素的变动对该事项的影响及影响程度，以便进一步查明原因的一种分析方法。

五　税务稽查与税务检查的差异

税务检查是税收征收管理的一个重要环节，是指税务机关依法对纳税人履行缴纳税款义务和扣缴义务人履行代扣、代收税款义务的状况所进行的监督检查。

税务稽查与税务检查的主要区别有以下四个方面。

1. 主体不同

税务稽查的主体是税务专业稽查机构，税收检查的主体可以是各类税务机关，日常实施税务检查比较多的是征管局，其所实施的税务检查是其管理活动的组成部分，是管理的一种手段。

2. 对象不同

税收检查的对象可以是所有的纳税人和扣缴义务人，税务机关可以根据需要对其进行纳税和扣缴情况的核查；而税务稽查的对象是依据举报或科学选案而确定的涉嫌税收违法行为的纳税人、扣缴义务人。

3. 程序不同

税收检查的程序相对简单，而税务稽查必须根据国家税务总局制定的《税务稽查案件办理程序规定》，经过选案、检查、审理、执行四个环节。

4. 目的不同

税收检查是基于税务机关管理上的需要对纳税人的某一税种、某一纳税事项或某一时点的情况进行检查和审核，而税务稽查一般是为打击偷逃税等违法犯罪行为，对涉嫌违法的纳税人进行全面、彻底的检查，以震慑犯罪，维护税收秩序。

第四节 税务稽查应对

对企业来说，税务稽查的影响有两方面：一方面是积极影响，借助税务稽查，企业可以及时发现和纠正自身存在的涉税问题，提高税法遵从度，避免因违规行为而受到处罚；另一方面是负面影响，如果企业存在违规行为，将会面临补缴税款、被罚款和加收滞纳金等处罚，同时会影响企业的纳税信用，甚至可能影响企业声誉和信誉。因此，企业一方面需要加强自身的财务管理和会计核算水平，确保合法合规经营，另一方面要积极应对税务稽查，避免因为税务稽查的应对不当而给企业造成不可挽回的损失。

一 稽查前的应对

按照税法的规定，税务机关稽查局在对企业实施稽查之前，要先送达税务检查通知书。企业收到税务检查通知书后，稽查局才会按照税务检查通知书载明的日期进入企业进行稽查，这也意味着稽查局有权采取实地检查、调取账簿、异地协查等检查手段，同时有权采取强制措施。在这个阶段企业可以先做好以下工作。

（一）了解被稽查的原因

稽查选案，遵循"双随机、一公开"的原则。双随机，就是随机选择监管对象和随机选择监管人员。落实到稽查选案，就是选案时要以"随机"的方式选择被查对象，而安排稽查人员时，也是以"随机"的方式匹配稽查人员；一公开是指将抽查情况及查处结果及时向社会公开。

常见的选案方法通常包括人工选案、计算机选案、举报、其他等。其中前两种方法遵循随机的原则。因此，企业收到了税务机关稽查局送达的税务检查通知书，就意味着成为稽查对象，在这种情况下，企业应了解清楚企业被选中的原因：是重点行业抽查抽中了？是被举报了？是因为上下游的客户出现了问题被牵扯到了？被选中的原因不同，企业应对的方法也不相同。所以，企业可以通过与送达税务检查通知书的稽查人员进行一些交流，如果企业平时就与税务机关保持着比较良好的沟通，此时应该会获取一些初步的信息，通过获取的信息来判断被选中的原因；也可以通过企业所拥有的社会关系，进一步了解被选中的原因，从而可以针对这些原因,提早做出应对,而不会显得手忙脚乱。

(二)完成稽查前的准备工作

在收到税务检查通知书后,企业应以税务检查通知书载明的期间段为主,以未载明的期间段为辅,展开深入的税务自查,审核时间段内的票、账、税情况,并准备好企业内部的用以证明合同流、业务流、发票流、资金流的相关资料,对税务检查通知书载明的期间段外的票、账、税情况和合同流、业务流、发票流、资金流的一致性也展开自查,发现问题及时处理和纠正,防止在稽查的过程中因为发现稽查期间内的问题而导致稽查范围扩展到其他时期。如果时间充裕,可以对公司的资产进行盘点,做到提前准备,因为稽查的方法中就包含了实地盘存法,所以税务人员很可能会实地盘存企业的资产,主要是存货、库存商品等,如果企业提前做好了这方面的工作,稽查工作应对也会更主动和顺畅。

如果企业内部人员的专业素养等不能满足需要时,可以考虑请第三方专业人士进行指导,并随时提供咨询。

二 稽查中的应对

稽查人员入场后,会按照规定的流程展开稽查工作,在这个过程中,企业一方面要积极配合,对稽查人员提出的要求予以充分重视和及时满足,另一方面也要对税务机关提出的疑问和问题及时进行陈述、说明和解释,在此基础上,还可以根据稽查人员提出的问题,展开查中自查,避免潜在的税务风险。

(一)积极配合

配合税务机关实施稽查是纳税人、扣缴义务人的义务,《中华人民共和国税收征收管理法》第七十条规定,纳税人、扣缴义务人逃避、拒绝或者以其他方式阻挠税务机关检查的,由税务机关责令改正,可以处一万元以下的罚款;情节严重的,处一万元以上五万元以下的罚款。实务中经常出现两种极端的情况:一种是抵制税务稽查,在接到税务检查通知书后,企业的主要负责人、财务负责人等不出现,只让非主要负责人出面,在稽查人员需要企业配合提交资料时,以没有得到批准和授权为由不及时提供;另一种是过于热情,主要负责人亲自陪同,甚至向稽查人员赠送礼品。这两种方式都不恰当。正确的做法是对稽查人员保持基本的礼貌和尊重,更多的是人员和行动上的配合。

1. 人员上配合

税务机关到企业检查时，企业需安排专人负责配合稽查事宜，因为大多数的稽查都是从账务检查开始的，所以一般情况下由财务负责人来全权负责是比较合适的选择，同时要在公司内部达成共识：企业内各部门应配合财务部门积极应对税务稽查。

除了人员上配合，在时间上也应积极配合。稽查人员在入场之前，一般都会做出较为详细的进度计划，因此就要求企业配合稽查的人员在时间上能够与稽查人员同步，便于稽查按计划展开和推进。同时，企业应提供相对比较安静的、必要的工作场所。

2. 行动上配合

企业应根据税务机关稽查的要求，准备好全部资料。企业所提供的资料中的财务数据和税务数据，应与纳税申报的数据保持一致，切忌因提供虚假信息或者故意隐瞒财务情况而引致更严重的税务风险。

在实施稽查前，税务机关一般会列出所需要的一些资料清单，通常会包括以下内容。

（1）营业执照、法定代表人及财务负责人身份证复印件。

（2）稽查期间企业的相关资料，包括但不限于业务合同，收付款凭据，提货、运输、交接、仓储、耗用等出入库方面的单据资料。

（3）稽查期间段内的发票入账的记账凭证、相应资金的凭证，包括相应的原始凭证、入账凭证，相应会计科目的年度余额表、明细账和总账，入账年度的年度报表。

（4）稽查期间段内的发票所对应年度的增值税申报表主表及附表1和附表2，以上发票所对应年度的企业所得税纳税申报表，以上发票认证抵扣情况。

（5）企业所有的开户银行及账号、以上发票所在年度银行账户明细流水。

（6）如果涉及发票问题，可能还需要提供以下资料：

①提供相应发票复印件。

②涉案发票的情况说明。要求有如下内容：介绍企业的基本生产经营内容，发票相应的货物如何购买、销售（或加工）的详细情况书面说明，包括详细的双方经办人、联系方式、运输方式、提货时间、提货地点、提货人信息、货物去向、付款、发票开具等业务的详细过程。

③提供与涉案发票相关的购销合同及其复印件。

（7）如不能提供上述资料须出具书面的情况说明，说明具体情况。

（8）以上所有资料须加盖单位公章，如是复印件要标注"与原件核对无误，原件存于我处"并签名、写明提供的时间；如是电子资料要拷贝两份，一份封存，一份使用。

企业所提供的涉税资料应真实可靠，不隐瞒、不伪造；确保所提供资料的完整性，不遗漏重要信息；确保所提供的资料合法合规。

除了提供资料，稽查人员还会对企业的相关人员展开询问，负责配合稽查事宜的人员应安排好相关人员的时间，对稽查人员询问的问题逐一作答，对于自己业务范围之外的问题，千万别用猜测或估计来替代，应告诉稽查人员，其所提出的问题在自己的业务范围之外，建议找哪些部门；对相关问题的回答，不回避关键问题，也不对抗，更不可虚假回答。

（二）加强沟通

与税务机关合作并保持良好沟通是有效应对税务稽查的一个重要措施。在日常的税务管理过程中，就应积极构建与税务机关顺畅的沟通交流渠道，财务部门负责人或者企业的税务专员要定期与当地税务机关及税务局稽查局进行沟通交流，第一时间获取税务机关对国家税法政策、纳税申报、税务缴纳等具体工作的理解与要求，在日常的沟通交流渠道顺畅的情况下，在应对稽查时仍然要维持着良好的沟通渠道，对于非原则性的、不影响企业纳税信用的小额处罚不要过度争辩；对于数额较大或者会影响企业纳税信用的税收违法事实和依据，应利用与税务机关良好的沟通渠道，及时提供相关情况说明和证据材料对稽查局认定的税收违法事实和依据提出异议，这实际上是企业行使陈述和申辩权，提交的这些资料会成为稽查案件最终定性的证据之一。在这个过程中应做好与稽查局沟通的记录，包括时间、地点、沟通人员、沟通内容等，以便必要时参考。

在相关人员被询问时，不要抱抵触情绪，宜先采用口头交流的方式进行沟通；如果稽查人员要求被询问的对象签字，需要谨慎确认记录内容，有疑问之处，可以坦诚地跟稽查人员说明，自己尚不能对笔录内容做出确认，或者在笔录的"被查对象（当事人）陈述意见"一栏中表明自身的不同意见。

（三）做好证据核实工作

税务检查人员检查结束前，会将检查中发现的税收违法事实和依据告知被查企业。此时，企业财务人员及其他相关人员一定要仔细核实违法事实的具体内容，比如：对违法事实的描述、记录是否正确？所附证据资料复印件与原件是否一致？违法事实所涉及的数据金额是否准确？上述事实和资料均需企业相关人员仔细核对确认后逐页签字盖章。若对违法事实和依据有异议，应当在规定限期内提供说明和证据材料。如果企业只是作出口头说明，检查人员会制作笔录，并要求当事人签章，此时应核实笔录的准确性。

（四）做好证据备份工作

为了应对稽查的各种可能结果，以及未来的行政复议或行政诉讼，企业除了积极配合稽查人员的各项工作，还应重视相关证据的备份，因为这些证据是企业提出行政复议或行政诉讼等救济措施的重要证据，也是企业事后内部追责或者向第三方追责的重要依据。因此，企业应将稽查阶段的相关全部证据进行记录和备份，包括企业从税务机关接收到的文书、与检查人员相关的沟通记录等；同时，相关证据如能提交复印件就提交复印件，如需提供原件，则需保留扫描件或复印件。

三 审理阶段的应对

检查部门检查完毕后，将证据以及各项资料形成案卷提交给审理部门。审理部门会依据检查部门提供的资料进行审理，如果认定相关资料不符合规范，则退回检查环节继续调查取证；如果审理部门认为相关资料符合规范，则会形成结论性的文书（税务处理决定书、税务行政处罚决定书、不予税务行政处罚决定书、税务稽查结论）并送达被查对象。此时，纳税人应根据文书的不同，作出不同的应对策略。

（一）收到税务处理决定书

纳税人或扣缴义务人收到税务处理决定书后，应对税务处理决定书载明的内容，主要包括税收违法事实及所属期间、处理决定及依据、税款金额、税款滞纳时间及滞纳金计算方法等进行仔细的核对，以判断是否存在错误。如果纳税人或扣缴义务人对税务处理结果没有异议，则应按照税务处理决定书规定的金额和时限要求，将税款及滞纳金缴纳入库，并按照规定进行相关账务调整。此时，应尽量避免逾期未缴清税款和滞纳金情形的发生，以避免税务稽查局依照《中华人民共和国税收征收管理法》第四十条规定强制执行。

如果纳税人或扣缴义务人对税务稽查局的处理结果有异议，则应先依照税务处理决定书载明的期限缴纳税款及滞纳金或者提供相应的担保，然后自上述款项缴清或者提供相应担保被税务机关确认之日起六十日内依法向行政复议机关申请行政复议。如果对行政复议的结果仍然存在异议，则可以依法提起行政诉讼。

（二）收到税务行政处罚事项告知书

如果纳税人或扣缴义务人收到了税务行政处罚事项告知书，则意味着税务稽查局拟对纳税人或扣缴义务人作出税务行政处罚。在税务行政处罚事项告知书中，会明确告知纳税人或扣缴义务人依法享有陈述、申辩及要求听证的权利。此时，纳税人或扣缴义务人应根据税务行政处罚事项告知书载明的、与纳税人或扣缴义务人密切相关的核心涉税事项，比如认定的税收违法事实和性质，适用的法律、行政法规、规章及其他规范性文件，拟作出的税务行政处罚等进行深入分析、认真核对，必要时邀请外部专家参与讨论，形成结论后以书面或者口头形式提出陈述、申辩意见。如果是口头形式进行陈述、申辩，则税务稽查局会对当事人口头提出的陈述、申辩意见制作陈述申辩笔录，此时纳税人或扣缴义务人应仔细审阅笔录是否准确，确认无误后签章。

在实务中，经常有纳税人或扣缴义务人忽视了行使陈述、申辩权和听证权。实际上，这些都是现行税法赋予纳税人或扣缴义务人的权利。纳税人或扣缴义务人可以依据通知中包含的税务稽查局认定的税务违法行为的事实、理由、行政处罚决定等内容，结合企业的实际情况，在规定的期限内进行陈述、申辩，纳税人或扣缴义务人最好以书面形式，并附上相关的证明材料向税务稽查局提出陈述和申辩。

按照现行的法律，税务稽查局应当充分听取当事人的陈述、申辩意见；经复核，当事人提出的事实、理由或者证据成立的，应当采纳。这意味着，即便税务稽查局已拟作出税务行政处罚，纳税人或扣缴义务人仍然可以继续就认定的相关涉税事项向税务稽查局进行解释和说明。

如果涉及的税款金额较大，纳税人或扣缴义务人还可以按照法律、法规、规章要求举行听证。根据《税务行政处罚听证程序实施办法（试行）》，当事人要求听证的，税务机关应当组织听证。当事人提出听证后，税务机关发现自己拟定的行政处罚决定对事实认定有错误或者偏差，应当予以改变，并及时向当事人说明。通过听证程序，被查企业可以对稽查局指控的事实及相关问题进行申辩和质证，就事实以及证据的真实性、合法性发表意见，争取能够减轻处罚或者免予处罚。

（三）收到税务行政处罚决定书

如果上述措施未产生预期效果，审理部门就会下达税务行政处罚决定书，其中会明确说明违法事实及处罚依据、缴纳方式、罚款金额等内容，同时也会告知纳税人以下事项：

（1）当事人应终止违法行为并予以纠正；

（2）纳税人如果对税务稽查局作出的决定不服，可以自收到决定书之日起60日内依法向复议机关申请行政复议；

（3）到期不缴纳罚款的，税务机关可自缴款期限届满次日起每日按罚款数额的3%加处罚款，加处罚款的数额不超过罚款本数；

（4）对处罚决定逾期不申请行政复议又不履行的，税务机关有权依法采取强制执行措施或者申请人民法院强制执行。

纳税人或扣缴义务收到税务行政处罚决定书后，如果对处理决定不服，应在规定的期限内向相关复议机关申请行政复议；如果对处理决定没有异议，应及时履行相关义务，以免被加处罚款或被执行部门强制执行。

（四）收到不予税务行政处罚决定书或税务稽查结论

如果审理部门依据检查部门获取的资料，认定纳税人或扣缴义务人税收违法行为轻微，依法可以不予税务行政处罚的，则制作不予税务行政处罚决定书；认定没有税收违法行为的，则制作税务稽查结论。税务稽查局会将上述税务文书及时送达纳税人或扣缴义务人。纳税人或扣缴义务人收到上述文书后，不能掉以轻心，要根据稽查过程中发现的问题或税务稽查局认定的事实，及时进行整改或进一步规范，及时调整企业的业务流程或者会计、税务处理方法，从根本上消除或者避免潜在的税务风险。

四 执行阶段的应对

纳税人或扣缴义务人收到审理部门的相关文书后，应按照规定的期限，足额缴纳或者解缴税款、滞纳金。按照现行税法的规定，如果纳税人或扣缴义务人确有经济困难，需要延期或者分期缴纳罚款的，可向稽查局提出申请，经税务局局长批准后，可以暂缓或者分期缴纳。因此，如果纳税人或扣缴义务人确有经济困难，无法及时、全额缴纳税款、滞纳金，应及时向稽查局提出申请，争取能够暂缓或者分期缴纳。

此外，纳税人或扣缴义务人应努力避免被强制执行。实际上，按照税务稽查程序，在强制执行之前，纳税人或扣缴义务人仍然有机会避免被强制执行。按照规定，执行部门作出强制执行决定前，应当制作并送达催告文书，催告当事人履行义务，听取当事人陈述、申辩意见。经催告，当事人逾期仍不履行行政决定，且无正当理由的，经县以上税务局局长批准，实施强制执行。这意味着，纳税人或扣缴义务人在收到催告文书后，仍然可以就执行情况进行陈述和申辩。此外，在催告期间，纳税人或扣缴义务人应尽量避免转移或者隐匿财物，因为这会引致执行部门作出立即强制执行的决定。

五　稽查后的应对

（一）及时整改

税务稽查中发现的问题应引起企业足够的重视，为避免再次发生类似的错误，企业应根据稽查中所发现的问题的性质，结合企业的实际情况，制定切实可行的整改措施。严格按照整改措施，及时进行整改，确保问题得到彻底解决。同时，在税企关系良好的前提下，可以将整改结果及时反馈给税务稽查人员，以便进行后续监督和检查。

（二）加强内部管理

应对税务风险最有效的措施就是做好内控体系建设，因此企业可以考虑从完善内部制度入手，建立健全内部管理制度，包括财务管理制度、税务管理制度等，确保公司涉税事项的规范性。

企业应努力提高员工素质，加强员工培训，提高员工的税务意识和财务管理水平，增强员工的责任心和风险意识。

此外，企业还应定期开展税务自查，按照规定的流程和税务风控体系的要求，对公司涉税事项进行自查，及时发现和纠正问题，防范类似问题再次发生。

税务稽查的应对是临时性的举措，真正要控制税务风险，还需要在日常的生产经营活动中贯彻税务风险控制的理念，如果日常的税务管理工作做得比较扎实、比较深入，无论是应对税务检查还是应对税务稽查，都将是水到渠成的事情。

【思考题】

1. 什么是纳税评估？
2. 纳税评估与税收征管、纳税服务、税务稽查有哪些联系与区别？
3. 纳税评估的基本流程包括哪些？
4. 纳税评估的具体方法包括哪些？
5. 纳税评估的常用模型有哪些？
6. 纳税评估的通用指标包括哪些？
7. 简述纳税评估通用指标之间的配比关系。
8. 如何应对纳税评估？
9. 什么是税务自查？
10. 企业应如何开展税务自查工作？
11. 什么是税务稽查？税务稽查的常规流程是什么？
12. 企业应如何应对税务稽查？

参考文献

白彦锋主编，史大谋副主编：《纳税评估教程》（第三版），北京大学出版社 2021 年版。

蔡昌编著：《税务风险：防范、化解与控制》，机械工业出版社 2007 年版。

邓秋越：《"以数治税"背景下高新技术企业增值税出口退税税收筹划研究——以广东省 A 企业为例》，硕士学位论文，西南财经大学，2022 年。

海林编著：《企业税收风险应对》，中国农业科学技术出版社 2013 年版。

高涓、尹淑平主编：《纳税风险评估与管控实务》，复旦大学出版社 2023 年版。

郭洪荣主编：《企业税收风险防控与评估指引》，立信会计出版社 2017 年版。

国际财政文献局（IBFD）：《税收风险管理——从风险到机会》，范坚、姜跃生等译，江苏人民出版社 2012 年版。

郭菁：《SL 轮胎公司出口退税的税务风险及其防范研究》，硕士学位论文，沈阳工业大学，2020 年。

李鹏、张杰主编：《风险管理》，立信会计出版社 2019 年版。

李晓曼：《税收风险管理理论与方法》，中国财政经济出版社 2013 年版。

李禹池：《税务风险管理和筹划：大数据管税背景下的财税实务》，人民邮电出版社 2024 年版。

刘海湘编著：《企业税务风险识别、分析与评价操作实务》（第 2 版），中国财政经济出版社 2023 年版。

刘婷婷等：《企业取得虚开增值税专用发票的风险及其应对》，《企业改革与管理》2019 年第 1 期。

刘文锦：《资产损失税前扣除政策解析及风险规避》，《财会通讯》2012 年第 11 期（上）。

刘玉龙主编，徐金仙、吴晖副主编：《新编纳税筹划与税务会计》，浙江工商大学出版社 2011 年版。

栾庆忠：《增值税发票税务风险解析与应对（实战案例版）》，中国人民大学出版社 2019 年版。

吕志勇、杜鹃主编：《风险管理学》，经济科学出版社 2020 年版。

司宇佳、王卓主编：《大数据时代的税务稽查应对实务》，中国人民大学出版社 2019 年版。

孙立新编著：《风险管理：原理、方法与应用》，经济管理出版社 2014 年版。

唐登山主编：《税务稽查学》（第二版），武汉大学出版社 2019 年版。

王清刚主编，林小飞副主编：《内部控制与风险管理：理论、实践与案例》，北京大学出版社 2016 年版。

王周伟主编：《风险管理》（第 2 版），机械工业出版社 2017 年版。

王作君：《企业税务风险管控与策划：从入门到精通》，机械工业出版社 2020 年版。

谢新宏编著：《税务稽查与企业纳税风险分析》（第二版），经济科学出版社 2014 年版。

徐颖：《资产损失税前扣除新规定的首次实施及企业涉税风险的应对措施》，《会计师》2012 年第 9 期。

杨斌主编：《税收学》（第二版），科学出版社 2011 年版。

杨永义编著：《财产行为税实务与风险管理》，中国税务出版社 2023 年版。

张晓华：《税务稽查与税务风险管理研究》，中国商务出版社 2018 年版。

赵烨：《X 生产型企业出口退税风险管理研究》，硕士学位论文，广西大学，2021 年。

郑甫华、邓永勤、金理：《纳税人自查在税务稽查中的运用及完善——兼谈〈税收征管法〉的修改》，《税务研究》2020 年第 11 期。

钟昌元主编，李九领、毛道根副主编：《海关税收制度》（第四版），中国海关出版社 2023 年版。

中国注册会计师协会组织编写：《税法》，中国财政经济出版社 2024 年版。

中国注册会计师协会组织编写：《公司战略与风险管理》，中国财政经济出版社 2024 年版。